W0261408

Richard G. Wilkinson

Kranke Gesellschaften

Soziales Gleichgewicht und Gesundheit

Übersetzt aus dem Englischen von
Marie-Therese Pitner und
Susanna Grabmayr

Mit einem Geleitwort von
R. Horst Noack

Springer-Verlag Wien GmbH

Richard G. Wilkinson
Trafford Centre for Medical Research, University of Sussex,
Brighton, UK

Univ.-Prof. Dr. Richard Horst Noack
Institut für Sozialmedizin und Epidemiologie, Graz, Österreich

Übersetzt von Marie-Therese Pitner und
Susanna Grabmayr

Titel der englischen Originalausgabe:
Unhealthy Societies
© Routledge 1996

Das Werk ist urheberrechtlich geschützt.
Die dadurch begründeten Rechte, insbesondere die der
Übersetzung, des Nachdruckes, der Entnahme von Abbildungen,
der Funksendung, der Wiedergabe auf photomechanischem oder
ähnlichem Wege und der Speicherung in Datenverarbeitungsanlagen,
bleiben, auch bei nur auszugsweiser Verwertung, vorbehalten.

© 2001 Springer-Verlag Wien
Ursprünglich erschienen bei Springer-Verlag/Wien 2001

Satz: Composition & Design Services, Minsk, Belarus

Umschlagbild: Gerhard Roth (aus: Weichinger, R. (Hrsg.)
Gerhard Roth. Die Photo-Notizbücher.
Wien New York: Springer-Verlag 1995)

Gedruckt auf säurefreiem, chlorfrei gebleichtem Papier –TCF

SPIN 10757219

Die deutsche Bibliothek – CIP-Einheitsaufnahme
Ein Titelsatz für diese Publikation ist bei
Der Deutschen Bibliothek erhältlich

ISBN 978-3-211-83481-7   ISBN 978-3-7091-6180-7 (eBook)
DOI 10.1007/978-3-7091-6180-7

Wie aus einer Vielzahl sozialepidemiologischer Studien hervorgeht, haben Bevölkerungsgruppen mit hohem sozialen Status in allen Lebensphasen eine deutlich geringere Krankheitsbelastung und eine deutlich bessere subjektive Gesundheit als Bevölkerungsgruppen mit niedrigem Sozialstatus (Mackenbach/Kunst, 1997; für eine Übersicht s. Noack, 1998). Frauen und Männer mit dem niedrigsten Bildungsabschluss (Pflichtschule) sind zwei- bis dreimal häufiger bei schlechter Gesundheit oder behindert als Frauen und Männer mit Matura (Abitur) oder einem Studienabschluss (Doblhammer/Kytir, 1998). Das „höchste Gut" der Menschen ist in den reichen Ländern einschliesslich der Sozialstaaten in der Mitte Europas höchst ungleich verteilt. Der Aufbau leistungsfähiger und allgemein zugänglicher gesundheitlicher Versorgungssysteme hat die mit der Industrialisierung gewachsene sozioökonomische Ungleichverteilung der Gesundheitschancen offenbar wenig beeinflusst.

Erklärungsmuster

Wie werden die gesundheitliche Entwicklung der Bevölkerungen und die wachsende gesundheitliche Ungleichheit in der Medizin und im Gesundheitssystem erklärt, welche Faktoren gelten als die entscheidenden Determinanten? Allgemein lassen sich drei vorherrschende Erklärungen beobachten:

- Das *Gesundheitswesen* gilt generell als die mit Abstand wichtigste Gesundheitsdeterminante der Menschen. Dank einer zugänglichen und leistungsfähigen medizinischen Versorgung, so die in weiten Kreisen vertretene Versorgungshypothese, seien die Lebenserwartung und die Lebensqualität der Menschen ständig gestiegen und hätten viele Krankheiten und Krankheitsfolgen ihren Schrecken verloren.
- Deshalb sei ein wirksames *Krankheitsverhalten* und speziell ein angemessenes Inanspruchnahmeverhalten eine entscheidende Gesundheitsdeterminante. Deshalb wird empfohlen, sich regelmässig ärztlich untersuchen zu lassen und bei gesundheitlichen Problemen rechtzeitig zum richtigen Arzt zu gehen. Wer mehrere Gesundheitsprobleme wahrnimmt, sollte gegebenenfalls mehrere

Fachspezialisten in Anspruch nehmen. Die Tatsache, dass große Teile der Bevölkerung ein solches Krankheitsverhalten praktizieren, gilt als empirische Bestätigung der Versorgungshypothese. Insgesamt könnte das Medizinsystem noch mehr zur Gesunderhaltung der Menschen beitragen, wenn die kostenlos angebotenen Vorsorgeuntersuchungen (sogenannte Gesundenuntersuchungen) häufiger in Anspruch genommen würden.

- Als weitere nachhaltig wirksame Gesundheitsdeterminanten gelten ein aufgeklärtes *Gesundheitsbewußtsein* und ein gesundheitsfördernder *Lebensstil*. Wer sich gesund ernährt, körperlich fit hält und vielleicht auch wirksam mit Lebensbelastungen („Stress") umzugehen weiß, der habe gute Gesundheitschancen. Die Verantwortung dafür trage jede oder jeder Einzelne.

Diese drei Erklärungen bilden in großen Teilen der Öffentlichkeit und der gesundheitspolitischen Entscheidungsträger das vorherrschende Erklärungsmuster für ein langes Leben bei bestmöglicher Gesundheit. Inwieweit entspricht dieses Erklärungsmuster dem heutigen Forschungsstand? Die Leserin oder der Leser von *Kranke Gesellschaften* wird eine differenzierte Antwort auf diese Frage erhalten. Hier sollen einige Überlegungen dazu aus einer etwas anderen Perspektive angestellt werden. Sie beziehen sich auf die einschlägige Forschung sowie umfangreiche Erfahrungen in den Ländern des deutschen Sprachraums.

Gesundheitswesen

Allgemein wird der Beitrag, den die gesundheitlichen Versorgungssysteme zur Verlängerung des Lebens und zur Verbesserung der Lebensqualität der Bevölkerung leisten, erheblich überschätzt. Frühere Schätzungen, die jedoch größere methodische Schwächen aufwiesen, hatten dies bereits nahegelegt. Eine methodisch aufwendige nordamerikanische Studie (Bunker/Frazier/Mosteller, 1994) kommt zu einem für viele unerwarteten Ergebnis. Danach hat der Beitrag der medizinischen Versorgung zur Verlängerung der Lebensspanne der US-amerikanischen Bevölkerung im 20. Jahrhundert im Durchschnitt 5,0–5,5 Jahre betragen. Das entspricht maximal 20% der in diesem Zeitraum

Zum Geleit: Sozialer Zusammenhalt und gesundheitliche Entwicklung

Mit der deutschen Übersetzung von *Unhealthy Societies – The Afflictions of Inequality* soll ein bedeutendes Werk der neueren Sozialepidemiologie einem größeren Leserkreis zugänglich gemacht werden. Die Sozialepidemiologie erforscht die sozioökonomischen und psychosozialen Ursachen oder Determinanten gesundheitlicher Entwicklung sowie die soziale Verteilung von Gesundheit und Krankheit in der Gesellschaft. Das Fach ist an den Universitäten und Forschungseinrichtungen im deutschen Sprachraum kaum vertreten. Der Autor Richard Wilkinson ist Professor of Social Epidemiology am Trafford Centre for Medical Research, University of Brighton, und langjähriger Mitarbeiter des renommierten International Centre for Health and Society am University College London.

Worum geht es in *Kranke Gesellschaften – Die Auswirkungen von Ungleichheit*? Das Buch untersucht eine der zentralen Fragen der Gesundheitswissenschaften, auf die bisher keine befriedigende Antwort gefunden werden konnte: Warum sind bestimmte Gesellschaften gesünder als andere, was unterscheidet gesunde von weniger gesunden Gesellschaften? Dass es sich dabei auch um eine gesellschafts- und gesundheitspolitisch hoch aktuelle und brisante Frage handelt, muss nicht näher erläutert werden.

Richard Wilkinson stützt sich auf ein breites Spektrum sozialwissenschaftlicher, biologischer und medizinischer Erkenntnisse. In einer Reihe anschaulich beschriebener Arbeitsschritte wird eine komplexe Antwort entwickelt und sukzessive überprüft. Der Autor fasst sie in der folgender These zusammen:

Unter den modernen Industriegesellschaften sind nicht die reichsten Gesellschaften die gesündesten, sondern diejenigen mit den geringsten Einkommensunterschieden zwischen Arm und Reich. Soziale Ungleichheit und relative Armut sind außerordentlich wirksam: Sie steigern die Todesraten. (Wilkinson, 1996).

Was bedeutet diese These aus gesundheitspolitischer Perspektive? Wie läßt sie sich mit den Wissensgrundlagen und mit dem Selbstverständnis der modernen Medizin vereinbaren? Inwieweit steht sie mit den Zielsetzungen und Prinzipien der Gesundheitsförderung und bevölkerungsbezogenen Prävention im Einklang?

Gesundheitliche Entwicklung und soziale Ungleichheit

In den Industrieländern und in zahlreichen Ländern der dritten Welt ist die mittlere Lebenserwartung der Bevölkerungen im 20. Jahrhundert stärker gestiegen als jemals zuvor in der Geschichte, in vielen der vormals sozialistischen Staaten ist sie binnen eines Jahrzehnts extrem stark gesunken. Ein längeres Leben bedeutet nicht notwendigerweise eine längere Krankheitsphase im hohen Alter. In zahlreichen entwickelten Ländern scheint der Gewinn an Lebensjahren mit einem Gewinn an „gesunden", d.h. in subjektiv guter Gesundheit gelebten oder behinderungsfreien Lebensjahren einherzugehen (Robine/Romieu/Cambois, 1999). In großen Teilen der Welt leben die Menschen immer länger, und sie leben immer länger gesund. In Europa und in verschiedenen anderen Regionen sind die gesundheitlichen Versorgungssysteme heute ungleich besser ausgebaut und ist die Medizin deutlich leistungsfähiger als noch vor wenigen Jahrzehnten.

Dass immer mehr Menschen ein hohes Alter erreichen und viele Seniorinnen und Senioren sich auch im achten Lebensjahrzehnt eines angemessenen gesundheitlichen Wohlbefindens und einer ausreichenden Funktionsfähigkeit erfreuen, spricht für unserer Zivilisation und Kultur. Umso bedenklicher muss es erscheinen, dass die große und teilweise wachsende soziale Ungleichheit der Menschen im Gesundheitssektor bisher kaum ein Thema war. Vielleicht ist das einer der Gründe dafür, warum sie kaum erforscht wurde.

gewonnenen durchschnittlichen Lebensjahre. Überraschend war für die Autoren der Befund, dass rund 1,5 Jahre beziehungsweise zwischen zwei Drittel und drei Viertel des geschätzten Lebenszeitgewinns kurativen Leistungen zuzuschreiben sind und nur etwa ein Viertel bis ein Drittel klinisch-präventiven Maßnahmen.

Aus sozialepidemiologischer Sicht kommt ein solches Ergebnis nicht unerwartet. Aus einer Fülle einschlägiger Studien geht hervor, dass die nachhaltig wirksamen Gesundheitsdeterminanten sozioökonomischer und psychosozialer Natur sind und weitgehend außerhalb der Reichweite der Medizin liegen. Aus gesundheitspolitischer Perspektive wird in vielen Ländern ein gewisses Dilemma deutlich. Es besteht darin, dass Gesundheit zwar überwiegend sozial produziert wird, dass aber nahezu sämtliche von den Sozialversicherungsträgern und der öffentlichen Hand zur Verfügung gestellten Mittel in die Bereitstellung und den weiteren Ausbau kurativer, biotechnologischer Reparaturleistungen investiert werden (Evans/Stoddard, 1990). Wenn die Prioritäten zukünftig nicht anders gewichtet werden, könnten die Politik und die „großen Akteure" im Gesundheitssytem über kurz oder lang unter wachsenden Legitimationsdruck geraten. Inwieweit verbesserte Voraussetzungen für die Gesundheitsförderung im Sinne der Ottawa-Charta (WHO 1986) etwas ändern werden, bleibt abzuwarten. Mit dem Ziel, die Rahmenbedingungen zu verbessern, wurde beispielsweise in Österreich ein modernes Gesundheitsförderungsgesetz verabschiedet und werden in der Schweiz die Gesundheitsförderung und Prävention durch eine neue Stiftung gefördert.

Krankheitsverhalten

Aufgabe der Medizin ist nicht primär die Förderung der Gesundheit, sondern die bedürfnisgerechte und wirksame Bekämpfung von Krankheiten. Medizinische Behandlung stellt für die überwiegende Zahl kranker und behinderter Menschen eine unschätzbare Hilfe dar, ihre gesundheitlichen Probleme zu bewältigen und unter günstigen Voraussetzungen zu überwinden. Sofern das nicht möglich ist, kann die Medizin wesentlich dazu beitragen, mit einer Krankheit, einem Gebrechen menschenwürdig zu leben – immer häufiger über eine relativ lange Zeit. Wie in der bereits erwähnten nordamerikanischen Studie (Bunker/Frazier/Mosteller, 1994) gezeigt werden konnte, hatte die moderne Medizin zwar einen relativ bescheidenen Anteil an der im 20. Jahrhundert gewonnenen Lebenszeit der Menschen. Aber sie konnte die Lebensqualität eines großen Teils versorgungsbedürftiger Menschen erheblich verbessern. Im kontinuierlich wachsenden Aufgabenfeld der Krankenversorgung scheinen die Gesundheitspotenziale einer am „ganzen Menschen" und seiner Lebenswelt orientierten Heilkunde noch längst nicht ausgeschöpft zu sein.

Lebensstil

Wenn rund zwei Drittel bis drei Viertel der gewonnenen Lebensspanne der Bevölkerung nicht der medizinischen Versorgung, sondern anderen Gesundheitsdeterminanten zuzuschreiben sind, stellt sich die Frage, welche Determinanten den historisch einmaligen Lebenszeitgewinn hauptsächlich bewirkt haben? Waren es überwiegend individuelle Verhaltensfaktoren oder wirtschaftliche, soziale und kulturelle Faktoren? Oder ist die Erklärung im Zusammenwirken sowohl individueller als auch umweltgebundener Einflüsse zu suchen?

Nach der vorherrschenden Lehrmeinung sind verhaltensbezogene Einflüsse die entscheidenden Gesundheitsdeterminanten. Diese Lehrmeinung prägt die praktische „Gesundheitsarbeit" in der medizinischen Versorgung ebenso wie in Gesundheitsförderungs- und Präventionsprogrammen in Regionen, Gemeinden und Organisationen. Im Zuge einer wachsenden Individualisierung sozialer Probleme hat sich ein enger, reduktionistischer Lebensstilbegriff durchgesetzt: Lebensstil als individuell steuerbares Konsum- und Leistungsverhalten. Die vorherrschende Verhaltenslehre von der Gesundheit, die in einer wachsenden Zahl von verhaltens- und präventivmedizinischen Veröffentlichungen, Ratgebern und Hochglanzmagazinen verbreitet wird, konzentriert sich auf zwei komplexe Gesundheitsdeterminanten, nämlich Ernährungs- und Bewegungsverhalten.

Der Begriff Lebensstil wird in der wissenschaftlichen Literatur sehr unterschiedlich gebraucht. Mit Lebensstil wird allgemein ein sozial geformtes und individuell ausgestaltetes Muster der Lebensführung und Lebensgestaltung bezeichnet, das sich im Verlaufe des Lebens deutlich wandelt. Die sozialepidemiologische Forschung hat zahlreiche Belege dafür geliefert, dass ein auf gewisse Konsum- und Leistungsmuster reduzierter Lebensstilbegriff viel zu eng ist (Siegrist, 1996; Marmot und Wilkinson, 2000). Sehr viele komplexe Kommunikations- und Austauschprozesse in den sozialen Netzwerken der Lebens-, Arbeits- und Freizeitwelt der Menschen können einen nachhaltigen Einfluss auf ihre gesundheitliche Entwicklung haben. Wichtige Dimensionen sind die Zeitstruktur der jeweiligen Aktivitäten, ihre soziale und emotionale Bedeutung, die erlebten Anforderungen und Belastungen, ihre Verarbeitung und Bewältigung. Wichtig sind weiterhin die spezifischen Muster körperlicher und psychischer Verausgabung, der Entspannung und Erholung, des Konsums und der Inanspruchnahme von Dienstleistungen.

Gesundheitsdeterminanten

Richard Wilkinson breitet in *Kranke Gesellschaften* eine sorgfältig aufbereitete, wissenschaftliche Indizienkette des verschlungenen Kausalpfades gesundheitlicher Entwicklung aus. Gesunde Ernährung, angemessene Bewegung und erfolgreiches Stressmanagement stellen wirksame Glieder dieser Kette dar. Sie können die großen Unterschiede in der Lebenserwartung, im Gesundheitszustand und in der Lebensqualität der Menschen jedoch nicht erklären. Ob die Entwicklung in Richtung Gesundheit oder Krankheit läuft, ob die Prozesse der Salutogenese stärker sind als die Prozesse der Pathogenese (Antonovsky, 1997), hängt von der Auseinandersetzung der Menschen mit ihrer Lebenswelt ab und von den jeweils wirksamen personalen und umweltgebundenen Einflussfaktoren, die diese Prozesse bestimmen.

Wirksame personale Einflussfaktoren der Menschen sind ihre individuellen Lebenspotenziale und Gesundheitskompetenzen. Sie sind Produkt eines lebenslangen Entwicklungs- und Sozialisationsprozesses, in dessen Verlauf spezifische, gesundheitlich relevante biologische, emotionale, kognitive und psychosoziale Ressourcen und Defizite entstehen. Wirksame umweltgebundene Einflussfaktoren sind die kollektiven Lebenschancen und Gesundheitsrisiken der jeweiligen Lebenswelt der Menschen. Sie werden durch die spezifischen ökonomischen, sozialen, kulturellen und ökologischen Lebensbedingungen und Verhältnisse geprägt, die sich im Zuge der gesellschaftlichen Entwicklung herausbilden (Noack/Reis-Klingspiegl, 1999).

Der Prozess der gesundheitlichen Entwicklung von Einzelpersonen und Bevölkerungen ist weitgehend unerforscht. In *Kranke Gesellschaften* werden zahlreiche Beobachtungen, Erklärungen und theoretische Überlegungen reflektiert und integriert. Es wird gezeigt, warum die individuelle und die kollektive Gesundheitsentwicklung fundamental verschiedene Prozesse sind: Warum beispielsweise Erkenntnisse über gesundes Altern von Einzelpersonen keine Schlüsse darüber zulassen, wie und warum Bevölkerungen gesünder älter werden. Und warum die umgekehrte Schlussfolgerung von den kollektiven auf die individuellen Gesundheitsdeterminanten ebenso ausscheidet. Werden diese Regeln nicht beachtet, sind ökologische oder individuelle Fehlschlüsse unvermeidlich.

Zahlreiche Determinanten gesundheitlicher Entwicklung können heute als gesichert gelten. Auf der individuellen Ebene sind dies in erster Linie sozioökonomischer Status, Umfang und Qualitätsmerkmale des sozialen Netzes sowie gesundheitsrelevante Merkmale des Konsum- und Leistungsverhaltens. Soziale und Verhaltensfaktoren sind häufig untereinander und miteinander assoziiert, und sie sind in der Regel vom sozioökonomischen Status abhängig. Wie in einer in der Steiermark durchgeführten Studie an einer Bevölkerungsstichprobe von mehr als 27.000 Befragten gezeigt werden konnte, praktizierten erwachsene Frauen und Männer umso häufiger gesundheitsförderliche und umso seltener gesundheitsriskante Verhaltensmuster, je höher ihr Bildungsabschluss war (Stronegger/Freidl/Rasky, 1997).

Eine große Herausforderung besteht noch immer darin, die vielfältigen Beobachtungen und Erklärungshypothesen in theoretisch befriedigender und empirisch überprüfbarer Weise zu integrieren. Aaron Antonovsky (1997) hat mit seinem Vorschlag eines integrativen Salutogenesemodells der gesundheitswissenschaftlichen Theoriediskussion einen starken Impuls gegeben. Schlüsselkonzept zur Erklärung gesundheitlicher Entwicklung ist eine komplexe Handlungsorientierung, die er Kohärenzsinn (Sense of Coherence/SOC) genannt hat. Für Personen mit einem ausgeprägten SOC, so die Theorie, ist die innere und äußere Welt verstehbar und kontrollierbar und macht es Sinn, sich dafür zu engagieren. Die bisherige, überwiegend psychologisch orientierte Salutogeneseforschung hat die postulierten Zusammenhänge nicht erhärten können (Noack 1997, Wydler/Kolip/Abel, 2000). Trotzdem dürften sich die Grundideen des Salutogenesekonzeptes und des Kohärenzprinzips in den Gesundheitswissenschaften weiterhin als fruchtbar erweisen.

Ein vorrangiges Ziel gesundheitswissenschaftlicher Forschung wird es weiterhin sein, zu erklären, unter welchen ökonomischen, sozialen und gesellschaftspolitischen Bedingungen Bevölkerungen besonders gesund sind und gesund älter werden. Warum haben beispielsweise arme Länder wie Costa Rica oder Kuba die gleiche durchschnittliche Lebenserwartung wie Deutschland, die Niederlande oder Österreich, obwohl ihr Pro-Kopf-Einkommen rund ein Zehntel des Pro-Kopf-Einkommens dieser reichen Länder beträgt (WHO, 1998)? Der Nobelpreisträger Amartya Sen vergleicht in seinem Buch *Development as Freedom* (Sen, 1999) arme Länder in Bezug auf ihr Wirtschaftswachstum und ihren Erfolg, das Leben der Bevölkerung zu verlängern und die Lebensqualität zu verbessern. Er identifiziert zwei unterschiedliche Mechanismen für einen solchen Erfolg: schnelles wirtschaftliches Wachstum und soziale Unterstützungsprogramme, insbesondere im Bildungs- und Gesundheitssektor. Während wirtschaftliche Wachstumsprozesse („growth-mediated" processes) der Hauptgrund für die ungewöhnlich große Zunahme der Lebenserwartung und Lebensqualität in den letzten Jahrzehnten beispielsweise in Süd-Korea und Taiwan gewesen sein dürften, waren dafür in Costa Rica, Sri Lanka, im indischen Staat Kerala und in China vor der Reform wahrscheinlich die großen sozialen Unterstützungprogramme der Regierung im Bildungs- und Gesundheitsberereich („support-led" processes) verantwortlich. Beide Prozesse dürften auf unterschiedlichen Wegen zu einer erheblichen Verbesserung der Lebens- und Gesundheitschancen der Menschen geführt haben.

Die bisher beschriebenen wissenschaftlichen Beiträge beziehen sich überwiegend auf einzelne Gesundheitsdeterminanten auf der individuellen oder gesellschaftlichen Ebene. Im Unterschied dazu entwickelt und begründet Richard Wilkinson in *Kranke Gesellschaften* einen umfassenden Erklärungsansatz: eine integrierte sozioökonomische und psychosoziale Theorie gesundheitlicher Entwicklung. Der Autor postuliert zwei hauptsächliche Determinanten der gesundheitlichen Entwicklung der Menschen: die Einkommensverteilung und den sozialen Zusammenhalt in der Gesellschaft. Die gesellschaftliche Verteilung des Einkommens ist ein Maß für das relative und nicht für das absolute Einkommen der Menschen, wobei relatives Einkommen als soziale Ressource, als *Sozialkapital* verstanden wird. Eine ausgewogenere Einkommensverteilung vermittelt den Menschen das Gefühl, in einer gerechten Gesellschaft zu leben, die über vergleichsweise starke soziale Bindekräfte verfügt und mit einem hohen Maß an Gemeinschaftssinn ausgestattet ist. Geringe Einkommensunterschiede und ein großer sozialer Zusammenhalt haben einen positiven Einfluss auf die kulturelle, soziale und wirtschaftliche Entwicklung einer Gesellschaft, auf ihre Kreativität und Produktivität.

Sozialer Zusammenhalt als Schlüsselkonzept?

Wie wirkt sozialer Zusammenhalt auf die gesundheitliche Entwicklung der Menschen? Wie beeinflussen sozioökonomische, soziokulturelle und psychosoziale Ressourcen und Defizite die zugrundeliegenden salutogenetischen und pathogenetischen Prozesse?

Der komplexe Kausalpfad gesundheitlicher Entwicklung, den Richard Wilkinson in *Kranke Gesellschaften* sichtbar werden läßt, ist teilweise noch recht unübersichtlich, stellenweise weist er jedoch bereits recht gut markierte Abschnitte auf. Wir kennen derzeit keine angemessenere Wegbeschreibung. Auf der Grundlage dieser Beschreibung und gestützt auf den aktuellen Forschungsstand (Marmot und Wilkinson, 1999; Wilkinson, 1999) können wir ein Szenario der gesundheitlichen Entwicklung einer fiktiven Gesellschaft entwerfen:

Stellen wir uns ein nicht allzu fernes Land vor, in dem eine Gesellschaft lebt, die für ihre ausgewogene Einkommensverteilung bekannt sei. In dieser fiktiven Gesellschaft fühlen sich die meisten Menschen gerecht behandelt und solidarisch miteinander verbunden. Sie befürworten die geltenden Normen und Regeln der sozialen Ordnung und nehmen die ihnen auferlegten Anforderungen und Belastungen überwiegend als Herausforderungen wahr. Sie setzen größeres Vertrauen in die gesellschaftlichen Institutionen, dass diese im Interesse aller Menschen handeln, und sie blicken zuversichtlich in die Zukunft. In einer solchen Kultur relativ geringer Ungleichheit und relativ starkem sozialen Zusammenhalts sind die Lebenschancen der Bevölkerung vergleichsweise günstig und die Gesundheitsrisiken und Gewaltpotenziale begrenzt. Ein Großteil der Menschen ist gegenüber schädigenden Umwelteinflüssen und Stressbelastungen resistent, entsprechend positiv schätzen viele ihre Lebenspotenziale und Gesundheitskompetenzen ein. Ein beträchtlicher, insgesamt wachsender Teil der Bevölkerung nimmt aktiv am sozialen und am öffentlichen Leben teil, praktiziert einen gesundheitsförderlichen Lebensstil und bewältigt psychosoziale und Krankheitsbelastungen weitgehend gesundheitsgerecht. Seit einer Reihe von Jahren steigt die durchschnittliche Lebensspanne der Menschen und läßt sich ein beträchtlicher Rückgang der Todesraten für chronische Krankheiten und Gewalteinwirkungen beobachten. Wie Vergleichsstudien mit anderen Ländern ergeben, haben deutlich weniger Menschen Gefühle von Inferiorität, Scham, Angst und Inkompetenz. Das Ausmaß von Alkohol-, Drogen- und Medikamentenkonsum ist geringer, aggressive Verhaltensmuster wie Suizid, Mord, Gewalt und Verbrechen sind seltener.

Die sozialen und gesundheitlichen Entwicklungen, die in diesem Bild gezeichnet sind, lassen sich in einzelnen Ländern beobachten. Insofern ist das Szenario keine reine Fiktion. Es basiert auf einem umfassenden Verständnis öffentlicher oder kollektiver Gesundheit (Public Health), das die sozioökonomische und die psychosoziale Dimension gesundheitlicher Entwicklung einbezieht.

Im Zuge einer nachhaltigen Individualisierung und Medikalisierung öffentlicher Gesundheitsbelange ist der Public-Health-Sektor im 20. Jahrhundert weltweit in eine ernsthafte Krise geraten. Symptome dieser Krise sind ein eklatantes sozialepidemiologisches Wissensdefizit und eine lähmende Orientierungslosigkeit der Gesundheitspolitik und des öffentlichen Gesundheitssektors (Noack, 1999). Die Leitwissenschaften des 21. Jahrhunderts heißen Ökonomie und Biologie. Die großen Investitionen und Anstrengungen in der Gesundheitsforschung und im Gesundheitswesen orientieren sich an den Visionen und Verheißungen der Biotechnologie und der molekularen Medizin. Ungeachtet der Erkenntnis, dass die hauptsächlichen Gesundheitsdeterminanten sozialer Natur sind, setzt die gesundheitliche Versorgung immer gezielter auf die Reparatur körperlicher Schädigungen. Das Soziale interessiert schon lange nicht mehr sonderlich, und es interessiert immer weniger.

Vieles spricht dafür, dass unter derartigen Bedingungen die soziale Ungleichheit der Lebens- und Gesundheitschancen weiter wachsen wird. Immer dringlicher wird die Frage: Können die Verantwortlichen im Gesundheitssektor davor die Augen verschließen?

Noch befindet sich der öffentliche Gesundheitssektor am Scheidewege (Beaglehole/Bonita, 1998). Noch scheint es nicht unmöglich, ein ausgedehntes Netz öffentlicher Initiativen und Programme zu schaffen, die an den sozialen Determinanten der Gesundheit ansetzen. Aber die Zeit drängt, Klärung ist dringend geboten. Richard Wilkinson's bahnbrechendes Buch *Kranke Gesellschaften – Die Auswirkungen von Ungleichheit* kann zur Klärung der Frage beitragen, wohin die Reise im Gesundheitswesen und in der Gesundheitsforschung gehen soll.

Literatur

Antonovsky, A. *Salutogenese – zur Entmystifizierung der Gesundheit*. Deutsche Herausgabe von Alexa Franke. DGVT- Verlag, Tübingen. 1997.

Beaglehole, R., Bonita, R. *Public Health at the Crossroads*. Cambridge University Press, Cambridge 1997.

Bunker, J. P., Frazier, H. S., Mosteller, F. Improving health: Measuring effects of Medical Care. *Milbank Quarterly* 72: 225–258. 1994.

Doblhammer, G., Kytir, J. Social inequalities in disability-free healthy life expectancy in Austria. *Wien Klin Wochenschr* 110/11, 393–396. 1998.

Evans, R. G., Stoddard, G. L. Producing health, consuming health care. *Social Science & Medicine* 31: 1347–1363. 1990.

Mackenbach, J. P., Kunst, A. E., et al. Socioeconomic inequalities in mortalitiy and morbidity in Western Europe. *Lancet* 349, 1655–1659. 1997.

Marmot, M., Wilkinson, R. (eds.) Social determinants of health. Oxford University Press, New York – Oxford 1999.

Noack, R. H. Salutogenese: Ein neues Paradigma in der Medizin? In: H. H. Bartsch, J. Bengel (Hrsg.), *Salutogenese in der Onkologie*. Basel: Karger. S. 88–105. 1997.

Noack, R. H. Gesundheit und Sozialstatus. *Wien Klin Wochenschr* 110/11, 383–387. 1998.

Noack, R. H. Public Health an der Schwelle zum 21. Jahrhundert: Tradition, Modernisierung, Herausforderung und Vision. In: Polak, G. (Hrsg.), *Das Handbuch Public Health*, Springer Wien –New York, S. 8–36, 1998.

Noack, R. H., Reis-Klingspiegl, K. *Gesundheit macht alt. Wissensgrundlagen, Projekte und Szenarien für lebenswerte Lebenswelten im Alter*. Leykam, Graz. 1999.

Robine, J.-M., Romieu, I., Cambois, E. Health expectancy indicators. *Bulletin of the World Health Organization* 77 (2), 181–185, 1999.

Sen, A. *Development as Freedom*. Alfred A. Knopf, New York. 1999.

Siegrist, J. *Soziale Krisen und Gesundheit*. Hogrefe, Göttingen Bern Toronto Seattle. 1996.

Stronegger, W.-J., Freidl, W., Rásky, É. Health behaviour and risk behaviour: socioeconomic differences in an Austrian rural county. *Soc Sci Med* 44/3, 423–426. 1997.

WHO Ottawa Charter for Health Promotion. *Health Promotion* 1(4). S. iii–v. 1986.

WHO *The World Health Report 1998*. World Health Organization, Geneva. 1998.

Wilkinson, R. G. *Unhealthy Societies*, Routledge, London and New York, 1996.

Wilkinson R. G. Putting the picture together: prosperity, redistribution, health and welfare. In: Marmot, M., Wilkinson, R. (eds.), *Social determinants of health*. Oxford University Press, New York – Oxford, pp256–274. 1999.

Wydler, H., Kolip, P., Abel, T. *Salutogenese und Kohärenzgefühl*, Juventa, Weinheim und München. 2000.

Anmerkung

Evidence

Der englische Begriff *evidence*, im deutschen Sprachgebrauch *Evidenz*, bedeutet wörtlich übersetzt Augenscheinlichkeit, Offenkundigkeit, Deutlichkeit, Klarheit, Zeugnis, beeidigte Aussage oder Beweis. In den Lebenswissenschaften und in der Medizin wird Evidenz häufig im Sinne von *Beweis* gebraucht. Dass kann zu Mißverständnissen führen, insbesondere wenn der wissenschaftliche Bezugsrahmen oder der professionelle bzw. kulturelle Kontext unklar ist. In den biologischen Gesundheitswissenschaften und in der Biomedizin gelten kausale Aussagen über körperliche Prozesse meist dann als beweiskräftig (*evident*), wenn sie sich auf experimentell gewonnene Informationen stützen (randomisierter kontrollierter Versuch als höchste Stufe von Evidenz). Gegenstand der sozialwissenschaftlichen und sozialepidemiologischen Gesundheitsforschung ist die gesundheitliche Entwicklung von Bevölkerungen oder Bevölkerungskollektiven. Aussagen über kausale Zusammenhänge gelten im allgemeinen dann als evident, wenn sie die relevanten wissenschaftlichen Informationen und das gesicherte Wissen in konsistenter Weise integrieren, der Begriff *Beweis* wird selten verwendet. In *Kranke Gesellschaften – Die Auswirkungen von Ungleichheit* wird Beweis in der Regel in diesem umfassenden, sozialwissenschaftlichen Sinne verstanden.

Population health

Für den englischen Begriff *population health* wird in der neueren deutschsprachigen gesundheitswissenschaftlichen Literatur meist der Terminus *Bevölkerungsgesundheit* verwendet. Der Begriff *Volksgesundheit* findet sich selten, offenbar weil er als belastet gilt (z.B. „gesunder Volkskörper" im Nationalsozialismus).

Danksagung

Ich danke dem Springer-Verlag Wien New York herzlich dafür, dass er meinen Vorschlag, Richard Wilkinsons bedeutendes Buch *Unhealthy Societies – The Afflictions of Inequality* in deutscher Übersetzung zu veröffentlichen, spontan aufgegriffen und engagiert realisiert hat. Mein besonderer Dank gilt in diesem Zusammenhang Frau Dr. Ingeborg Gerngroß und vor allem Frau Mag. Elisabeth Bohunovsky.

Herzlich danken möchte ich auch Frau Susanna Grabmayr und Frau Marie-Therese Pitner für eine wissenschaftlich gelungene und sprachlich vorzügliche Übersetzung eines keineswegs leichten Textes.

Wien, Dezember 2000   *R. Horst Noack*

Kranke Gesellschaften

Unter den entwickelten Ländern weisen nicht die reichsten den besten Gesundheitszustand auf, sondern jene, in denen die Einkommensunterschiede zwischen Reich und Arm am geringsten sind. Ungleichheit und relative Armut zeitigen absolute Auswirkungen: sie erhöhen die Sterberaten. Aber warum? Wieso führen geringere Einkommensunterschiede zu einem Anstieg der durchschnittlichen Lebenserwartung?

Anhand von Beispielen aus den USA, Großbritannien, Japan und Osteuropa sowie mit Hilfe zahlreicher Beweise aus den Sozialwissenschaften und der Medizin liefert *Kranke Gesellschaften* eine Erklärung dafür. Gesunde, egalitäre Gesellschaften verfügen über einen größeren sozialen Zusammenhalt. Das gemeinschaftliche Leben ist stärker ausgeprägt und nicht so leicht durch die zersetzenden Auswirkungen der Ungleichheit zu erschüttern. Durch das Engagement in der Öffentlichkeit entstehen unterstützende soziale Netzwerke, und Stress und potenzielle Konflikte treten in den Hintergrund.

Ungleichheit schwächt nicht nur das soziale Gefüge und schadet der Gesundheit, sondern erhöht auch die Verbrechensraten und die Gewaltbereitschaft. *Kranke Gesellschaften* macht deutlich, welch entscheidende Bedeutung dem sozialen Zusammenhalt für die Lebensqualität zukommt. Größere Ungleichheit bedeutet eine psychologische Last, die das Wohlbefinden der gesamten Gesellschaft beeinträchtigt. Aus dem Verbreitungsmuster der modernen Krankheiten geht hervor, dass der entscheidende Punkt in diesem Zusammenhang nicht mehr länger der materielle Lebensstandard ist. Heute geht es vielmehr um die psychosoziale Lebensqualität, die durch eine größere materielle Gleichheit unterstützt werden muss. Ohne diese bleiben soziale Bedürfnisse unbefriedigt und die Gesundheit leidet. Das heißt aber nicht, dass wir uns zwischen größerer Gleichheit und wirtschaftlichem Wachstum entscheiden müssen; durch ein besseres Ineinandergreifen von Wirtschaft und Gesellschaft steigert eine Investition in das „Sozialkapital" die Effizienz.

Richard Wilkinson ist Senior Research Fellow am Trafford Centre for Medical Research der Universität Sussex.

Vorwort

Es war ein besonderes Privileg für mich, in den vergangenen zwanzig Jahren über die bestimmenden sozialen und wirtschaftlichen Faktoren im Gesundheitswesen arbeiten zu dürfen. Angefangen hat alles mit einem Zeitungsartikel, den ich 1976 nach Beendigung meiner Magisterarbeit in Form eines offenen Briefes an den damaligen Minister für Gesundheit und Soziales David Ennals in der Labour-Regierung von Callaghan richtete.[1] Mit dem Hinweis, dass er als Labour-Minister die damals bekannten größten sozialen Klassenunterschiede in Bezug auf die Sterblichkeit verwalte, forderte ich ihn auf, eine „dringliche Anfrage" einzubringen. Drei Monate später, nach Lektüre meines Artikels, kündigte er die Einsetzung einer Arbeitsgruppe des Ministeriums unter dem Vorsitz von Sir Douglas Black an. Drei Jahre später brachte diese den Black-Report mit dem Titel *„Inequalities in Health"* heraus und läutete damit eine neue Ära zur Erforschung der sozialen Ursachen von Gesundheit und Krankheit in der entwickelten Welt ein. Sir Douglas Black, Chief Medical Officer (Anm. d. Übs.: höchster medizinischer Beamter) in David Ennals Ministerium, beschrieb seinen Minister – mit für ihn charakteristischen Worten – als „einen Menschen, der versuchte, Gutes zu tun, und alles in allem Erfolg hatte".

Die durch diesen Bericht angeregte Forschung verändert seitdem ständig das Bild, das wir uns von der Gesellschaft wie auch von der Gesundheit machen. Nach einer Anfangsphase, in der es um Fragen der Glaubwürdigkeit der grundlegenden Zahlen ging, mutete der wissenschaftliche Fortschritt wie ein langer, schwieriger Aufstieg an, nun eröffnet sich uns jedoch der erste Blick auf die vor uns liegende Landschaft. Was wir jetzt sehen können, ist dazu bestimmt, die Sozial- und Wirtschaftspolitik – und damit hoffentlich auch die Richtung der sozialen Entwicklung moderner Gesellschaften – zu verändern. Es ist heute erwiesen, dass das Ausmaß der Einkommensunterschiede in einer Gesellschaft einer der wichtigsten Faktoren für Gesundheitsstandards in den verschiedenen Ländern ist und dass diese die Gesundheit durch die Auswirkungen auf den sozialen Zusammenhalt beeinflussen. Diese grundlegenden Fakten haben Folgen, die weit über die Gesundheitsdaten hinausgehen, aus denen sie hervorgegangen sind.

In vielerlei Hinsicht gleicht die Forschungsarbeit einem Weg durch die Dunkelheit, bei dem man versucht, die schemenhaft vor einem auftauchenden Formen zu erkennen. Was man anfangs sieht, ist so verschwommen, dass man fürchtet, es könnte der eigenen Fantasie entsprungen sein und nicht wirklich existieren. Man hat dann natürlich den Wunsch, so bald als möglich Aussagen über diese Formen in der statistischen Dunkelheit machen zu können. Dem gegenüber steht die Angst, dass sich die eigene Meinung als falsch herausstellen könnte, sobald die Sicht besser wird. Das Ergebnis ist manchmal spannend. Ich hatte das große Glück, dass das Bild, das ich in diesem Buch zeichne, noch während meiner Arbeit von anderen Wissenschaftlern mit unabhängigen Daten weitgehend bestätigt wurde. Erst kürzlich wurde von Kaplans Arbeitsgruppe in Berkeley und auch von Kawachi und Kennedy in Havard bewiesen, dass die Lebenserwartung einer Gesellschaft eng mit dem Maß an wirtschaftlicher Ungleichheit innerhalb dieser Gesellschaft verknüpft ist. Gerade als ich dieses Vorwort verfasste, erreichte mich der Entwurf einer weiteren Veröffentlichung der Gruppe aus Harvard, in der sie einen schlagkräftigen statistischen Beweis (Korrelationen von 0,7 und 0,8) liefert, dass die Einkommensverteilung mit dem sozialen Zusammenhalt verknüpft ist, der wiederum mit der Sterblichkeit zusammenhängt.[2] Dieser Durchbruch, der auf Daten aus den Vereinigten Staaten basiert, räumte jeden Zweifel aus, den ich bei der Diskussion von Gesellschaften mit sozialem Zusammenhalt und Gesundheit in Kapitel 6 vielleicht noch gehegt haben mochte.

Diese lange Reise – von sozialen Klassenunterschieden in der Gesundheit bis zu den Auswirkungen der Einkommensverteilung auf den sozialen Zusammenhalt und die nationalen Sterblichkeitsraten – ging nicht ohne traumatische Ereignisse ab. Auch wenn ich nicht in unangenehme öffentliche Auseinandersetzungen hineingezogen wurde, verbrachte ich doch viele schlaflose Nächte, in denen ich darüber nachgrübelte, ob ich mich nicht lächerlich gemacht oder die Leute in eine Sackgasse geführt hatte. Ich hatte jedoch immer das Gefühl, Teil einer – wenn auch weit verstreuten – Gruppe von Kollegen zu sein, die ihrer Sorge Ausdruck verleihen, sich umeinander kümmern und sich gegenseitig auf dem gemeinsamen Weg unterstützen. Ich bewundere die Geduld, Rücksichtnahme und Gewissenhaftigkeit ihrer Arbeit, gleichzeitig möchte ich aber betonen, wie sehr ich die große Gruppe von Freunden, die beiderseits des Atlantiks auf dem Gebiet der sozialen und wirtschaftlichen Gesundheitsfaktoren arbeiten, schätze und ihnen dankbar bin: in Schweden, in den Niederlanden, in Deutschland, Kanada und in den Vereinigten Staaten sowie in Großbritannien selbst. Dank schulde ich aber vor allem den Menschen in meiner näheren Umgebung, insbesondere den Leuten, die mit der „Londoner" und der „Glasgower Gruppe", wie sie nun genannt werden, in Verbindung stehen, ganz abgesehen von der nun entstehenden Gruppe in Bristol. Allzu gerne würde ich die Namen all derer aufzählen, deren mühsame Arbeit zweifelsohne eine bevorstehende Revolution in der Gesundheits- und Sozialpolitik Form annehmen lässt. Mein größter Dank gilt David Blane, Mel Bartley, Chris Power, Eric Brunner, Peter Townsend, Michael Marmot, Aubrey Sheiham, Yoav Ben-Shlomo und George Davey Smith. Ich hoffe, dass ich weiter von ihnen lernen kann und ihnen in Freundschaft verbunden bleibe.

Am nächsten steht mir natürlich meine Familie. Jenny Shaw hat sich nicht nur so viele Jahre lang mit meiner fast zwanghaften – tage- und nächtelangen – Beschäftigung mit dem Thema abgefunden, sondern mir vielmehr durch ihr Fachwissen als höchst findige und kreative Soziologin rückhaltlose Unterstützung zuteil werden lassen und dadurch meine Gedanken mitgeformt und -entwickelt. Sie und meine Kinder George und Ann haben meine Stimmungsschwankungen ausgehalten und mich durch Zeiten getragen, in denen meine Arbeit um mich herum einzustürzen schien und ich das Gefühl hatte, in den Erdboden zu versinken.

Auf offiziellere Weise möchte ich mich für die finanzielle Unterstützung bedanken, die mir vom Economic and Social Research Council, der Paul Hamlyn Foundation und der Lord Ashdown-Wohlfahrtsstiftung zuteil wurde. Und schlussendlich danke ich den Angestellten der Bibliothek und des Rechenzentrums der Sussex

University dafür, dass sie mir ohne Mühen zu scheuen im Laufe der Jahre so oft praktische Hilfe geleistet haben.

Brighton, April 1996   *R. Wilkinson*

Anmerkung:

1. Wilkinson, R. G., Dear David Ennals ... *New Society*, 16. Dezember 1976: 567–568.
2. Kawachi, I., Kennedy, B. P., Lochner, K., Prothrow-Stith, D. Social capital, income inequality and mortality. *American Journal of Public Health* 87: 1491–1498. 1997.

Inhaltsverzeichnis

Kapitel 1
Einleitung: Die Sozialökonomie der Gesundheit

Dieses Buch ist die Zusammenfassung einer stetig wachsenden Fülle neuen Beweismaterials, aus dem hervorgeht, dass sich die Lebenserwartung in verschiedenen Ländern drastisch verbessert, wenn sich die Einkommensunterschiede verringern und innerhalb der Gesellschaften ein größerer Zusammenhalt besteht. Die sozialen Verknüpfungen zwischen Gesundheit und Ungleichheit weisen darauf hin, dass soziale und nicht materielle Faktoren heute die einschränkende Komponente in der Lebensqualität in den entwickelten Gesellschaften sind.

Das Buch setzt bei der Frage an, warum einige Gesellschaften gesünder sind als andere. Die Wissenschaftler haben sich daran gewöhnt, über die bestimmenden Faktoren für die Gesundheit des Einzelnen nachzudenken, und der weiter gefassten Fragestellung nur wenig Augenmerk geschenkt, deren Beantwortung jedoch für Entscheidungsträger wichtig ist. Und dennoch können sich die Determinanten, die manche Gesellschaften gesünder als andere machen, ganz erheblich von jenen unterscheiden, die zwischen gesunden und kranken Einzelpersonen innerhalb ein und derselben Gesellschaft bestimmend wirken. Wie so häufig gilt es hier, den Baum vom Wald zu unterscheiden; das heißt jedoch auch, dass man die Dinge unter einem anderen Blickwinkel betrachten muss.

Der wichtigste Impuls für eine breiter angelegte Betrachtungsweise der Gesundheitsdeterminanten ging von der Erforschung der gesundheitlichen Ungleichheiten in den entwickelten Ländern aus. Die wissenschaftlichen Erkenntnisse haben sich immer stärker auf die umfassenderen Merkmale der Sozial- und Wirtschaftsstruktur konzentriert. Im Laufe der Entwicklung dieses Arbeitsgebietes haben wir in der Tat immer mehr über die Schnittstelle zwischen dem Individuum und der Gesellschaft und den Auswirkungen struktureller Faktoren auf die Gesundheit erfahren: darüber, wie die Menschen von der gesellschaftlichen Stellung, von Wohlstand und Armut, von unsicherer Arbeitssituation und Arbeitslosigkeit, von Bildung und sozialer Mobilität betroffen sind; darüber, warum groß gewachsene Menschen in der sozialen Hierarchie aufsteigen; darüber, welche Bedeutung soziale Netze, der Zerfall von Familien, Stress am Arbeitsplatz und soziale Arbeitsorganisation haben. Auf diese Weise haben wir beinahe ebenso viel über die Gesellschaft – oder zumindest darüber, wie die Gesellschaft auf den Einzelnen einwirkt – gelernt wie über die Gesundheit.

Dieses Buch lädt dazu ein, sich einen Überblick über das sich immer deutlicher abzeichnende Bild dieser Schnittstelle zwischen Gesundheit und Gesellschaft zu verschaffen. Im Verlauf der letzten zehn oder zwanzig Jahre sind die Puzzlesteine immer rascher am richtigen Platz gelandet – wie dies der Fall ist, wenn man sich der Fertigstellung eines Puzzles nähert –, immer weniger Puzzlesteine müssen in immer weniger leere Stellen eingepasst werden. Vor gar nicht allzu langer Zeit war man der Ansicht, dass Faktoren wie Einkommen und Arbeitslosigkeit nichts mit den Ursachen von Gesundheit oder Krankheit zu tun haben. Der medizinische Fortschritt der Vergangenheit hatte scheinbar dazu geführt, bestimmten Krankheiten einzelne Risikofaktoren zuzuordnen: Weiter gefasste Konzepte schienen einer genauen wissenschaftlichen Überprüfung nicht standzuhalten. Menschen, die während ihrer medizinischen Ausbildung gelernt hatten, über die Auswirkungen bestimmter chemischer Substanzen oder Keime nachzudenken, schien das Gerede über soziale und wirtschaftliche Strukturen, die die Gesundheit beeinträchtigen, manchmal genauso weit hergeholt wie die Astrologie. Sogar Zigaretten waren eine zu weit gefasste Kategorie: Die „wirkliche" Ursache für den Lungenkrebs war ein bestimmter Bestandteil des Teers oder Nikotins. Als sich jedoch sozialwissenschaftlich geschulte Fachleute der Epidemiologie zuwandten (die sich mit der Gesundheit innerhalb von Bevölkerungen beschäftigt und nicht mit klinischen Untersuchen einzelner Menschen) und medizinisch ausgebildete Epidemiologen den Sozialwissenschaften größere Beachtung schenkten, konnten immer mehr Fortschritte im Hinblick auf ein umfassenderes Bildes erzielt werden.

Warum ein Land gesünder ist als ein anderes oder warum die Lebenserwartung in den meisten Ländern in jedem Jahrzehnt um zwei bis drei Jahre zunimmt, lässt sich weder durch die medizinische Versorgung noch genetisch erklären. Auch scheinen sich die großen gesundheitlichen Unterschiede zwischen den Gesellschaften nicht durch die bloße Aufsummierung individueller, verhaltensbedingter Risikofaktoren wie Rauchen, Bewegung und Ernährung erklären zu lassen. Die Wissenschaft hat uns gezeigt, dass diese durch die Art und Weise des sozialen und wirtschaftlichen Lebens bedingt sind. Aber welche Merkmale sind die bedeutendsten? Einige lassen sich leicht erkennen: Bei einem Vergleich zwischen reichen und armen Ländern geht klar hervor, dass der Lebensstandard eine große Rolle spielt. Warum aber ist die Lebenserwartung in Ländern wie Griechenland, Japan, Island und Italien höher als in reicheren Ländern wie beispielsweise den Vereinigten Staaten oder Deutschland?

Im Mittelpunkt dieses Zusammenhangs zwischen Gesundheit und Lebensstandard steht ein wichtiges Paradoxon. In den reicheren Ländern scheinen Wirtschaftswachstum und weitere Verbesserungen des Lebensstandards nur wenig Auswirkung auf die Gesundheit zu zeitigen. Diese Staaten haben einen kritischen Punkt in der wirtschaftlichen Entwicklung überschritten, wo der Lebensstandard ein Niveau erreicht hat, das allen Menschen eine materielle Grundversorgung garantiert. Dieser Punkt wird durch den epidemiologischen Übergang gekennzeichnet, wo Infektionskrankheiten von Krebs und degenerativen Erkrankungen als wichtigste Todesursachen abgelöst werden. Im gleichen Zeitraum wurden die sogenannten „Wohlstandskrankheiten" zu den Krankheiten der Armen in den wohlhabenden Gesellschaften.

Das Erreichen dieses durch den epidemiologischen Übergang gekennzeichneten kritischen Niveaus des Lebensstandards ist nicht nur in Bezug auf die Gesundheit wichtig, sondern geht weit darüber hinaus. Es markiert vielmehr einen fundamentalen Wandel in unserer Beziehung zum Wirtschaftswachstum und dazu, welche Vorteile uns dieses bieten kann.

Die andere Seite des Paradoxons ist, dass die Unterschiede im Lebensstandard weiterhin in engem Zusammenhang zur Gesundheit *innerhalb* der Gesellschaften stehen. Das heißt, dass ärmere Menschen in den entwickelten Ländern jährliche Sterberaten aufweisen, die zweibis viermal über jenen liegen können, die für die reicheren Teile der Bevölkerung in derselben Gesellschaft gelten. Untersuchungen dieser gravierenden gesundheitlichen Ungleichheiten haben deutlich gemacht, wie wichtig soziale und wirtschaftliche Einflüsse weiterhin für die Gesundheit sind. Unabhängig von der Tatsache, dass Unterschiede in der Gesundheit innerhalb von Gesellschaften auch weiterhin eng mit dem sozioökonomischen Status verknüpft sind, kann die Gesamtbevölkerung mehr als doppelt so reich sein wie eine andere, ohne deshalb gesünder zu werden, sobald ein Land die mit dem epidemiologischen Übergang einhergehende Einkommensschwelle überschritten hat.

Was geht hier vor? Wenn gesundheitliche Ungleichheiten auf Armut zurückzuführen sind, warum sind diese Unterschiede dann in Ländern wie Großbritannien in den letzten fünfzig Jahren größer geworden, obwohl der Lebensstandard in diesem Zeitraum enorm gestiegen ist?

Wenn Gesundheit mit Unterschieden im Lebensstandard innerhalb von entwickelten Gesellschaften zusammenhängt, nicht jedoch mit Unterschieden zwischen diesen Gesellschaften, so können wir mit Sicherheit folgern, dass diesen Unterschieden innerhalb der Gesellschaften eine ganz andere Bedeutung zukommt als jenen zwischen diesen. Die Beweislage spricht eindeutig dafür, dass die direkten gesundheitlichen Auswirkungen innerhalb einer Gesellschaft weniger von absoluten materiellen Lebensstandards als vielmehr von den Auswirkungen sozialer Bezüge bestimmt werden. Gesundheit wird in erheblichem Maße von der sozialen Stellung und dem Ausmaß sozialer und wirtschaftlicher Unterschiede innerhalb der Bevölkerung bestimmt. Was das Einkommen betrifft, geht es um die relative und nicht um die absolute Höhe.

Der wichtigste Beweis dafür geht auf die Erkenntnis zurück, dass es eine starke internationale Verflechtung zwischen Einkommensverteilung und nationalen Sterberaten gibt. In der entwickelten Welt weisen nicht die reichsten, sondern die sozial ausgewogensten Länder die beste Gesundheit auf. Dieser Zusammenhang ist heute allseits anerkannt, wurde er doch von einer Vielzahl unterschiedlicher Leute nachgewiesen, die unterschiedliche Datenbestände und unterschiedliche Kontrollvariablen verwendeten. Aber was haben sozial ausgewogene Länder an sich, das sie eindeutig gesünder macht als weniger ausgewogene? Es ist nicht einfach so, dass die Armen zusätzliches Einkommen gesundheitsfördernder verwenden als die Reichen – dass sie es z. B. für bessere Nahrung und nicht für Zweitautos ausgeben. Der Zusammenhang mit der Einkommensverteilung bleibt bestehen, nicht nur, wenn das absolute Einkommen der Armen in einer Gesellschaft in Betracht gezogen wird, sondern auch dann, wenn die Armen zusätzliches Einkommen eher für Nötiges als für die Luxusartikel der Reichen ausgeben, obwohl man normalerweise erwarten könnte, dass wirtschaftliche Entwicklung gesundheitliche Ungleichheiten reduziert.

Dieser Zusammenhang ist aus mehreren Gründen bedeutsam. Erstens deutet alles darauf hin, dass er einer der wichtigsten Einflussfaktoren für die Gesundheit ganzer Bevölkerungen in der entwickelten Welt ist. Zweitens scheint er in enger Beziehung zu gesundheitlichen Ungleichheiten innerhalb der Länder zu stehen. Ganz abgesehen davon jedoch, hat dies dazu geführt, dass die Bedeutung des Sozialgefüges in den entwickelten Gesellschaften besser verstanden wurde.

Betrachtet man eine Reihe unterschiedlicher Beispiele für gesunde, sozial ausgewogene Gesellschaften, so scheinen sie alle ein wichtiges gemeinsames Merkmal aufzuweisen – sie alle verfügen über sozialen Zusammenhalt. Sie haben ein ausgeprägtes Gemeinschaftsleben. Das soziale Leben macht nicht vor der Haustüre Halt, der öffentliche Raum bleibt vielmehr ein sozialer Raum. Der Individualismus und die Werte des Marktes werden von einer sozialen Ethik eingedämmt. Die Menschen engagieren sich mit größerer Wahrscheinlichkeit bei sozialen und ehrenamtlichen Tätigkeiten außerhalb der eigenen vier Wände. Diese Gesellschaften verfügen über mehr sogenanntes „Sozialkapital", das wie ein Schmiermittel für das Getriebe der gesamten Gesellschaft und Wirtschaft wirkt. Es gibt weniger Anzeichen antisozialer Aggressivität, die Gesellschaft erscheint fürsorglicher. Kurzum, sie weisen eine bessere Sozialstruktur auf. Die Wissenschaft gibt uns Aufschluss darüber, in welcher Form sich das Ausmaß der Ungleichheit in einer Gesellschaft auf die Sozialstruktur auswirkt.

Einige Charakteristika des Zusammenhangs zwischen Einkommensverteilung und nationalen Sterblichkeitsraten passen in dieses Bild. Auch wenn alle allgemeineren Kategorien von Todesursachen – Herzgefäßkrankheiten, Infektionen, Atemwegs- und Krebserkrankungen usw. – mit der Einkommensverteilung zusammenzuhängen scheinen, besteht der engste Zusammenhang doch bei sozialen Ursachen wie Todesfällen durch Alkoholmissbrauch, Selbstmord und Unfall. Diese Ursachen deuten in hohem Maße auf die Auswirkungen sozialer Desintegration hin. Weiter erhärtet wird dieses Bild durch Trends bei Verbrechen und die wachsenden sozialen Probleme im Zusammenhang mit relativer Deprivation, von der besonders Kinder und Jugendliche betroffen sind.

Beschäftigt man sich eingehender mit der Art und Weise, wie körperliche Krankheit und Ungleichheit mit größter Wahrscheinlichkeit miteinander verknüpft sind, so gibt es gute Gründe für die Annahme, dass psychosozialen Faktoren die größte Bedeutung zukommt. Allein die Tatsache, dass wir es mit der Auswirkung relativer Unterschiede und nicht mit absoluten materiellen Standards zu tun haben, weist deutlich in diese Richtung. Die epidemiologische Beweislage, aus der die gesundheitlichen Vorteile eines sozialen Zusammenhalts am deutlichsten hervorgehen, stammt aus Untersuchungen über die positiven Auswirkungen sozialer Netze auf die Gesundheit. Auch wenn man den Effekt korrelierender Einflussfaktoren rechnerisch isoliert, zeigt sich, dass Menschen mit mehr sozialen Kontakten und einer stärkeren Einbindung in lokale Aktivitäten gesünder sind. Vermutlich ist dies aber nur ein Teilaspekt. Glücklicherweise gibt es viele Hinweise darauf, dass verschiedene Formen von psychosozialem Stress großen Einfluss auf die Sterblichkeits- und Erkrankungsraten haben. Die Beweise stammen aus ganz unterschiedlichen Quellen wie kontrollierten Versuchsanordnungen, Experimenten und einer Reihe anderer epidemiologischer Beobachtungen. Darüber hinaus gibt es auch immer mehr Hinweise auf physiologische Kanäle, durch die sich chronischer Stress auf endokrine und immunologische Prozesse auswirken kann. Es konnte sogar nachgewiesen werden, dass Stress auslösende soziale Hierarchien sowohl bei Pavianherden als auch in menschlichen Gesellschaften für einen schlechteren Gesundheitszustand anfällig machen. Auch einige physiologische Wirkungsweisen scheinen ähnlich zu sein.

Die Erkenntnisse aus diesem von vielen Wissenschaftlern durch ihre Arbeiten zusammengetragenen Bild sind von außerordentlicher Bedeutung. Es heißt nichts anderes, als dass die Qualität des sozialen Lebens einer Gesellschaft eine der wichtigsten Determinanten für die

Gesundheit ist und dass diese wiederum sehr eng mit dem Ausmaß an Einkommensgleichheit zusammenhängt. Dies ist jedoch nur der Anfang. Hinweise auf die psychosoziale Natur dieser Zusammenhänge lassen sie für die tatsächliche subjektive Lebensqualität in modernen Gesellschaften gleichermaßen wichtig erscheinen wie für deren Gesundheit. Ginge es bei all dem nur darum, dass zu viele Chips gegessen werden und zu wenig Bewegung gemacht wird, so würde dies allein noch nicht notwendigerweise bedeuten, dass die von den Menschen wahrgenommene Lebensqualität geringer wäre. Man kann sehr glücklich sein, wenn man Chips isst. Doch die Ursachen für sozialen Stress – mangelhafte soziale Netze, geringe Selbstachtung, hohe Depressionsraten, Angstzustände, Unsicherheit, das Gefühl des Kontrollverlusts über das eigene Leben – all dies hat eine so große Auswirkung auf das subjektive Lebensgefühl, dass die Frage durchaus vernünftig erscheint, ob die Auswirkungen auf die Lebensqualität nicht wichtiger sind als die Auswirkungen auf die Länge des Lebens. (In diesem Zusammenhang muss darauf hingewiesen werden, dass es sich bei höherer oder geringerer Lebenserwartung nicht in erster Linie um die Frage handelt, ob alte Menschen einige Jahre länger leben. Viel maßgeblicher ist die Zahl der Todesfälle, die sich in jüngeren Jahren ereignen.) Dass die Relation zwischen Gleichheit und Gesundheit vor allem psychologischer Natur ist, bedeutet, dass die Skala der Einkommensunterschiede und die Beschaffenheit des sozialen Gefüges einer Gesellschaft äußerst wichtige Determinanten für die tatsächliche subjektive Lebensqualität in modernen Gesellschaften sind.

Gesundheit sagt etwas aus über die wichtigsten Einflüsse auf die Lebensqualität in modernen Gesellschaften, und wir können es uns nicht leisten, diese Aussagen zu ignorieren. Es geht dabei insbesondere um die wachsende Sorge angesichts der Divergenz zwischen materiellem Erfolg und sozialem Versagen der modernen Gesellschaften. Es ist erstaunlich, wie sehr die Lebensqualität mit den materiellen Lebensbesdingungen gleichgesetzt wurde. Zweifelsohne ist dies teilweise dadurch bedingt, dass sich die soziale Lebensqualität schwer messen lässt. Heute wissen wir jedoch mehr darüber, wie wichtig die Beschaffenheit des sozialen Lebens ist, und auch einiges über die wichtigen Dimensionen. Und zusätzlich wissen wir auch, dass die Situation durch eine Verringerung der Einkommensunterschiede verbessert werden kann.

Dies heißt nicht, dass wir auf wirtschaftliches Wachstum zugunsten einer Umverteilung des Einkommens verzichten müssen. Die Daten zeigen, dass sich geringere Einkommensunterschiede, die mit einem größeren sozialen Kapital einhergehen, mit großer Wahrscheinlichkeit positiv auf die Produktivität auswirken. Es scheint nicht auf eine Entscheidung zwischen Gleichheit und Wachstum hinauszulaufen, es sieht viel eher danach aus, als würde sich beides ergänzen.

Aber es geht nicht nur darum, dass geringere Einkommensunterschiede nicht mit einem Wachstumsverlust einhergehen müssen. Das sich im Laufe der Zeit verändernde, erstaunliche Verhältnis zwischen Lebenserwartung und Pro-Kopf-Bruttonationalprodukt kann in der Weise interpretiert werden, dass qualitative Veränderung wichtiger als quantitatives Wachstum ist und es vor allem auf die kulturelle und soziale Entwicklung ankommt, die durch den materiellen Fortschritt gewissermaßen nur ermöglicht wird. Historisch gesehen hat Wachstum eindeutig Freiräume geschaffen, das Leben bereichert und zur menschlichen Würde beigetragen. Man kann unter Umständen die Ansicht vertreten, dass dessen emotional kultivierende und sozial befreiende Auswirkungen noch nicht ausgereizt wurden. Ist dies der Fall, so kann wirtschaftliches Wachstum entgegen den Aussagen zum kritischen Niveau des Lebensstandards und zum epidemiologischen Übergang noch immer zu indirekten Verbesserungen der sozialen Lebensqualität führen.

Auf diese Einleitung folgt in Kapitel 2 die Vorstellung des gesellschaftlichen Ansatzes im Hinblick auf die Gesundheit. Dieser Ansatz steht in bewusstem Gegensatz zu traditionellen wissenschaftlichen und politischen Ansätzen, die ihr Augenmerk auf die für die individuelle Gesundheit bestimmenden Faktoren richten, indem er sich auf die generellen Gesundheitsstandards in Bevölkerungsgruppen und Gesellschaften konzentriert. Bei dieser Unterscheidung geht es nicht darum, ob Studien mit einer großen Anzahl von Menschen arbeiten oder nicht. Die meisten großen Gesundheitsdatenbestände werden für Untersuchungen verwendet, die sich mit der unterschiedlichen Gesundheit von Einzelpersonen beschäftigen: Sie sind nicht zielführend bei der Frage nach den Ursachen von Unterschieden im Gesundheitszustand zwischen unterschiedlichen Bevölkerungen und für die Entwicklung von Maßnahmen zur Verbesserung genereller Standards.

Kapitel 3 erörtert die Gründe, weshalb die Lebenserwartung in den meisten entwickelten Ländern in jedem Jahrzehnt um zwei bis drei Jahre ansteigt. Obwohl diese Tatsache eng mit der wirtschaftlichen Entwicklung gekoppelt zu sein scheint, ist die statistische Untermauerung äußerst schwach. Die charakteristischen Merkmale für dieses Missverhältnis weisen auf spezielle Fehler in der Messung langfristiger Veränderungen im Lebensstandard hin und schließen eine Reihe einst plausibler Erklärungen für Verbesserungen in der Gesundheit aus. Im Mittelpunkt dieses Kapitels steht die Erklärung der wirtschaftlichen Bedeutung des epidemiologischen Übergangs. Es wird argumentiert, dass der Übergang von infektiösen zu degenerativen Todesursachen das Erreichen eines materiellen Mindeststandards markiert, der im Einklang mit der Gesundheit der überwiegenden Mehrheit der Bevölkerung steht. Demnach sieht es so aus, als seien absolute materielle Standards nicht mehr länger das Haupthindernis für bessere Gesundheit. Das stimmt mit der geringen Korrelation zwischen Wirtschaftswachstum und steigender Lebenserwartung überein, unbeantwortet bleibt jedoch die Frage, warum die Lebenserwartung ständig weiter steigt.

Kapitel 4 befasst sich mit den bedeutenden gesundheitlichen Unterschieden, die immer noch mit den unterschiedlichen Lebensstandards innerhalb eines Landes in Verbindung gebracht werden. Das Kapitel erläutert die Daten, die zur Beurteilung dieser Unterschiede verwendet wurden, und zeigt in der Folge auf, warum diese nicht auf die Genetik zurückgeführt werden können; warum es nur eine geringe Rolle spielt, dass gesündere Menschen die soziale Leiter emporsteigen und weniger gesunde absteigen; warum fast keiner der gesundheitlichen Unterschiede aus einer divergierenden medizinischen Versorgung resultiert; warum sich die Unterschiede nur teilweise durch gesundheitsbezogenes Verhalten erklären lassen; und schließlich warum die wichtigsten Erklärungen für gesundheitliche Ungleichheiten in den Auswirkungen unterschiedlicher sozialer und wirtschaftlicher Umstände zu suchen sind, unter denen die Menschen leben.

Kapitel 5 geht von dem scheinbaren Paradoxon aus, dass Gesundheit etwas mit den Unterschieden im Lebensstandard innerhalb entwickelter Gesellschaften zu tun hat, nicht hingegen mit den Unterschieden zwischen diesen. Diese Inkonsequenz wird durch Beispiele erklärt, die zeigen, dass es innerhalb eines Landes auf das relative und nicht auf das absolute Einkommensniveau ankommt. In dem Kapitel wird eine kurze Zusammenfassung verschiedener Quellen gegeben, aus denen hervorgeht, dass Länder mit geringeren Einkommensunterschieden in der Regel durchschnittlich niedrigere Sterblichkeitsraten aufweisen. Erörtert und anschließend verworfen wird auch die Möglichkeit, dass es sich hier um eine Scheinkorrelation handeln könnte. Anhand weiterer Forschungsergebnisse wird in der Folge diskutiert, wie dieser Zusammenhang mit den gesundheitlichen Ungleichheiten innerhalb eines Landes in Beziehung stehen könnte.

Um den Zusammenhang zwischen Einkommensverteilung und Gesundheit besser interpretieren zu können, untersucht Kapitel 6 fünf Beispiele von Gesellschaften, die sozial bemerkenswert ausgewogen sind und niedrige Sterblichkeitsraten aufweisen, nach etwaigen gemeinsamen Merkmalen. Das Kapitel beginnt mit Großbritannien während des Ersten und Zweiten Weltkrieges, als die Lebenserwartung der Zivilbevölkerung ungewöhnlich rasch anstieg. Danach geht es um Roseto in Pennsylvania, das gesünder als benachbarte Städte war und gleichzeitig einen besonders starken Zusammenhalt aufwies. In der Folge geht es in dem Kapitel um eine Analyse regionaler Unterschiede in Italien, um den hohen Gesundheitsstandard, der für „kommunistische" Länder charakteristisch war, und um den relativen oder absoluten Rückgang der Gesundheitsstandards in Osteuropa seit etwa 1970. Abschließend wird kurz auf Japan eingegangen, das sowohl eine ungewöhnlich geringe Spanne bei der Einkommensverteilung als auch die höchste Lebenserwartung auf der ganzen Welt aufweist. Am Beispiel von Roseto und Osteuropa lässt sich erkennen, dass zunehmende Ungleichheit mit dem Verlust des gesundheitlichen Vorteils einhergeht, während Japan sowie Großbritannien zur Zeit des Ersten und Zweiten Weltkriegs zeigen, dass Gleichheit Vorteile bringt. Die Botschaft ist in allen Fällen klar: Gesunde, sozial ausgewogene Länder verfügen – oder verfügten – über ein Gespür für sozialen Zusammenhalt und Gemeinschaftssinn.

Kapitel 7 beschäftigt sich eingehender mit dem Thema des sozialen Zusammenhalts und stützt sich dabei auf Material aus der Anthropologie und der Sozialpsychologie. Es handelt insbesondere davon, wie frühere Gesellschaftsformen ihr Wirtschaftsleben organisierten, um soziale Harmonie zu gewährleisten und Konflikte zu minimieren. Kurz wird auch erwähnt, welch tiefreichende psychologische Wirkung

Marktbeziehungen auf unsere Selbsterfahrung und unser Verständnis von menschlichen Beziehungen haben.

In Kapitel 8 werden die einzelnen Todesursachen untersucht, die für Länder mit einer weit auseinander klaffenden Einkommensverteilung besonders symptomatisch sind. Es werden eine Reihe von „sozialen" Ursachen genannt, die sozialen Stress anzeigen, gleichzeitig werden statistische Erkenntnisse angeführt, aus denen hervorgeht, dass eine höhere Verbrechensquote, Selbstmord und Gewalt mit größeren Einkommensunterschieden einhergehen. Zudem werden in dem Kapitel mehrere Anzeichen jenes wachsenden sozialen Unbehagens untersucht, das in Großbritannien mit der rasch immer weiter auseinander klaffenden Einkommensschere in den späten 1980er-Jahren einherging. In diesem Kapitel geht es also um die Auswirkungen sozialer Desintegration als Folge zunehmender Einkommensunterschiede, somit um ein Gegenbild zu Kapitel 6.

In den Kapiteln 9 und 10 werden jene Wirkungsmechanismen erörtert, über die Ungleichheit und Verlust des sozialen Zusammenhalts möglicherweise die Gesundheit beeinträchtigen. Hervorzuheben sind hier die Auswirkungen psychosozialer Umstände auf die Gesundheit. Kapitel 9 führt zahlreiche Beispiele an, in denen unter Verwendung unterschiedlichster Methoden die überaus starke Wirkung demonstriert wird, die psychosoziale Umstände auf die physische Gesundheit und die Sterblichkeitsraten haben. Kapitel 10 beschäftigt sich mit ähnlichen Vorgängen, doch wird hier mehr auf die physiologische Ebene eingegangen, insbesondere werden die biologischen Auswirkungen von chronischem Stress untersucht. Das Kapitel zeigt einige Ähnlichkeiten zwischen den Auswirkungen der sozialen Hierarchie bei Pavianen und bei Londoner Beamten auf. Das Kapitel schließt mit der Beschreibung einiger wichtiger Forschungsergebnisse aus jüngster Zeit, welche die Auswirkungen psychosozialer Faktoren auf das Wachstum von Kindern aufzeigen, die weitreichende Konsequenzen für ihr späteres emotionales Wohlbefinden und ihre Berufschancen haben.

Kapitel 11 schließlich fasst das zuvor Dargelegte zu einem Bild von Gesundheit und Lebensqualität in modernen Gesellschaften zusammen, abhängig in erster Linie von der Verteilungsgerechtigkeit und dem Niveau des so genannten „Sozialkapitals". Das Ausmaß materieller Ungleichheit ist eine wichtige Determinante für das psychosoziale Befinden in modernen Gesellschaften, wobei ihre Auswirkung auf die

Gesundheit lediglich ein Teil der damit einhergehenden sozialen Opfer ist. Der Zusammenhang zwischen Gesundheit und Gleichheit wirft kurzum ein Schlaglicht auf die Bedeutung menschlicher sozialer Bedürfnisse und zeigt die Rahmenbedingungen auf, innerhalb welcher diese befriedigt werden können. Das Kapitel weist weiters auf Studien hin, aus denen hervorgeht, dass die Zugewinne an menschlichem Miteinander in Gesellschaften mit größerer sozialer Ausgewogenheit einem Wachstum keineswegs entgegenstehen, sondern vielmehr zu rascheren Produktivitätssteigerungen und höheren Wachstumsraten führen. Kapitel 11 beleuchtet auch die Tatsache, dass Regierungen sich nicht dann für größere Gleichheit einsetzen, wenn ihnen besonders viel Geld zur Verfügung steht, als ob dies ein Luxus wäre, den man sich normalerweise nicht leisten kann, sondern vielmehr dann, wenn sie ihre Legitimität unter Beweis stellen müssen oder besonders auf die Zusammenarbeit mit der Bevölkerung angewiesen sind und es sich nicht länger leisten können, ohne sie zu arbeiten.

Statt der Schlussfolgerung, dass Wirtschaftswachstum der entwickelten Welt keine wirklichen Vorteile mehr bringt, wird hier die Ansicht vertreten, dass der Nutzen indirekt und nicht direkt gegeben ist. Es stellt sich die Frage, ob die Mischung jener Komponenten, die zu höherem Lebensstandard führen, die soziale Lebensqualität steigert oder verringert. Wir müssen den indirekten Zusammenhang zwischen Wirtschaftswachstum und Lebensqualität ähnlich sehen wie vielleicht die indirekte Beziehung zwischen materiellem Leben und Kultur.

Teil I

Die Gesundheit von Gesellschaften

Kapitel 2
Gesundheit wird zu einer Sozialwissenschaft

Dass sich die Sterberaten innerhalb der meisten entwickelten Gesellschaften zwischen den verschiedenen sozialen Klassen oder Einkommensgruppen um einen Faktor zwei, drei oder sogar vier unterscheiden, hat den Menschen einmal mehr die anhaltende Bedeutung sozialer und wirtschaftlicher Faktoren für die Gesundheit vor Augen geführt. Natürlich bestand nie ein Zweifel daran, dass der Lebensstandard und das Ausmaß der Armut schon immer wichtige Determinanten für die Gesundheit sowohl in den Entwicklungsländern als auch – in früheren Entwicklungsstadien – in den entwickelten Ländern waren. Überwiegend herrschte jedoch die Meinung vor, dass der wachsende Wohlstand in den reicheren Ländern in der zweiten Hälfte des 20. Jahrhunderts bewirkt habe, dass diese Einflüsse auf die Gesundheit nicht mehr in derartigem Maße bestimmend seien. Es schien verständlich, dass die gesellschaftliche Stellung die Gesundheit dann beeinflusst, wenn ein erheblicher Teil der Bevölkerung nur mit Mühe die materiellen Grundbedürfnisse befriedigt; es erschien indes äußerst unwahrscheinlich, dass die soziale Position auch dann noch so wichtig ist, wenn der Lebensstandard so viel höher ist. In Kapitel 4 werden wir sehen, warum diese Unterschiede nicht einfach „wegerklärt" werden können, sondern als Tatsache hingenommen werden müssen. Auch wenn diese Unterschiede so manchem nicht allzu glaubwürdig erscheinen mochten, sind inzwischen die ersten Sondierungsforschungen erfolgt und man ist dabei zu dem Schluss gekommen, dass sich der größere Anteil dieser gesundheitlichen Unterschiede tatsächlich aus dem sozialen und wirtschaftlichen Lebensumfeld ergibt, während diese Divergenz unter dem Einfluss des Wirtschaftswachstums nicht abnimmt.

Unser Wissen um die Tatsache, dass die sozialen und wirtschaftlich strukturierten Lebensprozesse in der modernen Welt auch weiterhin den größten Einfluss auf die Gesundheit ausüben, macht die Erforschung der Gesundheitsdeterminanten zu einer Sozialwissenschaft. Die medizinische Wissenschaft kann sich der biologischen Wirkungsmechanismen annehmen, die mit der Krankheit, der Pathologie und den Heilungsmöglichkeiten einhergehen. Da Gesundheit jedoch auch ein soziales Produkt ist und manche Formen sozialer Organisation gesünder sind als andere, werden Fortschritte in unserem Verständnis der Gesundheit von der Sozialforschung abhängen. Wirksame Formen der Prävention zu entwickeln heißt zu verstehen, wie soziale und wirtschaftliche Strukturen auf die Menschen wirken und welche Maßnahmen positiv sein könnten. Es heißt zu verstehen, welche Auswirkungen verschiedene institutionelle Strukturen haben, welche unterschiedlichen Formen der Unsicherheit es in Bezug auf Wohnsituation, Einkommen und Arbeitsplatz gibt, wie sich Gesellschaft und Gemeinschaft entwickeln; es bedeutet, die Determinanten der subjektiven Lebensqualität zu verstehen; Wege zu finden, die die soziale Struktur der Gesellschaft stärken; und vor allem ein Verständnis der psychosozialen Auswirkungen von Hierarchie und sozialer Stellung.

Zwei Indikatoren machen den sozialen und politischen Charakter von Gesundheit in der Bevölkerung besonders deutlich. Zunächst einmal sind da eine Reihe von Krankheiten und Todesursachen, die eher am unteren als am oberen Ende der sozialen Skala üblich sind. Der gesundheitliche Nachteil der unteren Schicht ist nicht einfach anhand von ein oder zwei Krankheiten zu erklären, die durch ein oder zwei Risikofaktoren bedingt sein könnten. Betrachtet man die etwa 80 wichtigsten Todesursachen (78 bei Männern und 82 bei Frauen), so sind in rund 80 Prozent der Fälle (83 Prozent bei Männern und 76 Prozent bei Frauen) die Sterberaten unter Arbeitern höher als unter Angestellten. Das gleiche Muster lässt sich bei den wichtigsten Krankheitsgruppen erkennen – bei Infektionen, Krebserkrankungen, Herzgefäßerkrankungen, Ernährungs- und Stoffwechselkrankheiten, Atemwegserkrankungen, Unfällen, Nerven- und Geisteskrankheiten. Hautkrebs (die Folge übermäßiger Sonnenbestrahlung) und Brustkrebs sind fast die einzigen wichtigen Krankheiten, wo es zu einer Umkehr des sozialen Gefälles kommt. Die äußerst weit gespannte Palette von Krankheiten, die mit dem sozialen und wirtschaftlichen

Status zusammenhängen, beweist, dass es sich hier um ein grundsätzlich soziales Phänomen handelt: Es geht hier nicht einfach um das zufällige Aufeinandertreffen einiger Gesundheitsfaktoren, die das Klassengefälle von Krankheiten auf die eine oder andere Seite kippen lassen.

Ein weiterer ganz anderer, aber fast ebenso überraschender Indikator für die Bedeutung soziologischer Prozesse sind die Gesundheitstrends in Osteuropa. Ordnete man die Länder Ost- und Westeuropas nach der Rangordnung ihrer Sterberaten des Jahres 1970, so gäbe es eine weitgehende Überlappung zwischen den Ländern beider Blöcke. Ostdeutschland würde besser abschneiden als die alte Bundesrepublik, Länder wie Bulgarien und Rumänien besser als viele westeuropäische Länder. Reihte man sie jedoch nach den Sterberaten der Männer des Jahres 1990, so würden alle Länder Osteuropas schlechter abschneiden als alle Länder Westeuropas (Watson 1995) und die Sterberaten Jugoslawiens – das keinem der beiden Lager zuzuordnen ist – lägen genau zwischen den beiden politischen Blöcken. Die nationalen Unterschiede hinsichtlich der Sterblichkeit bei Frauen sind lediglich geringfügig weniger deutlich. Der Wandel zwischen 1970 und 1990 ist nicht in erster Linie auf die zu beobachtende sich zunehmend ungünstiger entwickelnde Sterblichkeit während der auf die Unruhen des Jahres 1989 folgenden Neustrukturierung zurückzuführen. Schon seit den frühen 1970er-Jahren stagnierte die Steigerung der Lebenserwartung in ganz Osteuropa. Nachdem man zu den in Westeuropa in den 1950er- und 1960er-Jahren zu verzeichnenden Werten bei der Lebenserwartung aufgeschlossen hatte, kam es zu keinen weiteren Verbesserungen; die gesundheitliche Schere zwischen Ost- und Westeuropa wurde immer größer – trotz anhaltenden Wirtschaftswachstums in den meisten Ländern Osteuropas. Der soziopolitische Charakter des Problems lässt sich daran erkennen, dass diese Stagnation nicht einfach durch eindeutige Ursachen wie sinkende Standards in der medizinischen Versorgung, unterschiedliches Wirtschaftswachstum oder zunehmende Luftverschmutzung (Hertzman 1995) erklärt werden kann. In all diesen Gesellschaften lief praktisch gleichzeitig irgend etwas in den frühen 1970er-Jahren schief. Wenn man sich diese Trends ansieht, drängt sich der Gedanke auf, dass wir die sozialen und wirtschaftlichen Ursachen für die Revolutionen von 1989 hätten bemerken müssen, hätten wir erkannt, was den weiteren Fortschritt in der Gesundheit verhindert hatte. Da Gesundheit und Gesellschaft so eng miteinander verknüpft sind, erfahren wir mehr über Gesundheit, wenn wir die Gesellschaft studieren, und mehr über die Gesellschaft, wenn wir die Gesundheit untersuchen.

Eine genaue gesundheitliche Gesamtkonzeption hat viele Gemeinsamkeiten mit Durkheims Ansatz bezüglich des Selbstmords. Statt den Selbstmord ausschließlich vom Standpunkt der Individualpsychologie und gemäß den Umständen zu analysieren, sah Durkheim die Selbstmordraten als soziales Produkt. Jede Gesellschaft hatte eine Quote, die ihre soziale Struktur widerspiegelte. Zur Zeit von Durkheim waren Infektionskrankheiten die häufigste Todesursache und es war klar, dass das Auftreten einer Infektion vor allem mit dem Kontakt zum Infektionsherd und materieller Armut in Zusammenhang stand. Würde Durkheim seine Arbeiten heute verfassen, würde er seine Analyse angesichts der modernen Krankheitslast in den entwickelten Gesellschaften aller Wahrscheinlichkeit nach nicht auf den Selbstmord beschränken. Es gibt überwältigend viele Beweise, dass die Anteile der meisten Krankheiten je nach Gesellschaft variieren und auf diese Weise die Unterschiede in deren sozialem und wirtschaftlichem Aufbau reflektieren, ja, symptomatisch für diese sind. Die Mehrzahl der wichtigsten Todesursachen sind nicht weniger soziologisch als der Selbstmord. Durkheim wäre zweifelsohne besonders an der Tatsache interessiert, weshalb der mangelnde Zuwachs bei der Lebenserwartung in Osteuropa ab den frühen 1970er-Jahren bei allein stehenden Männern und Frauen viel stärker ausgeprägt war als bei verheirateten. Bei allein stehenden Männern und Frauen war in den 1970er- und 1980er-Jahren eine deutlich ungünstigere Entwicklung der Sterblichkeit zu beobachten, während bei den Verheirateten nur eine geringe Veränderung zu verzeichnen war (Watson 1995). Dies ist ein eindrucksvoller Beweis, wie soziologisch die zugrunde liegenden Prozesse sind.

Betrachtet man die Gesundheit vom Standpunkt der Gesellschaft und nicht von jenem der Einzelpersonen aus, so kann man zu einer völlig anderen Sicht der gesundheitsrelevanten Determinanten kommen. Statt danach zu suchen, was den einen gesünder macht als den anderen, soll in diesem Buch untersucht werden, was eine *Gesellschaft* gesünder macht als eine andere. Vom Standpunkt der eigenen Gesundheit oder der Gesundheit von Freunden wird das Verständnis von gesundheitlichen Unterschieden zwischen Einzelpersonen ohne Zweifel wichtiger erscheinen als das Verständnis der gesundheitlichen Unterschiede zwischen Gesellschaften. Aus Sicht der praktischen Politik oder aus soziologischem Interesse zählt die Gesundheit ganzer Gesellschaften. Die alles bestimmende Frage ist hier, wie die Gesamtsumme von Gesundheit in einer Gesellschaft gesteigert werden kann. Aus dieser Perspektive sind die meisten gesundheitsrelevanten Gewinne und Verluste für Einzelpersonen in einer Gesellschaft – ob es nun um die Frage des Alters, jahreszeitlich bedingte Epidemien von Infektionskrankheiten oder das Auftauchen und Verschwinden anderer Krankheitsformen geht – nahezu vernachlässigbar. Nur sehr wenige individuelle gesundheitliche Veränderungen sind Teil jenes Prozesses, der zur Gesamtgesundheit einer Gesellschaft beiträgt.

Aber ist es nicht so, dass die in Studien über Einzelpersonen identifizierten Gesundheitsfaktoren in Summe zu jenen Faktoren werden, welche die Gesundheit der Gesellschaft insgesamt bestimmen? Auch wenn die Antwort im Prinzip „Ja" lautet, kann es in der Praxis und aus Sicht der Forschungsergebnisse durchaus vorkommen, dass dies nicht der Fall ist. Wenn ein Faktor bei der Analyse auf Gesellschafts- oder Gruppenebene als Determinante für die Gesundheit erscheint, sich bei Studien auf der individuellen Analyseebene hingegen nicht als Risikofaktor bestätigt, dann wird die Erkenntnis auf gesellschaftlicher Ebene häufig als „ökologischer Fehlschluss" bezeichnet. Es gibt indes durchaus gute Gründe, warum individuelle und gesellschaftliche Analysen zu unterschiedlichen, jedoch gleichermaßen gültigen Ergebnissen gelangen können (Schwartz 1994; Susser 1994). Ein Körnchen Wahrheit, das sich auf der breiteren ökologischen Ebene zeigt, kann auf der individuellen Ebene leicht einer statistischen Feststellbarkeit entgehen. Was die Gesundheit ganzer Gesellschaften wirklich bewegt und zur Gesamtsumme der Gesundheit beiträgt oder diese vermindert, können Faktoren sein, die lediglich für einen sehr geringen Teil der individuellen Variation bei der Gesundheit Bedeutung haben und sich somit der Erfassung entziehen. Umgekehrt können Faktoren, die für maßgebliche Unterschiede in der Gesundheit ganzer Bevölkerungen verantwortlich sind, für Einzelpersonen innerhalb jeder dieser Gesellschaften keine Änderung bewirken und spielen bei Individualstudien daher – einmal mehr – keine Rolle. (Faktoren, die alle Mitglieder einer Gesellschaft in gleichem Maße betreffen, werden Konstanten genannt und scheinen bei statistischen Untersuchungen an Einzelpersonen dieser Bevölkerung nicht auf, da die Statistik sich nur mit der Analyse von Unterschieden oder Variationsmustern bei einer großen Zahl von Fällen befasst. Der Einfluss eines gesellschaftlichen Faktors, der allen Mitgliedern einer Gesellschaft gemeinsam ist, könnte daher nur im Vergleich mit anderen Gesellschaften erkannt werden.) Wie oft wurden wohl, so erhebt sich die Frage, potentiell wertvolle Erkenntnisse als „ökologische Fehlschlüsse" verworfen?

In der Praxis sieht es so aus, als ob einige Faktoren, die wichtige Erklärungen für gesundheitliche Unterschiede zwischen Einzelpersonen zu liefern scheinen, bei Unterschieden zwischen sozialen Gruppen innerhalb von Gesellschaften bzw. zwischen einer Gesellschaft und einer anderen keine Rolle spielen. So zählen beispielsweise einige Staaten mit besonders hohem Zigarettenkonsum zu den gesündesten Ländern der Welt. Dies heißt natürlich nicht, dass Rauchen nicht schädlich für die Gesundheit ist, es bedeutet lediglich, dass der Einfluss des Rauchens durch andere, meist unbekannte Faktoren, die von Land zu Land unterschiedlich sind, ausgeglichen wird. Auf ähnliche Weise weisen der Fettkonsum und der Cholesterinspiegel in Großbritannien nicht dasselbe krasse Gefälle innerhalb der Gesellschaftsklassen auf, wie es bei Herzerkrankungen zu beobachten ist. Sie haben Auswirkungen auf das individuelle Risiko einer Herzerkrankung, zählen aber nicht zu jenen Faktoren, die systematisch in einer Art und Weise zwischen den sozialen Klassen voneinander abweichen, dass sie zum Klassengefälle bei bestimmten Krankheiten beitragen.

Es gibt jedoch auch viel grundsätzlichere Probleme, wenn man von individuellen Gesundheitsdeterminanten auf gesellschaftliche Determinanten schließt. Sowohl Bildung als auch Einkommen scheinen wichtige bestimmende Faktoren für die individuelle Gesundheit zu sein. Eine gute Ausbildung hat unter anderem auch den Effekt, dass man dadurch in der sozialen Hierarchie aufsteigt. Die Verbesserung der Gesundheit steht eher mit dem Wechsel in der individuellen sozialen Stellung in Zusammenhang, der durch Bildung ermöglicht wird, als mit Bildung an sich. Verfügte jedes Mitglied einer Gesellschaft auf einen Schlag über 25 Prozent mehr Bildung, wäre es durchaus wahrscheinlich, dass sich die Gesundheit verbesserte, dies muss jedoch nicht der Fall sein. Wenn es auf die gesellschaftliche Stellung ankommt und wenn die relative Position jedes Einzelnen unverändert bleibt, käme es zu keiner Verbesserung. Gleiches gilt für Einkommenssteigerungen. Zählt nun das absolute oder das relative Einkommen? Vielleicht spielt das Einkommen nur dann eine Rolle, wenn dadurch die relative Position in der Gesellschaft verbessert wird. In Kapitel 5 werden wir sehen, dass vieles darauf hindeutet, dass das relative Einkommen wichtiger ist als das absolute. Gleiches gilt für einige Forschungsergebnisse, denen zufolge Menschen mit besserer sozialer Unterstützung gesünder sind. Würde dies die Tendenz widerspiegeln, dass Menschen mit einer umgänglicheren Persönlichkeit unabhängig von ihrem sozialen Umfeld über bessere Gesundheit verfügen, dann würden bessere soziale Beziehungen in einer Gesellschaft als ganzes die Gesamtgesundheit möglicherweise gar nicht verbessern. Und schließlich sind Kinder, die mit dem Auto zur Schule gefahren werden, vielleicht vor einigen Gefahren der Straße geschützt, jede zusätzliche Autofahrt erhöht jedoch die Luftverschmutzung und die Gefahr im Straßenverkehr für die anderen. Von Einzelpersonen auf ganze Gesellschaften zu schließen, könnte daher zu einem umgekehrten „ökologischen Fehlschluss" führen. Und aus Sicht der Veränderungen in der Politik der öffentlichen Hand kommt es darauf an, ob die Ergebnisse für die Gesellschaft insgesamt richtig sind.

Wie sehr es auf gesellschaftliche Fragestellungen ankommt, lässt sich nicht nur an dem offensichtlichen gesundheitlichen Gegensatz zwischen entwickelten Ländern und Entwicklungsländern ablesen. Zwischen 1965 und 1986 erhöhte sich die Lebenserwartung in Japan um 7,5 Jahre für Männer und um 8 Jahre für Frauen. Zu Beginn dieses Zeitraums lag die japanische Lebenserwartung unter jener Großbritanniens, am Ende verfügte Japan über die höchste Lebenserwartung auf der ganzen Welt. Die Größenordnung dieser Zugewinne lässt sich daran ermessen, dass alle Herzerkrankungen und die meisten Krebskrankheiten in Großbritannien vermieden werden müssten, um in Großbritannien eine ebensolche Steigerung der Lebenserwartung zu erreichen (Marmot und Davey Smith 1989). Diese Verbesserungen können indes nicht durch Veränderungen in der Ernährung, der Gesundheitsversorgung, durch Vorsorgemedizin oder andere einleuchtende, aus individuellen Untersuchungen resultierende Faktoren erklärt werden.

Unterschiedliche Analyseebenen führen zu unterschiedlichen Bildern der Gesundheitsdeterminanten. Abgesehen von den Unterschieden zwischen individuellen und gesellschaftlichen Determinanten hat sich die Forschung außerdem mit der Frage beschäftigt, welche Unterschiede es in den Gesundheitsdeterminanten von Menschen gibt, die – gereiht nach der Klassenzugehörigkeit – innerhalb ein und derselben Gesellschaft leben, die früher häufig nicht beachtet wurden. Untersuchungen legen die Vermutung nahe, dass sich die Unterschiede bei den Sterberaten zwischen den sozialen Klassen zum überwiegenden Teil nicht durch Erklärungen begründen lassen, die für die individuellen gesundheitlichen Unterschiede gültig sind. Nehmen wir beispielsweise die durch Herzerkrankungen bedingten Sterberaten, die zwischen den höheren und niedrigeren Beamten in den Regierungsämtern Großbritanniens um einen Faktor vier variieren (siehe Abb. 4.1). Auch wenn man eine mögliche Fehlschätzung durch ungenaue Messmethoden in Rechnung stellt, erklären alle bekannten wichtigen individuellen Risikofaktoren für Herzerkrankungen lediglich die Hälfte dieses Unterschiedes (Marmot et al. 1978b). Einige andere Untersuchungen haben bestätigt, dass das Klassengefälle bei der „durch alle Ursachen" bedingten Gesamtsterblichkeit fast gleich krass bleibt, wenn die Auswirkungen der wichtigsten individuellen Risikofaktoren statistisch ausgeklammert werden.

Dass man sich mit den Gesundheitsdeterminanten auf gesellschaftlicher Ebene auseinandersetzen sollte, wird durch das soziologische Schema der Risikogefährdung untermauert, auf das Rose aufmerksam macht (Rose 1992). Bei seiner Argumentation für einen gesellschaftlichen Ansatz geht es nicht um mögliche Unterschiede zwischen den Faktoren, die auf individueller und gesellschaftlicher Ebene relevant sind. Er argumentiert vielmehr, dass viele der auf individueller Ebene als wichtig erkannten Faktoren nur auf gesellschaftlicher Ebene beeinflusst werden können. Da das Verhalten durch die Gesellschaft bestimmt wird, kann der Einzelne im Wesentlichen nur durch einen Wandel der Gesellschaft verändert werden. Statt in Menschen, die an einer bestimmten Krankheit leiden oder einem gewissen Risikofaktor ausgesetzt sind, Individuen zu sehen, die sich in einer grundsätzlichen Weise vom Rest der normalen Bevölkerung unterscheiden, hat Rose gezeigt, dass ihre Zahl durch die Kennzeichen der gesamten Bevölkerung gegeben ist. Die Kranken werden vom Rest der Bevölkerung nicht durch einen klaren Trennungsstrich abgegrenzt, sie stellen vielmehr das eine Ende einer kontinuierlichen Bevölkerungsverteilung dar. Eines der ersten einleuchtenden Beispiele für dieses Muster war der Bluthochdruck. Es stellte sich heraus, dass Menschen mit Bluthochdruck keiner eigenen Gruppe angehören, die an das Ende der normalen Blutdruckverteilung in der Gesellschaft anschließt. Statt einen bestimmten Defekt zu haben, den die übrige Bevölkerung nicht aufweist, bewegen sie sich innerhalb des Variationsrahmens, der durch die glockenförmige Kurve der Normalverteilung beschrieben wird. Gleiches dürfte für eine Reihe anderer Risikofaktoren für Herzkrankheiten, etwa den hohen Cholesterinspiegel, gelten.

Nach einer Untersuchung der Verteilung von Risikofaktoren in 32 verschiedenen Ländern auf allen Niveaus der Wirtschaftsentwicklung kam Rose zu dem Schluss, dass der Anteil von Menschen mit hohem Risiko in einer beliebigen Bevölkerung einfach eine Funktion des *durchschnittlichen* Blutdrucks, Cholesterinspiegels oder was auch immer in dieser Gesellschaft ist. Seine Beweisführung legt nahe, dass dies für eine Reihe von Krankheiten gilt. So scheint der Anteil der älteren Bevölkerung, der an seniler Demenz leidet, eine Funktion des Niveaus der kognitiven Fähigkeit der gesamten Bevölkerung zu sein. Auch die Zahl der Alkoholsüchtigen lässt sich mit Hilfe des durchschnittlichen Pro-Kopf-Alkoholkonsums in der gesamten Bevölkerung relativ genau vorhersagen; die Verbreitung von Fettleibigkeit wiederum steht in engem Zusammenhang mit dem durchschnittlichen Verhältnis von Körpergewicht und -größe. Rose behauptet sogar, dass dies auch für Depression, Geisteskrankheit und Aggression gilt.

Obwohl die gesamte Variationsbreite in jeder Bevölkerung auch die Auswirkungen genetischer Variation umfasst, spiegeln Niveau und Verteilung von Krankheiten in den jeweiligen Gesellschaften vor allem Unterschiede im Lebensstil dieser Gesellschaft wider. Rose interpretiert seine Daten dahingehend, dass man den Anteil der Bevölkerung, der aufgrund vieler Risikofaktoren einem hohen Risiko ausgesetzt ist, nicht reduzieren kann, ohne gleichzeitig die Risikoexposition der gesamten Bevölkerung zu mindern. Das heißt, dass das Ausmaß der Variation rund um die Normen einer Gesellschaft eine feste Größe ist, so dass der Anteil der Menschen mit schlechter Ernährung, übermäßigem Alkoholkonsum, hohem Blutdruck usw. ein Spiegelbild der Normen einer Gesellschaft ist. Diese Erkenntnisse von Rose legen die Vermutung nahe, dass es einfacher ist, gesellschaftliche Normen zu ändern, als diese unverändert zu lassen und gleichzeitig zu versuchen, den Anteil der über einem gewissen Risikoniveau lebenden Bevölkerung zu senken.

Nichts von alledem scheint besonders erstaunlich zu sein, angesichts der Tatsache, dass viele Charakteristika und Merkmale menschlichen Verhaltens innerhalb jeder Gesellschaft normalverteilt sind – und damit zum Teil ein Muster des sozialen Zusammenhalts widerspiegeln. Es steht jedoch im Widerspruch zur allgemeinen Vorstellung von Krankheit als einem autonomen, individuellen Leiden. Es unterstreicht, wie sehr moderne Krankheiten und die Gefährdung durch eine Vielzahl von Risikofaktoren das Produkt der Normen jener Gesellschaft sind, in der wir leben. Das offenkundige Ausmaß der soziologischen Bestimmung von individueller Krankheit veranlasste Rose zu dem Schluss, dass Präventivmaßnahmen sich nicht an die Menschen am ungesunden Ende der Bevölkerungsverteilung richten sollten, sondern vielmehr auf eine Verschiebung der gesamten Verteilung von Verhalten/Praxis/Gefährdung innerhalb der Gesamtbevölkerung abzielen sollten. Um beispielsweise die Zahl der Todesfälle durch Zirrhose zu reduzieren, müssten wir alle weniger trinken. Da sich Alkoholiker von der Norm abheben, bestimmt die Häufigkeit des Trinkens, das als Norm angesehen wird, wie viele Menschen zu Alkoholikern werden. Dies läuft darauf hinaus, dass die Differenzierungsprozesse wichtiger sind als die Normen, nach denen die Differenzierung erfolgt. Rose zitiert Dostojewski: „Wir alle sind verantwortlich für alle."

Dies leitet über zu den Schlussfolgerungen, die S. L. Syme zog, als Versuche, durch individuelles Verhalten bedingte Risikofaktoren zu reduzieren, nur äußerst mäßigen Erfolg brachten. Er beschrieb das Problem im Zusammenhang mit den enttäuschenden Ergebnissen des Multiple Risk Factor Intervention Trials (MRFIT) aus den USA (Syme 1996). Männer, die zu den 10 Prozent mit dem höchsten Risiko für Herzkranzgefäßerkrankungen zählten – also durchaus als höchst motiviert gelten durften –, konnten trotz intensiver, sechs Jahre dauernder Versuche lediglich zu geringfügigen Änderungen in ihren Essens- und Rauchgewohnheiten bewogen werden. Dazu Syme:

[...] auch wenn Menschen schließlich doch erfolgreich ihr risikoreiches Verhalten ändern, treten neue Menschen an ihre Stelle. So ist beispielsweise die Wahrscheinlichkeit groß, dass jedes Mal, wenn es uns schließlich gelang, dass ein Mann im MRFIT-Projekt mit dem Rauchen aufhörte, genau an diesem Tag ein oder zwei Kinder irgendwo in einem Pausenhof ihren ersten Zug an einer Zigarette versuchten. Also, selbst wenn wir tatsächlich Menschen mit hoher Risikogefährdung helfen, dieses Risiko abzubauen, so tragen wir nicht dazu bei, die Krankheitsverteilung in der Gesamtbevölkerung zu verändern, [...] weil wir nichts dazu beigetragen haben, jene Kräfte in der Bevölkerung zu beeinflussen, die das Problem überhaupt verursacht haben.

(Syme 1996, 22)

Dies ist ein zusätzlicher Grund, Gesundheit mit „gesellschaftlichen" Augen zu sehen. Daraus ergeben sich allerdings Folgen für die Politik wie auch für die beratend tätige Forschung, die weit über das Problem hinausgehen, Risikofaktoren von Herzkranzgefäßerkrankungen in den Griff zu bekommen. Studien über Einzelpersonen und gesellschaftliche Gruppen präsentieren im Normalfall völlig unterschiedliche Lösungsvorschläge. Individualstudien führen in der Regel zu dem Versuch, zwischen Menschen mit und Menschen ohne Problem (irgendeine Krankheit oder ein soziales Problem) innerhalb ein und derselben Bevölkerung oder sozialen Gruppe zu unterscheiden. Zunächst werden die Menschen mit Symptomen der Krankheit identifiziert und dann versucht man herauszufinden, inwiefern sich ihr Lebensstil oder ihr sozioökonomisches Umfeld von der „Norm" unterscheiden bzw. unterschieden haben. Nahezu immer endet dies damit, dass eine Gruppe von Leuten „mit hohem Risiko" in Bezug auf die Krankheit identifiziert wird, weil sie beispielsweise für bestimmte Faktoren besonders anfällig ist; das Problem besteht dann darin, wie man innerhalb dieser Gruppe vorgeht, damit sie die Krankheit nicht bekommt. Manchmal geht es dann um eine Untersuchung und frühzeitige Behandlungen, manchmal um den Versuch, bestimmte Aspekte der Lebensführung zu verändern, immer geht es aber um die Bereitstellung bestimmter Dienstleistungen oder Maßnahmen. Dies trifft nicht nur auf die Gesundheit zu, sondern auch auf Untersuchungen breit gefächerter Probleme auf sozialer, psychologischer Ebene, in der Entwicklung und der Ausbildung. Die ursprüngliche Ursache des Problems in der Gesellschaft bleibt auf diese Weise unverändert (und wahrscheinlich unerkannt), während teure neue Dienstleistungen vorgeschlagen werden, um sich der am stärksten Betroffenen anzunehmen. Jedes neue Problem führt zu einer Forderung nach zusätzlichen Mitteln für Dienstleistungen zur Behebung des Schadens, der weiterhin angerichtet wird. Weil das Grundübel im System nicht beseitigt wird, leiden viele Menschen auch in Hinkunft darunter und es kommt zu immer neuen Forderungen nach speziellen Dienstleistungen, um deren Bedürfnisse zu befriedigen.

Es ist aber auch eine ganz andere Vorgangsweise möglich. Nehmen wir z. B. die hohen Selbstmordraten unter Jugendlichen in Japan. Man hätte das Problem dadurch in Angriff nehmen können, die Gefährdeten zu identifizieren und dann teure Beratungsdienste in jeder Schule und jedem College einzurichten; in der Gruppe der 15- bis 20- sowie der 20- bis 25-Jährigen sind die Selbstmordraten jedoch im Laufe der Jahre, vor allem unter Burschen, auch ohne derartige Dienstleistungen sehr deutlich zurückgegangen. Stattdessen haben Veränderungen im Bildungswesen den Lehrplan für die Schüler und Studenten durchschaubarer gemacht und infolgedessen die Wahrscheinlichkeit unrealistischer Vorstellungen und daraus resultierender Enttäuschungen reduziert (Dore 1995). Die Veränderungen waren sowohl kostengünstiger als auch wirkungsvoller, als dies zusätzliche Beratungsstellen gewesen wären. Ein weiteres Beispiel aus dem Berufsleben ist der Stress am Arbeitsplatz. Statt teure Beratungsstellen für Angestellte mit hoher Stressbelastung einzurichten, kommen Firmen vielleicht zu der Erkenntnis, dass Veränderungen in der Büropraxis die Krankmeldungen reduzieren und die Produktivität steigern könnten (Karasek und Theorell 1990). Statt auf Stress am Arbeitsplatz mit kostensteigernden Maßnahmen zu reagieren, hätte ein radikalerer Ansatz vielleicht nicht nur die Kosten für zusätzliche Dienstleistungen vermieden, sondern sogar die Effizienz gesteigert.

Eine Reihe ganz unterschiedlicher Gründe spricht also dafür, den gesellschaftlichen Determinanten für die Gesundheit größeres Augenmerk zu schenken, wobei diese unter zwei Oberbegriffe eingeordnet werden können. Aus der Sicht der Forschung können sich die Erklärungen, was ganze Bevölkerungen gesünder macht als andere, deutlich von den Ergebnissen von Individualstudien unterscheiden, was Einzelne gesünder macht als andere. Zudem gibt es eindeutige Hinweise darauf, dass gesellschaftliche Determinanten für die Gesundheit ausgemacht werden können. Und aus der Sicht der praktischen

Umsetzung ist festzuhalten: Erstens kann es manchmal wirkungsvoller sein, individuelle Risikofaktoren auf gesellschaftlicher Ebene anzugehen; und zweitens, wenn die Prävention nicht von einer kontinuierlichen Flut teurer neuer Dienstleistungen abhängen soll, die sich der als risikoreich eingestuften Menschen annehmen, muss die Problemlösung beim Umfeld ansetzen, von dem diese Gefährdung ausgeht.

Auf fast allen Gebieten der Sozialpolitik bilden wir uns ein, dass Dienstleistungen und Eingriffe wichtiger sind, als dies tatsächlich der Fall ist. In Bezug auf das Überleben schrumpft der Einfluss der medizinischen Versorgung zur Bedeutungslosigkeit, wenn man ihn mit dem Einfluss der sozialen und wirtschaftlichen Umstände vergleicht (wie wir im nächsten Kapitel sehen werden); Polizei und Gefängnisse haben lediglich eine geringe Auswirkung auf die Kriminalität; Sozialarbeiter können die sozialen Probleme einer Gesellschaft nicht lösen; Vertrauenslehrer können – in zwei Stunden pro Woche – die Auswirkungen eines emotionalen Traumas im Hintergrund eines Kindes nicht wettmachen; Gemeindeentwicklungshelfer können keine Gemeinden machen und Familientherapeuten das Auseinanderfallen von Familien nicht verhindern. Wirksamkeitsstudien auf all diesen Gebieten belegen lediglich marginale Erfolge.

Würden die Gesundheitsrisiken, denen die Menschen in unterschiedlichem Maße ausgesetzt sind, bloß durch die materiellen Umstände, in denen wir leben, bewirkt, würde dies sehr wenig über unsere Gesellschaft aussagen, die wir nicht mit eigenen Augen sehen könnten. Ein soziologisches Verständnis der Gesundheit ist deshalb so wichtig, weil viele moderne Gesundheitsprobleme ein Spiegelbild der subjektiven Erfahrung der Menschen mit ihren Lebensumständen sind. Begründet kann dies damit werden, dass viele entscheidende Wege, die in eine Krankheit führen, psychosoziale Ursachen haben – wie noch aufgezeigt werden wird. Es ist bekannt, dass die psychosozialen Rückwirkungen sozialer Umstände aus einer Vielzahl von Gründen zu Morbidität und Mortalität beitragen. Daraus kann gefolgert werden, dass das Krankheitsprofil unterschiedlicher Gesellschaften – und unterschiedlicher Statusgruppen innerhalb von Bevölkerungen – Aufschluss darüber gibt, wie sich soziale und wirtschaftliche Systeme auf das Individuum auswirken. Das heißt, dass die

Gesundheit neue Hinweise auf den subjektiven Tenor der Gesellschaft geben kann.

Die Analyse der sozioökonomischen Determinanten von Sterberaten liefert einen besonders wichtigen Hinweis für das Verständnis des sozialen Wohlergehens, und zwar nicht nur weil hier klare Kriterien und vollständige Register vorliegen. Ihr kommt auch deshalb große Bedeutung zu, weil durch die sozialen Gesundheitsdeterminanten wichtige Einblicke gewährt werden, wie Sozialstrukturen die Psyche schädigen und menschliches Leid hervorrufen können. Wir werden sehen, dass uns die Gesundheit harte Fakten über die subjektive Auswirkung von Erfahrung an die Hand gibt. Auf vielen Gebieten der allgemeinen Wohlfahrt ist es schwierig, Messungen durchzuführen, weil sich die Definitionen und Kriterien ständig verändern und man nicht weiß, ob es sich bei den zahlenmäßigen Veränderungen um tatsächliche Veränderungen oder bloß um Veränderungen bei der Berichterstattung oder Erfassung handelt. Und schließlich hat die auf die Gesundheit bezogene Soziologie noch den Vorteil, dass das Verständnis der Menschen für die Ursachen von schlechter Gesundheit weniger von Schuldzuweisungen und Bestrafungen dominiert wird, als dies in manch anderen Gebieten des sozialen Zusammenlebens der Fall ist.

Die Schwierigkeit besteht darin, die institutionellen Veränderungen, die das Problem an der Wurzel anpacken würden, auszumachen und durchzusetzen. Natürlich werden schon seit langem rechtliche Schutzbestimmungen und Reformen erlassen, die Gefahren berücksichtigen, die durch einfache technische Maßnahmen vermieden werden können: wie eine verringerte Gefährdung durch Giftstoffe oder die Anbringung von Schutzschaltern an Maschinen. Obwohl es von Seiten jener, deren finanzielle Interessen auf dem Spiel stehen, immer wieder Klagen über die Kosten und Kritik hinsichtlich der tatsächlichen Gefahren gegeben hat, leisteten technische Lösungen doch einen wesentlichen Betrag zur Gesundheit am Arbeitsplatz und in der Umwelt. Heute liefert die Gesundheitsforschung, und insbesondere die Erforschung der ungleichen Verteilung von Gesundheit, Erkenntnisse über die sozialen Ursachen von Krankheit. Statt der Gefährdung durch Giftstoffe und Maschinen entdecken wir nun die Toxizität des sozialen Umfelds und der Muster sozialer Organisation. Es ist klar: Wenn die nachgewiesene dreifache Divergenz in der Sterblichkeit zwischen höheren und niedrigeren Beamten (Marmot et al. 1984) aus der Gefährdung durch Giftstoffe resultierte, wären die betroffenen Büroräume sofort bis zur Beseitigung des Problems geschlossen worden. Wenn der vierfache Unterschied in der Sterberate zwischen Bewohnern aus reicheren und ärmeren Bezirken in Nordengland (Phillimore et al. 1994) auf Fabriksschadstoffe zurückgeführt werden könnte, würden die Menschen ebenfalls evakuiert und eine sofortige Reinigungsaktion organisiert werden. Die davon betroffenen Interessengruppen können indes froh sein, dass weder die sozialen Ursachen noch deren verheerende Auswirkungen auf die Mortalität hinlänglich bekannt sind. Bedenkt man jedoch, dass bis vor kurzem gesundheitliche Ungleichheiten praktisch nicht erkannt wurden und das Wissen um deren Ursachen so rasch zunimmt, ist die Annahme durchaus berechtigt, dass diese Probleme im nächsten Jahrzehnt, oder zumindest in näherer Zukunft, eine neue Ära sozialer Reformen einleiten könnten.

In vielen Forschungsgebieten dient die Statistik als eine Art soziales Mikroskop. Hier werden Grundzüge sozialer Wirklichkeiten und Beziehungen zwischen Dingen aufgezeigt, die dem bloßen Auge unsichtbar bleiben. Wenn man vor zwanzig Jahren über soziale Klassenunterschiede bei Sterberaten sprach, stellten sogar Ärzte oder andere mit dem Gesundheitswesen befasste Leute häufig die Frage: „In welche Richtung gehen diese?" Die Tatsache, dass die Sterberaten in der Unterschicht mindestens doppelt so hoch waren, war in der Gesellschaft nicht erkennbar. Obwohl wir alle sehen können, dass es mehr alte Frauen als Männer gibt, und obwohl wir wissen, dass dies auf unterschiedliche Überlebensraten zurückzuführen ist, ist uns nicht bewusst, dass es ein noch viel größeres Ungleichgewicht zwischen der Anzahl von alten Menschen in der Unter- und Oberschicht gibt, die sich aus den Überlebensunterschieden im Lebenszyklus ergeben. Die Forschung brauchte Jahre, um diese Verhältnisse statistisch aufzuzeigen und diese Erkenntnisse durch laufende Mitteilungen in den Medien einem breiteren Publikum zugänglich, sie sozusagen „sichtbar" zu machen. Das Verständnis der Öffentlichkeit für die sozialen Determinanten der Gesundheit hat in den letzten zwanzig Jahren rasch zugenommen. Jeder weiß heute, dass die Armen weniger gesund sind und eine geringere Lebenserwartung haben als die Reichen.

Während das je nach Geschlecht unterschiedliche Überlebensalter wahrscheinlich großteils biologische Ursachen hat, geht es bei den Ursachen für die Klassenunterschiede vor allem um die unterschiedlichen sozioökonomischen Lebensumstände der Menschen. In der Vergangenheit nutzten die Regierungen die mangelnde Kenntnis der genauen Ursachen oft als Entschuldigung für ihre Untätigkeit, diese Entschuldigung steht jedoch auf immer schwächeren Beinen. Wenn das Verhältnis zwischen Gesundheit und Deprivation genauso klar verstanden würde wie das Verhältnis zwischen Brennstoffmangel und Todesfällen durch Unterkühlung bei älteren Menschen, könnte einer Forderung nach Taten nur schwer widerstanden werden. In Großbritannien haben die Nachrichtenmedien quer durch das gesamte politische Spektrum Maßnahmen gegen Unterkühlung gefordert, mit dem Ergebnis, dass eine äußerst zögerliche Regierung zunächst ein System von zusätzlichen Zahlungen für Rentner in sehr kalten Wintern einführen musste, damit diese die zusätzlichen Heizkosten bezahlen konnten, und dann mussten den Rentnern und anderen Bürgern mit niedrigem Einkommen Kompensationen für die Erhöhung der Mehrwertsteuer auf die Brennstoffpreise gewährt werden. Je weiter die Forschung über die sozioökonomischen Determinanten der Gesundheit voranschreitet und je größer das Verständnis dieser Frage in der Öffentlichkeit ist, desto eher wird der Ruf nach einer Sozialreform nicht mehr aufzuhalten sein. Wachsendes Wissen verändert die Moral wie auch die Vertretbarkeit des status quo. Die entschuldbare offizielle Untätigkeit wird zur sträflichen Nachlässigkeit.

Dieses Gebiet hat das Potenzial, die Grundlage für eine Reform der sozialen Umwelt zu legen – vergleichbar mit den Reformen der physischen Umwelt, zu denen durch die öffentliche Gesundheitsbewegung in viktorianischer Zeit der Anstoß gegeben wurde. So wie der Nutzen jener Reformen über die Gesundheit hinaus auch die Lebensqualität betraf, so werden die durch eine Anerkennung der sozialen Determinanten der Gesundheit geforderten Reformen die Lebensqualität gleichermaßen wie die Gesundheit verbessern.

Als näherungsweises Maß für Lebensqualität wird üblicherweise geradezu selbstverständlich das Einkommen herangezogen. Aber statt empirische Beweise zu erbringen – wie dies bei der Gesundheit der Fall ist –, in welcher Weise Menschen von der Qualität der sozialen, wirtschaftlichen und materiellen Umgebung betroffen sind, rührt die

Bedeutung des Einkommens daher, dass wir dazu neigen, es als Teil des wirtschaftlichen Katechismus unserer Gesellschaft anzusehen, dass dieses das Mittel zur menschlichen Selbstverwirklichung ist: dass Selbsterfüllung käuflich ist. Weil das Einkommen jedem Einzelnen größere Freiheit und Macht gewährt, das zu tun, was er will, wird der Reichtum einer Gesellschaft auf gesellschaftlicher Ebene als bester Maßstab für deren Güte genommen. Solange es an geeigneten Maßeinheiten für andere Aspekte des menschlichen Wohlergehens fehlt, verfallen wir auf Grund der Tatsache, dass das Einkommen als exakter Maßstab unserer Konsummöglichkeit genommen werden kann, und ermutigt durch die Ökonomen leicht in das Denkschema, dass der Konsum nicht nur eine notwendige Voraussetzung für das Leben, sondern Ziel des Lebens ist. Allzu häufig wird uns von der Wirtschaftstheorie suggeriert, dass wir entweder einen angeborenen Wunsch nach einem Maximum an Konsum haben oder dass dies das einzige Ziel ist, das mit dem Prädikat „rationales Verhalten" ausgezeichnet werden kann. Auf der Ebene der Bevölkerung führen Einkommen und Gesundheit jedoch zu ganz unterschiedlichen Definitionen von „guter Gesellschaft". Der wichtigste Unterschied zwischen den beiden scheint darin zu bestehen, dass Einkommen die Bedeutung des sozialen Lebens nicht berücksichtigt, während Gesundheit dieses betont.

So gab es wiederholte Versuche, das Pro-Kopf-Bruttonationalprodukt als Maßstab für den Wohlstand einer Gesellschaft zu verbessern. So genannte „ökonomische Wohlfahrtsmaße" wurden erstellt, die unter anderem einige der wirtschaftlichen Misslichkeiten aus dem nationalen Einkommen ausklammern, wie z. B. Umweltverschmutzung oder Autozusammenstöße, die zusätzliche Ausgaben erforderlich machen, ohne die Netto-Wohlfahrt zu mehren (Daley und Cobb 1990; Jackson und Marks 1994). Allen diesen Bemühungen zum Trotz werden dem Einkommen aber stets zwei wesentliche Schwächen anhaften, wenn man es als Maßstab für die Wohlfahrt heranzieht. Erstens ist es grundsätzlich nicht möglich, mit Hilfe des Einkommens qualitative Veränderungen zu messen. Durch die im Laufe der Jahre fortschreitende Entwicklung der Produkte und das Auftauchen neuer Produktarten auf dem Markt gibt es keinerlei Möglichkeit, deren wandelnde Bedeutung für die Wohlfahrt mit wirtschaftlichen Indizes zu messen. Monetäre Indizes könnten nur dann eine geeignete Beschreibung für die gesteigerten Wohlfahrt liefern, wenn der Prozess des Wirtschaftswachstums – wodurch wir reicher werden – uns einfach nur mehr von genau der gleichen Waren- und Dienstleistungspalette bescherte, die unseren Eltern und Großeltern zur Verfügung stand. Da jedoch ein Hauptteil der durch die Wirtschaftsentwicklung erfolgten Transformation auch qualitative Veränderung mit sich bringt, nicht nur im Konsum, sondern in jedem uns betreffenden Lebensaspekt, wird das Wesentliche von den monetären Indizes nicht erfasst. Selbst etwas scheinbar so Simples wie der Verbraucherpreisindex steht auf Grund der ständigen qualitativen Veränderung der von uns verwendeten Güter und Dienstleistungen auf schwachen Beinen (Siegal 1994).

Die zweite Schwäche von „ökonomischen Wohlfahrtsmaßen" liegt darin, dass sie, wie schon in der Bezeichnung deutlich wird, die soziale Wohlfahrt ausklammern. Die gewaltigen sozialen Veränderungen, die auf die wirtschaftliche Entwicklung folgen, sind für die menschliche Wohlfahrt überaus wichtig. Noch bevor sich Gesellschaften über das Niveau der Subsistenzwirtschaft hinaus entwickeln, hängt das Wohlbefinden der Menschen ganz entscheidend vom sozialen Umfeld ab. In den entwickelten Staaten, wo die materiellen Grundbedürfnisse für die große Mehrheit der Bevölkerung weit über dem Minimum liegen, nimmt die soziale Wohlfahrt einen noch breiteren Raum ein.

Dass die Gesundheitsforschung in der Lage ist, wichtige Fragen der sozialen Wohlfahrt und der Lebensqualität zu beleuchten, beruht nicht auf A-priori-Annahmen. Die Gesundheit reagiert empfindlich auf qualitative und quantitative Veränderungen im materiellen wie im sozialen Leben. Sollte sich herausstellen, dass gute Gesundheit einfach dadurch erreicht werden kann, dass man Schokolade, Chips und einige andere angenehme Laster – wie Faulheit, Fresssucht, Trägheit usw. – vermeidet, entstünde der Eindruck, dass sich Gesundheit in einigen wichtigen Belangen umgekehrt proportional zur Lebensqualität verhält. Vielen erschiene Gesundheit dann damit verbunden, etwas vom eigenen Wohlbefinden opfern zu müssen. Die Forschung hat indes gezeigt, dass die Gesundheit nicht nur äußerst sensibel auf das individuelle Wohlbefinden selbst, sondern auch auf bestimmte Aspekte der sozialen Wohlfahrt reagiert. Die psychosozialen Wirkungsmechanismen, die Einfluss auf die Gesundheit nehmen, können auch einen Blick auf die subjektive psychosoziale Erfahrung gewähren und uns somit zeigen, wie sich wichtige Merkmale der sozialen Struktur auf uns auswirken. Auf diesbezügliche Beweise wird in den Kapiteln 6, 8 und 9 eingegangen werden.

Die Forschung ist zunehmend besser in der Lage, den menschlichen Tribut für bestimmte Merkmale der sozialen und wirtschaftlichen Struktur moderner Gesellschaften zu dokumentieren. Insbesondere ist immer deutlicher zu sehen, welche Ursachen und Muster für die überhöhte Mortalität in den weniger privilegierten Teilen der Gesellschaft verantwortlich zeichnen. Es ist nicht weiter erstaunlich, dass deren grobe Umrisse viele Gemeinsamkeiten mit ähnlichen Ursachen einer Reihe anderer sozialer Problemfelder aufweisen – wie emotionale Störungen in der Kindheit, schlechte schulische Leistungen, Kriminalität und Gewalt.

Die mit der Benachteiligung einhergehenden Probleme führen auf ganz unterschiedliche Weise zu zusätzlichen Kosten für die Gesellschaft. Dies geschieht zum Teil durch die Notwendigkeit zusätzlicher Dienstleistungen – sei es eine wachsende Anzahl von Gefängnisinsassen, zusätzliche medizinische Leistungen, mehr Konflikte an den Schulen und in den Klassen, Ausgaben für Drogenbekämpfung, Sozialhilfe usw. Weitere Kosten entstehen durch Sozialhilfezahlungen an Menschen, die durch ihre sozialen Umstände und mangelnde Ausbildung entmutigt oder unfähig sind, Arbeit zu finden. Abgesehen von den Kosten der öffentlichen Hand entstehen auch private Kosten wie beispielsweise für Verbesserungen von Sicherheitssystemen, Schließ- und Alarmanlagen, private Wachdienste zum Schutz des Eigentums oder Einbußen, die mit der Angst vor Gewalt auf der Straße und den dadurch entstehenden Einschränkungen der persönlichen Freiheit zusammenhängen.

All diese Kosten – seien sie nun öffentlicher oder privater, finanzieller oder sozialer Natur – rühren daher, dass wir uns nur mit den Symptomen beschäftigen und nicht mit den Ursachen des sozialen Versagens der modernen Gesellschaften. Indem Veränderungen in den sozioökonomischen Strukturen, die zu diesen Problemen führen, nur widerwillig in Angriff genommen werden, kommt es zu einer Kostensteigerung, die der fehlenden Reform der Sozialstruktur zuzuschreiben ist. Wir bezahlen dafür, dass wir keine Veränderungen vornehmen, und wahrscheinlich zahlen wir den Preis für die wachsenden Widersprüche, die irgendwann zu einem Wandel des vorherrschenden Sozialsystems führen müssen. Dies ist im Grunde genommen die Ursache für die Krise des Wohlfahrtsstaates, mit dem ein so großer Teil der entwickelten Welt konfrontiert ist.

Kommt es zu keiner Reform der sozialen und wirtschaftlichen Struktur, tauchen Probleme auf, die der ganzen Gesellschaft – insbesondere der öffentlichen Hand – Kosten aufbürden. Diese Last und die damit einhergehende Verschwendung an menschlichen Ressourcen einer großen Minderheit der Bevölkerung haben eine ernsthafte Beeinträchtigung der Wirtschaftsleistung und der Wettbewerbsfähigkeit zur Folge. Eine schlechtere Wirtschaftsleistung vertieft und vergrößert nicht nur das Ausmaß des sozialen Versagens der Gesellschaft durch steigende Arbeitslosigkeit und relative Armut, sie vermindert auch die Fähigkeit einer Nation, die Kosten dieses Versagens zu tragen. Da ein stetig steigender Anteil der Bevölkerung in relative Armut verfällt, werden die Menschen von Netto-Beitragszahlern des Sozialstaates zu einer Netto-Last desselben. Dies wiederum bedroht die Prosperität noch weiter und verstrickt uns noch tiefer in den Teufelskreis, der die Soziallast erhöht und gleichzeitig die Fähigkeit der Gesellschaft beschneidet, wirksam auf diesen zu reagieren. Internationale Beweise, auf die wir kurz in Kapitel 11 eingehen werden, belegen, dass wir es heute, in einem modernen Wirtschaftssystem, nicht mehr mit einer Entscheidung zwischen Gleichheit und Wirtschaftswachstum zu tun haben, sondern dass mehr Gleichheit mit schnellerem Wachstum Hand in Hand geht.

Wenn politische Berater zusätzliche teure Dienstleistungen als einzige Reformmöglichkeit sehen, um den wachsenden sozialen Schaden zu bekämpfen, dann werden die Politiker glauben, dass es keine Lösung gibt: denn weder politische Parteien von links noch von rechts werden es sich zutrauen, erhebliche Erhöhungen der öffentlichen Ausgaben ins Auge zu fassen – Forderungen nach zusätzlichen Leistungen werden daher auf taube Ohren stoßen. Es ist auch keine Lösung, Einschnitte bei Zahlungen und Leistungen vorzunehmen, während das System, das deren Bedarf schafft, beibehalten wird. Aus gesellschaftlicher Sicht werden derartige Einsparungen durch eine Steigerung der Sozialkosten wieder wettgemacht. Die einzig wahre Lösung besteht darin, grundsätzlichere Veränderungen anzuvisieren, durch die lediglich anfänglich Kosten für die Einleitung der notwendigen präventiven Veränderungen in den institutionellen Strukturen entstehen.

Internationale Vergleiche zeigen, dass es sehr entscheidende Unterschiede in der Skala sozialer Probleme gibt, denen sich die einzelnen Länder gegenübersehen. Einerseits sind da Länder wie die USA und zunehmend auch Großbritannien mit hoher Kriminalität, vielen Gefängnisinsassen, niedrigem Bildungsniveau, stark ausgeprägter gesundheitlicher Ungleichheit und einem relativ schlechten allgemeinen Gesundheitsniveau. Auf der anderen Seite gibt es Länder wie Japan und Schweden, die – zumindest bis in die späten 1980er-Jahre hinein – eine niedrige Kriminalität, geringe gesundheitliche Ungleichheit, ein hohes Bildungsniveau und die höchste Lebenserwartung auf der Welt aufwiesen. Derartige Unterschiede beweisen, dass es in einigen Ländern gelungen ist, das Funktionieren des gemeinsamen sozialen und wirtschaftlichen Grundsystems besser zu gewährleisten als in anderen. In der Tat liefert dieser Unterschied den Beweis, wie wichtig es ist, das Verhältnis zwischen Wirtschaft und Gesellschaft ausgewogen zu gestalten.

Kapitel 3
Steigende Lebenserwartung und
epidemiologischer Übergang

Keines der beiden herausragenden Merkmale der Volksgesundheit wird heute wirklich verstanden. Für den sich in der Mehrzahl der Länder rund um den Erball abzeichnenden Aufwärtstrend in der Lebenserwartung und in den Gesundheitsstandards gibt es keine zufriedenstellende Erklärung, und wir verstehen noch immer nicht, warum sich die Gesundheit innerhalb der einzelnen Länder je nach dem sozioökonomischen Status so dramatisch unterscheidet. In diesem Kapitel wollen wir auf den erstgenannten Problemkreis eingehen, die gesundheitlichen Unterschiede innerhalb von Gesellschaften werden Gegenstand des nächsten Kapitels sein.

Fast überall auf der Welt nimmt die Lebenserwartung von einer Generation zur nächsten ständig zu. In der entwickelten Welt steigt die Lebenserwartung bei der Geburt jedes Jahrzehnt um zwei bis drei Jahre. National wie international gesehen ist dies die im Hinblick auf die Gesundheit der Menschen wohl wichtigste Entwicklung, und doch ist nur wenig über deren Ursachen bekannt. Wie wir noch sehen werden, passt keine der angenommenen Erklärungen, wie beispielsweise die Entwicklung der medizinischen Wissenschaft, die Maßnahmen im öffentlichen Gesundheitswesen oder die Vorteile des Wirtschaftswachstums, richtig ins Bild. Erst seitdem wir erkannt haben, was an diesen Erklärungen falsch ist, wurde uns wirklich bewusst, dass in unserem Wissen eine grundlegende Lücke klafft. Auch wenn die meisten entwickelten Länder mindestens ein Jahrhundert lang in den Genuss einer fast stetig steigenden Lebenserwartung gekommen sind, fehlen uns dennoch die Theorien, die mit diesen Zahlen zumindest ansatzweise in Einklang zu bringen wären.

Zu Beginn ist vielleicht wichtig anzumerken, dass zwar die Zuwächse in der Lebenserwartung großteils für die dramatische Zunahme des Anteils alter Menschen in den entwickelten Ländern verantwortlich sind, dass sich dies aber nicht in erster Linie auf eine zunehmende Lebenserwartung im Alter zurückführen lässt. Obwohl die siebzig- bis achtzigjährigen Menschen heute etwas länger leben als früher, ergeben sich die wichtigsten Verbesserungen durch eine Verringerung der Sterberaten in jüngeren Jahren. Man könnte vereinfachend sagen: Je jünger die Altersgruppe, desto größer der Rückgang der Sterberate. Der größte Rückgang ist bei der Säuglingssterblichkeit zu verzeichnen, gefolgt von der Kindersterblichkeit und – mit jeweils geringerem Anteil – von Rückgängen bei jungen und älteren Erwachsenen. Auch wenn sich also die Sterberaten bei Siebzig- und Achtzigjährigen seit dem letzten Jahrhundert am wenigsten verändert haben, erreicht heute ein viel höherer Prozentsatz von Menschen ein solch hohes Alter.

Wir wollen zunächst die Ursachen des historischen Anstiegs der Lebenserwartung untersuchen und uns dann fragen, was hinter den aktuellen Trends stecken könnte.

Der überwiegende Teil des Rückgangs bei den Sterberaten in den entwickelten Ländern seit dem letzten Jahrhundert ist auf die rückläufige Mortalität durch Infektionskrankheiten zurückzuführen. (Dass der in jüngerer Zeit erfolgte Rückgang hauptsächlich auf eine geringere Sterblichkeit infolge von nicht-infektiösen, degenerativen Krankheiten zurückzuführen ist, ist ein wichtiger Grund, Vergangenheit und Gegenwart in dieser Diskussion getrennt zu behandeln.) McKeown wies in seiner richtungweisenden Arbeit darauf hin, dass der weitaus größte Rückgang der Sterblichkeit infolge von Infektionskrankheiten zu einem Zeitpunkt erfolgte, als der Medizin noch keine wirksamen Behandlungsmethoden oder Impfungen zur Verfügung standen (McKeown et al. 1975). Daraus folgt – seiner Meinung nach –, dass der Wandel nicht aus der Anwendung der medizinischen Wissenschaft resultierte. Die Sterberaten sind seit dem ausgehenden 19. Jahrhundert stark gesunken. Allerdings verwendete Jenner bereits 1796 die Kuhpocken als Impfstoff, sodass der Rückgang der Todesfälle in Folge von Pocken ein Ausnahmefall sein könnte, wo der Medizin *sehr wohl* eine entscheidende Rolle zukam. (Das englische und französische

Wort für impfen – *vaccinate, vacciner* – leitet sich vom lateinischen Wort *vacca*: Kuh ab.) Der Abwärtstrend bei den Todesfällen ist indes jenem bei anderen Krankheiten, gegen die es keine Impfung gab, sehr ähnlich und es scheint nichts dafür zu sprechen, dass die Impfungen mehr als nur einen geringen Beitrag zu dem Abwärtstrend leisteten, der von den gleichen Grundfaktoren bestimmt wurde wie der Rückgang bei den Todesfällen im Gefolge anderer Krankheiten.

Die Tatsache, dass der Großteil des Rückgangs der Sterblichkeit infolge von Infektionskrankheiten nicht durch die Fortschritte der medizinischen Wissenschaft erklärt werden kann, ist natürlich kein Beweis für die Wirkungslosigkeit der medizinischen Versorgung. Es bedeutet lediglich, dass die Wirksamkeit in diesem Fall zu spät einsetzte, um wirklich entscheidend für den Rückgang der infektiösen Mortalität verantwortlich zu sein. Schätzungen über den heutigen Beitrag der modernen medizinischen Versorgung bei der Zunahme der Lebenserwartung in der entwickelten Welt legen nicht nahe, dass die Medizin einen großen Beitrag zur Erklärung der weiter ansteigenden Lebenserwartung leisten kann. Die großzügigste jüngste Schätzung, die auf einer Analyse der wichtigsten medizinischen Maßnahmen, einschließlich medizinischer Formen der Prävention wie Screening und Immunisierung, basiert, lässt vermuten, dass die gesamte moderne Medizin lediglich für eine Zunahme um fünf Jahre in der heutigen Lebenserwartung verantwortlich ist (Bunker et al. 1994), wobei der Löwenanteil auf die Behandlung und nicht auf die Prävention entfällt. Andere Indikatoren lassen vermuten, dass die Medizin eine noch deutlich geringere Rolle spielt. Auch bei jenen Todesursachen, wo die medizinische Behandlung höchst wirksam ist, spielen die sozialen und wirtschaftlichen Determinanten für die Sterblichkeit weiterhin eine viel stärkere Rolle (Mackenbach et al. 1990).

Die verbreitete Annahme, dass die Verfügbarkeit von sauberem Wasser und die Einführung der Abwasserentsorgung die Hebung des Gesundheitsniveaus in der Vergangenheit bewirkt haben, berücksichtigt nicht, dass der stärkste Rückgang der Sterblichkeit auf Krankheiten zurückzuführen ist, die durch die Luft und nicht durch das Wasser übertragen werden. Man sollte sich indes Szreters (1988) Argument durchaus vor Augen halten, dass Maßnahmen des öffentlichen Gesundheitswesens gegen Krankheiten, die durch das Wasser übertragen werden, teilweise auch deshalb wichtig sind, weil jede Maßnahme, die den mehrfachen Angriff auf unser Immunsystem reduziert, uns wahrscheinlich besser in die Lage versetzt, mit anderen Infektionen fertig zu werden.

Einige wenige Krankheiten, wie die Cholera, wurden fast ganz ausgerottet. Tuberkulose hätte man dieser Kategorie hinzufügen können, wenn sie – gleichzeitig mit der Armut – in den 1980er-Jahren nicht so drastisch wieder aufgelebt wäre. Die meisten anderen großen Infektionskrankheiten, die im 19. Jahrhundert häufig zum Tode geführt hatten (wie Keuchhusten, Grippe, Diphtherie, Masern und Scharlach), bekommen wir zwar noch, sie sind aber immer weniger schwere Krankheiten. Einige sind heute normale Kinderkrankheiten mit einer fast zu vernachlässigen Mortalität (sofern man Kindersterblichkeit überhaupt als „vernachlässigbar" bezeichnen kann). Wir erkranken weiterhin an immer neuen Grippestämmen, aber nur bei den gebrechlichen Senioren werden sie als lebensbedrohlich angesehen. Es stellt sich nun die Frage, warum diese Krankheiten weniger schwer geworden sind. Hat sich die menschliche Widerstandskraft erhöht oder ist die Virulenz der ansteckenden Organismen gesunken? Haben wir uns oder sie sich verändert?

Nachdem McKeown die bessere medizinische Versorgung als Erklärung ausgeschlossen hatte, sah er die Steigerung des Lebensstandards, insbesondere die Verbesserung der Ernährung und der Wohnqualität, als wahrscheinlichste Erklärung für die geringeren Auswirkungen von Infektionskrankheiten. Er konnte dafür zwar kein direktes statistisches oder anderes Beweismaterial vorlegen, kam jedoch zu diesem Schluss, da diese Möglichkeit nach Ausschluss aller anderen Erklärungen als einzige übrig geblieben war (McKeown et al. 1975). Er erörterte auch die Möglichkeit, dass die ansteckenden Organismen vielleicht weniger virulente Formen entwickelt haben könnten, kam aber zu der Erkenntnis, dass auch dies aller Wahrscheinlichkeit nach nicht der Hauptgrund ist, obzwar dies in ein oder zwei Fällen zutreffen mag. Zusätzlich zu McKeowns Argumentation in Bezug auf diesen Punkt sei daran erinnert, dass viele dieser Krankheiten in den ärmeren Ländern weiterhin eine wichtige Todesursache darstellen – vermutlich nicht, weil sie dort in ganz anderen Stämmen auftreten.

Eine Möglichkeit, die McKeown nicht ernsthaft in Betracht zieht, ist, dass die Menschen aus genetischen und nicht aus umweltbedingten Ursachen weniger anfällig geworden sein könnten. Krankheiten mit einer sehr hohen Säuglings- und Kindersterblichkeit haben eine äußerst selektive Wirkung, da ein großer Anteil derer, die höhere Anfälligkeit aufweisen, stirbt, bevor er alt genug ist, seine Gene an die nächste Generation weiterzugeben. Obwohl die Zeitspanne, in der wir einer hohen Sterblichkeit ausgesetzt waren, nicht lang genug währte, um zur Selektion neuer Genmutationen mit einer höheren Widerstandskraft gegen diese Krankheiten zu führen, dauerte sie vielleicht doch lange genug, um eine Bevölkerung hervorzubringen, die aus Teilen einer Genvariation selektiert worden war, die in der Bevölkerung die größte Widerstandskraft aufwies. Da die meisten Todesfälle infolge dieser Krankheiten während der Kindheit stattfanden, wären die verletzlichsten Mitglieder der Bevölkerung nicht alt genug geworden, um selbst Kinder in die Welt zu setzen. Hätte das ursprüngliche Genpool der Bevölkerung zum Teil Immunsysteme enthalten, die in der Lage waren, diese Infektionen abzuwehren, dann hätten sich die Gene dieser Menschen von Generation zu Generation rasch verbreitet.

Eine derartige Erklärung könnte durch mathematische Modellrechnungen für jede Krankheit in der Bevölkerung ausgetestet werden. Die ursprüngliche Überlebensquote könnte als Indikator dafür dienen, wie häufig ein entsprechendes Widerstandsniveau in der Bevölkerung vorhanden war. Die krankheitsspezifische Sterblichkeitsziffer unter der Bevölkerung in noch nicht gebärfähigem Alter würde das Tempo bestimmen, mit dem zukünftige Elterngenerationen widerstandsfähiger werden. Diese Modellergebnisse könnten dem tatsächlich beobachteten Rückgang der krankheitsspezifischen Sterblichkeit in der nächsten Generation gegenübergestellt werden. Man könnte also überprüfen, ob ein solches Argument die rückläufige Sterblichkeit hinreichend gut erklärt.

Derartige Modellrechnungen für Infektionskrankheiten wurden für Krankheiten anderer Arten (wie z. B. der Myxomatose bei Kaninchen) durchgeführt, noch nie jedoch bei menschlichen Populationen. Burnet führt indes einige erstaunliche Beispiele aus anderen Gesellschaften mit rückläufiger krankheitsspezifischer Sterblichkeit bei fehlender wirtschaftlicher Entwicklung an – dies hat den Vorteil, dass der steigende Lebensstandard als rivalisierende Erklärung ausgeschlossen werden kann (Burnet und White 1972). Es besteht die weit verbreitete Tendenz, dass erst kürzlich in Populationen eingeschleppte

Krankheiten zu sehr hohen Sterberaten führen. Als Europäer in früheren Jahrhunderten in andere Kontinente einwanderten, brachten sie Krankheiten mit, welche die eingeborene Bevölkerung mehr als im wahrsten Sinn des Wortes dezimierten. Auf ähnliche Weise starb eine große Zahl der Einwanderer an Krankheiten, denen sie erstmals in anderen Ländern ausgesetzt waren. Nach einigen Generationen beginnen die krankheitsspezifischen Sterberaten zumeist zu sinken. Burnet erwähnt in diesem Zusammenhang die Tuberkulose auf Mauritius, „wo es", wie er sagt, „etwas über hundert Jahre nach dem Erstkontakt mit Tuberkulose brauchte, bis eine Rasse eine Resistenz gegen die Krankheit entwickelte, die derjenigen einer europäischen Population gleichkommt" (Ebda., 219). Seinen Angaben zufolge gilt für die Tuberkulose unter den Indianern ein sehr ähnliches Muster.

Die Tatsache, dass Anzeichen für das Wiederauftreten von Tuberkulose in einigen entwickelten Ländern gleichzeitig mit der Zunahme der Armut in jüngster Zeit beobachtet werden konnten, legt jedoch nahe, dass es wichtige umweltbedingte Komponenten beim Rückgang von Infektionen geben muss. Zudem gäbe es keinen Grund, warum Sterblichkeitsraten unter das in früheren Jahrhunderten übliche Niveau gesunken sein sollen, wenn nicht die heute übliche Lebenserwartung durch den modernen Lebensstandard nachhaltig beeinflusst worden wäre. Eine genetische Selektionstheorie wäre sehr geeignet, die langsame Rückkehr zu „normalen" Sterberaten zu erklären, wenn durch das Auftreten einer neuen Krankheit ein plötzlicher Anstieg verursacht wird. Es ist jedoch ein Rückgang aller durch Infektionen verursachten Todesfälle zu verzeichnen, nachdem Infektionskrankheiten viele Jahrhunderte hindurch die Haupttodesursache waren. Und der Rückgang hält länger an als die hundert Jahre, die nach Burnet für die Genselektionen genügen, um die durch Tuberkulose verursachten Sterberaten auf Mauritius zu senken. Da also das historische Muster nicht so sehr dadurch bestimmt wird, dass auf einen kurzzeitigen Anstieg in der infektionsbedingten Sterblichkeit eine Rückkehr zu den zuvor bestehenden Sterblichkeitsquoten erfolgt, sondern vielmehr eine Verringerung der infektionsbedingten Sterblichkeit unter jedes in früheren geschichtlichen Zeiten bekannte Niveau festzustellen ist, muss der steigende Lebensstandard als Hauptursache angesehen werden.

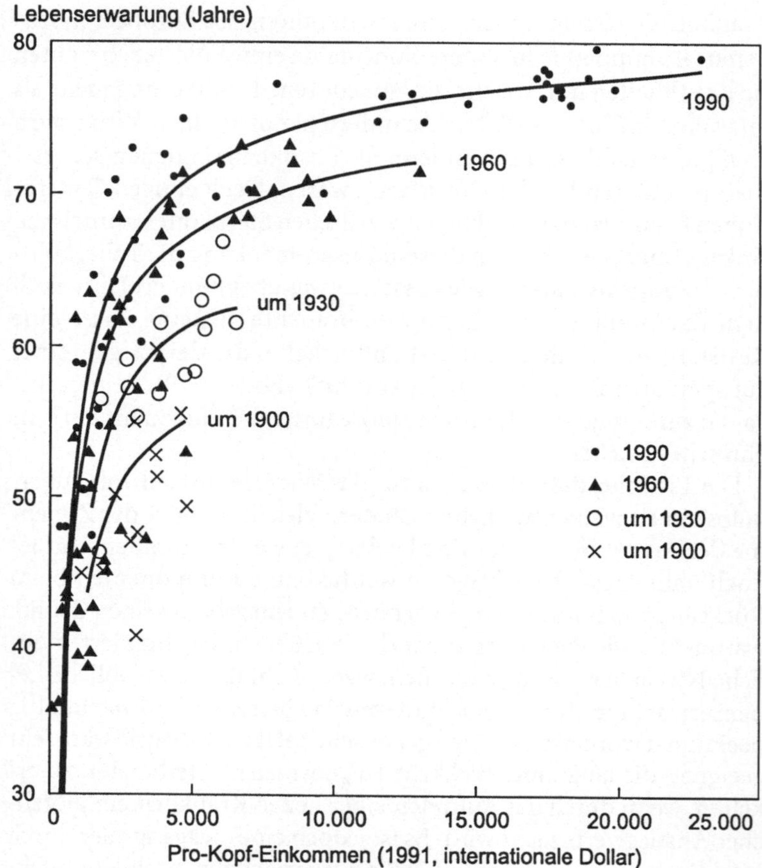

Abb. 3.1. Lebenserwartung und Pro-Kopf-Einkommen für ausgewählte Länder und Zeitpunkte

Quelle: Weltbank, *Wold Development Report*, 1993

Nun wenden wir uns den möglichen Ursachen der ständigen Verbesserung der Gesundheitsstandards in der modernen Welt zu. Abbildung 3.1 bietet einen Überblick. Sie zeigt das Verhältnis zwischen dem Bruttonationalprodukt pro Kopf und der Lebenserwartung bei der Geburt in Ländern auf allen Entwicklungsstufen. Jeder Punkt ist ein Land und die vier Kurven zeigen den Zusammenhang zwischen BNP pro Kopf und der Lebenserwartung in den Jahren 1900, 1930, 1960 und 1990.

Bei den niedrigeren Niveaus des BNP pro Kopf war zu jedem Zeitpunkt ein deutlicher Zusammenhang mit der Lebenserwartung zu erkennen, so dass beide gemeinsam zu steigen scheinen. Bei den höheren Niveaus des BNP pro Kopf scheint diese Verknüpfung zu verschwinden: Die Kurve flacht zu jedem Zeitpunkt horizontal ab. Ab einem bestimmten Einkommensniveau (1990 lag dieses bei ca. $ 5.000 pro Kopf) sieht es jedoch so aus, als würde die Lebenserwartung einen gewissen Plafond erreichen und Zunahmen im BNP pro Kopf zu keiner weiteren Steigerung mehr führen.

Eine Zunahme um (sagen wir) $ 500 pro Kopf macht beim Einkommen in reichen Ländern lediglich einen sehr geringen Prozentsatz aus, während dies in armen Ländern stark zu Buche schlägt. Nun stellt sich die Frage, ob vielleicht der gleiche prozentuelle Einkommenszuwachs in reichen und armen Ländern vergleichbare Auswirkung auf die Lebenserwartung hätte. Diese Möglichkeit kann sehr einfach dadurch untersucht werden, dass man den Logarithmus des BNP pro Kopf nimmt. Damit kommen wir einer linearen Beziehung zwischen dem BNP pro Kopf und der Lebenserwartung schon viel näher. Das heißt, dass die Verdoppelung des Einkommens von beispielsweise $ 1.000 auf $ 2.000 pro Kopf und Jahr in der Lebenserwartung armer Länder die gleiche Anzahl an zusätzlichen Jahren bewirkt wie die Verdoppelung des Einkommens von beispielsweise $ 10.000 auf $ 20.000 in reicheren Ländern. Die Tatsache, dass eine bestimmte Zahl zusätzlicher Lebensjahre in ärmeren Ländern etwa $ 1.000, in reicheren hingegen $ 10.000 kostet, belegt einen stark abnehmenden Grenzertrag zusätzlicher Einkommen für gesundheitliche Verbesserungen zu jedem gegebenen Zeitpunkt. Bei einem höheren Entwicklungsniveau scheinen die Verbesserungen in der Lebenserwartung in der Tat sogar deutlich unter den log-linearen Trend zu fallen, was auf sehr stark abnehmende Grenzerträge hinweist (Wilkinson 1994a).

Wäre nur die 1990er-Kurve in Abb. 3.1 zu sehen, könnte man annehmen, dass die Lebenserwartung nicht weiter ansteigt, weil sie an ein oberes Limit der Langlebigkeit menschlicher Populationen heranreicht. Aber auch ohne die durch die historisch älteren Kurven vermittelte Perspektive gibt es eine Reihe von Gründen für die Annahme, dass dies nicht der Fall ist. Erstens weisen entwickelte Länder mit hoher Lebenserwartung auch in jüngster Zeit sogar in höheren Altersgruppen weiter sinkende Sterberaten auf. Dieser Trend ist heute markanter geworden – zum Teil aufgrund des noch weitgehend ungeklärten Phänomens des Rückgangs der Herzerkrankungen. Zweitens sinken in jenen Ländern, in denen die gesundheitlichen Unterschiede größer geworden sind, die Sterberaten gerade in jenen gesellschaftlichen Schichten am deutlichsten, die schon jetzt die höchste Lebenserwartung haben. Näherten wir uns tatsächlich einer „natürlichen" Obergrenze für die Lebenserwartung, wäre zu erwarten, dass sich die gesundheitlichen Ungleichheiten verringern müssten, je mehr die Armen zu den Reichen aufschließen, die schon nahe dieser Grenze sind. Es erübrigt sich zu betonen, dass kein derartiges Muster erkennbar ist.

Der wichtigste Grund für die Annahme, dass das Abflachen der Kurven in Abb. 3.1 nichts mit dem Erreichen absoluter biologischer Grenzen der menschlichen Lebenserwartung zu tun hat, ist jedoch die Tatsache, dass auch in Ländern, die sich auf dem horizontalen Teil der Kurve befinden, die Lebenserwartung im Laufe der Zeit weiter durchschnittlich um zwei bis drei Jahre pro Dekade ansteigt. Stattdessen sollte dies vielleicht als Hinweis verstanden werden, dass es innerhalb eines gegebenen historischen Kontexts Grenzen der menschlichen Lebenserwartung gibt.

Betrachtet man die Kurven in Abb. 3.1 aus verschiedenen Jahren, wird deutlich, dass die Lebenserwartung nicht so sehr deswegen ansteigt, weil sich die Länder entlang einer gegebenen Kurve bewegen, sondern aufgrund der Bewegung auf neue, höhere Kurven zu. Schon 1975 war Preston zu der Ansicht gelangt, dass nicht mehr als 12 Prozent der Verbesserung in der Lebenserwartung mit dem ansteigenden Lebensstandard zusammenhängen (Preston 1975).

Um ein klareres Bild darüber zu erhalten, ob die Gesundheit in den reichen Ländern auf dem flachen Kurvenabschnitt von Abb. 3.1 wirklich auf den steigenden Lebensstandard zurückzuführen ist, wenden wir uns von den Querschnittsdaten den Veränderungen im Laufe der Zeit zu. Abbildung 3.2 zeigt das Verhältnis zwischen prozentualen Veränderungen im BNP pro Kopf und den Veränderungen in der Lebenserwartung im Laufe von zwanzig Jahren, von 1970–1990, innerhalb der reichen Wirtschaftsländer, die der Organisation für Wirtschaftliche Zusammenarbeit und Entwicklung (OECD) angehören. Unter diesen Ländern sind Vergleiche des BNP pro Kopf zu Kaufkraftparitäten möglich, man hängt hier nicht von den Unsicherheiten der schwankenden Währungskurse ab. D. h. Pfund, Franc, Yen usw. werden gemäß den in jedem Land vergleichbaren Kosten des gleichen Warenkorbs in Dollar konvertiert. Anders ausgedrückt, spiegeln die in Abb. 3.2 gezeigten Veränderungen im BNP pro Kopf die Veränderungen in der tatsächlich in jedem Land bestehenden Kaufkraft genauer wider. Durch die zwanzig Jahre umfassende Zeitspanne, in der die Veränderungen gemessen werden, ist es weniger wahrscheinlich, dass die Vergleiche durch unbekannte Zeitverzögerungen zwischen den Veränderungen im BNP pro Kopf und der Lebenserwartung beeinträchtigt werden.

Wie zur Bestätigung der Erkenntnisse von Preston zeigt Abb. 3.2 auch nicht mehr als eine sehr schwache Relation zwischen Lebenserwartung und BNP pro Kopf. Die Korrelation zwischen den Veränderungen beträgt 0,3. Dies wiederum legt nahe, dass nicht mehr als 10 Prozent der Varianz der Zunahme der Lebenserwartung mit unterschiedlichen Wachstumsraten des BNP pro Kopf zusammenhängen. Diese Schlussfolgerung gibt fast exakt Prestons Meinung wieder, obwohl dieser seine Aussage auf eine Analyse von Daten gründete, die etwa zwanzig Jahre älter waren. Tatsächlich heißt das, dass ein Land 20 Jahre lang ein doppelt so hohes Wirtschaftswachstum haben kann als ein anderes, ohne notwendigerweise nennenswertere Verbesserungen der Lebenserwartung aufzuweisen.

Es entsteht infolgedessen der Eindruck, dass mehr als 90 Prozent der jüngsten Zunahmen in der Lebenserwartung der reichen Länder nicht eng genug mit dem Wirtschaftswachstum gekoppelt sind, um zu Korrelationen mit langfristigen Wachstumsraten zu führen. Die Analyse legt nahe, dass ca. 10 Prozent der Verbesserungen in der Lebenserwartung von einer Bewegung entlang einer Kurve steigender Realeinkommen herrühren, während sich das Gros der verbleibenden 90 Prozent durch die Aufstiegsbewegung von niedrigeren zu höheren Kurven erklären lässt, wie in Abb. 3.1 gezeigt wird.

In diesem Zusammenhang ist interessant anzumerken, dass die erwähnten abnehmenden Grenzerträge zusätzlichen Einkommens nur für die Bewegung entlang der Kurve gelten, während die zeitliche Verschiebung der Kurven selbst sogar auf wachsende Gesundheitsgewinne hindeutet. Insgesamt gehen rückläufige gesundheitliche Gewinne infolge eines Anstiegs der Einkommen zu jedem gegebenen Zeitpunkt mit steigenden gesundheitlichen Gewinnen im Zeitverlauf einher.

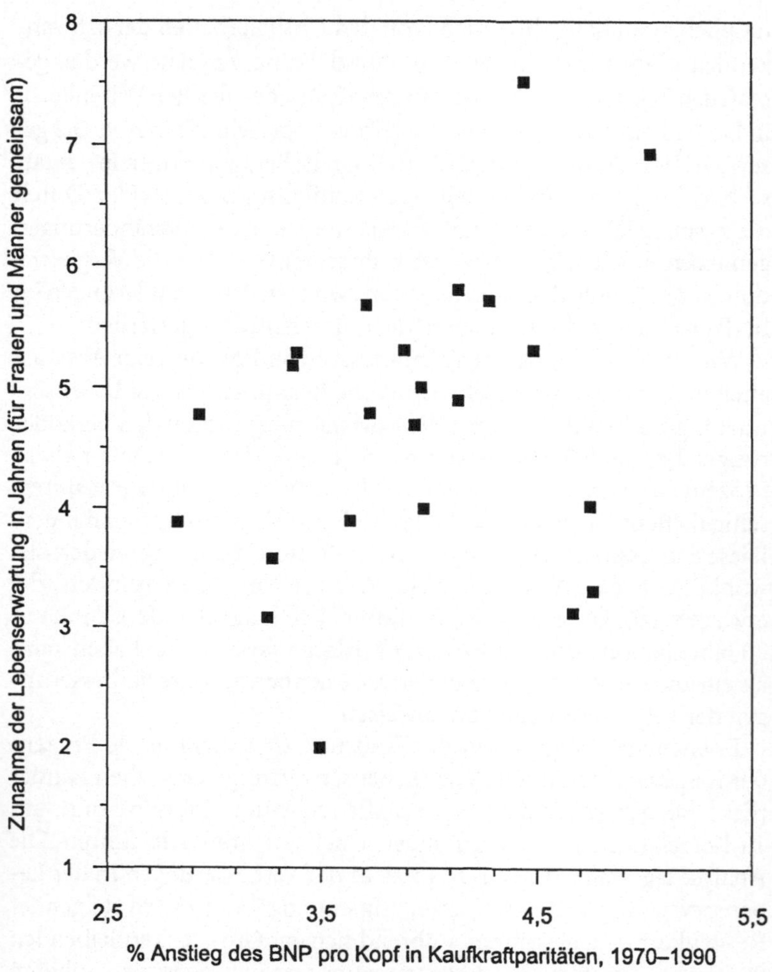

Abb. 3.2. Zunahme der Lebenserwartung im Verhältnis zum prozentualen Anstieg des BNP pro Kopf. OECD-Länder, 1970–1990.

Quellen: OECD *National Accounts*, Paris 1992, und Weltbank, *World Tables*, 1992

Und was bedeutet nun das alles? Es sieht so aus, als ob wir im großen und ganzen McKeowns verbleibende Erklärung, die rückläufigen Sterberaten in entwickelten Ländern in den letzten Jahrzehnten seien die Folge steigender Einkommen, widerlegt hätten; bis jetzt können wir sie jedoch durch nichts ersetzen. Wir müssen nach einer Erklärung suchen, die sozusagen das Einkommen mit den Sterberaten verzahnt; d. h. nach einer Erklärung, warum dasselbe BNP pro Kopf im Zeitverlauf mit einer immer höheren Lebenserwartung gekoppelt ist und die Kurven in Abb. 3.1 immer weiter nach oben verschiebt.

Niemand weiß, was dieser „Einkommensantriebsfaktor" ist. Eine eher unwahrscheinliche Möglichkeit könnte sein, dass die Messungen des Wirtschaftswachstums einfach falsch sind. Eine andere, dass in der psychosozialen Kultur moderner Gesellschaften bedeutsame Veränderungen vonstatten gehen, die sich gesundheitsfördernd auswirken und das Wirtschaftswachstum begleiten, ohne eng damit verbunden zu sein. Auf diese zweite Möglichkeit soll in Kapitel 11 nochmals eingegangen werden, nachdem (in Kapitel 9 und 10) erörtert wird, wie psychosoziale Prozesse auf die Gesundheit einwirken. Bei der ersten Möglichkeit geht es darum, dass Wirtschaftsindizes qualitative Veränderungen nicht messen können.

Indizes für das Wirtschaftswachstum und Realeinkommenszuwächse würden am besten funktionieren, wenn wir einfach dadurch reicher würden, dass wir mehr von den gleichen Dingen hätten, über die schon unsere Vorfahren verfügten. Die Tatsache, dass wirtschaftliche Entwicklung vor allem ein Prozess der qualitativen Veränderung ist, nicht nur in jeder Facette unseres Konsums, sondern auch in jeder anderen Hinsicht unseres Lebens, bedeutet, dass sie in quantitativen Indizes nicht hinreichend erfasst werden kann. Im Mittelpunkt dieses Problems stehen die Preisindizes, die zur Deflationierung monetärer Einkommens- oder Ertragsmaße verwendet werden, um „echte" Werte, echte Messungen der Pro-Kopf-Leistung oder Realzuwächse in der Kaufkraft zu ermitteln. Am besten würden sie funktionieren, wenn die Qualität der Waren gleich bliebe und man die Preisveränderung jeder Ware – ob Mäntel, Autos, Brennstoffe oder anderes – einfach ablesen könnte. Die Tatsache, dass die Materialien, aus denen die Mäntel gefertigt werden, nun nicht mehr aus Natur-, sondern aus Kunstfasern bestehen und sich das Volumen der Kunstfasern um ein Fünfzigfaches verringert hat, wodurch die Stoffe ganz andere Eigenschaften aufweisen; dass manche Stoffe wasserdicht, jedoch „atmungsaktiv" sind; dass Kunstfasern so viel robuster sind und sich daher für Beimischungen zu Naturfasern anbieten; dass Stoffe weniger einlaufen; dass sie farbechter sind und in der Wäsche nicht so leicht ausgewaschen werden; dass Autos sicherer und bequemer sind; dass sie weniger Treibstoff verbrauchen als früher; dass nicht mehr mit Kohle, sondern mit Gas und Elektrizität geheizt wird; dass Gas in viel effizienteren Heizkesseln für die Zentralheizung verbrannt wird und somit mehr Wärme bei gleichem Verbrauch erzielt wird – durch all diese Veränderungen ist es fast unmöglich, in Preisindizes Gleiches mit Gleichem zu vergleichen.

In Bereichen wie beispielsweise bei Computern, wo die Qualität besonders rasch steigt, legen Berechnungen nahe, dass die Computerpreise qualitätsbereinigt pro Jahr um ca. 25 Prozent fallen (Nelson et al. 1994). Da es jedoch so schwierig ist, zutreffende Schätzungen über das Ausmaß der Qualitätsverbesserung bei jeder Warengruppe im Preisindex zu berücksichtigen, werden Preisindizes an die Qualitätsänderungen nicht richtig angepasst. Tatsächlich werden viele Qualitätssteigerungen, die bei Preiserhöhungen einberechnet werden sollten, überhaupt nicht berücksichtigt. Infolgedessen wird die Inflation übertrieben und Ertrags- oder Realeinkommensindizes werden mehr als notwendig deflationiert. Die Wirtschaftsindizes vermitteln daher den Eindruck, dass Zuwächse beim tatsächlichen Lebensstandard geringer sind, als dies in Wirklichkeit der Fall ist.

Wenn auch einige Versuche unternommen werden, die Qualitätssteigerung zu berücksichtigen, so geht aus Siegals Berechnungen hervor, dass in den Erzeugerpreisindizes ca. 40 Prozent der Veränderungen in der Qualität von Waren und Dienstleistungen nicht einberechnet werden. Diese kaum bekannte Tatsache ist weniger umstritten, als angenommen werden könnte (Siegal 1994). Siegal zitiert zudem eine NBER-Veröffentlichung: „Eine Umfrage bei professionellen Ökonomen und Statistikern ergäbe mit aller Wahrscheinlichkeit und mit großer Mehrheit, dass der wichtigste Fehler dieser Indizes darin besteht, qualitative Veränderungen nicht voll berücksichtigen zu können." (Ebda., 30). Nordhaus führte eine Schätzung über die qualitätsbereinigten Veränderungen im Lichtpreis per Lumen-Stunde seit Beginn des 19. Jahrhunderts durch (Nordhaus 1994). Nach seinem Resumée zeigen konventionelle Preisindizes einen 180-prozentigen Preisanstieg bei Licht im Gegensatz zu einer 800-prozentigen Senkung, die sich aus seinen Berechnungen ergaben.

Infolgedessen haben wir nicht nur eine irrige Vorstellung der Inflation, sondern jede durch einen Preisindex deflationierte Zahlenreihe ist ebenfalls falsch. Wenn das durchschnittliche Wachstum im Verlauf des Geschäftszyklus ca. 2 Prozent jährlich beträgt und dieses pro Jahr auch nur um ein Prozent mehr als nötig deflationiert wird, dann würde das Wachstum die tatsächliche – qualitätsbereinigte – Wachstumsrate halbieren. Auch wenn man berücksichtigt, dass auf vielen Gebieten der technische Fortschritt deutlich weniger rasant als bei der Beleuchtung erfolgte, stellt Nordhaus dennoch eine Schätzung an, der zufolge die Zuwächse der Realeinkommen um vieles höher waren, als aus den konventionellen Indizes hervorgeht. Messungen historischer Entwicklungen des tatsächlichen Lebensstandards unterschätzen daher mit großer Wahrscheinlichkeit den wirklich erzielten Fortschritt ungemein.

Daraus lässt sich wiederum eine ganz einfache Erklärung ableiten, warum zumindest die ansteigenden Teile der Kurven in Abb. 3.1 sich im Zeitverlauf nach links verschieben: Der horizontale Abstand zwischen den Kurven könnte die Verbesserungen im tatsächlichen Lebensstandard darstellen, die sich aus nicht erfassten qualitativen Verbesserungen von Waren und Dienstleistungen ergeben. Wie groß der Anteil des „Einkommensantriebsfaktors", wie wir dies nannten, ist, der auf nicht erfasste qualitative Verbesserungen im Lebensstandard zurückgeht, kann danach beurteilt werden, ob die Kurven in Abb. 3.1 einfach durch Verschiebung der jüngeren Kurven nach rechts in Deckung mit den älteren kommen könnten. Natürlich muss der obere Teil dieser Kurven weiter nach rechts verschoben werden als der untere, um in Deckung zu kommen. Dies ist aber einleuchtend. Je weiter sich ein Land von traditionellen Waren und traditionellen Fertigungsmethoden entfernt hat, desto größer ist der Bereich des materiellen Lebens, der ständiger Neuerung unterworfen ist, und desto größer ist die wahrscheinliche Unterschätzung seines Lebensstandards. Mit anderen Worten, je höher das Entwicklungsniveau, desto mehr Innovation und desto größer die nicht bemerkten qualitativen Veränderungen bei Waren. Daher würden genaue Zahlen des BNP pro Kopf bei den reicheren Ländern noch weiter rechts als in Abb. 3.1 gezeigt liegen, als dies bei den ärmeren der Fall wäre. Dadurch würde sich nicht nur ein größerer Teil der Kurven decken, der fast horizontale Teil der Kurven würde sich auch noch weiter abflachen und dadurch noch mehr der Horizontale annähern.

Wären Zuwächse im BNP pro Kopf einfach unterschätzt worden, könnte man annehmen, dass zumindest ein statistisches Verhältnis zwischen Gesundheit und BNP pro Kopf dadurch nicht verschleiert würde: Das Ausmaß, in welchem Gesellschaften von qualitativen Veränderungen in der Produktion von Gütern und Dienstleistungen profitierten, wäre eine konstante Funktion von deren Wachstumsquoten. Stimmte dies, dann würde das unterschätzte Wachstum eher die Maßeinheiten verändern als die Korrelation zwischen den beiden schwächen. Dadurch entstünde der Eindruck, dass jeder angenommene Einkommensanstieg sich stärker auf die Gesundheit auswirkte. Technisch ausgedrückt: Statt den Korrelationskoeffizienten zu schwächen, würde sich die Größe des Regressionskoeffizienten erhöhen. Es könnte jedoch auch behauptet werden, dass die Verbreitung von besseren Produkten nicht einfach von den zusätzlichen Ausgaben abhängt, die sich aus den wenigen Prozent an Einkommenszuwachs ergeben. Der Wahrheit viel näher kommt, dass sich der gesamte Ausgabenfluss aufgrund der Veralterung früherer Warenformen und des Ersatzes durch neue Modelle und Produktlinien auf die aktuelle Produktpalette richtet, die sowohl neue als auch qualitativ verbesserte Güter umfasst. Anders ausgedrückt profitiert die Bevölkerung der entwickelten Ländern von den qualitativen Verbesserungen von Waren weitgehend unabhängig vom Umfang ihres Einkommensanstiegs und daher unabhängig von den Wirtschaftswachstumsraten.

Die britische Erfahrung liefert zwei eindrucksvolle Beispiele dafür, wie sehr die Bevölkerung von technischen Veränderungen unabhängig von Wirtschaftswachstumsquoten profitiert. Trotz des geringen britischen Wirtschaftswachstums, das zu einem relativen Abstieg im Vergleich zu anderen Länder geführt hat, besaßen in Großbritannien mehr Leute früher zunächst Fernseher, dann Videogeräte und in jüngster Zeit PCs als in fast jedem anderen Land, darunter sogar viel reichere Länder wie etwa die USA. Die Verbreitung neuer Technologien und neuer Produkte muss nicht mit den Wirtschaftswachstumsraten in Zusammenhang stehen. Als zweites Beispiel soll hier erwähnt werden, dass in den letzten zehn bis fünfzehn Jahren trotz eines Rückgangs der Realeinkommen der ärmsten 10 Prozent der britischen Bevölkerung und eines stagnierenden Einkommens für die untersten

20 Prozent deren Besitz von Gebrauchsgütern wie Gefriergeräten, Telefonen, Zentralheizung und Videogeräten dennoch deutlich gestiegen ist (Department of Social Security 1993). Auch wenn gerade diese Güter keinen engen Zusammenhang zur Gesundheit aufweisen (es ist bekannt, dass sich zumindest in den 1980er-Jahren die Sterberaten der Ärmsten in Großbritannien nicht verbessert haben [Phillimore et al. 1994]), kann daraus insgesamt ersehen werden, dass der Lebensstandard auf eine Weise steigen kann, die sich nicht in den wirtschaftlichen Eckdaten widerspiegelt.

Die Verschiebungen in den Kurven von Abb. 3.1 und die schwachen Korrelationen zwischen Lebenserwartung und steigendem BNP pro Kopf sollten nicht als Beweis dafür missverstanden werden, dass die Verbesserungen in der Sterblichkeit nichts mit der wirtschaftlichen Entwicklung zu tun hätten, wie man im ersten Augenblick meinen könnte. Und in der Tat ist nur schwer eine Erklärung für eine steigende Lebenserwartung vorstellbar, die nicht in gewisser Weise durch die wirtschaftliche Entwicklung getragen, in die Wege geleitet oder unterstützt wird. Eine zumindest entfernte Verbindung zwischen steigendem Lebensstandard und zunehmender Lebenserwartung kann schwerlich von der Hand gewiesen werden.

Bei Ländern auf dem horizontalen Teil der Kurven von Abb. 3.1 (die angesichts der ungenügenden Qualitätsberücksichtigung noch horizontaler wird) liegt die Beweislast für den Aufwärtstrend in der Lebenserwartungskurve bei den qualitativen Verbesserungen des Lebensstandards, die im Laufe der Zeit stattfinden. Als mögliche Wirkungsweisen qualitativer, gesundheitsfördernder Veränderungen sind u. a. zu nennen: sauberere Zentralheizung, die eine Luftverschmutzung in den Innenräumen und die vom offenen Feuer ausgehende Gefahren vermeidet; Gefriertruhen und -schränke, die eine Versorgung mit weniger stark bakteriell verseuchten Nahrungsmitteln ermöglichen; eine Unzahl von Entwicklungen (z. B. Waschmaschinen, elektrische Wasserkocher und Papierwindeln) haben die Säuglings- und Kinderpflege nicht nur einfacher, sondern auch hygienischer und sicherer gemacht; bleifreies Benzin reduziert die Umweltverschmutzung; verbesserte Sicherheit der Autos, die die Todesfälle im Straßenverkehr trotz höherer Fahrzeugdichte vermindert hat; und ein dichteres Telefonnetz, das es Familien und Freunden erleichtert, trotz örtlicher Trennung eine gesellschaftliche Isolation zu vermeiden (ein wichtiger Beitrag zur sozialen Absicherung der Gesundheit).

Viele dieser Veränderungen durchdringen die entwickelte Welt fast gleichzeitig. Da sie am gleichen Weltmarkt kaufen und verkaufen, gibt es zwischen den meisten OECD-Ländern nur relativ geringe Unterschiede in der Verbreitung von Produktinnovationen. In gewisser Weise kann man aus dem flachen Teil der Lebenserwartung/BNP-pro-Kopf-Kurve schließen, dass zumindest in Bezug auf die Gesundheit die Lebensstandards zwischen diesen Ländern zu jedem Zeitpunkt lediglich marginal differieren – trotz messbarer Unterschiede im BNP pro Kopf. Unter den entwickelten Ländern erscheint der innerhalb von zehn bis zwanzig Jahren stattfindende Wandel des materiellen Lebensstandards ausschlaggebender zu sein als scheinbar große Unterschiede im BNP pro Kopf zu einem bestimmten Zeitpunkt.

Die daraus resultierende allgemeinere Aussage lautet, dass zwischen dem Wachstum, wie es (üblicherweise) heute gemessen wird, und den Früchten des allgemeinen Fortschritts und der Innovationen, in deren Genuss alle entwickelten Ländern weitgehend unabhängig von Unterschieden in den gemessenen Wachstumsraten kommen können, unterschieden werden muss. Um es auf den Punkt zu bringen: Wir können Verbesserungen im realen Lebensstandard auch ohne statistisch messbares Wirtschaftswachstums verzeichnen. Statt mehr zu haben, haben wir Besseres; und da sich die Innovation sowohl auf die Produktionsprozesse als auch auf die erzeugten Güter auswirkt, haben wir zumeist Besseres für etwa den gleichen Preis, den wir zuvor für die nun veraltete Ware bezahlt hatten. Wenn dieses Bild stimmt, dann ist es eine Bestätigung für die Annahme, dass die Gesundheit ein besserer Gradmesser für den realen Lebensstandard sein kann als die verschiedenen Wirtschaftsindizes.

Dass der Hauptnutzen des Wachstums eher in qualitativen als in quantitativen Verbesserungen des Lebensstandards liegt und die Bevölkerung der Länder unabhängig von den quantitativen Wachstumsraten daraus Nutzen ziehen kann, wirft ein entscheidendes Licht auf die Prozesse, durch die der Lebensstandard ansteigt. Besonders wichtig ist dies in Zusammenhang mit den von der Umweltbewegung vorgebrachten Argumenten für ein notwendiges „Nullwachstum". Wenn ideale, die Qualität berücksichtigende Preisindizes entwickelt werden könnten, würden Qualitätsverbesserungen als Wachstum erscheinen.

Man muss sich indes vor Augen halten, dass man in den Genuss des Hauptteils (fast 90 Prozent, wenn wir uns nach den Korrelationen mit der Lebenserwartung richten) des Nutzens dieses Wachstums kommen könnte, ohne notwendigerweise den Ressourcenverbrauch oder die Umweltverschmutzung zu erhöhen, d. h. dass wir zwischen qualitativen Verbesserungen des Lebensstandards und quantitativem Wachstum unterscheiden müssen, zumindest in Bezug auf die Auswirkungen auf die Umwelt.

Bis jetzt haben wir uns auf die Erklärung der in Abb. 3.1 aufgezeigten Veränderungsmuster der Lebenserwartung im Zeitverlauf konzentriert. Nun wollen wir uns eingehender mit der sich wandelnden Gestalt des auf Querschnittsdaten beruhenden Zusammenhangs zwischen BNP pro Kopf und Lebenserwartung beschäftigen. Wie kann die Krümmung dieser Kurve erklärt werden: Warum steigt die Lebenserwartung in armen Ländern mit Zuwächsen im BNP pro Kopf rasch an, während dieses Verhältnis in reicheren Ländern abflacht und weitere Zuwächse im BNP pro Kopf nur geringe oder keine Verbesserungen der Lebenserwartung zeitigen? Wie wir gesehen haben, kann die Krümmung teilweise als Verhältnis zwischen gegebenen Zuwächsen in der Lebenserwartung und relativen Zuwächsen des BNP pro Kopf gedeutet werden – d. h. als eine log-lineare Beziehung. (Ich sage „teilweise", weil die Zuwächse in den entwickelten Ländern eher geringer als log-linear sind.) Wir sollten uns jedoch vor Augen halten, dass die Krümmung der Lebenserwartungskurve verstärkt würde, wenn die Zuwächse im Lebensstandard stark unterschätzt würden: Die Länder auf dem horizontalen Teil der Kurve würden sich noch weiter nach rechts verschieben.

Es steckt jedoch mehr dahinter als die Möglichkeit, dass es in der entwickelten Welt sehr viel größerer Einkommenszuwächse bedarf als in den ärmeren Ländern, um die Gesundheit zu verbessern. Wenn die Länder die Krümmung durchschreiten, die sich aus dem Verhältnis zwischen Gesundheit und Einkommen ergibt, dann durchleben sie auch den so genannten „epidemiologischen Übergang". Diese Bezeichnung drückt den Wechsel von hauptsächlich auf Infektionen zurückgehenden Todesursachen, die in den armen Ländern noch üblich sind, zu degenerativen Krankheiten aus, die in den reicheren Ländern die wichtigste Todesursache darstellen. Alle reichen, entwickelten Länder auf dem fast horizontalen Teil der Kurve erlebten diesen Wandel der

Haupttodesursachen in der ersten Hälfte des 20. Jahrhunderts. Im Gegensatz zu den ärmeren Ländern auf dem steil ansteigenden linken Teil der Kurve werden deren Sterberaten durch Herzgefäß- und Krebserkrankungen und nicht durch Infektionen dominiert.

Der epidemiologische Übergang scheint einen grundlegenderen Wendepunkt in der Geschichte zu markieren, als dies normalerweise angenommen wird. Er kennzeichnet nicht nur einen Rückgang bei Infektionen, sondern auch eine Veränderung in der sozialen Verbreitung einer Reihe wichtiger Krankheiten. Während des epidemiologischen Übergangs werden die so genannten „Wohlstandskrankheiten" zu Krankheiten der Armen in wohlhabenden Gesellschaften. Das beste Beispiel sind hier die Koronargefäßerkrankungen, die in der ersten Hälfte des 20. Jahrhunderts als „Manager"-Krankheit angesehen wurden, ihre soziale Verbreitung aber verlagerten und nun in den unteren sozialen Schichten häufiger vorkommen. Bei einigen anderen zum Tode führenden Krankheiten, wie Schlaganfall, Bluthochdruck, Zwölffingerdarmgeschwüren, Nierenentzündung, Nephrose und Selbstmord kam es zu einer Umkehr der sozialen Verbreitung, sie treten heute vor allem bei den Armen auf (Koskinen 1988).

Am aufschlussreichsten ist indes die Tatsache, dass auch Fettleibigkeit ihre soziale Verbreitung verlagert hat und heute bei den am schlechtesten Situierten häufiger vorkommt. Dies ist enorm wichtig. Bis zu diesem Zeitpunkt hat in der gesamten Menschheitsgeschichte gegolten, dass die Reichen dick und die Armen dünn waren. In vielen Gesellschaften war Fettleibigkeit sogar ein Statussymbol und galt als attraktiv.

In manchen vorindustriellen Gesellschaften wurden die Ehefrauen bedeutender Männer besonders fett ernährt. Ein großer Körperumfang war ein Zeichen dafür, dass Menschen jenem Teil der Gesellschaft angehörten, wo kein Mangel an Lebensnotwendigem herrschte. Der Wandel in der sozialen Verbreitung der Fettleibigkeit markiert ein Stadium in der Wirtschaftsentwicklung, in dem die große Mehrheit der Bevölkerung regelmäßigen Zugang zu den Grundbedürfnissen erhält. Mit steigenden Einkommen wurden Zucker und andere veredelte Produkte mehr von den Arbeitern und deren Familien gegessen als von den Reichen. (Im Zuge desselben Prozesses rückte auch das Rauchen auf der sozialen Leiter abwärts und war nicht mehr eine Sache der höheren Gesellschaftsschichten). Sobald die Armen dicker wurden (auch wenn sie etwas kleiner als die Reichen blieben), war

Fettleibigkeit kein Zeichen mehr für eine herausragende Stellung in der Gesellschaft. Das ästhetisches Empfinden veränderte sich, zum ersten Mal in der Geschichte war es nun erstrebenswerter dünn zu sein als dick. In der ersten Hälfte des 20. Jahrhunderts begann die Modeindustrie während der Zwischenkriegszeit, angeführt von Coco Chanel, Schlankheit zu betonen.

Bei den Prozessen der sozialen Differenzierung, deren tiefgreifenden Einfluss auf viele unserer ästhetischen Urteile Bourdieu nachgewiesen hat, ergab sich interessanterweise auch eine weitere Veränderung: Wie Schlanksein sozial erstrebenswert wurde, als die Armen nicht mehr hungerten, so wurde Sonnenbräune begehrenswert, als die arbeitende Bevölkerung durch die lange Arbeitszeit in den Fabriken blass wurde (Bourdieu 1984). Früher, als die Armen braun gebrannte Landarbeiter waren, war es natürlich modern, die Haut so weiß wie möglich zu erhalten. Heute, da die Fettleibigkeit drastisch zunimmt und es heißt, dass die Armen ihre Freizeit Chips essend im Fernsehsessel verbringen, bewegt sich das Ideal noch weiter in die entgegengesetzte Richtung und selbst die Schönheitsgöttinnen der jüngsten Vergangenheit wirken da heute rundlich.

Dass der epidemiologische Übergang das Erreichen einer wichtigen Schwelle im Lebensstandard markiert, ist auch daran zu erkennen, dass sich der Anteil der britischen Säuglinge, die bei der Geburt weniger als 2.500 Gramm wiegen, seit den 1950er-Jahren unverändert zwischen 6 und 7 Prozent bewegt. Dass der seit damals erfolgte drastische Realeinkommensanstieg nicht zu einer weiteren Verringerung geführt hat, lässt vermuten, dass der nun verbleibende Anteil des Problems niedrigen Geburtsgewichts wahrscheinlich nicht direkt auf den absoluten materiellen Lebensstandard zurückzuführen ist.

Mehrere wichtige Prozesse weisen also auf die gleiche Interpretation des sich abflachenden Teils der Kurve in Abb. 3.1 hin, der die Lebenserwartung mit dem BNP pro Kopf in Beziehung setzt: Um nochmals zusammenzufassen, handelt es sich hier um den Rückgang der Infektionskrankheiten, die traditionell mit Armut assoziiert werden, die Umkehrung des Sozialgefälles bei Krankheiten, die zuvor mit Reichtum in Verbindung gesetzt wurden – wie Herzerkrankungen und Fettleibigkeit (letzteres wahrscheinlich erstmals in der aufgezeichneten Geschichte) – und schließlich um den gleich bleibenden Anteil an Säuglingen mit niedrigem Geburtsgewicht trotz steigenden Lebensstandards. Dies alles legt nahe, dass wir die Abflachung der Kurve von steigender Lebenserwartung/wachsendem BNP pro Kopf wahrscheinlich so deuten sollten, dass die Mehrheit der Bevölkerung ein Minimum des realen materiellen Lebensstandards erreicht hat und darüber hinausgehende Zuwächse für den Einzelnen keine entscheidenden weiteren gesundheitlichen Verbesserungen bringen. Für die breite Masse der Bevölkerung gilt, dass der absolute Lebensstandard die Gesundheit nicht mehr länger stark beeinflusst. Es war vielleicht zu erwarten gewesen, dass ein derartiger Wandel in einer Phase der Wirtschaftsentwicklung eintritt. Dass er sich nun als Ergebnis eines noch nie da gewesenen raschen und zumindest seit Mitte des 19. Jahrhunderts anhaltenden Anstiegs des Lebensstandards einstellt, sollte nicht weiter verwundern. Wenn diese Interpretation zutrifft, hat dies fundamentale Auswirkungen auf die Entwicklungsökonomie und auf unsere Überlegungen, wie wir die globalen Umweltprobleme in Angriff nehmen sollten.

Nach dieser Feststellung müssen wir jedoch eine Reihe wichtiger Einschränkungen einräumen. Erstens, sogar in den entwickelten Ländern, die diesen Übergang schon abgeschlossen haben, gibt es natürlich noch kleine *Teile* der Bevölkerung – aber dennoch eine große Zahl von Menschen –, denen Grundbedürfnisse wie Nahrung, Unterkunft und Wärme fehlen. Auch wenn der Anteil derer, die darunter leiden, zu klein ist, um sich erheblich auf Gesamtmessungen der Volksgesundheit auszuwirken, sind es mehr als früher, entwickelte Gesellschaften sind jedoch sehr wohl in der Lage, derartige Zustände vollkommen zu verhindern. Als Anhaltspunkt, wie klein der Anteil der Bevölkerung in den entwickelten Ländern ist, der mit grundlegendem materiellen Mangel lebt (und nicht mit den ebenso schwer wiegenden, aber ganz anders gelagerten Auswirkungen relativen Mangels, auf den in späteren Kapiteln eingegangen wird), können die offiziell erfassten Zahlen angeführt werden, aus denen hervorgeht, über welche Gebrauchsgüter die 20 Prozent der Ärmsten in der britischen Bevölkerung verfügen (wobei Großbritannien heute zu den ärmeren Ländern der Europäischen Union zählt). Da die diesen Zahlen zu Grunde liegende Erhebung eine hohe Quote von fehlenden Rückmeldungen bei den Ärmsten aufweist, vermittelt sie ein eher zu rosiges Bild der neuen Armut, kann jedoch als grobe Richtlinie gelten. 1990/91 lebten etwa 98 Prozent der ärmsten 20 Prozent der Bevölkerung in

Haushalten mit einem Fernseher, 84 Prozent hatten eine Waschmaschine, 75 Prozent eine Gefriermöglichkeit (in Kombination mit einem Kühlschrank oder auch nicht) und 97 einen Kühlschrank, 72 Prozent verfügten über Telefon, 72 Prozent über Zentralheizung, 59 Prozent hatten ein Videogerät und in 47 Prozent der Haushalte gab es ein Auto oder einen Lieferwagen (Department of Social Security 1993). Auch wenn die Qualität dieser Waren natürlich zumeist weit unter jener in den wohlhabenderen Haushalten liegt, kann man kaum bezweifeln, dass das Konsumniveau unter den schlechter gestellten Menschen erheblich höher ist, als viele meinen, wenn über die neue Armut gesprochen wird. Mit diesem Wissen vor Augen sollen im nächsten Kapitel die überaus krassen Unterschiede bei den Sterberaten und der Lebenserwartung, die heute noch immer in den meisten entwickelten Ländern zwischen Reichen und Armen bestehen, untersucht werden. Man muss zudem das derzeitige Konsumniveau kennen, wenn wir uns dann in Kapitel 5 der Erörterung der Auswirkungen der absoluten und relativen Standards zuwenden wollen.

Wenn diese Klassifizierungen auch sehr wichtig sind, sollte darüber nicht vergessen werden, wie überaus bedeutsam das Erreichen von grundlegenden Mindeststandards für die Gesundheit der großen Mehrheit der Bevölkerung ist. Wir sollten aber nicht übersehen, welche Rolle bei diesen Veränderungen neben dem Privatkonsum Standardverbesserungen in anderen Lebensbereichen spielten: Verminderung der Wasser- und Luftverschmutzung sowie die Regelung und Überprüfung von Arbeits- und Sicherheitsbestimmungen. Die gesundheitlichen Veränderungen, die den epidemiologischen Übergang kennzeichnen, bezeugen die Bedeutung des Fortschritts im materiellen Lebensstandard auf vielfältige Weise.

In diesem Kapitel wurden zwei Hauptthesen zur Erklärung des in Abb. 3.1 erkennbaren Musters einer weltweiten Steigerung der Lebenserwartung entwickelt. Erstens kann die Abfolge neuer und höherer Kurven ein Artefakt sein, das auf die unzureichende Erfassung qualitativer Verbesserungen zurückgeführt werden kann. Nicht entsprechend an die Qualitätsverbesserungen von Waren angepasste Preisindizes bewirken, dass wir nur eine sehr unzureichende Vorstellung von der realen Verbesserung des Lebensstandards im Laufe der Zeit haben. Studien zur Problematik unzureichender Preisindizes weisen jedoch darauf hin, dass Verbesserungen der materiellen Lebensbedingungen tatsächlich erheblich unterschätzt werden. Dies bedeutet, dass genaue Messungen die zu unterschiedlichen Zeitpunkten ansteigenden Teile der Kurvengruppen möglicherweise zu einer Kurve verschmelzen könnten. Eine wichtige sich daraus ergebende Folgerung ist, dass die Lebenserwartung selbst fast mit Sicherheit ein besserer Gradmesser für den Lebensstandard ist als die bestehenden Messungen der sich im Laufe der Zeit verändernden Realeinkommen und des BNP pro Kopf. Zweitens scheint die Krümmung der Verhältniskurve zu jedem Zeitpunkt einen stark abnehmenden Grenznutzen von zusätzlichen Einkommen widerzuspiegeln, sobald die Länder dank des Wirtschaftswachstums den epidemiologischen Übergang bewältigen. Im Verlauf des wirtschaftlichen Wachstumsprozesses ist damit zu rechnen, dass früher oder später ein Stadium erreicht wird, in dem Verbesserungen in der Volksgesundheit nicht mehr länger vorwiegend durch simple Zuwächse in der Versorgung mit Grundbedürfnissen herbeigeführt werden. Ein Wandel sowohl in den Haupttodesursachen als auch in der sozialen Verbreitung einer Reihe von symptomatischen Krankheiten weist stark darauf hin, dass der epidemiologische Übergang dieses Stadium kennzeichnet. Dies hat wiederum unmittelbare Auswirkungen auf unser Verständnis des Nutzens des wirtschaftlichen Wachstums. Es ist nicht nur wahrscheinlich, dass der Wert eines anhaltenden Wirtschaftswachstums nach dem epidemiologischen Übergang abnimmt, es könnte auch zutreffen, dass die wichtigsten Gewinne danach in qualitativen Verbesserungen des Lebensstandards und nicht in Zuwächsen der absoluten Produktionsmenge bestehen. Der epidemiologische Übergang scheint eine bedeutende wirtschaftliche Botschaft zu enthalten.

Um herauszufinden, ob es eine mögliche Verbindung zwischen den sich verändernden Mustern der Volksgesundheit und dem Fortschritt im materiellen Lebensstandard gibt, waren wir gezwungen, eine Reihe von mehr oder minder allgemein anerkannten Vorstellungen über den Charakter des Wirtschaftswachstums und dessen Messung in Frage zu stellen. Ist es schon schwierig zu verstehen, wie das Bild der internationalen Unterschiede in der Gesundheit und der Verbesserungen im Laufe der Zeit logisch mit dem Wirtschaftswachstum zusammenhängen könnte, so ist es noch schwieriger zu verstehen, wie sie *nicht* miteinander in Beziehung stehen sollten. In den weiter entwickelten Ländern ist die Lebenserwartung nicht nur höher, sondern auch der Zeitpunkt ihrer historischen Verbesserung innerhalb jedes Landes hängt eindeutig mit dem Wirtschaftswachstum zusammen. Da das Wirtschaftswachstum alles umfasst (was hängt denn *nicht* damit zusammen?), ist es äußerst schwierig, logische Erklärungen zu finden, die nicht in irgendeiner Weise mit dem Wachstumsprozess zusammenhängen. Sogar Faktoren wie Bildungsstandards und das Niveau der medizinischen Versorgung hängen ganz eng mit dem Wachstum zusammen. Innerhalb eines Landes scheinen die Ausgaben für Gesundheitsversorgung tatsächlich fast in einem stabilen Verhältnis zum BNP pro Kopf anzusteigen; gleichzeitig muss indes angemerkt werden, dass ein weiterer Grund für die Annahme, dass die medizinische Versorgung keine wichtige Determinante der Lebenserwartung ist, sich daraus ableitet, dass nicht der geringste Anhaltspunkt für eine internationale Beziehung zwischen den Ausgaben für die medizinische Versorgung und der Lebenserwartung gefunden wurde. Man kann sich nur schwer mögliche Erklärungen für anhaltende allgemeine Verbesserungen in der Volksgesundheit vorstellen, die nicht auf irgendeine Weise durch Wirtschaftswachstum in die Wege geleitet oder aufrecht erhalten werden. Da man erwarten könnte, dass Dutzende – oder viel eher Hunderte – Faktoren ihren Beitrag leisten, wäre es nur wahrscheinlich, dass der Fortschritt mit dem Wachstumsprozess zusammenhinge. Da das Einkommen ein guter Ausdruck für einen erweiterten Zugang zu allem ist, was mit Geld zu kaufen ist, könnte man annehmen, dass Gesundheit und BNP pro Kopf Hand in Hand gehen. Und dennoch sehen wir uns mit dem höchst erstaunlichen Muster von Abb. 3.1 konfrontiert, das wir in diesem Kapitel zu erklären versucht haben. Daraus ergibt sich die Suche nach einer Möglichkeit, wie unser Verständnis des Wirtschaftswachstums mit dieser Tatsache in Einklang zu bringen ist. Die Ergebnisse zeigen mehrere interessante Möglichkeiten auf, die jedoch Komponenten enthalten, die keineswegs widerspruchsfrei sind. Besonders schwierig ist es, den horizontalen Teil jeder auf Querschnittsdaten beruhenden Kurve, wo die Unterschiede zwischen den entwickelten Ländern zu jedem Zeitpunkt wenig oder keine Bedeutung für die Gesundheit haben, mit dem Beweis zu korrelieren, wonach die qualitativen Veränderungen, die im Laufe der Zeit in diesen Ländern stattfinden, große Bedeutung haben. Will man beides akzeptieren, muss man auch der Meinung sein, dass Unterschiede zwischen den entwickelten Ländern hinsichtlich der Versorgung mit jederzeit verfügbaren Gütern und Dienstleistungen nur wenig aussagen, dass aber den qualitativen Veränderungen jener Güter und Dienstleistungen (auch des Wissens) im Laufe der Zeit große Bedeutung zukommt. Und dennoch, angesichts der wahrscheinlichen Unterschätzung des realen Pro-Kopf-BNP-Zuwachses besteht kaum ein Zweifel, dass sich die entwickelten Länder tatsächlich auf einem horizontalen Teil der Kurve befinden, die im Zeitverlauf nach oben strebt.

Wenn wir die Gesundheit zu den materiellen Lebensumständen in Beziehung setzen sollen, drängt sich die Vermutung auf, dass ein Mehr des Gleichen zu einem gegebenen Zeitpunkt weniger wichtig ist als qualitative Verbesserungen im Zeitverlauf. Das heißt, dass man nicht nur glauben muss, dass neues Wissen, neue Technologien, neue Güter und Dienstleistungen wichtig sind, sondern auch, dass die Schnelligkeit, mit der diese sich in den verschiedenen entwickelten Ländern verbreiten, nicht damit zusammenhängt, auf welcher Stufe genau sie sich in der Reichtumsskala dieser Länder befinden. Manchen wird dies höchst unwahrscheinlich vorkommen, es fehlen uns jedoch Beweise, um weiter darauf einzugehen. Wir sollten indes nicht vergessen, dass wir es hier mit dem Grundgerüst für das Verständnis der wichtigsten Veränderungen zu tun haben, die in der Gesundheit national und international vor sich gehen. Gegen Ende von Kapitel 11 werden wir die Möglichkeit erwägen, dass die Gesundheit auch von Prozessen der psychosozialen Liberalisierung profitiert haben könnte, die scheinbar mit der wirtschaftlichen Entwicklung einhergehen. Dies ist eine der wenigen alternativ möglichen Ursachen für die Aufwärtsbewegung der Lebenserwartungskurve im Zeitverlauf.

Teil II

Gesundheitliche Ungleichheiten innerhalb einzelner Gesellschaften

Kapitel 4
Das Problem gesundheitlicher Ungleichheiten

Die Bandbreite gesundheitlicher Unterschiede in den modernen Gesellschaften überrascht. In einer Studie über Gesundheitsunterschiede in den 678 Wahlkreisen Nordenglands wurde festgestellt, dass die Sterberate in den ärmsten 10 Prozent der Wahlkreise viermal höher liegt als in den reichsten 10 Prozent (Phillimore et al. 1994). In den Vereinigten Staaten hat eine vor kurzem in Harlem, New York, durchgeführte Gesundheitsstudie gezeigt, dass die Sterberate hier in den meisten Altersklassen höher liegt als in den ländlichen Gebieten von Bangladesch (McCord und Freeman 1990). Eine Untersuchung in Brasilien, wo die Einkommensunterschiede größer sind als in fast allen übrigen Ländern, hat ergeben, dass die Säuglingssterblichkeit in unterschiedlichen Gebieten ein und derselben Stadt zwischen 12 und 90 pro 1.000 Lebendgeburten variiert.

Diese und ähnliche Zahlen spiegeln nicht bloß die Abstufungen der Armut in Gebieten mit hoher Sterblichkeit wider. So wurde in der Whitehall-Studie über 17.000 Beamte, die in Regierungsämtern in London arbeiten, festgestellt, dass die Todesrate bei den Büroangestellten auf unterster Stufe dreimal so hoch ist wie bei den höchsten Regierungsbeamten (Davey Smith et al. 1990). Unberücksichtigt blieben bei der untersuchten Population nicht nur die Ärmsten, die keine Arbeit haben, sondern auch alle Arbeiter: Da sich die Studie demnach auf Angestellte beschränkt, betreffen die festgestellten Unterschiede also Menschen, die sich selbst als Mittelklasse bezeichnen würden und in denselben Büros arbeiten.

Aus zahlreichen Studien geht hervor, dass sich Unterschiede in der Gesundheit nicht auf Divergenzen zwischen den Armen und der übrigen Bevölkerung beschränken, sondern sich vielmehr quer durch die gesamte Bevölkerung ziehen, wobei jede Ebene in der sozialen Hierarchie einen schlechteren Gesundheitszustand aufweist als die Angehörigen der unmittelbar darüber liegenden Ebene. Aufgrund von Daten des Multiple Risk Factor Intervention Trial (MRFIT) in den Vereinigten Staaten war es möglich, 300.000 Männer nach dem mittleren Familieneinkommen des jeweiligen amerikanischen Postbezirks, in dem sie lebten, in 12 Einkommensklassen einzuteilen. Danach korrelierten Einkommen und Sterberate so eng miteinander, dass es bei 11 der 12 Gruppen keinen Unterschied machte, ob sie nach zunehmendem Einkommen oder abnehmender Sterberate gereiht wurden (Davey Smith et al. 1990). Die Korrelation der Sterberate mit dem Einkommen zieht sich durch die gesamte Einkommensskala von den Ärmsten bis zu den Reichsten (siehe Abb. 5.1 auf S. 89).

Während wir im letzten Kapitel gesehen haben, wie schwierig es ist, uns auf internationaler Ebene ein klares Bild von den Zusammenhängen zwischen Gesundheit und materiellem Lebensstandard zu machen, gibt es innerhalb eines Landes zumindest eine klare Reihung der Sterberaten nach der sozioökonomischen Stellung. Obwohl die Forschungsarbeiten über gesundheitliche Unterschiede innerhalb einzelner Länder fast ausschließlich mit dem Ziel durchgeführt wurden, mehr über die Gesundheit und deren Determinanten zu erfahren, liefern ihre Ergebnisse vielleicht größeren Aufschluss über die Gesellschaft. Die Tatsache, dass Menschen im unteren Bereich der gesellschaftlichen Skala in fast allen reichen entwickelten Gesellschaften zwei- bis viermal höhere Sterberaten aufweisen als jene am oberen Ende dieser Skala, scheint ein ziemlich unverblümter Hinweis auf die Beschaffenheit der modernen Gesellschaft. Um diese Botschaft besser verstehen zu können, ist es jedoch erforderlich, mehr über die Ursachen der engen Korrelation zwischen gesellschaftlicher Stellung und Gesundheit zu wissen. Forschungsarbeiten vermitteln uns neue Erkenntnisse, wie sich die soziale Struktur auf uns auswirkt. Diese Erkenntnisse beschränken sich auch nicht auf Fragen über die Art und Weise, wie sich die physische Umgebung auf die Gesundheit auswirkt. Es hat zunehmend den Anschein, als würde ein wichtiger Teil dieser Beziehung psychologische Vorgänge betreffen: Wir erfahren mehr über die subjektiven psychologischen und emotionalen Auswirkungen objektiver Merkmale der gesellschaftlichen Struktur. In dieser Hinsicht kann uns die Gesundheit Aufschluss darüber geben, wie sich die gesellschaftliche Organisation des materiellen Lebens auf die menschliche Subjektivität auswirkt. Durch den tieferen Einblick in die Wirkungsweise der gesellschaftlichen Struktur auf unser Leben oder unseren Tod zeigen Forschungsarbeiten aus dem Gesundheitsbereich einige der grundlegenden Zusammenhänge zwischen dem Einzelnen und den gesellschaftlichen Verhältnissen auf. Die „harten" Sterblichkeitsdaten und das Ausmaß der Auswirkungen, um deren Verständnis wir ringen, machen es etwas leichter, hinter so manches Trugbild zu blicken, das üblicherweise ein Verständnis der gesellschaftlichen Struktur, in der wir leben, verhindert. Da die Gesellschaften zunehmend von immer neuen Anforderungen der internationalen wirtschaftlichen Wettbewerbsfähigkeit, vom Fortschritt der elektronischen Technologie und der Entwicklung gesellschaftlicher Institutionen auf allen Ebenen mitgerissen werden, wird es immer vordringlicher, einen gewissen Einblick in die daran beteiligten, völlig unterschiedlichen gesellschaftlichen und wirtschaftlichen Kräfte zu gewinnen.

Bevor wir fortfahren, erscheint es an dieser Stelle angebracht, einen Überblick über einige grundlegende Hintergrundinformationen zu geben. Wir wollen mit einigen Fragen beginnen, die mit der Messung der Gesundheit, den Sterberaten und der gesundheitlichen Ungleichheit zu tun haben. Danach wollen wir uns kurz mit den Ursachen auseinandersetzen, warum gesundheitliche Ungleichheiten nicht auf soziale Mobilität, Genetik, die Missachtung von Ratschlägen für eine gesunde Lebensführung oder eine divergierende medizinische Versorgung zurückgeführt werden können. All diese Punkte müssen geklärt werden, bevor wir in den folgenden Kapiteln zu der entscheidenden Frage des Verständnisses zurückkehren können, auf welche Art und Weise gesellschaftliche und wirtschaftliche Vorgänge die Gesundheit beeinflussen.

Sterbeziffern und Messgrößen für die Gesundheit

Sterberaten werden oft – vielleicht paradoxerweise – als Messgröße für die Gesundheit genommen, da es keine geeigneten Maßeinheiten für Gesundheit oder Krankheit gibt. Bei der Krankheit stellt sich das Problem, dass wir nicht wissen, wie wir unterschiedliche Dinge zählen sollen: Sollen wir Fälle von Fußpilzerkrankungen mit solchen von Arthritis, Kopfschmerzen, chronischer Bronchitis, Heuschnupfen und Geschwüren zusammenzählen? Wenn ja, wie schwerwiegend müssen diese Krankheiten dann sein, um gezählt zu werden? Wenn wir Schmerzen oder Arbeitsunfähigkeit als gemeinsamen Nenner nehmen, wie stark müssen die Schmerzen sein bzw. wer muss eine Arbeitsunfähigkeit feststellen und wie oft? Angesichts dieser nahezu unüberwindlichen Probleme, stammen die praktisch einzigen brauchbaren Daten über objektiv definierte – was natürlich bedeutet, von einem Arzt definierte – Krankheiten aus Krebsregistern, die – in jenen Ländern, die über solche Aufstellungen verfügen – alle Neuerkrankungen an Krebs auflisten, die an ein Krankenhaus überwiesen wurden. Obwohl vermutlich auch über verschiedene Infektionskrankheiten Aufzeichnungen von Ärzten existieren, sind diese Aufstellungen so unvollständig, dass sie keinen Aufschluss über die Häufigkeit oder Verbreitung von Infektionen geben, abgesehen davon, dass sie trotz all ihrer Unvollständigkeit Trends über das Auftauchen und Verschwinden von Epidemien anzeigen.

Ein anderer Ansatz, Krankheit (Morbidität) zu messen, geht davon aus, formale Diagnosen beiseite zu lassen und die Leute aufzufordern, ihren allgemeinen Gesundheitszustand zu beschreiben. Diese „subjektive Befindlichkeit" wird in zahlreichen Forschungsarbeiten als Maßeinheit verwendet. Dabei kann dem Betreffenden entweder eine einfache Frage gestellt werden, wie etwa: „War Ihr Gesundheitszustand in den letzten beiden Wochen gut, zufriedenstellend oder schlecht?" Oder man kann ihm eine Reihe von Fragen über bestimmte Symptome stellen und die Antworten darauf dann auswerten, um zu einer Gesamtgesundheitseinschätzung zu gelangen. Auch wenn derartige Messgrößen häufig verwendet werden, ist es oft schwierig zu eruieren, was sie wirklich bedeuten. Sterbeziffern haben zumindest den Vorteil, ein eindeutiges, genaues und objektives Maß zu sein. Obzwar die Kenntnis, ob jemand tot oder lebendig ist, kein sehr sensibles Maß für Gesundheit ist, geben die Unterschiede bei den alters-, geschlechts- und ursachenspezifischen Sterbeziffern zwischen einer Bevölkerung oder sozialen Gruppe und einer anderen doch auch Aufschluss über einiges mehr. Unterschiedliche Sterberaten scheinen gute Indikatoren für Unterschiede bei den Krankheiten zu sein; und durch unterschiedliche Ursachen wie Herzkrankheiten, Bronchitis, Krebs oder Selbstmord bedingte Sterberaten sind ein gewisser Hinweis auf die Verbreitung derartiger Krankheiten in einer Gesellschaft. Ein Nachteil der Sterberaten ist, dass sie keine Information über die Verbreitung gängiger Krankheiten und üblicherweise nicht lebensbedrohender Erkrankungen wie etwa Rheumatismus bieten. Dennoch hat man herausgefunden, dass es eine sehr hohe Korrelation zwischen unterschiedlichen Sterberaten in einer Bevölkerung und Unterschieden in der allgemeinen subjektiven Befindlichkeit gibt, zu deren Maßeinheiten auch kleinere Alltagsleiden zählen (Arber 1987). Dies legt nahe, dass Gesundheit, so schwer fasslich dieser Begriff auch sein mag, eine gewisse Kohärenz über ein breites Spektrum von Krankheiten und Lebensbedingungen aufweist und dass Unterschiede messbar sind.

Rohe Sterbeziffern geben an, wieviele Todesfälle pro 1.000 (oder 10.000) Angehörige einer Population zu verzeichnen sind. Da diese Quoten mit dem Alter drastisch zunehmen, werden sie üblicherweise für einzelne Altersgruppen angegeben, beispielsweise 15 pro 1.000 Frauen zwischen 50 und 60 Jahren. Alternativ dazu kann man die standardisierten Sterbeziffern vergleichen, indem man die Auswirkungen von Unterschieden in der Altersstruktur der Bevölkerung eliminiert. Man spricht dann von altersstandardisierten Sterbeziffern. Ließe man die altersmäßige Zusammensetzung der Bevölkerung außer Acht, würden Orte mit einer älteren Bevölkerung weniger gesund erscheinen als Orte mit einer größeren Anzahl jüngerer Menschen. Um einen Vergleich von Gruppen zu erleichtern, werden bisweilen auch „standardisierte Sterbequotienten" verwendet. Diese erlauben einen Vergleich von Sterberaten zwischen Bevölkerungen über das gesamte Altersspektrum hinweg, nachdem diese um die Auswirkungen der Unterschiede in der Altersstruktur bereinigt wurden. (Diese werden berechnet, indem man die altersspezifischen Sterberaten der Vergleichsbevölkerung nimmt, auf die Zahl der Menschen in jeder Altersgruppe der Referenz-Bevölkerung umlegt und die Gesamtzahl der Todesfälle, die daraus in allen Altergruppen resultieren würden, als Prozentsatz der Zahl der tatsächlichen Todesfälle in der Referenz-Bevölkerung angibt.) Messgrößen für Krankheiten berücksichtigen das Alter üblicherweise weitgehend in derselben Art und Weise. In diesem Buch werden wir uns nur mit unterschiedlichen Sterberaten und Maßeinheiten für Krankheiten beschäftigen, die das Alter mitberücksichtigen.

Wenn man hört, dass die Sterberate in einer Personengruppe drei- oder viermal so hoch ist wie in einer anderen, so könnte man geneigt sein zu glauben, dies hieße, dass die Lebenserwartung nur ein Drittel oder Viertel beträgt. Aber wenn wir gesagt haben, dass die Menschen in einer wohlhabenden Gegend in Großbritannien oder den Vereinigten Staaten eine Lebenserwartung von 80 Jahren haben und die Sterberaten in einem armen Gebiet viermal so hoch sind, wäre es offenkundig falsch zu sagen, dass die Lebenserwartung unter den Armen lediglich 20 Jahre beträgt. Die Arithmetik, wie Unterschiede bei den altersstandardisierten Sterbeziffern die Lebenserwartung beeinflussen, ist komplizierter. Die Auswirkungen sind viel geringer, da sich die Todesfälle überwiegend auf ein höheres Alter konzentrieren, wo sie sich auf die Lebenserwartung nicht so stark auswirken. Selbst bei Kindern hat ein Unterschied um einen Faktor vier bei der Sterblichkeit – beispielsweise 2 oder 8 Todesfälle pro 10.000 Kindern pro Jahr – keine weit reichenden Auswirkungen auf die Gesamtlebenserwartung, weil die Sterberate gering ist. Die Auswirkungen wären offenkundig viel größer, würde sich diese Differenz zwischen beispielsweise 10 und 40 Todesfällen pro 10.000 bewegen. Eine Berechnung anhand der vor mehr als 20 Jahren in Großbritannien vorherrschenden Sterberaten bietet einen groben Anhaltspunkt (OPCS 1978). Sie zeigt einen linearen Zusammenhang, dem zufolge eine Verdoppelung der altersspezifischen Sterberaten zwischen 15 und 65 Jahren lediglich einen Unterschied von vier Jahren in der Lebenserwartung bewirken würde. Würden die Auswirkungen von Todesfällen unter 15 und über 65 Jahren mitberücksichtigt, so würde dieser Unterschied aller Wahrscheinlichkeit nach auf etwa acht Jahre anwachsen. Allerdings sind die Sterberaten heute niedriger als damals, weshalb eine Verdoppelung der altersstandardisierten Sterbeziffern geringere Auswirkungen auf die Gesamtlebenserwartung zum Zeitpunkt der Geburt zur Folge hätte.

Am einfachsten sind diese sozioökonomischen Unterschiede bei den Sterberaten vielleicht intuitiv zu erkennen, wenn man sich zwei Menschen vorstellt, die einen jeweils etwa gleich großen Freundes- und Bekanntenkreis von sagen wir 50 persönlichen Kontakten haben, aber in unterschiedlichen Gegenden – die eine wohlhabender, die andere ärmer – leben. Auf jeden Todesfall im Freundes- und Bekanntenkreis des in dem wohlhabenden Gebiet lebenden Menschen kommen zwei-, drei- oder sogar viermal so viele Todesfälle im Freundes- und Bekanntenkreis des in dem ärmeren Gebiet lebenden Menschen.

Messen gesundheitlicher Ungleichheiten

Die Behauptung, Sterberaten in ärmeren sozialen Schichten seien zwei-, drei- oder viermal so hoch wie in wohlhabenderen Schichten, klingt sehr vage. Diese scheinbare Ungenauigkeit ist zum Teil dadurch bedingt, welche gesellschaftlichen Gruppen verglichen werden, und zum Teil dadurch, wie genau die Einteilung der Bevölkerung in die verschiedenen Gruppen erfolgt. Je weiter die zu vergleichenden Extreme von Reichtum und Armut auseinander liegen, desto größer werden die gesundheitlichen Unterschiede sein. Daher hatten die Bewohner der ärmsten 10 Prozent der Wahlkreise in Nordengland in den 1980er-Jahren viermal höhere Sterberaten als die Bewohner der reichsten 10 Prozent der Wahlkreise (Phillimore et al. 1994).

Offizielle Statistiken, bei denen die wirtschaftlich aktive Bevölkerung nach der Stellung im Erwerbsleben gegliedert wird, zeigen charakteristischerweise Unterschiede in der Größenordnung eines Faktors zwei oder drei zwischen Angehörigen der gesellschaftlichen Klasse I „akademische Berufe" (Ärzte, Rechtsanwälte, hohe Regierungsbeamte, Manager großer Unternehmen usw.) und der gesellschaftlichen Klasse V „ungelernte Arbeiter". Die Informationen über den Beruf werden allerdings üblicherweise den Totenscheinen entnommen, die wiederum auf Angaben der „nächsten Angehörigen" beruhen. So ist es etwa schwierig festzustellen, ob ein „Unternehmensleiter" ein selbständiger Bauarbeiter war oder ein einflussreicher Geschäftsmann, der einem mehrere Millionen Pfund schweren Imperium vorstand. Bei der Angabe „Elektroingenieur" stellt sich die Frage, ob es sich hier um einen Akademiker handelte oder um einen Fließbandarbeiter in einer Firma für Elektroteile. Die aus diesen Schwierigkeiten resultierenden falschen Einteilungen bringen es mit sich, dass aus den Berechnungen hervorgehende Unterschiede zwischen den Berufsklassen unvermeidlich verfälscht sind. Ein Hinweis darauf, wie wichtig diese Verfälschung sein kann, geht aus der zuvor erwähnten Whitehall-Studie hervor. Die 17.000 Beamten, auf denen diese Studie basiert, wurden mit Hilfe der Arbeitgeber nach ihrem Dienstgrad eingestuft. Diese Einteilung war also besonders genau. Während sich die aufgrund der nationalen Zahlen ermittelten Sterberaten für Angehörige „akademischer Berufe" nur um einen Faktor zwei von jenen der „ungelernten Arbeiter" unterscheiden, zeigt die Whitehall-Studie allein unter den Angestellten in den Regierungsämtern Unterschiede in der Größenordnung eines Faktors drei.

Die aus offiziellen Statistiken hervorgehenden Unterschiede in der Sterblichkeit sind jedoch nicht nur deshalb geringer, weil die Einteilung in Berufsklassen weniger genau ist. Darin spiegelt sich wahrscheinlich zum Teil auch die Tatsache wider, dass es selbst innerhalb einer Berufsgruppe sehr große Unterschiede hinsichtlich beispielsweise Bildung oder Einkommen gibt. In die gesellschaftliche Klasse I werden beispielsweise sowohl reiche Anwälte als auch arme, arbeitslose Vertreter dieses Berufsstandes gereiht. Eine ausschließlich nach Berufen erfolgende Einteilung lässt viele dieser innerhalb einer Berufsgruppe bestehenden Unterschiede unberücksichtigt. Bei der Whitehall-Studie hingegen, wo alle Angestellten ganztags beschäftigt sind und für denselben Arbeitgeber arbeiten, kam eine Einteilung nach dem Dienstgrad einer Einteilung nach dem Einkommen sehr nahe und entsprach auch weitgehend einer Einteilung nach der Bildung. Die vom Statistischen Bundesamt (in Großbritannien dem „Registrar General") vorgenommene Klassifizierung nach Berufsklassen stellt eine sozioökonomisch deutlich heterogenere Gruppeneinteilung dar als andere Klassifizierungen wie etwa die in der Whitehall-Studie verwendete Einteilung nach dem Dienstgrad.

So viel zur Problematik von Messungen, derer sich der Leser zwar bewusst sein muss, wir wollen uns jedoch nicht länger bei diesem Punkt aufhalten.

Soziale Mobilität und Gesundheit

Einer der Gründe, weshalb die sozioökonomischen Unterschiede bei den Sterberaten für wichtig erachtet werden, ist die Tatsache, dass sie das Maß an „Übersterblichkeit" – oder potenziell zu verhindernder Mortalität – in der Gesellschaft anzeigen. Man geht dabei von folgender Annahme aus: Wenn es möglich ist, dass einige Menschen so niedrige Sterberaten haben wie die Angehörigen der sozialen Oberschichten, dann sollte es auch möglich sein, in allen Schichten ähnlich niedrige Sterberaten zu erreichen. Das Ausmaß, um das die Mortalitätsraten höher liegen, scheint in der Tat ein Indikator für die Zahl der Todesfälle zu sein, die auf Faktoren wie etwa soziale oder wirtschaftliche Deprivation zurückzuführen sind. Es bestand aber immer noch die Möglichkeit, dass diese gesundheitlichen Unterschiede auf ganz andere Ursachen zurückzuführen waren. Statt davon auszugehen, dass der Gesundheitszustand der Leute schlecht war, weil sie in ärmeren sozialen und wirtschaftlichen Verhältnissen lebten, könnte man davon ausgehen, dass ihre sozialen und wirtschaftlichen Verhältnisse möglicherweise deshalb schlechter waren, weil ihr Gesundheitszustand schlechter war. Man ging also, mit anderen Worten, davon aus, dass der Gesundheitszustand der Leute weitgehend unabhängig von ihren Lebensumständen war und gesündere Menschen mit größerer Wahrscheinlichkeit in der sozialen Pyramide aufsteigen, während Menschen mit einem schlechteren Gesundheitszustand mit größerer Wahrscheinlichkeit absteigen. Man implizierte also, dass gesundheitliche Unterschiede auf eine selektive soziale Mobilität zurückzuführen sind, der zufolge sich gesunde und kranke Menschen in unterschiedliche soziale Klassen aufteilen ließen.

Diese Möglichkeit wurde anhand mehrerer umfangreicher Datenbestände untersucht. Die Daten zweier Kohorten, die von ihrer Geburt 1946 bzw. 1958 an verfolgt wurden, ermöglichen es nun, gute Gesundheit in der frühen Kindheit mit einer nachfolgenden sozialen Mobilität in Verbindung zu setzen. Aus beiden Datensätzen geht hervor, dass sich ein schlechter Gesundheitszustand tatsächlich auf die soziale Mobilität auswirkt, das Ausmaß dieser Auswirkungen aber zu gering ist, um eine große Rolle bei den gesamtgesundheitlichen Unterschieden zu spielen (Power et al. 1990, Wadsworth 1986). Da die in dieser Studie erfassten Menschen jedoch noch nicht alt genug sind, um die Auswirkungen von Krankheit im mittleren Lebensalter auf Karrieremöglichkeiten im späteren Leben zu zeigen, wurde dieser Teil der Fragestellung anhand von Daten aus der Longitudinal Studie (Fox et al. 1985) behandelt. Es schien möglich, dass Menschen, die an chronischen Krankheiten leiden, in ihrem späteren Leben anspruchsvollere Tätigkeiten aufgeben müssen und in der Folge auf der sozialen Skala absteigen. Todesfälle, die in einer Stichprobe von 1 Prozent der befragten britischen Bevölkerung auftraten, konnten durch die Longitudinal Studie nach Angaben zu dem Beruf klassifiziert werden, welche die betreffenden Personen einige Jahre zuvor selbst gegeben hatten. Mit anderen Worten konnten die Personen nach der beruflichen Stellung klassifiziert werden, die sie einige Jahre vor ihrem Tod innehatten, und nicht nach der vielleicht niedrigeren beruflichen Position an ihrem Lebensabend. Auch dabei zeigten sich indes geringe Auswirkungen von Krankheit auf die soziale Mobilität. Mehrere andere Studien, in denen die Mobilität im Zusammenhang mit der Gesundheit sowohl innerhalb einer Generation als auch generationsübergreifend mitberücksichtigt wurde, kamen zu derselben Schlussfolgerung (Lundberg 1991; Blane et al. 1993)

Ein anderer Blickwinkel auf diese Frage tut sich auf, wenn wir die Klassenunterschiede bei der Sterblichkeit unter verheirateten Frauen und Kindern nach dem Beruf ihres Mannes bzw. Vaters klassifizieren. Wir können von der weitgehend sicheren Annahme ausgehen, dass die „Referenz"-Beschäftigung des Ehemannes bzw. Vaters, die zwar von dessen eigener Gesundheit abhängig sein mag, von der Krankheit seiner Frau oder seiner Kinder weniger betroffen sein wird. So sind die großen Klassenunterschiede hinsichtlich des Gesundheitszustandes von verheirateten Frauen und Kindern, die nach dem Beruf des Ehemannes oder Vaters klassifiziert wurden, mit geringer Wahrscheinlichkeit auf die selektive Mobilität am Arbeitsmarkt zurückzuführen, die zwischen Gesunden und weniger Gesunden unterscheidet (Blane et al. 1993). Das Muster der Sterblichkeitsunterschiede bei Frauen, die nach ihrem eigenen Beruf klassifiziert wurden, entspricht weitgehend jenem der Männer.

Erst kürzlich hat Bartley gezeigt, dass die Auswirkungen von sozialer Mobilität die Klassenunterschiede in Bezug auf den Gesundheitszustand eher verkleinern als vergrößern (Bartley und Plewis 1997). Der Grund dafür liegt darin, dass Personen, die aus einer niedrigeren sozialen Schicht aufsteigen, keinen so guten Gesundheitszustand aufweisen wie jene, die in höhere Klassen hineingeboren wurden. Analog dazu weisen Menschen, die in eine niedrigere soziale Schicht absteigen, in der Regel einen besseren Gesundheitszustand auf als jene, die schon immer der niedrigeren sozialen Klasse angehörten. Sowohl Auf- als auch Abstieg tragen also meist dazu bei, die gesundheitlichen Extreme von guter und schlechter Gesundheit etwas zu mildern.

Der wichtigste Beitrag der sozialen Mobilität zu den gesundheitlichen Unterschieden betrifft die aufsteigende Mobilität von größer gewachsenen Menschen, die meist auch gesünder sind (Nystrom Peck 1992). Jüngste Forschungsarbeiten haben gezeigt, dass diese Korrelation zwischen Körpergröße, Gesundheit und Mobilität nach oben nicht Ausdruck eines genetischen Vorteils ist, sondern eine Reihe wichtiger Umwelteinflüsse in der frühen Kindheit widerspiegelt. Mit diesem Thema wollen wir uns in Kapitel 10 beschäftigen.

Gesundheitliche Unterschiede und Genetik

Die Beschäftigung mit der sozialen Mobilität resultierte im Wesentlichen aus der Frage, ob die sozioökonomischen Unterschiede in der Gesundheit möglicherweise das Ergebnis des sozialen Flusses innerhalb der Bevölkerung sein könnten. In den Vereinigten Staaten hingegen neigte man dazu, ähnliche gesundheitliche Unterschiede als im Grund rassisch bedingt anzusehen. Soziale Fixierungen und genetische Faktoren dienten dazu, soziale und wirtschaftliche Strukturen aus der Verantwortung zu entlassen: Im Wesentlichen verfolgten dabei entgegengesetzte Strategien dasselbe Ziel. Überflüssig zu sagen, dass die Forschung gezeigt hat, dass die so genannten rassischen Unterschiede in der Gesundheit in den Vereinigten Staaten letztlich auf Unterschiede in den sozialen und wirtschaftlichen Lebensbedingungen der Menschen zurückgeführt werden können.

Es wurde auch vermutet – allerdings ohne empirische Belege –, dass genetische Unterschiede zwischen den verschiedenen Klassen eine Erklärung für die gesundheitlichen Ungleichheiten liefern könnten (Himsworth 1984). Untersuchungen von Blutgruppen quer durch alle sozialen Schichten haben keine Beweise für genetische Unterschiede zwischen ihnen erbracht (Kelleher et al. 1990). Tatsächlich hat eine der wenigen Studien, die behaupten, dass es Klassenunterschiede in den Blutgruppen gebe, herausgefunden, dass die mit einer höheren Intelligenz assoziierte Blutgruppe in den unteren sozialen Schichten weiter verbreitet war (Mascie-Taylor 1990).

Die zunehmende Last von umweltbedingten Krankheiten würde tendenziell die Bandbreite der genetischen Selektion für die Widerstandsfähigkeit gegenüber verschiedenen Krankheiten erweitern. So ist es durchaus möglich, dass das Überleben der Tauglichsten einen stärkeren selektiven Filter für die guten Gene in den unteren Schichten liefert, wo es mehr Krankheiten gibt. Zweifellos wird argumentiert, dass dort, wo günstigere Umweltbedingungen die Überlebenschancen erhöhen, dies den genetisch weniger Tauglichen ein Überleben ermöglicht, wonach härtere Bedingungen und mehr Krankheiten möglicherweise eine gesündere Bevölkerung selektieren. Auf Grund der sozialen Mobilität würde jedoch sichergestellt, dass sich die aus dieser Quelle herrührenden genetischen Vorteile bald in der gesamten Bevölkerung verbreitet würden.

Studien an ein- und zweieiigen Zwillingen ermöglichen es, eine Bewertung der relativen Bedeutung genetischer und umweltbedingter Komponenten für ein langes Leben vorzunehmen. Zusammenfassend sagt Hayakawa über die Ergebnisse seiner eigenen und einer anderen Studie, dass „Umweltfaktoren einen starken und genetische Faktoren einen schwachen Einfluss auf die Länge der menschlichen Lebensspanne haben" (Hayakawa et al. 1992a, 184). Auch kam er zu dem Schluss, dass die niedrigen Konkordanzraten bei Todesursachen von Zwillingen sowie die geringen Abweichungen in der Konkordanz zwischen ein- und zweieiigen Zwillingen vermuten lassen, dass die Umwelteinflüsse die mit Abstand wichtigsten Determinanten für die Todesursache sind. (Da eineiige Zwillinge genetisch identisch sind und zweieiige Zwillinge durchschnittlich die Hälfte der Gene gleich haben, kann die Abweichung bei den Konkordanzraten zwischen den beiden Gruppen auf den 50%igen Unterschied in der genetischen Ähnlichkeit zurückgeführt werden. Daher wird der genetische Gesamtbeitrag zur Varianz berechnet, indem man zweimal die Differenz zwischen den Konkordanzraten für ein- und für zweieiige Zwillinge nimmt.)

Es gibt eine Reihe detaillierter Beweise, die es unwahrscheinlich erscheinen lassen, dass die Genetik einen wesentlichen Beitrag zur gesundheitlichen Ungleichheit leistet. Zunächst einmal kam es bei einigen der wichtigsten Todesursachen um die Mitte des 20. Jahrhunderts zu einer Umkehr der sozialen Verteilung: dazu zählen Herzgefäßerkrankungen, Schlaganfälle, erhöhter Blutdruck, Fettleibigkeit, Zwölffingerdarmgeschwüre, Nierenentzündung und Nephrose, Selbstmord und Lungenkrebs (Koskinen 1988). Es besteht kaum ein Zweifel, dass Umweltfaktoren für diese Veränderungen verantwortlich sind (Marmot et al. 1978a).

Gleichermaßen verblüffend wie diese Umkehr der Klassenunterschiede bei bestimmten Krankheiten im Laufe der Zeit ist die Tatsache, dass es bei so vielen ganz unterschiedlichen Krankheiten zu einem sozialen Gefälle bei der Sterblichkeit kommt und dass die Krankheiten mit dem krassesten Gefälle von Land zu Land variieren. Während Herzgefäßerkrankungen in Großbritannien in einem hohen Maße mitverantwortlich für die Klassenunterschiede bei der Sterblichkeit sind, ist ihr Beitrag in Frankreich relativ unbedeutend (Leclerc et al. 1990). Die gesundheitlichen Ungleichheiten in Frankreich resultieren vor allem aus Todesfällen in Verbindung mit Alkohol und Unfällen. In den skandinavischen Ländern sind Unterschiede in der Sterblichkeit in Folge von Krebserkrankungen tendenziell deutlich weniger wichtig als in Frankreich oder Großbritannien (Leclerc 1989). Wollte man argumentieren, dass der sozioökonomische Erfolg zum Teil genetisch bedingt sei und mit einer geringeren genetischen Anfälligkeit für Krankheiten in Zusammenhang stehe, dann wäre es unlogisch zu behaupten, der Erfolg sei an eine verringerte Anfälligkeit für unterschiedliche Krankheiten in jedem dieser Länder gebunden.

Das Verhältnis zwischen genetisch und umweltbedingten Faktoren, die zu einer Krankheit beitragen, wird oft gänzlich missverstanden. Allzu oft werden Krankheiten entweder als genetisch oder umweltbedingt angesehen bzw. wird gesagt, dass sie einen gewissen Prozentsatz des einen und den Rest des anderen Faktors aufweisen. Ein solcher Eindruck beruht in der Regel auf Daten, die den unterschiedlichen Anteil von Menschen mit und ohne Krankheiten in der Bevölkerung mit dem bei ihnen zu verzeichnenden unterschiedlichen Prozentsatz von genetisch bzw. umweltbedingten Risikofaktoren in Beziehung setzen. Aber natürlich gibt es eine Interaktion zwischen den Genen und der Umwelt. Üblicherweise bedeutet eine genetische Anfälligkeit für eine Krankheit eine genetische Anfälligkeit für bestimmte Umweltrisiken. Wir können diese Schwierigkeit durch den Vergleich von zwei Krankheiten verdeutlichen. Denken wir zunächst an eine Krankheit, die nur bei einer kleinen Minderheit von Menschen ausbricht, die bestimmte genetische Züge aufweisen. Man könnte sagen, diese Krankheit sei praktisch zu 100 Prozent genetisch bedingt. Nun denken wir an eine Krankheit wie Windpocken, Husten oder Erkältung, die jeder bekommt. Die Tatsache, dass alle Menschen diese Krankheiten bekommen können, während es andere tierische Lebewesen gibt, die sie nicht bekommen können, bedeutet, dass diese Krankheit ebenfalls 100-prozentig genetisch bedingt ist.

Krankheiten, denen man eine genetische Komponente zuordnet, sind in der Tat lediglich die Subkategorie einer Krankheit, für die – bedingt durch die genetischen Unterschiede in der Bevölkerung – einige Menschen anfälliger sind als andere. Aber sogar unter diesen Bedingungen wird der Prozentsatz jener Krankheit, die mit einer erhöhten genetischen Anfälligkeit verbunden scheint, variieren, wenn sich die umweltbedingten Risikofaktoren, denen der Einzelne ausgesetzt ist, verändern. In den entwickelten Ländern geht man beispielsweise davon aus, dass die Ursache für unterschiedliche Körpergröße heute weitgehend in genetischen Unterschieden liegt. In einer ärmeren Gesellschaft hingegen, wo schlechte Ernährung weit verbreitet ist und einige Menschen hungern, während andere aus dem Vollen schöpfen, würden die Umweltdeterminanten für unterschiedliche Körpergröße viel wichtiger erscheinen als in wohlhabenderen Ländern. Gleiches gilt für Krankheiten wie Tuberkulose, von denen angenommen wurde, sie seien zu einem Gutteil genetisch bedingt, die mit der Änderung der Umweltbedingungen aber praktisch verschwunden sind. Offensichtlich sind die Umweltbedingungen, die für diese Krankheit sowohl bei genetisch anfälligeren als auch bei genetisch weniger anfälligen Menschen verantwortlich waren, verschwunden (obwohl Tuberkulose jetzt wieder zurückkehrt). Daraus ergibt sich die eindeutige Schlussfolgerung, dass Aussagen über die genetischen Komponenten einer Krankheit, die auf Querschnittsdaten beruhen (d. h. Beobachtungen, die zu einem bestimmten Zeitpunkt bei einer Bevölkerung gesammelt wurden), für die Erarbeitung einer Präventivstrategie für das öffentliche Gesundheitswesen vermutlich nur geringe Bedeutung haben.

Verhaltensbedingte Risikofaktoren

Neben den bislang genannten, von genetischen Unterschieden bzw. einer selektiven sozialen Mobilität ausgehenden Erklärungen für gesundheitliche Ungleichheiten gibt es einen anderen Ansatz. Er zielte ursprünglich ebenfalls darauf ab, der Sozialstruktur jegliche Verantwortung abzusprechen, und ging davon aus, dass diese Unterschiede darauf zurückzuführen seien, dass die Menschen in unterschiedlichem Maße bereit sind, ein gesundes Leben zu führen. Man vermutete die Ursachen gesundheitlicher Unterschiede in unterschiedlichen

Gewohnheiten was das Rauchen, Trinken, Essen, Bewegung usw. betraf. Mehrere umfangreiche Studien haben nun untersucht, wie maßgeblich diese und ähnliche Faktoren tatsächlich für Divergenzen bei den Sterberaten sind. Die um einen Faktor vier unterschiedlichen Sterberaten infolge von Herzkrankheiten zwischen älteren und jüngeren Angestellten in Regierungsämtern boten eine ausgezeichnete Gelegenheit für die Untersuchung der Auswirkungen dieser und anderer Risikofaktoren. (Davey Smith et al. 1990) Herzgefäßerkrankungen sind die wichtigste Todesursache, von der bekannt ist, dass hier eine Reihe verhaltensbedingter Risikofaktoren mitspielen. Aus der Whitehall-Studie ging jedoch hervor, dass alle bekannten wichtigen Risikofaktoren für Herzkrankheiten, darunter auch der Blutdruck oder die geringe Körpergröße, Faktoren also, die sich teilweise oder gänzlich der persönlichen Kontrolle entziehen, nur wenig Aufschluss über den Verlauf der Kurve bei den Todesfällen infolge von Herzkrankheiten geben (Marmot et al. 1978b). Der markierte Teil der Säulen in Abb. 4.1 zeigt an, welcher Anteil an den vierfachen Unterschieden bei Herzkrankheiten sich durch die wichtigsten bekannten Risikofaktoren erklären lässt. Unter Berücksichtigung gewisser Messungenauigkeiten bei einigen Risikofaktoren sollte der Prozentsatz der Unterschiede, der erklärt werden kann, vielleicht von knapp unter einem Drittel (wie gezeigt) auf etwa 40 Prozent angehoben werden. Wenn wir nun von diesen 40 Prozent lediglich jene Risikofaktoren herausgreifen, die durch Verhaltensänderungen zumindest teilweise kontrolliert werden können, würde sich zeigen, dass sie etwas mehr als ein Viertel der Unterschiede bei den Todesfällen infolge von Herzkrankheiten erklären. Es erwies sich jedoch als viel schwieriger denn anfänglich erwartet, eine Verhaltensänderung zu bewirken. Weitgehend charakteristisch sind die Ergebnisse des Multiple Risk Factor Intervention Trial (MRFIT) in den USA, dem größten jemals durchgeführten Versuch, menschliches Verhalten zu ändern (Multiple Risk Factor Intervention Trial Group 1982). Die Zielgruppe – weiße Männer, die unter die 10 Prozent mit dem höchsten Risiko für eine Herzgefäßerkrankung eingestuft wurden – sollte zu einer Änderung ihrer Gewohnheiten hinsichtlich Essen, Rauchen und Bewegung veranlasst werden. Obwohl die intensiven Bemühungen über sechs Jahre anhielten, gelang es nur, minimale Änderungen zu bewirken. Dies wiederum bedeutet, dass ein Präventionsansatz, der von einer

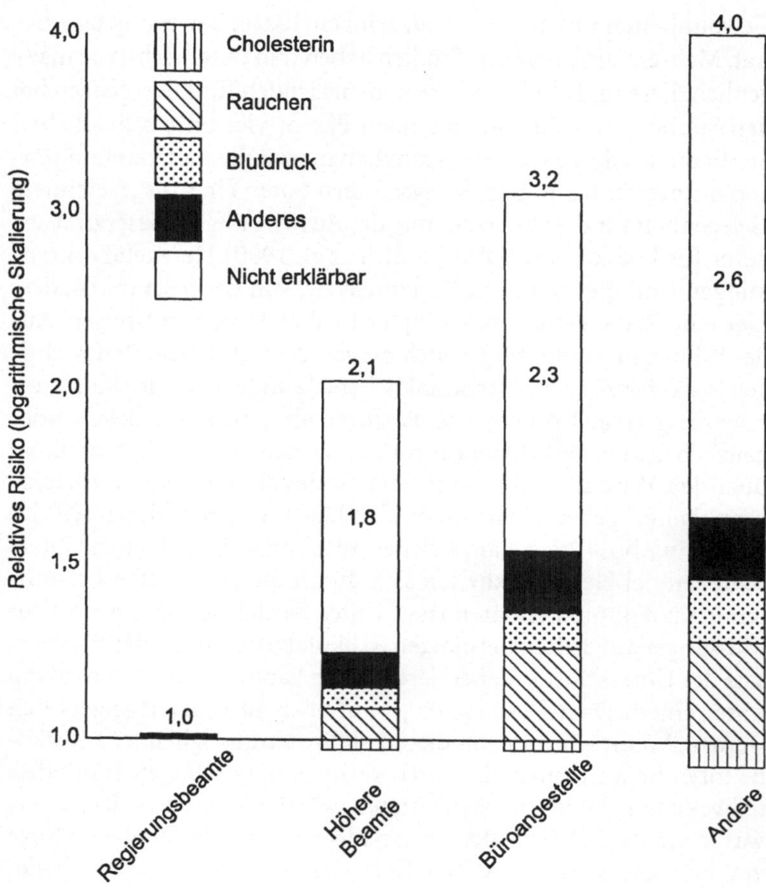

Abb. 4.1. Relatives Risiko an einer Herzgefäßerkrankung zu sterben, aufgeschlüsselt nach dem Dienstrang, sowie Angabe jenes Anteils an den Unterschieden, der statistisch durch verschiedene Risikofaktoren erklärt werden kann

Anm.: „Anderes" = Körpergröße, Köpermasse, Bewegung, Glukosetoleranz

Quelle: G. Rose und M. Marmot, „Social class and coronary heart disease", in: British Heart Journal 1981: 13–19

Verhaltensänderung ausgeht, kaum eine Verringerung jener Herzkrankheiten bringen wird, die auf verhaltensbedingte Risikofaktoren zurückgehen dürften. Zweifellos hängt das Verhalten vom sozialen Kontext ab, in dem die Leute leben, und kann nur schwer losgelöst davon verändert werden. Würde das Verhalten tatsächlich nicht zumindest teilweise vom sozialen Umfeld bestimmt, so gäbe es vermutlich kein von der sozialen Klasse bestimmtes Gefälle beim Rauchen, bei der Nahrungszusammenstellung oder bei der Bewegung, die Menschen in ihrer Freizeit machen. Mit anderen Worten: Um das Verhalten zu ändern, muss man mehr als nur das Verhalten ändern!

Trotz eines noch nie dagewesenen Forschungsaufwands, die Ursachen für Herzerkrankungen zu ergründen, bleibt der größte Teil dieser modernen Epidemie unerklärt. Verhaltensbedingte Faktoren erklären zum einen lediglich einen geringen Teil des sozialen Gefälles und sind zum anderen auch schwierig zu verändern. Rose brachte dies mit den Worten auf den Punkt: Wenn man hinsichtlich der verhaltensbedingten Risikofaktoren in die Kategorie mit dem geringsten Risiko fällt, wird die wahrscheinlichste Todesursache dennoch immer noch eine Herzkrankheit sein (Rose 1985).

Abgesehen von Lungenkrebs und vielleicht AIDS sind die Aussichten, gesundheitliche Ungleichheiten bei anderen wichtigen Todesursachen durch Verhaltensänderungen zu beseitigen, wahrscheinlich noch begrenzter als bei Herzerkrankungen, und zwar deshalb, weil über die verhaltensbedingten Risikofaktoren bei den meisten anderen Todesursachen weniger bekannt ist. Unsere mangelnde Kenntnis von verhaltensbedingten Ursachen bei Krankheiten wie Schlaganfall, Brust- oder Magenkrebs bringt es mit sich, dass die schichtspezifischen Unterschiede bei den Sterberaten infolge dieser Krankheiten nicht einfach darauf zurückgeführt werden können, dass Richtlinien für ein gesundes Verhalten eben nicht eingehalten wurden. Dass Unterschiede beim Rauchen nicht übermäßig ins Gewicht fallen, zeigt die Tatsache, dass das Klassengefälle bei Todesfällen infolge von Krankheiten, die mit dem Rauchen in Verbindung stehen, nicht größer ist als bei den Krankheiten, die nichts mit dem Rauchen zu tun haben (Marmot 1986).

Medizinische Versorgung

Da man oft meint, moderne Gesundheitsstandards wären ein Spiegelbild des medizinischen Fortschritts, soll noch einmal auf unsere

Aussagen dazu im vorhergehenden Kapitel verwiesen werden. Dort haben wir gesehen, dass der bei weitem überwiegende Teil des seit Ende des 19. Jahrhunderts zu verzeichnenden Rückganges der Sterberaten infolge der wichtigsten Infektionskrankheiten (wie Keuchhusten, Grippe, Tuberkulose, Diphterie, Masern, Scharlach, Cholera) erfolgte, noch lange bevor wirkungsvolle Formen der Behandlung oder Immunisierung entwickelt worden waren (McKeown et al. 1975).

Anhand der historischen Daten wird uns heute bewusst, dass es noch andere mächtige Einflüsse auf die Gesundheit gibt und wir auch ohne die moderne Medizin recht zuversichtlich davon ausgehen könnten, nicht durch Infektionskrankheiten der viktorianischen Zeit dahingerafft zu werden. Hinsichtlich der modernen Krebserkrankungen und der degenerativen Krankheiten sowie möglicherweise auch der neuen Infektionskrankheiten mag die Rolle der Medizin eine ganz andere sein. Aber noch einmal: Die Beweislage lässt vermuten, dass die Medizin in modernen Bevölkerungen nicht die entscheidende Determinante für die Gesundheit ist. Bei dem Versuch, Gesundheitsindikatoren zu finden, die empfindlich auf das Ausmaß medizinischer Versorgung reagieren, um damit die Angemessenheit der lokalen medizinischen Versorgung zu überprüfen, stellte sich heraus, dass alle ins Auge gefassten Sterberaten oder ähnlichen Maßzahlen stärker auf Veränderungen der sozioökonomischen Bedingungen reagierten als auf die medizinische Versorgung (Martini et al. 1977). Ein anderer Ansatz, den Nutzen der medizinischen Versorgung für die Volksgesundheit zu ermitteln, besteht darin, aufgrund medizinischer Expertise einen Kanon von Bedingungen aufzustellen, unter denen eine gute medizinische Behandlung so erfolgreich sein sollte, dass fast alle Todesfälle verhindert werden können. Bezeichnenderweise wurden nur 5 bis 15 Prozent der Ursachen aller Todesfälle als vollkommen heilbar eingestuft. Aber selbst unter diesen Bedingungen, die mit einer Maximierung des Einflusses medizinischer Versorgung einhergehen, ist die Korrelation der Sterberaten, wie aus mehreren Studien hervorgeht, mit sozialen und wirtschaftlichen Faktoren immer noch größer als jene mit Variablen der medizinischen Versorgung (Mackenbach et al. 1990).

Die Studie, die den Nutzen der medizinischen Versorgung am höchsten bewertete, stützte sich auf mit medizinischen Daten untermauerte Gutachten über den Nutzen, der von den einzelnen wichtigen Bereichen der medizinischen Dienstleistungen beigesteuert wird, wie Vorsorgeuntersuchungen, Immunisierung und Hauptbehandlungsgebiete. Auch wenn darin der Nutzen eher geschätzt als gemessen wurde, kam man zu der Schlussfolgerung, dass die Gesamtsumme der Vorteile aller bestehenden medizinischen Vorsorge- und Behandlungsformen die Lebenserwartung der Amerikaner insgesamt um höchstens fünf Jahre verlängert (Bunker et al. 1994). Legt man dies auf die Zunahme der amerikanischen Lebenserwartung im Verlauf des 20. Jahrhunderts um knappe 25 Jahre um, so heißt dies, dass die Medizin für lediglich 20 Prozent dieses Zuwachses verantwortlich zeichnet.

Der geringe Einfluss medizinischer Versorgung auf die Volksgesundheit ist indes kein Grund, diese als unwirksam abzutun. Eine Sanitätstruppe bei der Armee kann unschätzbare Arbeit bei Verwundungen am Schlachtfeld leisten und wird dennoch nie eine bestimmende Determinante für die Zahl an Opfern in einer Schlacht sein. Bei der Gesundheit der Zivilbevölkerung sind die sozialen und wirtschaftlichen Umstände, unter denen wir leben, das „Schlachtfeld". Viel entscheidender als der geringe Unterschied, den die Medizin zum Überleben einer Krebserkrankung oder einer Herzkrankheit beitragen kann, ist, wie unterschiedlich häufig diese Krankheiten auftreten. In vielen Fällen ist der Aktionsradius für ein medizinisches Eingreifen sehr eingeschränkt: So ist das erste Symptom einer Herzkrankheit oft der plötzliche Tod. Die Volksgesundheit wird im Wesentlichen durch die Art und Weise des sozialen und wirtschaftlichen Lebens bestimmt und nicht so sehr durch die medizinische Versorgung: Die Medizin hat die Aufgabe, die Dinge wieder in Ordnung zu bringen, aber selbst diese Rolle sollte nicht unterschätzt werden. Die Lebensqualität, insbesondere älterer Menschen, wird durch eine Reihe von Routine-Eingriffen wie Operationen von Grauem Star, Bruchoperationen, Schmerzlinderung, Einsetzen eines neuen Hüftgelenks und die Entfernung von Krampfadern wesentlich gesteigert.

Angesichts des relativ geringen Beitrags medizinischer Dienstleistungen zur Gesundheit der Gesamtbevölkerung, überrascht es nicht, dass Unterschiede in der medizinischen Versorgung lediglich geringfügige Unterschiede bei den gesundheitlichen Ungleichheiten bewirken, die weitgehend vernachlässigt werden können. Forschungsarbeiten haben beispielsweise gezeigt, dass es in Ländern, in denen es keine kostenlose medizinische Versorgung gibt, nur wenig Unterschied macht, bei Analysen der gesundheitlichen Ungleichheiten den Zugang zu medizinischer Versorgung als Kontrollvariable mitzuberücksichtigen (Haan et al. 1987). Studien, die sich mit den sozioökonomischen Unterschieden beim Überleben nach Krebs- und Herzerkrankungen befassen, kommen zu dem Schluss, dass diese nicht in erster Linie aus einer unterschiedlichen Behandlung resultieren (Leon und Wilkinson 1989). Im britischen National Health Service, dies ging zumindest aus einer Studie hervor, könnte die medizinische Versorgung die Armen begünstigen, auch wenn man berücksichtigt, dass sie häufig einen schlechteren Gesundheitszustand aufweisen (O'Donnell et al. 1989).

Gesundheitliche Ungleichheiten sind variabel

Schon bevor man sich in jüngster Zeit in unzähligen Forschungsarbeiten mit gesundheitlichen Ungleichheiten auseinanderzusetzen begann und auch noch bevor klar war, dass sich die sozioökonomischen Unterschiede hinsichtlich der Gesundheit nicht auf eine unterschiedliche medizinische Versorgung, bestimmte Verhaltensmuster, soziale Mobilität oder genetische Unterschiede reduzieren lassen, schien es mehr als wahrscheinlich, dass die dafür verantwortlichen gesellschaftlichen Merkmale zu tief in den fundamentalen sozialen und wirtschaftlichen Ungleichheiten des modernen Lebens verwurzelt sind, um sich zu ändern. Obwohl Regierungen laut Verfassung theoretisch allmächtig sein mögen, ist ihr Handlungsspielraum in der Praxis oft sehr gering: Sich ohne die Unterstützung einer politisch aktiven Bevölkerung auf eine Kraftprobe mit mächtigen, einflussreichen Kreisen einzulassen, ist selbst dann, wenn der politische Wille vorhanden ist, oft gefährlich. Dem Eindruck hingegen, dass der Einfluss unterschiedlicher Regierungen auf die soziale und wirtschaftliche Struktur nur sehr oberflächlicher Natur ist, während die Ursachen für die gesundheitlichen Ungleichheiten auf einer viel tieferen und dauerhafteren Ebene liegen, widersprechen die Indizien zumindest teilweise. Dass wir immer besser in der Lage sind, Veränderungen beim Ausmaß gesundheitlicher Ungleichheiten über die Zeit zu messen und Vergleiche zwischen einzelnen Ländern anzustellen, zeigt schon, dass diese veränderbar sind. So sind die gesundheitlichen Ungleichheiten in den skandinavischen Ländern tendenziell geringer als beispielsweise in Großbritannien und einer Reihe anderer Staaten. In Ländern wie den Vereinigten Staaten, Großbritannien und Frankreich sind die gesundheitlichen Ungleichheiten in den letzten Jahrzehnten größer geworden, während sie in anderen, wie etwa Japan, stabil geblieben oder zurückgegangen zu sein scheinen. Diese Veränderlichkeit über die Zeit und die Unterschiede zwischen den einzelnen Ländern sind wichtig, zeigen sie uns doch, dass das Ausmaß der gesundheitlichen Ungleichheit nicht fix vorgegeben ist, sondern sensibel auf jene Unterschiede reagiert, die zwischen Ländern bestehen und bisweilen in der entwickelten Welt vorkommen. Sie zeigen, dass große gesundheitliche Ungleichheiten kein Faktum des modernen Lebens sind, mit dem wir leben müssen.

Ein wichtiger Punkt ist, dass gesundheitliche Ungleichheiten trotz wachsenden Wohlstands zunehmen können. So sind die gesundheitlichen Ungleichheiten in Großbritannien statt unter dem Einfluss des Wohlstandes der Nachkriegszeit abzunehmen seit Mitte des 20. Jahrhunderts nahezu kontinuierlich angestiegen. Beweis dafür sind die alle zehn Jahre veröffentlichten offiziellen Sterbetafeln für einzelne Berufsgruppen. Seit der Volkszählung des Jahres 1951 klafften die Unterschiede in jedem Jahrzehnt weiter auseinander. Diese immer größer werdende Kluft schien angesichts des zunehmenden Wohlstands in den Jahrzehnten nach dem Krieg der Intuition zu widersprechen und so neigte man dazu, diese Zahlen anzuzweifeln. Man erwog die Möglichkeit, dass aufgrund der geänderten Verteilung der Klassen in der Bevölkerung vielleicht ein falscher Eindruck entstand, da der Bevölkerungsanteil in den unteren Klassen der Arbeiter zurückging, während die Zahl der höheren Angestellten zunahm. Dabei übersah man, dass in Bezug auf die Größe dieser Kluft jede Argumentation, die auf einen Rückgang der extremeren Sterberaten in einer immer kleiner werdenden – und daher vielleicht sozioökonomisch extremeren – Gruppe am unteren Ende der gesellschaftlichen Skala verwies, durch die weniger extremen Raten in der wachsenden Gruppe am oberen Ende ausgeglichen würde. Man meinte auch, dass die alle zehn Jahre stattfindenden Überprüfungen der berufsspezifischen Klasseneinteilungen einen Vergleich im Zeitverlauf hinfällig machten. Gelöst wurde dieses Problem von einer amerikanischen Wissenschaftlerin, die den so genannten „Ungleichheitsindex" einführte, der nun statt der extremen sozialen Klassen das Ausmaß der Ungleichheit in der Sterblichkeit quer durch die gesamte Bevölkerung verglich, wobei jede Klasse nach ihrem Bevölkerungsanteil gewichtet wurde (Pamuk 1985). Die Schwierigkeit der alle zehn Jahre erfolgenden Neueinteilung der Berufsklassen bewältigte Pamuk, indem sie jene Berufe herausgriff, die sie über die gesamte Vergleichsperiode hinweg durchgehend identifizieren konnte. Bei ihren Ergebnissen berücksichtigte sie zunächst die klassenmäßige berufliche Zuordnung zu Beginn des Beobachtungszeitraumes, anschließend jene zum Ende des Beobachtungszeitraumes und schließlich die Veränderungen der Klassenzuordnungen während des Beobachtungszeitraumes. Ungeachtet der Methoden zeichnen die Ergebnisse ein zuverlässiges Bild der immer geringer werdenden gesundheitlichen Unterschiede vor Mitte des Jahrhunderts sowie der kontinuierlich größer werdenden Kluft ab diesem Zeitpunkt.

Eine weitere Kritik an den ursprünglichen offiziellen Zahlen für England und Wales bezog sich darauf, dass die Ermittlung der Sterberaten durch einen Vergleich der am Totenschein von den „nächsten Verwandten" angegebenen Berufsbezeichnung mit der in der Volkszählung aufscheinenden Zahl der Leute in der jeweiligen Berufsgruppe möglicherweise nicht verlässlich war. So gab es beispielsweise Hinweise, dass die nächsten Verwandten dazu neigten, den Toten „zu befördern". Ein Selbstständiger konnte von den Verwandten zum Beispiel als Unternehmensdirektor bezeichnet werden. (Interessanterweise berichtet Dore, dass japanische Unternehmen Verstorbene als Anerkennung gelegentlich posthum befördern [Dore 1973].) Einer der Gründe für den Beginn der OPCS Longitudinal Studie war, diese und ähnliche Schwierigkeiten zu überwinden. Statt die auf dem Totenschein angegebene Beschäftigung heranzuziehen, war man hier in der Lage, jeden Todesfall zu dem von dem Verstorbenen bei der letzten Volkszählung angegebenen Beruf zurückzuverfolgen. Einmal mehr lag aufgrund der Ergebnisse die Vermutung nahe, dass die offiziellen Zahlen keineswegs irreführend sind.

Gesundheitliche Ungleichheiten lassen sich also, wie wir gesehen haben, nicht durch Messungenauigkeiten, selektive soziale Mobilität, genetische Unterschiede, eine ungleiche medizinische Versorgung oder gesundheitsbezogenes Verhalten erklären. Auch darf man es nicht so verstehen, dass all diese Faktoren jeweils einen kleinen Betrag leisten und alle Beiträge zusammen das Bild dann weitgehend erklären. Erstens lassen ungenaue soziale Einteilungen die gesundheitlichen Unterschiede geringer erscheinen, als sie in Wirklichkeit sind. Zweitens gibt es zwar eine gesundheitsbezogene soziale Mobilität, doch sprechen gute Gründe für die Annahme, dass die Auswirkungen der gesamten sozialen Mobilität die Unterschiede tendenziell verringern (Bartley und Plewis 1997). Drittens gibt es keinerlei Beweis für einen signifikanten genetischen Beitrag, hingegen zahlreiche Beispiele, die darauf hindeuten, dass es keinen solchen Beitrag gibt. Viertens ist nicht nur der Gesamteffekt der medizinischen Versorgung auf die Gesundheit der Bevölkerung so gering, dass er nur schwer messbar ist, die medizinischen Dienste werden auch – zumindest in Großbritannien – von den Armen stärker in Anspruch genommen als von den Wohlhabenderen. Ob dies allein genügt, ihr größeres Bedürfnis auszugleichen, ist Gegenstand einer akademischen Auseinandersetzung – was vermutlich bedeutet, dass man damit nicht ganz falsch liegt. Und zu guter Letzt dürfen wir, auch wenn ein gesundheitsbezogenes Verhalten für eine signifikante Minderheit aller gesundheitlichen Unterschiede insgesamt sowie mehrheitlich für Lungenkrebs und AIDS verantwortlich zeichnet, zwei Dinge nicht vergessen: Zum einen sind die Unterschiede bei den Sterberaten infolge der wichtigsten Todesursachen, die nichts mit offenkundig verhaltensbedingten Risikofaktoren zu tun haben, immer noch groß, und zum anderen weist das soziale Muster der verhaltensbedingten Risikofaktoren darauf hin, dass diese ihrerseits wieder vom sozioökonomischen Umfeld beeinflusst sind.

Durch dieses Ausschließungsverfahren kommen wir zu dem Schluss, dass die Erklärung für die mit einer unterschiedlichen sozioökonomischen Stellung assoziierten gesundheitlichen Unterschiede weitgehend in eben diesen sozioökonomischen Unterschieden zu suchen ist. Diese Schlussfolgerung beruht allerdings nicht nur auf der Eliminierung anderer möglicher Erklärungen. In den folgenden Kapiteln werden einige positive Beispiele für diesen allem Anschein nach kausalen Zusammenhang zwischen Gesundheit und bestimmten Kennzeichen des sozioökomischen Lebens gegeben. Die wichtigen kausalen Zusammenhänge aus diesem Beziehungsgewebe herauszufiltern ist schwierig, da nahezu alle Maßeinheiten für die Gesundheit mit nahezu allen Maßeinheiten für die sozioökonomische Stellung zusammenhängen. Ohne behaupten zu wollen, dass es eine unmittelbare Kausalität gibt, haben Wissenschaftler aufgezeigt, dass ein starkes Gefälle bei der Sterblichkeit zu beobachten ist, das mit den der Volkszählung entnommenen Variablen wie dem Besitz eines Autos und der Tatsache, ob Menschen ihre Wohnung/Haus besitzen oder mieten, korreliert. Mit diesen Variablen und der Einteilung in Berufsklassen lässt sich eine Matrix zunehmender Deprivation erstellen, die mit den Angehörigen der Oberschicht beginnt, die Autos besitzen und eigene Häuser haben, und mit ungelernten Arbeitern, die kein Auto besitzen und in gemieteten Unterkünften leben, endet. Jeder Schritt abwärts in dieser Hierarchie bedeutet einen Schritt aufwärts bei den Sterberaten (Goldblatt 1990).

Bei den gesundheitlichen Ungleichheiten spielen eine Vielzahl von Todesursachen eine Rolle. 75 der 78 häufigsten Todesursachen bei Männern sind in manuellen Berufen weiter verbreitet als in nicht manuellen Berufen, gleiches gilt für 62 der wichtigsten 82 Todesursachen bei Frauen (Townsend et al. 1988). Das heißt, ein Ansatz, der eine Krankheit nach der anderen in Bezug auf deren sozioökonomischen Einfluss auf die Gesundheit untersucht, wird wohl wenig erfolg versprechend sein. Die Auseinandersetzung mit individuellen Risikofaktoren für einzelne Todesursachen ist ein Ansatz bei der Prävention, der deutliche Grenzen hat. So hat Rose berechnet, dass „399 Leute 40 Jahre lang jeden Tag einen Sicherheitsgurt anlegen müssen, ohne daraus einen Nutzen für ihr Überleben zu ziehen" (Rose 1981), um das Leben eines einzigen Opfers bei einem Autounfall zu retten. Unter Verwendung von Daten aus der Framingham-Studie berechnet Rose in ähnlicher Weise die Auswirkungen einer Cholesterin-armen Ernährung auf das individuelle Risiko eines Herzinfarkts. Würden Männer ihre Ernährung so umstellen, dass sie ihren Cholesterinspiegel bis zum Alter von 55 Jahren um 10 Prozent verringern, müssten 98 Prozent von ihnen 40 Jahre hindurch tagtäglich anders essen, ohne dadurch einem Herzinfarkt vorgebeugt zu haben. Diese Berechnungen stammen nicht von jemandem, der unrepräsentatives Zahlenmaterial verwendet, um eine Präventionspolitik in Misskredit zu bringen. Sie sind vielmehr Schlussfolgerungen, die auf den bestmöglichen verfügbaren Daten beruhen, gezogen von einem höchst angesehen Wissenschaftler, der den Großteil seines Lebens der Gesundheitsvorsorge gewidmet hat. Wenn der Nutzen des Einzelnen sogar bei vorbeugenden Maßnahmen, die als vordringlich angesehen werden, so gering ist, welche Hoffnung besteht dann bei weniger wichtigen Risikofaktoren bei weniger wichtigen Todesursachen? Einmal mehr sehen wir uns mit der Notwendigkeit konfrontiert, eine Präventionspolitik zu entwickeln, die stärker einer sozialen und strukturellen Sicht der Gesundheitsdeterminanten entspringt.

Kapitel 5
Einkommensverteilung und Gesundheit

Einer der wichtigsten Aspekte, die sich aus den letzten beiden Kapiteln ergeben, ist deren Widersprüchlichkeit. In Kapitel 3 haben wir gesehen, dass Unterschiede im Einkommen und im Gesundheitszustand zwischen den entwickelten Staaten bestenfalls in einem sehr losen Zusammenhang zueinander stehen; in Kapitel 4 hingegen haben wir gesehen, dass diese innerhalb der einzelnen entwickelten Länder fast immer sehr eng miteinander korrelieren.

Querschnittsdaten, die diesen Gegensatz – Korrelation innerhalb der Länder, fehlender Zusammenhang zwischen den einzelnen Staaten – aufzeigen, sind in den Abb. 5.1 und 5.2 dargestellt. Abbildung 5.1 zeigt amerikanische Daten über etwa 300.000 Weiße aus dem Multiple Risk Factor Intervention Trial (MRFIT). Die Sterberaten stehen in Verbindung zum durchschnittlichen Haushaltseinkommen jenes amerikanischen Postleitzahlbezirks, in dem die betreffenden Personen gelebt haben. Die Regelmäßigkeit, mit der die Sterberate mit wachsendem Einkommen abnimmt, ist verblüffend. Diese regelmäßige Neigung läßt sich immer wieder beobachten. In anderer Form wurde dies in Abb. 4.1 auf S. 78 dargestellt, wo britische Daten aus der Whitehall-Studie über 17.000 Beamte verwendet wurden. Wie im letzten Kapitel gezeigt, besteht ein enger Zusammenhang zwischen nahezu jeder Messgröße für die Gesundheit und dem sozioökonomischen Status. Die Abhängigkeit der Gesamtsterberate vom Einkommen ist bei den Beamten vermutlich deshalb ausgeprägter als bei den US-Daten, weil die Aufgliederung der untersuchten Gruppe nach der sozioökonomischen Stellung genauer ist. Die Einteilung nach der individuellen sozioökonomischen Position wurde im Rahmen der Whitehall-Studie mit Hilfe der Arbeitgeber vorgenommen und ist

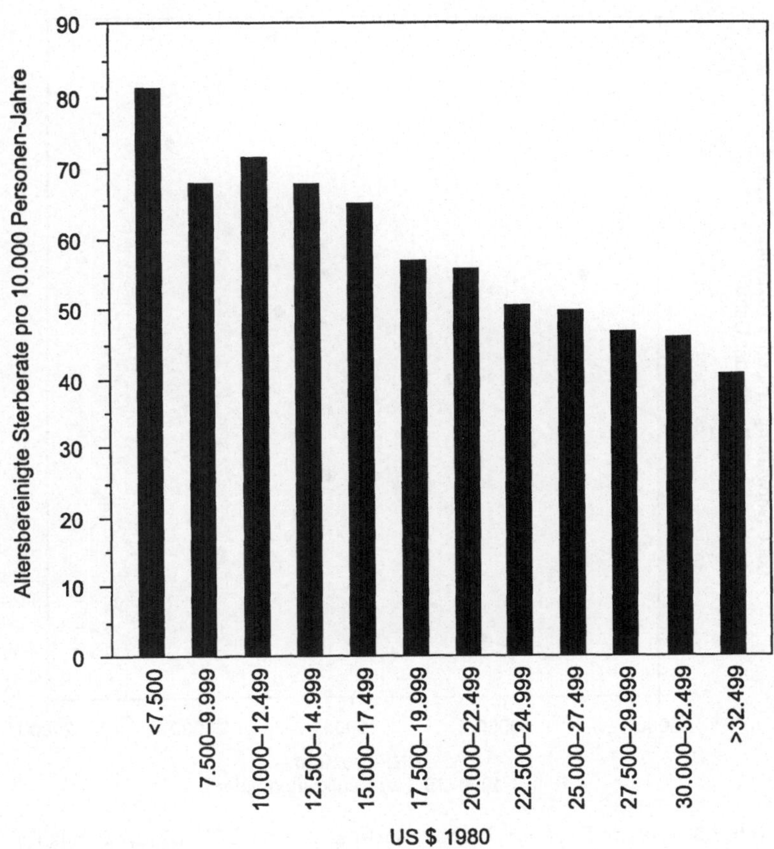

Abb. 5.1. Einkommen und Sterblichkeit bei weißen Männern in den USA

Quelle: MRFIT-Daten aus G. Davey Smith, J. D. Nelson und J. Stamler, „Socioeconomic differentials in mortality risk among 305.099 white men"

daher sehr genau. Dabei ist zu beachten, dass berufliche Stellung, Bildungsniveau und Einkommen in hohem Maße miteinander korrelieren. Bei den MRFIT-Daten wird das Durchschnittseinkommen des jeweiligen Wohngebietes herangezogen; folglich werden reiche Leute, die in ärmeren Gegenden wohnen, als arm eingestuft und umgekehrt, was zu einer gewissen Verfälschung der Unterschiede in der Sterberate führt.

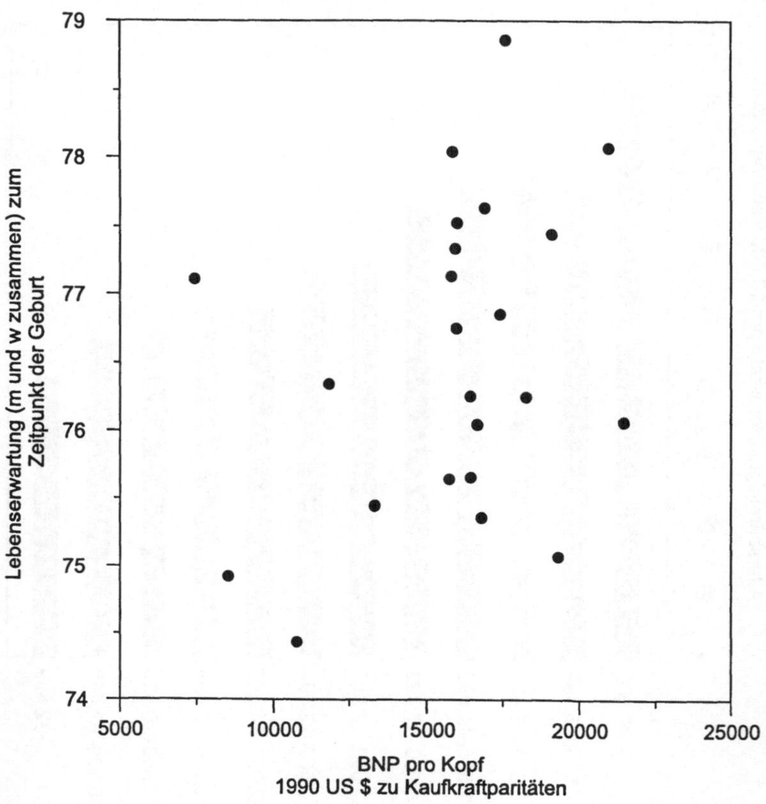

Abb. 5.2. BNP pro Kopf und Lebenserwartung in den OECD-Ländern im Jahre 1990

Aus Abb. 5.2 geht hervor, dass in den entwickelten Marktwirtschaften der OECD kein ähnlich starker Zusammenhang zwischen der durchschnittlichen Lebenserwartung und dem BNP pro Kopf besteht. Was die Daten über die Veränderungen im zeitlichen Verlauf betrifft, bestätigt die Korrelation zwischen Veränderungen im BNP pro Kopf und der Lebenserwartung in diesen Staaten in den zwanzig Jahren zwischen 1970 und 1990, dass dieser Zusammenhang nicht enger ist als im Querschnitt.

Wie lässt sich nun dieses offenkundige Paradoxon lösen, dass das Einkommen zwar innerhalb der einzelnen Länder in engem Zusammenhang zum Gesundheitszustand steht, nicht jedoch bei einem internationalen Vergleich? Dies kann nicht mit einer künstlichen Verzerrung der Daten erklärt werden. Die in Kapitel 3 besprochenen Schwächen der BNP-Daten bedeuten nur, dass die horizontale Achse vielleicht nach rechts verlängert werden sollte, so dass die Unterschiede beim BNP pro Kopf zwischen den Ländern zunehmend größer würden. Dies hätte allerdings weder eine deutlichere Rangordnung der Länder zur Folge, noch würde sich eine stabile Regressionsgerade wie in Abb. 5.1 ergeben.

Da die Punkte in Abb. 5.2 für ganze Länder stehen, kann das Fehlen eines klaren Zusammenhangs auch nicht auf einen Stichprobenfehler oder zufällige Abweichungen zurückgeführt werden. Es ist auch kaum anzunehmen, dass die internationalen Daten stärker von nationalen kulturellen Unterschieden beeinflusst werden als von Unterschieden im Lebensstandard. Die verwendeten BNP-Zahlen wurden zu Kaufkraftparitäten umgerechnet und nicht aufgrund zufälliger Wechselkurse. Das heißt, sie geben zumindest ein genaueres Bild der vergleichbaren Unterschiede in der Kaufkraft. Wenn allein kulturelle Unterschiede zwischen den Ländern dafür verantwortlich wären, dass kein engerer Zusammenhang erkennbar ist, so hätte dies durch die Korrelationen der Veränderungen im zeitlichen Verlauf zwischen 1970 und 1990 (siehe Abb. 3.2, S. 46) aufgedeckt werden müssen, es sei denn, die Kulturen hätten sich in dieser Zeitspanne radikal in unterschiedliche Richtungen entwickelt.

Die gegensätzlichen Beziehungen innerhalb und zwischen den einzelnen Ländern lassen sich nicht einfach als statistische Artefakte abtun. Vielmehr muss diese Diskrepanz zwischen der ausgeprägten Einkommensabhängigkeit der Sterberate in Abb. 5.1 und dem Fehlen einer solchen Abhängigkeit in Abb. 5.2 ernst genommen werden. Es gibt deutliche Hinweise darauf, dass Unterschiede im Lebensstandard innerhalb eines Landes etwas anderes bedeuten als Unterschiede im internationalen Vergleich.

Dieses Paradoxon lässt sich glücklicherweise relativ leicht lösen. Wie in Kapitel 3 ausgeführt, hat ein weiterer Anstieg des BNP pro Kopf in jenen entwickelten Ländern, die bereits den durch den epidemiologischen Übergang gekennzeichneten Schwellenwert des Lebensstandards überschritten haben (siehe S. 54), nur geringe Auswirkungen auf die Gesundheit. Dies zeigt sich in der Verflachung der Kurven in

Abb. 3.1. (Wenn dies stimmt, dann diente die Annahme, dass die Qualitätsverbesserung der Güter in den Daten nicht entsprechend berücksichtigt wurde, nur dazu, diese Verflachung zu unterstreichen.) In den einzelnen Länder etablieren indes die Unterschiede im Lebensstandard eine soziale Ordnung innerhalb der Bevölkerung. Auswirkungen auf die Gesundheit werden nicht mehr von den Unterschieden in den absoluten materiellen Standards bestimmt, sondern von der sozialen Position innerhalb einer Gesellschaft. Dieses Paradoxon würde sich auflösen, könnten wir die gesundheitlichen Auswirkungen des relativen Einkommens in den einzelnen Länder beobachten. In diesem Fall wäre nicht mehr relevant, ob jemand ein größeres oder kleineres Haus bzw. Auto hat, sondern vielmehr, welche Bedeutung diesen und ähnlichen Unterschieden in der Gesellschaft beigemessen wird und wie demgemäß der Einzelne sich selbst und seine Umwelt wahrnimmt.

Dass wir es tatsächlich mit den Auswirkungen des relativen und nicht des absoluten Einkommens in einem Land zu tun haben, lässt sich eindeutig zeigen. Auch wenn wir nicht das Einkommen der Leute und ihre Gesundheit betrachten und dabei individuell zwischen den Auswirkungen des absoluten und des relativen Einkommens unterscheiden können, ist es uns sehr wohl möglich, eine Unterscheidung zwischen Ländern mit einer geringeren und solchen mit einer höheren relativen Armut zu treffen. Länder, in denen die Einkommensunterschiede zwischen Reich und Arm größer sind (was eine höhere oder ausgeprägtere relative Armut bedeutet), weisen tendenziell einen schlechteren Gesundheitszustand auf als Länder, in denen diese Unterschiede geringer sind. Wie wir noch sehen werden, weisen die egalitärsten Länder den besten Gesundheitszustand auf, und nicht die reichsten Industriestaaten.

Abbildung 5.3 zeigt den Zusammenhang zwischen dem Anteil des gesamten Haushaltseinkommens, das die am wenigsten begüterten 70 Prozent der Familien beziehen (da ärmere Haushalte in der Regel weniger Personen umfassen als reichere, entspricht dies in etwa den ärmsten 50 Prozent der Bevölkerung), und der durchschnittlichen Lebenserwartung. In Ländern wie Schweden oder Norwegen, wo die ärmsten 70 Prozent der Haushalte einen größeren Einkommensanteil haben als andernorts, ist die Lebenserwartung höher als in Ländern wie der alten Bundesrepublik oder den USA, die von der Einkommensverteilung her weniger ausgewogen sind.

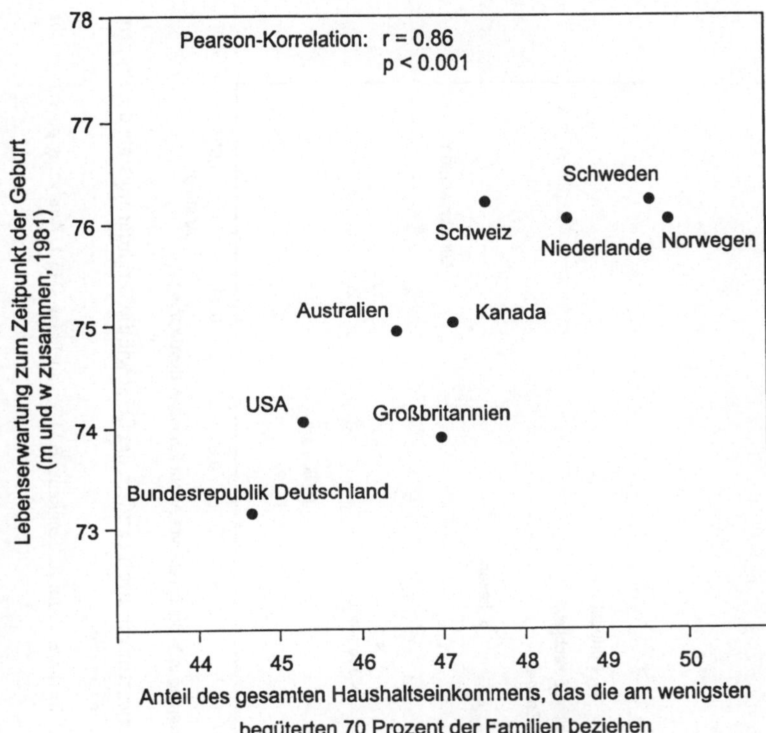

Abb. 5.3. Der Zusammenhang zwischen der Einkommensverteilung und der Lebenserwartung (m und w zusammen) zum Zeitpunkt der Geburt in entwickelten Staaten auf der Basis von Querschnittsdaten, 1981

Quelle: Daten aus J. A. Bishop, J. P. Formby und W. J. Smith, „International comparisons of income equity: Luxembourg Income Study", 1989: Working Paper 26

Betrachten wir die Veränderungen auf der Skala der Einkommensunterschiede im zeitlichen Verlauf, so zeigt sich derselbe Zusammenhang. In Abb. 5.4 werden Daten aus einer Studie über die Veränderung der relativen Armut zwischen 1975 und 1985 verwendet. Relative Armut wurde als jener Teil der Bevölkerung definiert, deren Einkommen weniger als die Hälfte des Durchschnittseinkommens beträgt. Die Abbildung zeigt, dass jene Ländern der Europäischen Union, die den Anteil der in relativer Armut lebenden Bevölkerung verringern

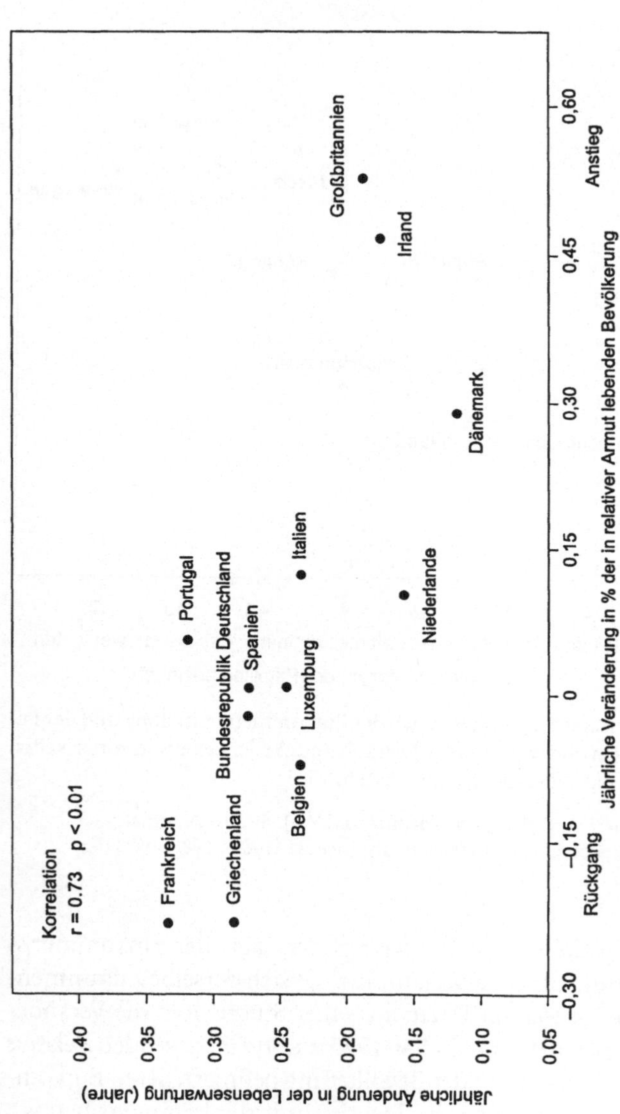

Abb. 5.4. Die jährliche Veränderungsrate der Lebenserwartung in zwölf Ländern der EU sowie die Veränderungsrate des Prozentsatzes der in relativer Armut lebenden Bevölkerung, 1975–1985

Quelle: Daten aus: O'Higgins und S. P. Jenkins, „Poverty in the EC", in: R. Teenkens, B.M.S. van Praag (Hg.), *Analyzing poverty in the European Community,* Luxemburg, EUROSTAT, 1990

konnten (z. B. Frankreich und Griechenland) einen rascheren Anstieg der Lebenserwartung zu verzeichnen hatten als jene, wo die relative Armut zunahm. (Veränderungen in der Lebenserwartung und im Anteil der in relativer Armut lebenden Bevölkerung in der Zeitspanne zwischen 1975 und 1985 sind in jährlichen Raten angegeben. Aufgrund von Problemen bei den Sterbedaten umfassen die Angaben für Portugal nur die Jahre 1981 bis 1985 [Wilkinson 1995]).

Erstmals erkannt wurde der Zusammenhang zwischen Einkommensverteilung und Lebenserwartung in Daten sowohl reicher als auch armer Länder. Rodgers zeigte bei einer Gruppe von etwa 56 armen und reichen Ländern die Abhängigkeit der Lebenserwartung vom BNP pro Kopf sowie von der Einkommensverteilung auf (Rodgers 1979). Über statistisch signifikante Korrelationen wurde bislang von zumindest acht unterschiedlichen wissenschaftlichen Arbeitsgruppen berichtet, die etwa zehn verschiedene Daten-Sets aus unterschiedlichen Datenbeständen unterschiedlicher Gruppen von Industrie- und Entwicklungsländern als Querschnitts- und Zeitverlaufsdaten untersucht haben (Flegg 1982; Wilkinson 1986, 1992, 1994b; Le Grand 1987; Waldmann 1992; Wennemo 1993; Kaplan, G. A. et al. 1996; Kennedy, B. P. et al. 1996). Während Flegg sich ausschließlich auf Entwicklungsländer konzentrierte, untersuchten Rodgers und Waldmann Länder in unterschiedlichen Entwicklungsstadien. Alle übrigen zogen ausschließlich Daten aus entwickelten Ländern heran.

Bei der Analyse von Daten aus etwa 70 reichen und armen Ländern stellte Waldmann fest, dass Zuwächse bei den Einkommen der reichsten 5 Prozent jeder Gesellschaft mit einem *Anstieg* der Kindersterblichkeit korrelierten, wenn gleichzeitig das absolute Einkommen der ärmsten 20 Prozent konstant gehalten wurde. Angesichts der Tatsache, dass man hätte erwarten können, dass Zuwächse bei den Einkommen der Reichsten unter sonst gleichen Bedingungen zu einem Rückgang ihrer Kindersterblichkeit führen, ist dies eine besonders eindrucksvolle Demonstration der Bedeutung des relativen Einkommens. Wennemo, der sich ebenfalls mit der Kindersterblichkeit beschäftigte, fand basierend auf die Querschnittsdaten eine sehr enge Korrelation zwischen dieser und dem Ausmaß der relativen Armut in entwickelten Ländern. Le Grand seinerseits stellte fest, dass das Durchschnittsalter zum Zeitpunkt des Todes innerhalb einer Gruppe von 17 entwickelten Ländern in Zusammenhang mit der Einkommens-

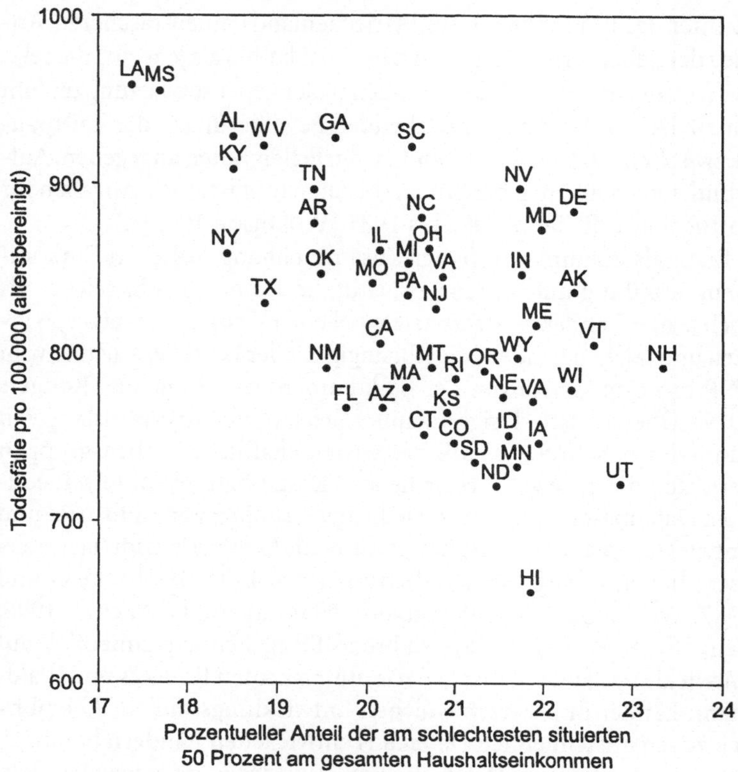

Abb. 5.5. Der Zusammenhang zwischen Einkommensverteilung und Sterblichkeit in 50 US-Bundesstaaten im Jahr 1990

LA-Lousiana, MS-Mississippi, AL-Alabama, KY-Kentucky, WV-West Virginia, GA-Georgia, SC-South Carolina, TN-Tennessee, NV-Nevada, AR-Arkansas, NC-North Carolina, DE-Delaware, MD-Maryland, NY-New York, IL-Illinois, OH-Ohio, MI-Michigan, OK-Oklahoma, MO-Missouri, VA-Virginia, NE-Nebraska, IN-Indiana, PA-Pennsylvania, NJ-New Jersey, TX-Texas, ME-Maine, AK-Alaska, CA-Kalifornien, NM-New Mexico, WY-Wyoming, MT-Montana, VT-Vermont, NH-New Hampshire, OR-Oregon, RI-Rhode Island, MA-Massachusetts, WI-Wisconsin, FL-Florida, AZ-Arizona, KS-Kansas, CT-Conneticut, CO-Colorado, ID-Idaho, IA-Iowa, SD-South Dakota, MN-Minnesota, ND-North Dakota, UT-Utah, HI-Hawaii.

Quellen: Daten aus dem US-Zensus und dem National Centre for Health Statistics, bearbeitet von Kaplan, Pamuk, Lynch, Cohen und Balfour (1996), freundlicherweise für diese Publikation zur Verfügung gestellt

verteilung stand. Kaplan und Kennedy zeigten unabhängig voneinander, dass diese Aussage nicht nur international, sondern auch innerhalb der Vereinigen Staaten Gültigkeit besitzt. Die amerikanischen Bundesstaaten mit größeren wirtschaftlichen Unterschieden wiesen auch höhere Sterberaten auf. Die von Kaplan und Lynch freundlicherweise zur Verfügung gestellten Rohdaten sind in Abb. 5.5 dargestellt (Kaplan et al. 1996). Sie zeigen eine Korrelation von 0,62 (P < 0,001) zwischen der altersstandardisierten Sterbeziffer insgesamt – unabhängig von der Todesursache – und dem prozentuellen Anteil am Haushaltseinkommen der am schlechtesten situierten 50 Prozent der Bevölkerung. Die Relation bleibt auch dann noch äußerst signifikant, wenn die durchschnittlichen Einkommen, die absolute Armut, rassische Unterschiede und das Rauchen statistisch mitberücksichtigt werden (Kaplan et al. 1996; Kennedy et al. 1996). Kaplan stellte weiters fest, dass Staaten mit größeren Einkommensunterschieden zwischen 1980 und 1990 auch geringere Verbesserungen der Sterblichkeit aufzuweisen hatten. Auch Ben Shlomo, der mit Daten kleinerer Gebiete in Großbritannien arbeitete, konnte einen statistisch signifikanten Trend beobachten, dass Gebiete mit einer ausgeglicheneren Einkommensverteilung auch bei Berücksichtigung des durchschnittlichen Deprivationsniveaus in diesen Gebieten niedrigere Sterberaten aufweisen (Ben Shlomo et al. 1996).

Steckel beschäftigte sich nicht nur mit den Sterberaten, sondern zeigte auch auf, dass es einen Zusammenhang zwischen der durchschnittlichen Körpergröße (die in enger Verbindung mit der Gesundheit steht) und der Einkommensverteilung gibt (Steckel 1983, 1994). Beim Vergleich des relativen Einflusses der Zusammenhänge von Einkommensverteilung und Wirtschaftswachstum pro Kopf mit der Körpergröße kam Steckel zu dem Schluss, dass die Auswirkungen einer Verdoppelung des Pro-Kopf-Einkommens auf die Körpergröße von Erwachsenen durch einen geringfügigen Anstieg des Gini-Koeffizienten der Einkommensungleichheit um 0,066 ausgeglichen werden könnten.

Wenn wir also davon ausgehen, dass es einen Zusammenhang zwischen Gesundheit und Einkommensverteilung gibt, wie zuverlässig sind unsere Annahmen über dessen Bedeutung? Könnte es sich dabei um den Nebeneffekt eines noch wichtigeren dahinterliegenden Zusammenhangs handeln? Die unterschiedlichen Kontrollvariablen, derer sich die verschiedenen Wissenschaftler bedient haben, lassen dies unwahrscheinlich erscheinen. Die Einkommensverteilung dürfte auch dann mit den nationalen Sterberaten korrelieren, wenn in den Entwicklungsländern Faktoren wie BNP pro Kopf, Fertilität, Alphabetisierung und Bildung der Mutter bzw. in den entwickelten Ländern die Auswirkungen des BNP pro Kopf, aber auch das durchschnittlich verfügbare Privateinkommen, die absoluten Armutsniveaus, Rauchen, Rassenunterschiede und verschiedene Maßnahmen der öffentlichen oder privaten Hand für die medizinische Versorgung mitberücksichtigt werden.

Es spricht aber noch mehr für die Annahme, dass die Erklärung nicht in derartigen Faktoren zu suchen ist. All diese Variablen ändern nicht nur nichts an dem statistischen Zusammenhang, sie scheinen auch – vor allem in den entwickelten Ländern – keinen ausreichenden Einfluss auf die Lebenserwartung zu haben, um eine einleuchtende Erklärung dafür zu liefern. Man könnte geneigt sein zu glauben, dass Gesellschaften mit geringeren Einkommensunterschieden bessere Sozialeinrichtungen haben, was der Gesundheit zugute kommen könnte. In diesem Zusammenhang sei allerdings angemerkt, dass Japan und Schweden – wo die höchste bzw. zweithöchste Lebenserwartung zu verzeichnen ist – am jeweils entgegengesetzten Ende der von der OECD veröffentlichten Tabelle über die Sozialausgaben der öffentlichen Hand in Prozent des Bruttoinlandsprodukts stehen: Japan gibt lediglich 15 Prozent seines Bruttoinlandsprodukts für Sozialausgaben aus, während es in Schweden 40 Prozent sind (Hills 1994). Außerdem haben wir im letzten Kapitel gesehen, dass Faktoren wie die medizinische Versorgung eine zu geringe Auswirkung auf die Sterberate der Bevölkerung haben, um für einen Zusammenhang wie diesen verantwortlich zu zeichnen. Gleiches gilt für andere Bereiche der öffentlichen Vorsorge. Selbst wenn wir die Ergebnisse statistischer Kontrollverfahren beiseite lassen, scheint keiner dieser Faktoren den Beweis zu liefern, dass dieser Zusammenhang falsch ist.

Es scheint auch sehr unwahrscheinlich, dass es eine ausreichend wirkungsvolle unbekannte Variable geben könnte. Wenn ein statistischer Zusammenhang als Auswirkung einer noch bedeutenderen unterschwelligen Korrelation „wegerklärt" werden soll, dann müsste diese bislang unbemerkte Korrelation stärker sein als der daraus resultierende scheinbare Zusammenhang. Es wäre demnach wesentlich einfacher eine geringe Korrelation als Verfälschung „wegzuerklären", als einen derart starken Zusammenhang wie den, mit dem wir es hier zu tun haben.

Ein weiteres wichtiges Problem stellt sich, wenn wir diesen Zusammenhang als Folge irgendeiner bislang unbemerkten Variable sehen, und zwar geht es dabei um die Zahl der Situationen, in denen diese Variable dann ebenfalls den gleichen Effekt zeitigen müsste. Erstens müsste sie nicht nur in den entwickelten Ländern zum Tragen kommen, sondern auch unter den gänzlich anders gearteten Umständen in den Entwicklungsländern. Zweitens müsste sie sowohl die aus den Querschnittsdaten als auch die bei Verwendung von Zeitverlaufsdaten hervorgehenden Befunde erklären. Drittens müsste sie eine Erklärung nicht nur für den international zu beobachtenden Zusammenhang zwischen der Einkommensverteilung und den nationalen Sterberaten, sondern auch für die Korrelation zwischen dem Ausmaß der Ungleichheit und der Sterblichkeit in den einzelnen Gebieten innerhalb ein und desselben Landes liefern. In den beiden Studien, die in 50 Bundesstaaten der Vereinigten Staaten einen Zusammenhang zwischen der Sterblichkeit und dem Ausmaß der ungleichen Verteilung der Einkommen in diesen Staaten nachgewiesen haben, berücksichtigen eine Vielzahl möglicher Faktoren, die eine Verzerrung bewirken könnten (Kaplan, G. A. et al. 1996; Kennedy, B. P. et al. 1996). Eine Verbindung ließ sich auch dann erkennen, wenn die Veränderungen im zeitlichen Verlauf betrachtet wurden (Kaplan, G. A. et al. 1996). Auch innerhalb eines Landes gilt dieser Zusammenhang, wie Ben Shlomo zeigen konnte, der sich bei seiner Untersuchung auf Querschnittsdaten aus kleineren Gebieten in Großbritannien stützte (Ben Shlomo et al. 1996). In diesem Fall waren die Auswirkungen – obzwar statistisch signifikant – relativ gering; der Grund dafür lag möglicherweise darin, dass viele wichtige soziale Strukturen, die unsere gesellschaftliche Stellung definieren, sich nicht auf kleine Gebieten beschränken, sondern einen umfassenderen sozialen Vergleich erfordern. Selbst unter der Annahme, dass sich der internationale Zusammenhang zwischen einer ausgewogenen Einkommensverteilung und der Gesundheit durch bestimmte Merkmale politischen Handelns erklären lässt, wäre dies keine ausreichende Begründung für eine entsprechende Korrelation innerhalb der einzelnen Länder (außer man würde sich auf mögliche lokale Unterschiede in der öffentlichen Politik stützen wollen).

Der offensichtliche Zusammenhang zwischen wirtschaftlicher Ausgeglichenheit und den Sterberaten der Bevölkerung ist viel zu stark ausgeprägt, als dass er einfach übergangen werden könnte; außerdem zeigt er sich bei Berechnungen auf zu unterschiedlicher Grundlage, um als Ergebnis irgendeiner intervenierenden Variable gedeutet werden zu können. In der Tat hat das Einkommen so gewaltige unmittelbare Auswirkungen auf so viele Facetten des menschlichen Lebens, dass eine direkte Auswirkung auf die Gesundheit wesentlich einleuchtender ist als andere Erklärungen.

Aber selbst unter der Annahme eines „realen" Zusammenhangs, könnte man die Frage stellen, in welcher Richtung dieser wirkt. Könnte hier eine „umgekehrte Kausalität" vorliegen, dass nämlich die Gesundheit die Einkommensverteilung beeinflusst? Würde die Kausalität in diese Richtung weisen, dann müssten wir in der Gesundheit eine der wichtigsten Determinanten für die Einkommensverteilung sehen. Das widerspricht aber nicht nur der Wirtschaftstheorie, sondern auch dem gesunden Menschenverstand hinsichtlich des Einflusses von Begriffen wie Beschäftigung und Arbeitslosigkeit, Profit, Steuern und Sozialleistungen auf die Einkommensverteilung. Darüber hinaus wurden die Daten über die Klassenunterschiede in der Sterblichkeit eingehend auf die Auswirkungen einer umgekehrten Kausalität untersucht – das heißt, auf die Möglichkeit, dass es zu gesundheitlichen Ungleichheiten kommt, weil Menschen mit einem guten Gesundheitszustand die soziale Leiter emporklettern, während Menschen mit einem schlechten Gesundheitszustand absteigen (siehe S. 71–72). Dies ist zwar in einem geringen Ausmaß der Fall, kann aber bei weitem nicht als Erklärung für den Großteil der gesundheitlichen Ungleichheiten dienen. Würde dies hinsichtlich der unter der wirtschaftlich aktiven Bevölkerung in arbeitsfähigem Alter festzustellenden Klassenunterschiede bei der Gesundheit zutreffen, wo die Gesundheit aller Wahrscheinlichkeit nach die berufliche Mobilität beeinflussen würde, um wieviel mehr dann erst für die nationale Lebenserwartung quer durch alle Altersgruppen, zu denen auch die wirtschaftlich nicht aktiven Kinder und alten Menschen gehören, deren Veränderungen im Gesundheitszustand nur wenig Einfluss auf das Einkommen hätten? Aber jegliche umgekehrte Kausalität könnte nicht einfach ein Zusammenhang zwischen der individuellen selektiven sozialen Mobilität (oder Einkommensmobilität) und der Gesundheit sein: Es müsste sich hier um einen

Zusammenhang zwischen den gesellschaftlichen Gesundheitsniveaus –
wie auch immer diese verteilt sein mögen – und der gesellschaftlichen Einkommensungleichheit handeln.

An einem bestimmten Punkt schien es einleuchtend, dass die Einkommensverteilung die Sterblichkeit in reichen und armen Ländern
unterschiedlich stark beeinflusst. In ärmeren Ländern, wo eine Steigerung des absoluten Lebensstandards noch von Bedeutung ist, schien
es wahrscheinlich, dass geringere Einkommensunterschiede bedeuten, dass ein kleinerer Teil des BNP pro Kopf für Luxusgüter ausgegeben wird, die nur wenig Nutzen für die Gesundheit mit sich bringen,
während für gesundheitsförderliche Bedürfnisse mehr ausgegeben
wird. Je größer der Anteil der Konsumausgaben ist, die für Brot für
Viele statt für Yachten und Villen für Wenige ausgegeben wird, desto
besser wird vermutlich die Volksgesundheit sein. Damit würden die
gesundheitlichen Vorteile geringerer Einkommensunterschiede nicht
so sehr aus den ausschließlich sozialen Auswirkungen der Einkommensunterschiede selbst, sondern vielmehr aus den Auswirkungen auf das höhere absolute Konsumniveau unter den Armen resultieren. In entwickelten Ländern, wo das BNP pro Kopf die Annahme
zulässt, dass die absoluten Lebensstandards deutlich über dem kritischen Niveau liegen, dürften die gesundheitlichen Auswirkungen
geringerer Einkommensunterschiede (wie wir in Kapitel 8 noch sehen werden) eher aus dem psychologischen Effekt der Ungleichheit
oder der relativen Armut per se resultieren.

Obwohl es etwas unbefriedigend war, gänzlich unterschiedliche
Erklärungen für das scheinbar gleiche Phänomen in entwickelten und
weniger entwickelten Ländern zu haben, wurde erst als Waldmann
seine Studie veröffentlichte klar, dass diese Dualität nicht aufrechterhalten werden konnte. Wiederholen wir noch einmal: In seiner Untersuchung auf der Grundlage von Daten aus etwa 70 Ländern stellte
Waldmann – wohl auch zu seiner eigenen Überraschung – fest, dass
die Kindersterblichkeitsraten um so höher lagen, je höher das Einkommen der reichsten 5 Prozent der Bevölkerung war, wenn gleichzeitig
die Einkommen der ärmsten 20 Prozent absolut gesehen (statistisch
kontrolliert) konstant gehalten wurden. Jede Auswirkung der realen
Einkommen auf die materiellen Standards sollte, so könnte man
meinen, bei gleichzeitig konstanten Einkommen der ärmsten 20 Prozent der Bevölkerung dazu führen, dass jeder Anstieg der absoluten

Einkommen der reichsten 5 Prozent – wenn überhaupt – eine geringfügig niedrigere Säuglingssterblichkeit nach sich zieht, da es den Kindern der Reichen marginal besser geht. Die Erkenntnis, dass das Gegenteil eintritt, ist wichtig: Sie legt die Vermutung nahe, dass es sowohl in ärmeren als auch in reicheren Ländern eine tatsächlich soziale Wirkung der Einkommensungleichheit gibt, für die es eine einheitliche Erklärung geben muss.

Wir haben in Kapitel 3 gesehen, dass die Gesundheit während des epidemiologischen Übergangs nicht mehr so sehr vom absoluten Lebensstandard abhängt. Ich habe (an anderer Stelle) argumentiert, dass es einen Übergang gibt, wo die Gesundheit nicht mehr von den absoluten, sondern von den relativen Standards beeinflusst wird (Wilkinson 1994a). Es wäre indes genauer zu sagen, dass die Gesundheit sowohl vor als auch nach diesem Übergang von den relativen Standards beeinflusst wird, nach dem epidemiologischen Übergang aber in geringerem Ausmaß von den absoluten Standards abhängt. In den Kapiteln 8, 9 und 10 werden wir uns mit jenen Mechanismen beschäftigen, die aller Wahrscheinlichkeit nach zur Folge haben, dass eine geringere Einkommensungleichheit die Gesundheit verbessert.

Das vielleicht verblüffendste Beispiel dafür, auf welche Weise geringer werdende Einkommensunterschiede eine Verbesserung der Gesundheit – oder besser gesagt der Lebenserwartung – nach sich ziehen können, stammt aus Japan. Der früheste Datenbestand über die Einkommensverteilung, der international auf breiter Ebene vergleichbar ist, stammt aus dem Jahre 1970 und umfasst auch die Angaben für Japan (Sawyer 1976). Der Zusammenhang zwischen der Einkommensverteilung und der Lebenserwartung in jenen Ländern, für die es zu diesem Zeitpunkt Daten gibt, wird in Abb. 5.6 dargestellt. (Obwohl unterschiedliche Messgrößen und Daten aus verschiedenen Quellen verwendet werden, stimmt diese Abbildung weitgehend mit Abb. 5.3 überein; sie wird hier nur auf Grund der japanischen Daten wiedergegeben.) Die in Abb. 5.6 verwendete Messgröße für die Einkommensverteilung ist der Gini-Koeffizient, der die Ungleichheit quer durch die gesamte Bevölkerung misst und nicht nur Arm und Reich vergleicht. Sein Wert variiert zwischen 0 – was bedeuten würde, dass jeder dasselbe Einkommen hat – und 1 – was bedeuten würde, das sich das gesamte Einkommen auf eine einzige Person konzentriert, während alle anderen kein Einkommen hätten. Ein Wert von

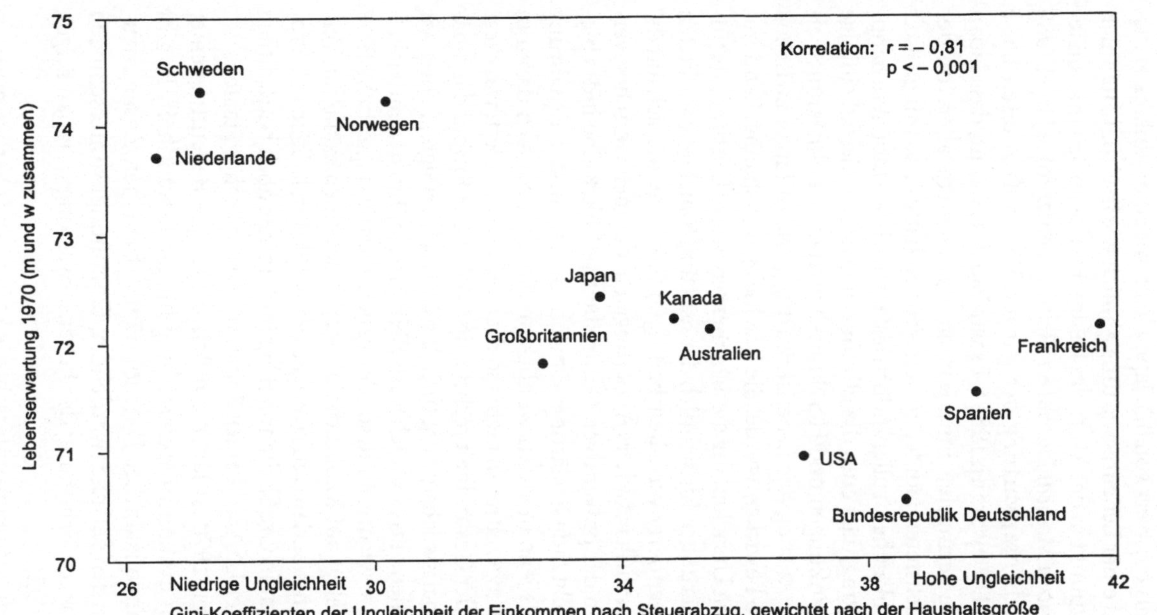

Abb. 5.6. Lebenserwartung (m und w zusammen) und Gini-Koeffizienten der Einkommenungleichheit nach Steuerabzug (gewichtet nach der Haushaltsgröße)

Quelle: Daten aus: M. Sawyer, „Income distribution in OECD countries", in: *OECD Economic Outlook, Occasional Studies* 1976: 3–36, Tabelle 11; und Weltbank

0,4 (rechts auf der horizontalen Achse) impliziert also eine größere Ungleichheit als ein Wert von 0,3. Japan liegt mit einer Einkommensverteilung und einer Lebenserwartung ähnlich wie in Großbritannien zu diesem Zeitpunkt in der Mitte des Feldes. Fast zwanzig Jahre später erschien im *British Medical Journal* ein Beitrag, demzufolge Japan 1989 die höchste Lebenserwartung der ganzen Welt aufzuweisen hatte (Marmot und Davey Smith 1989). Es wird auch erwähnt, dass Japan gleichzeitig die geringsten Einkommensunterschiede aller von der Weltbank aufgelisteten Länder zu verzeichnen hatte (was mit größter Wahrscheinlichkeit heißt aller Industriestaaten). Die Autoren behaupten in dem Beitrag, dass etwa die Eliminierung aller Todesfälle infolge von Krebserkrankungen und Herzkrankheiten in Großbritannien einen ähnlichen Anstieg der Lebenserwartung wie in Japan zwischen 1970 und 1986 bewirken würde. Sie beschäftigen sich eingehend mit allen möglichen Ursachen für diese bemerkenswerte Leistung, sie untersuchen Änderungen hinsichtlich der Ess- und Rauchgewohnheiten in Japan sowie anderer verhaltensbedingter Faktoren, die sich auf die Gesundheit auswirken, weiters Änderungen in der medizinischen Versorgung und in der präventiven Gesundheitspolitik. Keine indes bietet eine einleuchtende Erklärung. Obwohl die japanische Ernährung gesünder ist als jene in vielen westlichen Ländern, hat sich daran in dem Beobachtungszeitraum nichts so dramatisch verändert, was diese Verbesserung der Gesundheit rechtfertigen könnte. Obwohl das japanische Wirtschaftswachstum natürlich sehr rasch erfolgte, haben wir nicht nur gesehen, dass Zuwächse im BNP pro Kopf in der entwickelten Welt nicht so wichtig sind, sondern auch, dass das japanische BNP pro Kopf umgelegt auf Kaufkrafteinheiten – um einen exakteren Vergleich der Lebensstandards zu ermöglichen – 1990 um lediglich 15 Prozent über jenem in Großbritannien lag und immer noch beträchtlich unter jenem der USA und einer Reihe westeuropäischer Staaten.

Nicht erst seit 1970 ist Japan ein Beispiel für die Bedeutung einer ausgewogenen Einkommensverteilung für die Gesundheit. Es gibt auch einige unvollständige Datenbestände, die einen Zusammenhang zwischen den geringer werdenden Einkommensunterschieden und einer rasanten Erhöhung der Lebenserwartung in Japan zeigen (Wilkinson 1992).

Geringere Einkommensunterschiede könnten mit Verbesserungen in der Volksgesundheit auf zweifache, miteinander vereinbare, aber unterschiedliche Weise zusammenhängen. Erstens könnte es sein, dass in Gesellschaften mit geringeren Einkommensunterschieden die Qualität des sozialen Gewebes in gewisser Weise bedeutet, dass die Gesundheit in allen Bereichen der Gesellschaft besser ist – vom oberen bis zum unteren Ende der sozialen Leiter. Zweitens könnten die durchschnittliche Gesundheit und die durchschnittliche Lebenserwartung in erster Linie deshalb zu- oder abnehmen, weil die Gesundheit der ärmeren Menschen mit Veränderungen in dem Grad ihrer relativen Armut entweder besser oder schlechter wird. Führen geringere Einkommensunterschiede also zu einer merklichen Verbesserung der Gesundheit unter den am wenigsten Begüterten, das heißt also zu geringeren gesundheitlichen Ungleichheiten, oder verbessern sie die Gesundheit der Bevölkerung insgesamt, während sie geringere Auswirkungen auf die gesundheitlichen Unterschiede haben? Da diese beiden Möglichkeiten einander nicht ausschließen, könnte man annehmen, dass beide Modelle am Werk sind. Es würde sich dann die Frage nach der jeweils relativen Bedeutung erheben.

Ein Ansatz zur Beantwortung diese Frage könnte in einem internationalen Vergleich bestehen. Obwohl verschiedene Länder unterschiedliche soziale Klassendifferenzierungen vornehmen und dadurch einen internationalen Vergleich gesundheitlicher Ungleichheiten weiter erschweren, ist es uns dank einiger schwedischer Wissenschaftler möglich, ziemlich genaue Vergleiche der Sterblichkeitsunterschiede zwischen sozialen Klassen in Schweden und England/Wales zu ziehen (Vagero und Lundberg 1989; Leon et al. 1992). Eine große Zahl schwedischer Todesfälle wurde unter Verwendung der britischen Einteilung der sozialen Klassen neu zugeordnet. Der dadurch ermöglichte Vergleich ist insofern besonders nützlich, als die Einkommensverteilung in Schweden deutlich ausgewogener ist als in England und Wales. Die Abb. 5.7 und 5.8 zeigen das soziale Gefälle bei der Säuglingssterblichkeit und der Sterblichkeit männlicher Erwachsener zwischen 20 und 64 Jahren. (Leider wurden für Frauen keine Zahlen angegeben.) In beiden Fällen ist das soziale Gefälle in Schweden weniger ausgeprägt und eindeutig als in England und Wales. Wir können aber nicht nur feststellen, dass das soziale Gefälle flacher verläuft, sondern auch, dass die Gruppen mit der höchsten Sterblichkeit in Schweden geringere Sterberaten aufweisen als die höchste soziale Klasse (Klasse I) in England und Wales. Obwohl es also in England und Wales größere

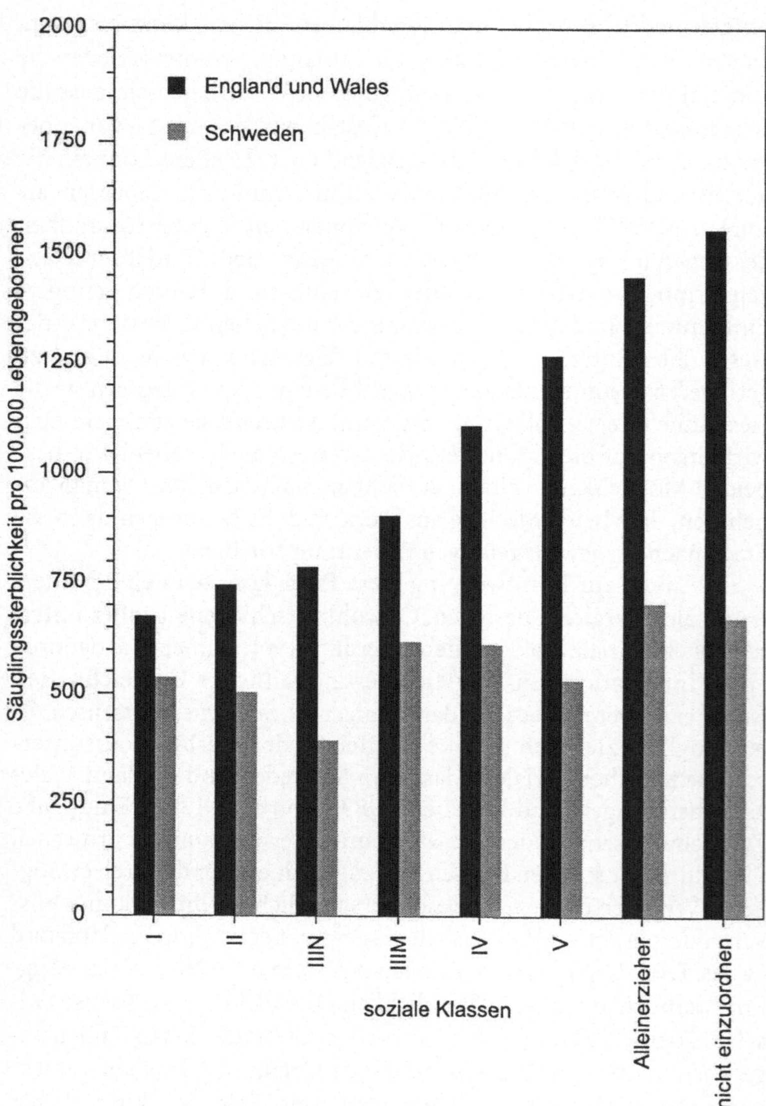

Abb. 5.7. Unterschiede innerhalb der sozialen Klassen hinsichtlich der Säuglingssterblichkeit in Schweden im Vergleich zu England und Wales

Quelle: Leon et al. 1992

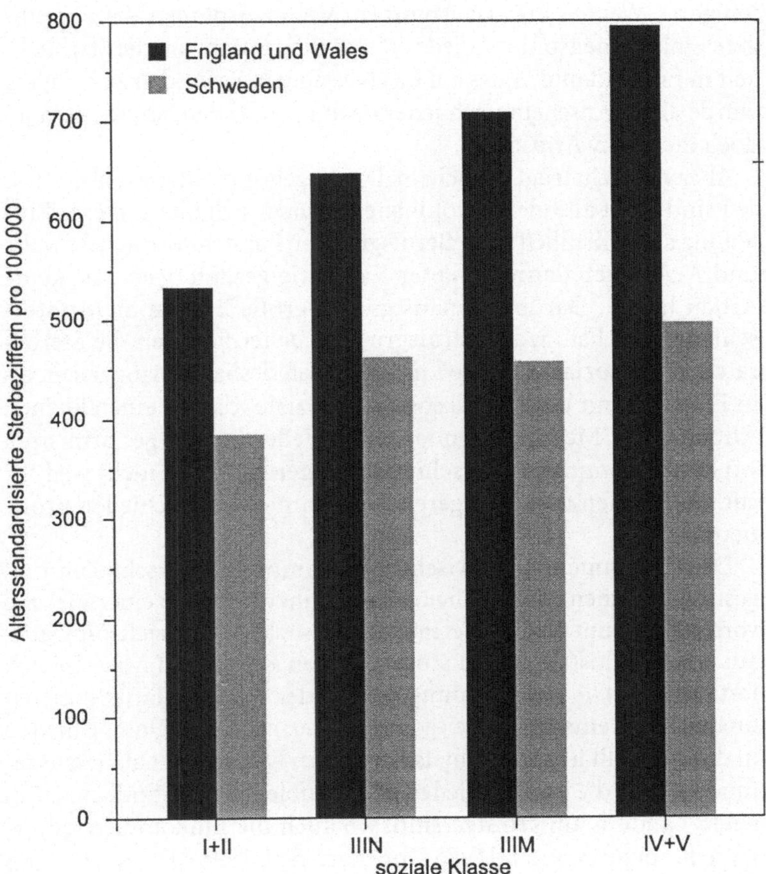

Abb. 5.8. Unterschiede innerhalb der sozialen Klassen hinsichtlich der Sterblichkeit bei Männern zwischen 20 und 64 Jahren in Schweden im Vergleich zu England und Wales

Quelle: D. Vagero, O. Lundberg: „Health inequalities in Britain and Sweden", in: *Lancet* 11: 35–36, 1989

Einkommensunterschiede und größere Unterschiede in der Sterblichkeit gibt als in Schweden, beschränkt sich die offensichtliche Verbesserung der Sterblichkeit in Schweden im Vergleich zu England und Wales nicht nur auf die Gruppen mit der stärksten sozialen Benachteilung. Wenn – um das Argument weiterzuspinnen – nur geringere Einkommensunterschiede erforderlich wären, um die Sterblichkeit in England und Wales auf das Niveau von Schweden zu bringen, würde allem Anschein nach jeder davon profitieren, am meisten jedoch die relativ Ärmsten.

Aber vielleicht trügt der Schein. Die Angehörigen der sozialen Klasse I sind nicht alle gleich wohlhabend. Da es sich hier um eine Einteilung ausschließlich nach Berufsgruppen handelt, würden Anwälte und Ärzte auch dann zu dieser Kategorie gezählt, wenn sie keine Arbeit haben. Darüber hinaus gibt es große Einkommensunterschiede innerhalb jeder Berufsgruppe. Daher könnten die Sterberaten in der sozialen Klasse I in Schweden deshalb geringer sein als in England und Wales, weil sogar die soziale Klasse I einen kleinen Anteil armer Menschen umfasst, die vielleicht weniger arm sind, wo die Einkommensunterschiede geringer sind, und nicht weil sogar die Reichen von geringeren Einkommensunterschieden profitieren.

Der Zusammenhang zwischen Einkommensunterschieden und gesundheitlichen Ungleichheiten wurde inzwischen in einer Vielzahl von Ländern untersucht. Bei ihrer Untersuchung, die sich auf Daten aus neun Industriestaaten stützt, stellten Kunst und Mackenbach fest (1994): „Die Rangordnung der Länder nach der Einkommensungleichheit entspricht weitgehend jener nach den Unterschieden in der Mortalität." Seit damals haben van Doorslaer et al. herausgefunden, dass die Unterschiede bei der subjektiven Befindlichkeit in jenen Ländern am größten sind, wo auch die Einkommensunterschiede am größten sind (van Doorslaer et al. 1996). Die Korrelation zwischen den Messgrößen für die Einkommensungleichheit und jenen für gesundheitliche Ungleichheiten war sehr eng: In den Vereinigten Staaten und den acht EU-Ländern, über die Daten zur Verfügung standen, betrug der Korrelations-Koeffizient 0,87. Die bei diesen Untersuchungen verwendeten Methoden waren sehr unterschiedlich. Kunst und Mackenbach klassifizierten die Menschen in einer ihrer Studien nach ihrem Beruf, in einer anderen nach ihrer Ausbildung und kamen zu dem Schluss, dass die nach diesen beiden Gesichtspunkten aufgeschlüsselten Mortalitätsunterschiede in jenen Ländern größer waren, wo auch die Einkommensunterschiede größer waren. Van Doorslaer et al. hingegen verwendeten Daten, die detaillierte Angaben zum Einkommen und der subjektiven Befindlichkeit der betreffenden Personen enthielten.

Aufschluss darüber, ob geringere Einkommensunterschiede der Gesundheit der gesamten Bevölkerung zugute kommen oder nur den Ärmsten, könnte auch gewonnen werden, indem man jenen Prozentsatz der Bevölkerung ermittelt, dessen Einkommensanteil am engsten mit der durchschnittlichen Lebenserwartung korreliert. Ist die Korrelation zwischen der durchschnittlichen Lebenserwartung und dem Einkommensanteil bei den 10 oder 20 Prozent der Bevölkerung am unteren Ende der sozialen Skala am größten, oder korreliert der Anteil der untersten 50, 60 oder sogar 70 Prozent am engsten mit den nationalen Gesundheitsstandards?

Als ich mich erstmals mit dieser Frage beschäftigte, schienen die Ergebnisse eine deutliche Sprache zu sprechen. Unter Verwendung der in Abb. 5.3 dargestellten Daten für die dort angegebenen Länder setzte ich die Lebenserwartung in jedem Land zu dem auf die untersten 10, 20, 30 usw. bis 90 Prozent entfallenden Einkommensanteil in Bezug, wobei ich erkannte, dass der Zusammenhang allmählich immer deutlicher wurde, bis er bei 60 oder 70 Prozent ein Maximum erreichte, von dem an er wieder schwächer wurde (Wilkinson 1992). Abb. 5.3 vergleicht also die Lebenserwartung mit dem auf die untersten 70 Prozent der Bevölkerung entfallenden Einkommensanteil. Es ging dabei allerdings um einen Prozentsatz der Haushalte – und nicht der Bevölkerung. Da ärmere Haushalte in der Regel weniger Mitglieder aufweisen als wohlhabendere (die Auswirkungen der Tatsache, dass arme alte Menschen entweder allein oder mit einem Partner leben, gleichen die Auswirkungen der Tatsache, dass arme Familien oft viele Kinder haben, aus), umfassen die 60 bis 70 Prozent der Familien am unteren Ende der sozialen Skala etwa 50 Prozent der Bevölkerung. Die Antwort schien also zu lauten, dass die durchschnittliche Lebenserwartung am engsten mit dem relativen Einkommen der weniger wohlhabenden Hälfte der Bevölkerung korreliert.

Analysen jüngeren Datums von Daten, die seit damals für eine größere Zahl von entwickelten Ländern zur Verfügung stehen, zeigen allerdings ein etwas komplizierteres Bild. Die Korrelation mit dem Einkommensanteil ist nun nicht mehr bei den untersten 50 Prozent, sondern bei den ärmsten 30 Prozent am engsten. Welche dieser Zahlen zuverlässiger sind, lässt sich schwer sagen, es könnte auch sein, dass die Korrelation von der relativen Armut der Armen in den einzelnen Ländern abhängt. Hinzu kommt noch das Problem der Datenqualität. Bei der Analyse der späteren Daten wurde klar, dass die Daten einiger Länder aufgrund der Zahl der Leute, die keine Rückmeldung auf Erhebungen des persönlichen Einkommens geben, sehr verzerrt sind. Alle Daten stammen aus offiziellen Erhebungen in Haushalten, wo den Leuten Fragen zu ihrem Einkommen gestellt wurden. Bei einigen dieser Erhebungen gab es lediglich eine Rücklaufquote von 50 oder 60 Prozent der stichprobenartig ausgewählten Haushalte, in der Regel lag die Antwortquote unter 75 Prozent. Leider konzentrieren sich die Leute, die nicht antworten, vorwiegend auf die arme und nur in geringerem Ausmaß auf die reiche Bevölkerung (Wolf, W. 1988; Redpath 1986). Das heißt, dass bei Erhebungen mit einer geringen Antwortrate sowohl Arme als auch Reiche unterrepräsentiert sind. Demzufolge erscheinen die Einkommensunterschiede kleiner, als sie es in Wirklichkeit sind. Der Effekt ist so stark, dass sich bei einem der Datenbestände nun eine signifikante Korrelation zwischen der Antwortquote und der Breite der Einkommensverteilung abzeichnete. (Hohe Quoten von fehlenden Rückmeldungen bedeuten, dass die Endbereiche der Einkommensverteilung nicht erfasst werden und man von geringeren Einkommensunterschieden ausgeht.) Obwohl es Möglichkeiten gibt, dieses Problem zumindest teilweise zu überwinden, erhalten wir keinen wesentlichen Aufschluss darüber, ob die für uns interessante Zahl nun bei 30 oder 50 Prozent der Bevölkerung liegt. Diese Punkte, die ein wichtiges Problem für zukünftige Forschungen auf diesem Gebiet darstellen, werden an anderer Stelle eingehender behandelt (McIsaac und Wilkinson 1996).

Bei der Interpretation stellen sich aber auch noch zahlreiche weitere Probleme. Der auf die untersten 30 oder 50 Prozent der Bevölkerung entfallende Einkommensanteil mag für sich allein betrachtet weniger wichtig sein, als wenn er als Richtwert für die gesamte Einkommensverteilung steht. Aber selbst wenn das der Fall wäre, hätten wir keinen Anhaltspunkt für die beste Messgröße für die Gesamteinkommensverteilung – der in Abb. 5.6 verwendete Gini-Koeffizient, jener Einkommensanteil, der auf die ärmsten x Prozent der Bevölkerung entfällt, oder jener Teil der Bevölkerung, der unter einem bestimmten Prozentsatz – beispielsweise der Hälfte – des Einkommensdurchschnitts lebt? Leider sind die grundlegenden Daten nicht gut genug, um diese Fragen zu beantworten. Am ehesten sind vielleicht die US-Daten geeignet, dieses Problem zu lösen. Wir verfügen hier nicht nur über Daten für fünfzig Bundesstaaten, auch das Problem geringer Antwortquoten fällt hier nicht so sehr ins Gewicht.

Gleiches gilt hinsichtlich der Frage, welche Äquivalenzskalen verwendet werden sollten. Unter Äquivalenzskala versteht man jenes System, das zur Berechnung des Pro-Kopf-Einkommens je Haushalt verwendet wird. Man könnte das Haushaltseinkommen einfach durch die Zahl der in diesem Haushalt lebenden Personen dividieren, um das Pro-Kopf-Haushaltseinkommen zu ermitteln. Da es aber wesentlich billiger ist, wenn – sagen wir – vier Menschen zusammenleben und sich eine Waschmaschine, einen Kühlschrank, einen Fernseher, die Heiz- und Nebenkosten teilen, könnte man genau so gut eine Äquivalenzskala verwenden, die diese Einsparungen mitberücksichtigt. Diese Einsparungen sind jedoch etwa bei den Heizungskosten u. ä. deutlich größer als bei den Kosten für Nahrungsmittel oder Bekleidung. Was für das Wohlbefinden wichtiger ist, ist eine Frage des Geschmacks: Bis jetzt gibt es daher keine Gewichtung, die nicht ein gewisses Element der Willkür enthalten würde. Meinem Eindruck nach korrelieren jene Äquivalenzskalen, welche die Einsparungen größerer Haushalte besonders stark berücksichtigen, d. h. jene, die am weitesten vom Pro-Kopf-Haushaltseinkommen entfernt sind, tendenziell am engsten mit der Gesundheit. Wäre das Datenmaterial gut genug, hätte man die Gesundheit heranziehen können, um eine Entscheidung bezüglich der verschiedenen Gewichtungsschemata zu fällen, und zeigen können, welches den größten Aufschluss über die Wohlfahrt gibt. Dies wäre ein wichtiger Beitrag zur Diskussion über die Messung von Armut und die Festsetzung der besten Sozialhilferichtlinien. Vielleicht kann die Qualität der Daten eines Tages so verbessert werden, dass dies möglich wird.

Auf die Frage zurückkommend, welcher Teil des Einkommensanteils der Bevölkerung am engsten mit den nationalen Sterberaten korreliert, stoßen wir auf ein weiteres Paradoxon. Ist es der Einkommensanteil eines großen Teiles der Bevölkerung – etwa 70 Prozent –, der am meisten ins Gewicht fällt, so könnten wir davon ausgehen, dass sich die Einkommensverteilung auf die Gesundheit quer durch die Bevölkerung auswirkt. Sollte sich indes herausstellen, dass der Einkommensanteil der ärmsten 10 bis 20 Prozent am entscheidendsten ist, könnten wir immer noch annehmen, dass es zu weit reichenden gesundheitlichen Auswirkungen kommt, da der Einfluss von Veränderungen in der Sterberate der ärmsten 10 bis 20 Prozent allein keinen ausreichend großen Einfluss auf die nationalen Sterberaten haben könnte. Ihre Armut schiene das gesellschaftliche Leben dann offenkundig umfassender zu beeinflussen.

Die Größe der Unterschiede in der Lebenserwartung zwischen mehr oder weniger egalitären Ländern ist ein weiterer Hinweis auf jenen Prozentsatz der Bevölkerung, der bei diesem Zusammenhang eine Rolle spielt. Die Unterschiede sind viel zu groß, als dass man sie einfach auf die ungünstigere Mortalität jenes Anteils der Bevölkerung zurückführen könnte, der den sozialen Klassen IV und V (angelernte und ungelernte Arbeiter und ihre Familien) zugeordnet wurde. Dadurch ließe sich lediglich ein Viertel des zwei Jahre betragenden Unterschieds in der durchschnittlichen Lebenserwartung zwischen mehr oder weniger egalitären Ländern, wie in den Abb. 5.3 oder 5.6 dargestellt, erklären. Dies scheint auf eine weiter reichende Auswirkung auf die Sterblichkeit hinzudeuten. Aber auch hier stellt sich ein gravierendes Problem. Messgrößen für das Ausmaß der Unterschiede bei der Sterblichkeit innerhalb einer Bevölkerung sind (wie wir in Kapitel 4 gesehen haben) sehr stark von der Genauigkeit und Zweckdienlichkeit der verwendeten sozialen Klassifikation abhängig. Wir wissen einfach nicht, wie groß die Unterschiede in der Sterblichkeit wären, würde eine geeignete soziale Klassifizierung mit höchster Genauigkeit auf die gesamte Bevölkerung angewandt. Der Whitehall-Studie über die Beamten nach zu urteilen, scheint kein Grund für die Annahme vorzuliegen, dass die wahren Unterschiede nicht zwei- oder dreimal so groß sind wie die beobachteten Unterschiede vom Faktor zwei, die aus den offiziellen Statistiken über die wirtschaftlich aktive Bevölkerung hervorgehen. Wenn dem so wäre, dann könnte eine Beseitigung des Sterblichkeitsnachteils der untersten 30 Prozent ausreichen, um die Lebenserwartung auszugleichen.

Der Leser kann nun abschätzen, wie groß die Ungewissheit ist. Wir wissen, dass eine ausgeglichenere Einkommensverteilung die durchschnittliche Lebenserwartung erhöht, und wir können davon ausgehen, dass dies zu einem – möglicherweise großen – Teil auf die Auswirkungen auf die gesundheitlichen Ungleichheiten zurückzuführen ist. Dies beweisen internationale Vergleichsstudien, aus denen hervorgeht, dass die gesundheitlichen Ungleichheiten dort größer sind, wo die Einkommensunterschiede weiter auseinander klaffen (Kunst und Mackenbach 1994; van Doorslaer et al. 1996). Allerdings ist nicht klar, wie gering das relative Einkommen sein muss, um Auswirkungen auf die Gesundheit zu zeitigen; ebenso wenig ist klar, in welchem Ausmaß die Gesundheit der Wohlhabenderen auch von den so genannten „knock-on"-Effekten durch eine Reduzierung der relativen Deprivation an anderer Stelle in dieser Gesellschaft profitieren könnte.

Bis jetzt haben wir uns fast ausschließlich mit internationalen Daten zur Einkommensverteilung und den nationalen Sterbeziffern beschäftigt. Die historische Entwicklung in Großbritannien im Laufe der Zeit erlaubt hingegen auch Rückschlüsse auf die Art und Weise, wie sich eine unausgeglichene Einkommensverteilung auf die gesundheitlichen Ungleichheiten und damit auf die nationalen Sterberaten auswirkt. Den Zusammenhang zwischen den jährlichen Änderungen in der Einkommensverteilung und jenen in der Lebenswartung in Großbritannien zu untersuchen, ist jedoch nicht der richtige Weg. Die Daten über die Einkommensverteilung in Großbritannien stammen aus dem *Familiy Expenditures Survey* und weisen sowohl die üblichen Stichprobenfehler als auch eine in der Regel über 30 Prozent liegende Non-Response-Quote auf. Da sich die Einkommensverteilung in Wirklichkeit nur sehr langsam ändert, sind die jährlichen Änderungen in der Einkommensverteilung, von denen berichtet wird, für die meisten Zeitabschnitte auf Zufallsschwankungen und unterschiedliche Verzerrungen durch fehlende Rückmeldungen zurückzuführen. Darüber hinaus gibt es noch Zufallsschwankungen in der jährlichen Lebenserwartung, die auf Konjunkturzyklen, höhere oder niedrigere Temperaturen im Winter als üblich, immer wieder auftretende Wellen von Infektionskrankheiten u. a. m. verursacht werden. Wollte man diese jährlichen Wachstumsraten zur Analyse heranziehen, so liefe das darauf hinaus, Stichprobenfehler beim Einkommen mit Zufallsschwankungen bei der Lebenserwartung in Beziehung zu setzen. Aber selbst, wenn es das „statistische Rauschen" nicht gäbe, müsste man eine Zeitverzögerung in Rechnung stellen.

Obwohl angesichts dieser Probleme deutlich wird, dass es höchst unwahrscheinlich ist, irgendeinen Zusammenhang zwischen den jährlichen Veränderungen in der Einkommensverteilung und der Sterblichkeit zu finden, ist es nicht ausgeschlossen, dass sich über längere

Zeit hinweg sehr wohl ein Zusammenhang erkennen lässt, wenn sich das Verhältnis von Zufallsrauschen zu aus den Daten hervorgehenden tatsächlichen Veränderungen deutlich verbessert hat.

Am besten messen lassen sich die sozialen Unterschiede bei der Sterblichkeit über einen längeren Zeitraum an Hand der überarbeiteten Zahlen auf Basis der *Decennial Supplements on Occupational Mortality* des *Registrar General's*, die für die Jahre 1921, 1931, 1951, 1961, 1971 und 1981 verfügbar sind (Pamuk 1985). Wir haben im letzten Kapitel von Pamuks Langzeit-Messungen der Änderungen in den sozialen Unterschieden bei der Sterblichkeit gehört. Ihr Ungleichheitsindex misst die Unterschiede quer durch die gesamte Bevölkerung, statt nur die extremen Klassen zu vergleichen. Sie berücksichtigte auch die Auswirkungen der sich ändernden Klassenzuordnung bei der Einteilung nach Berufsgruppen sowie den sich ändernden Anteil der Bevölkerung in jeder dieser Klassen. Die Ergebnisse zeichnen ein überraschend deutliches Bild der Entwicklung der sozialen Unterschiede im Hinblick auf die Sterblichkeit. Im Wesentlichen nahmen die Unterschiede in der Mortalität vor dem Krieg ab, verzeichneten 1951 ihre geringste Differenz und nehmen seit damals in jedem Jahrzehnt wieder zu, wobei der Zuwachs zwischen 1961 und 1971 äußerst gering war. Dies deckt sich weitgehend mit der Entwicklung der relativen Armut (Wilkinson 1989). 1931 herrschte zwar große Arbeitslosigkeit – sie lag etwa gleich hoch wie 1921 nach der Demobilisierung –, der große Unterschied zwischen 1921 und 1931 ist jedoch der drastische Ausbau des Wohlfahrtsstaates mit der Einführung einer Arbeitslosen-, Kranken- und Pensionsversicherung. Relativ gesehen war die Situation der Armen und Arbeitslosen 1931 wesentlich besser als 1921.

Da es sich bei der Zuordnung der Sterblichkeit nach sozialen Klassen lediglich um eine Klassifizierung der wirtschaftlich aktiven Bevölkerung im arbeitsfähigen Alter handelt (einschließlich der registrierten Arbeitslosen), können die Armutstrends nicht direkt auf andere Bevölkerungsgruppen umgelegt werden. Veränderungen in der Armut unter der wirtschaftlich nicht aktiven Bevölkerung fallen wesentlich weniger ins Gewicht als die Arbeitslosigkeit und die Einkommensverteilung.

Bis 1951 konnten sowohl die relative Armut als auch die Arbeitslosigkeit auf einen deutlich niedrigeren Stand als vor dem Krieg gesenkt werden. Während des Zweiten Weltkriegs war die Arbeitslosigkeit praktisch völlig beseitigt worden, und es war zu einer drastischen Verringerung der Einkommensunterschiede gekommen. Die Labour-Regierung der Nachkriegszeit hatte es dann verstanden, eine katastrophale Arbeitslosigkeit wie unmittelbar nach dem Ersten Weltkrieg zu verhindern, und der Wohlfahrtsstaat war beträchtlich ausgebaut worden. In den späten 1940er- und frühen 1950er-Jahren verzeichnete Großbritannien seine vielleicht ausgewogenste Einkommensverteilung in Friedenszeiten. Eine in den frühen 1950er-Jahren durchgeführte Erhebung über die Armut im Land ergab, dass lediglich etwa 8 Prozent in relativer Armut lebten. Eine vergleichbare Erhebung in den frühen 1990er-Jahren würde Schätzungen zufolge zumindest eine Verdreifachung des in relativer Armut lebenden Teils der Bevölkerung ergeben. Auch die Klassenunterschiede bei den Sterberaten erreichten bei den Zahlen für 1951 ihren bislang niedrigsten Wert. Seit damals jedoch stieg das Niveau der Arbeitslosigkeit allmählich immer rascher an, und auch die gesundheitlichen Ungleichheiten wurden größer. Zwischen 1951 und 1961 kam es zu einer besonders drastischen Vergrößerung der Unterschiede in der Mortalität, da die Lebensmittelrationierung und eine Reihe anderer Kontrollmaßnahmen der Nachkriegszeit aufgehoben wurden. Aus dem *National Food Survey* geht hervor, dass ab Mitte der 1950er-Jahre ein wachsender Prozentsatz der Bevölkerung nicht im empfohlenen Umfang Nahrung zu sich nahm (Lambert 1964). Zwischen 1953/54 und 1960 stieg der Anteil der Bevölkerung, der unter 140 Prozent des früheren „Sozialhilfe"-Standards lebte, um fast 60 Prozent. In den 1960er-Jahren kam es lediglich zu einer geringfügigen Verschlechterung der Situation, die zwischen 1971 und 1981 dann jedoch erneut wieder stärker ausgeprägt war. In den 1970er- und 1980er-Jahren war ein besonders starker Anstieg die Arbeitslosigkeit zu verzeichnen. Obwohl die relative Armut um 1975/76 sank, stieg sie in den späten 1970er- und noch rascher in den 1980er-Jahren – vor allem in den späten 1980er-Jahren – erneut an. Daraus geht hervor, dass die Entwicklung der gesundheitlichen Ungleichheiten und jene der relativen Armut unter der wirtschaftlich aktiven Bevölkerung zwischen 1921 und 1981 relativ konform geht (Wilkinson 1989).

Als die nach Berufsgruppen gegliederten Sterbedaten für 1991 bekannt wurden, schienen sie auf einen anhaltenden Einfluss der stei-

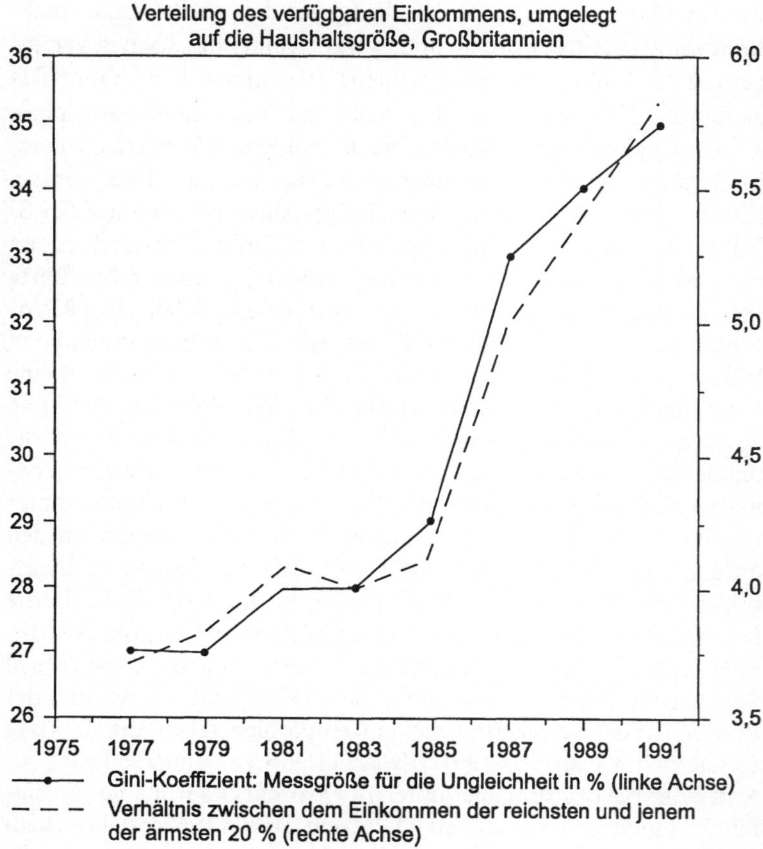

Abb. 5.9. Zunahme der Einkommensunterschiede: Verteilung des verfügbaren Einkommens, umgelegt auf die Haushaltsgröße, Großbritannien

Anmerkung: Der Gini-Koeffizient misst den Grad der Einkommensungleichheit – nicht nur zwischen Arm und Reich, sondern quer durch die gesamte Bevölkerung. Je größer der Koeffizient, desto größer die Ungleichheit. Hätte jeder dasselbe Einkommen, würde der Koeffizient 0 % betragen, würde sich das gesamte Einkommen auf eine Person konzentrieren, während alle anderen nichts bekommen, läge der Koeffizient bei 100 %.

Quelle: Central Statistical Office, *Economic Trends* 475: 129, 1993. Mit freundlicher Genehmigung von A. B. Atkinson.

genden relativen Armut hinzuweisen. Die Auswirkungen der immer größer werdenden Einkommensunterschiede machen sich bereits bei lokalen Unterschieden und beim Rückgang der nationalen Sterberaten bemerkbar. Statt der üblicherweise langsamen Änderungen bei der Einkommensverteilung kam es in den späten 1980er-Jahren unter der Regierung Thatcher zu einem äußerst raschen Anstieg der Einkommensunterschiede. Die Trends sind in Abb. 5.9 dargestellt. Sowohl der in der Grafik dargestellte Gini-Koeffizient als auch das Verhältnis zwischen den Einkommen am unteren Ende der sozialen Skala und jenen der obersten 20 Prozent der Bevölkerung zeigen bis Mitte der 1980er-Jahre eine langsame und danach, ab etwa 1985, eine raschere Zunahme der Einkommensunterschiede. Die Ungleichheit nimmt in dieser Zeit mit einer geradezu beispiellosen Geschwindigkeit zu. Als einziges OECD-Land hat Neuseeland eine raschere Ausweitung der Einkommensunterschiede zu verzeichnen (Hills 1994). Während Wirtschaftswissenschaftler sich üblicherweise mit der erstaunlichen Stabilität der Einkommensverteilung beschäftigten, wuchs die Kluft zwischen Arm und Reich in den späten 1980er-Jahren so rasch, dass es sich lohnt, die Auswirkungen auf die jährlichen Mortalitätsziffern näher zu untersuchen.

Größere Einkommensungleichheit ist heute u. a. bei Menschen im arbeitsfähigen Alter und deren Kindern zu verzeichnen, während die relative Armut unter älteren Menschen gleichzeitig nur sehr geringfügig ansteigt. Die Auswirkungen der wachsenden Einkommensunterschiede auf die Mortalität machen sich daher auch in den jüngeren Altersgruppen bemerkbar. Abb. 5.10 zeigt die Entwicklung der Sterberaten insgesamt in drei unterschiedlichen Altersgruppen: im unteren Bereich wird jeweils die Säuglingssterblichkeit angegeben, im mittleren Bereich jene der Kinder zwischen 1 und 19 Jahren und im oberen Bereich jene der Erwachsenen zwischen 20 und 44 Jahren. Um den Vergleich in einer Grafik zu erleichtern, werden die Werte in jeder Altersgruppe für 1985 gleich 100 gesetzt. Die diagonalen Linien hinter den Säulen sind Regressionsgeraden, die den rückläufigen Trend bei den Sterberaten zwischen 1975 und 1984 fortschreiben; sie zeigen die Entwicklung der Sterberaten, hätte sich der Rückgang den gesamten Zeitraum hindurch fortgesetzt. Die schattierten Säulen zeigen eindeutig, dass dieser Rückgang der Sterbeziffern sich ab 1985 in jeder Altersgruppe verlangsamt. (Im Jahresbericht des Chief Medical

Officer für 1990 wird auf diesen bedenklichen Trend hingewiesen, waren doch die Sterberaten in der Altersgruppe zwischen 15 und 44 Jahren in diesem Zeitraum sogar gestiegen [Department of Health 1991].) Eine Normierung des Alters in 5-Jahres-Altersgruppen – wie hier verwendet – zeigte deutlich, dass der Gesamttrend abzustürzen drohte. Der Abstand zwischen den Abschnitten der Säulen für jede Altersgruppe und den jeweiligen diagonalen Linien zeigt an, um wie viel niedriger die Sterberaten in den späten 1980er-Jahren bei einer Fortschreibung der Rückgangsrate der Jahre zwischen 1975 und 1984 gewesen wären.

Es springt sofort ins Auge, dass sich die Verbesserung der Sterberaten in diesen drei Altersgruppen genau in jenem Zeitraum verlangsamt, in dem die Einkommensunterschiede zunehmen. Ist dies bloß ein Zufall? Welche Gründe könnten für einen ursächlichen Zusammenhang ins Treffen geführt werden? Drei unabhängige Studien untermauern nachdrücklich einen Zusammenhang. Alle drei haben die Änderungen in der sozioökonomischen Deprivation mit den Veränderungen der Sterberaten in kleinen Gebieten in England oder Schottland zwischen den Volkszählungen von 1981 und 1991 verglichen. In allen Fällen stellte sich heraus, dass die sozioökonomischen Unterschiede zwischen den Wahlkreisen in diesem Jahrzehnt größer geworden waren und dies mit einer Zunahme der Unterschiede bei den Sterberaten zusammenfiel. Eine Studie in Schottland ergab, dass die Sterberaten bei jungen Männern und Frauen in den ärmeren Bezirken in dieser Dekade gestiegen waren (McLoone und Boddy 1994). Auch in der (weiter oben) erwähnten Studie über 678 Wahlbezirke in Nordengland stellte sich heraus, dass die Sterberaten unter jungen Erwachsenen, die in den ärmsten Bezirken wohnten, gestiegen waren (Phillimore et al. 1994).

Auch im Großraum von Glasgow zeigte sich eine zunehmend ungünstigere Sterberate im Zusammenhang mit einer wachsenden relativen Armut (McCarron et al. 1994; Greater Glasgow Health Board [Gesundheitsamt für den Großraum Glasgow] 1993).

Die in Großbritannien in allen Altersgruppen unter 45 Jahren zu beobachtende Verlangsamung der Verbesserung bei den nationalen Sterberaten fiel eindeutig nicht nur mit einer beispiellos raschen Zunahme der Einkommensunterschiede zusammen, sondern spiegelte auch eine Konzentration der ungünstigen Trends in den ärms-

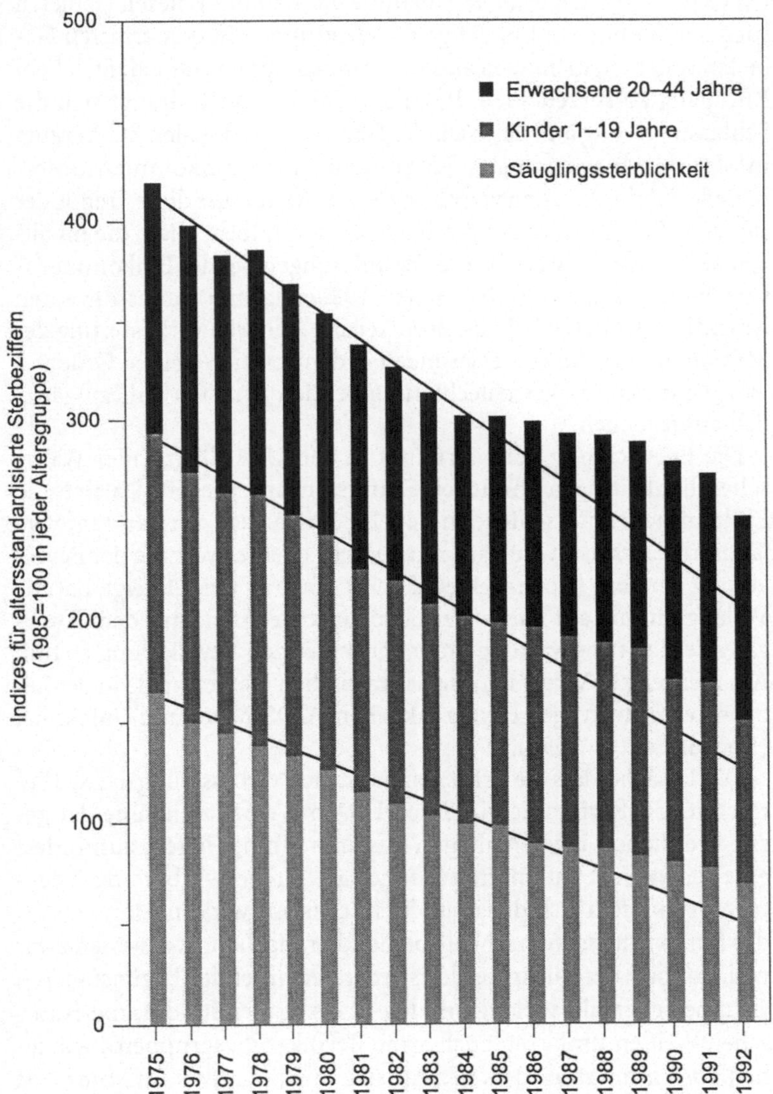

Abb. 5.10. Indizes der Veränderung der Sterberaten unter jungen Erwachsenen, Kindern und Säuglingen (m und w zusammen; England und Wales, 1975–1992)

Quelle: Wilkinson 1994c

ten Gebieten wider. Mit der Zunahme der Armut in diesen Gebieten stieg die Sterblichkeit in einigen Altersgruppen in den ärmsten Gebieten sogar an; in einigen anderen Altersgruppen war lediglich kein Rückgang zu verzeichnen. In beiden Fällen jedoch drängt sich die Schlussfolgerung auf, dass sich die Trends der nationalen Sterberaten infolge der Auswirkungen der zunehmenden Einkommensunterschiede auf die Ärmsten verschlechterten. Man muss diese Trends der stetigen Verbesserung der Sterblichkeit gegenüberstellen, die im allgemeinen eintritt, wenn keine Veränderungen bei der Einkommensverteilung erfolgen. In den späten 1980er-Jahren gab es für einen wesentlich größeren Teil der Bevölkerung keinerlei Verbesserung der Mortalität, und die Verbesserungen in den besser gestellten Gruppen wurden durch die Verschlechterung bei den Ärmsten nahezu gänzlich ausgeglichen.

Die Entwicklung der Mortalität in den USA dürfte aller Wahrscheinlichkeit nach ähnlichen Einflüssen unterliegen. Da sich die Einkommensunterschiede in den 1980er-Jahren verstärkten, verlangsamte sich auch die Rate, mit der die Lebenserwartung der Bevölkerung zunahm (Kochanek et al. 1994). Wie Abb. 5.11 zeigt, hat die Verlangsamung auf nationaler Ebene in erster Linie mit dem Rückgang der Lebenserwartung unter der schwarzen Bevölkerung zu tun. Am meisten zur Vergrößerung der rassischen Unterschiede in der Lebenserwartung trugen Herzkrankheiten, AIDS, Mord und Unfälle bei (Kochanek et al. 1994).

Die Tatsache, dass die sich verlangsamende Verbesserung der Sterberaten in Großbritannien und den USA mit einer Zunahme der gesundheitlichen Ungleichheiten zusammenhing, liefert zumindest eine Teilantwort auf unsere zuvor gestellte Frage, wie breit das Spektrum ist, in dem sich die gesundheitlichen Auswirkungen wachsender Einkommensunterschiede bemerkbar machen. Wir wissen zwar nicht, ob sich der Rückgang der Sterberaten unter den begünstigteren Gruppen ebenfalls verlangsamt hat (die Angaben für die amerikanischen Weißen umfassen auch arme Bevölkerungsgruppen), wir sehen aber immerhin, dass der Anstieg ihres relatives Einkommens nicht in dem Ausmaß eine Beschleunigung des Rückganges ihrer Sterberaten bewirkt hat, dass dadurch der Nachteil unter den weniger begünstigten Gruppen ausgeglichen werden konnte. Wenn das relative Einkommen nun gesundheitliche Unterschiede bewirkt, könnte

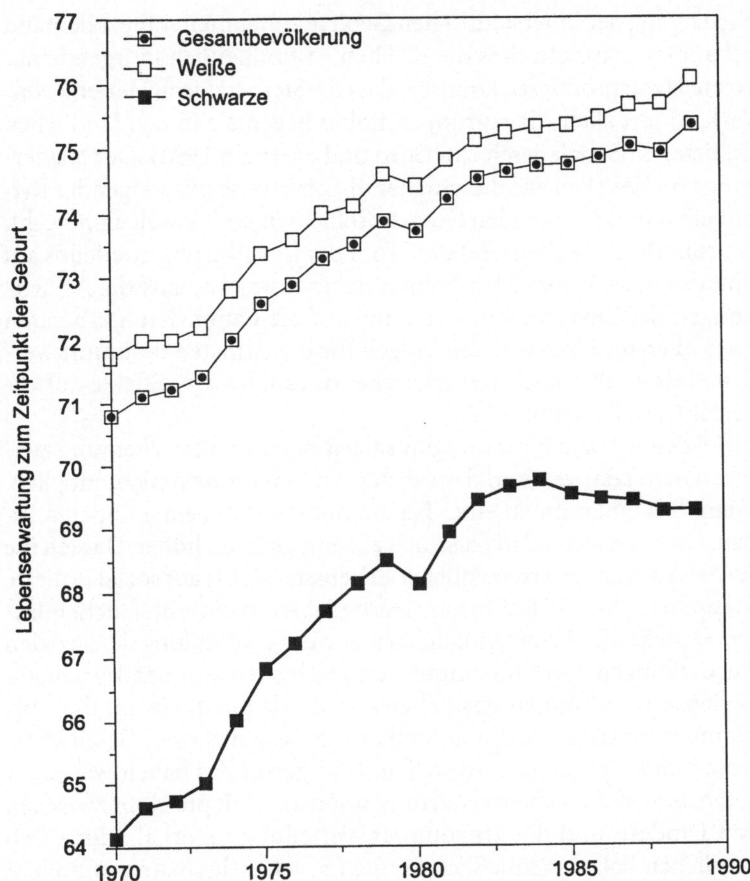

Abb. 5.11. Trends der Lebenserwartung unter Schwarzen und Weißen in den USA (m und w zusammen)

Quelle: Kochanek et al. 1994

es – abstrakt gesprochen – überraschen, dass ein Anstieg des relativen Einkommens jenes Bevölkerungsteiles, der sich bereits an der Spitze befindet, keine raschere Verbesserung in dessen Gesundheit nach sich zieht. Wenn wir diese Frage jedoch in einem praktischen Kontext überdenken, besteht kein Grund, warum die Gesundheit der Reichen infolge von wachsenden Spannungen, Hoffnungslosigkeit und einem

Niedergang der innerstädtischen Gebiete zunehmen sollte. Niemand behauptet ernsthaft, dass die Reichen gesundheitlich in irgendeiner Form davon profitieren könnten, dass die Sterberaten in Harlem, New York, in fast allen Altersgruppen höher liegen als in den ländlichen Gebieten in Bangladesch (McCord und Freeman 1990). Der Niedergang von Bezirken wie diesem, der üblicherweise mit steigender Kriminalität und wachsenden Drogenproblemen und Gewalt einhergeht, bedroht die Sicherheit und das Wohl der Bevölkerung zweifellos auf umfassendere Weise. Man könnte daher erwarten, dass die Auswirkungen der Einkommensverteilung auf die nationalen Sterberaten zwar in erster Linie von den Folgen für die Ärmsten bestimmt werden, dass es aber auch weiter reichende „spill-over"-Effekte auf die besser Gestellten gibt.

Bei den meisten Forschungsansätzen ist eine Unterscheidung zwischen dem relativen und dem absoluten Einkommen nicht möglich. Wenn das Einkommen einer Person höher als das einer anderen ist, dann ist es sowohl relativ als auch absolut gesehen höher. Da sich die Auswirkungen unterschiedlicher Lebensstandards auf sozial isolierte Menschen, die wie Robinson Crusoe leben, nicht untersuchen lassen, besteht die einzige Möglichkeit zur Unterscheidung der sozialen Auswirkungen von Einkommensunterschieden von den rein materiellen Auswirkungen des Lebensstandards per se darin, die Einkommensunterschiede innerhalb und zwischen ganzen Gesellschaften einander gegenüber zu stellen. Und genau das haben wir zuvor getan, als wir die Lebenserwartung mit dem BNP pro Kopf zwischen den Ländern und die Einkommensverteilung innerhalb derselben verglichen haben. Schließlich können nur Gesellschaften und nicht Einzelpersonen eine Einkommensverteilung aufweisen.

Selbst wenn es auf individueller Ebene unmöglich ist, zwischen relativem und absolutem Einkommen zu unterscheiden, kann es dennoch hilfreich sein, sich anhand von individuellen Daten zu überzeugen, dass das Einkommen – in welcher Form auch immer – tatsächlich eine wichtige Determinante für die Gesundheit ist. Wir haben bereits zwei Datensätze gesehen, die starke Querverbindungen aufzeigen. Beim ersten Beispiel, wo Daten aus der MRFIT-Studie herangezogen wurden (Davey Smith et al. 1996), ging es – wie Abb. 5.1 auf S. 89 zeigt – um die Sterblichkeit. Das andere Beispiel beleuchtet den Zusammenhang zwischen dem Einkommen und der subjektiven Befindlichkeit in neun unterschiedlichen Ländern (van Doorslaer et al. 1996; siehe S. 108–109). Bei der Alameda County Studie, die sich mit einer Population in Kalifornien beschäftigte, stellte sich heraus, dass das Einkommen auch dann eng mit der Gesundheit korreliert, wenn sieben weitere, mit der Gesundheit in Zusammenhang stehende Faktoren statistisch berücksichtigt werden (Slater et al. 1985). Man könnte jedoch immer noch einwenden, dass sich Reiche und Arme auf eine andere, subtilere Art und Weise voneinander unterscheiden, die sich nicht effizient messen und kontrollieren lässt. Selbst in einer Gruppe von Menschen, die – beispielsweise – von ihrer Ausbildung, ihrem gesundheitsrelevanten Verhalten und ihrer sozialen Klasse her gleich gestellt sind, wäre es vorstellbar, dass die Reicheren gesünder sind, weil sie über mehr Initiative oder was auch immer verfügen, das nicht gemessen wurde. Gleiches gilt sogar dann, wenn man in einer Studie Einzelpersonen im zeitlichen Verlauf beobachtet und verfolgt, wie sie ärmer oder reicher werden: Auch in diesem Fall kann es zwischen denen, die reicher, und jenen, die ärmer wurden, immer noch verborgene Unterschiede geben.

Ein Forschungsprojekt hat sich bemüht, einige dieser Probleme dadurch zu umgehen, dass die Auswirkungen von Einkommensänderungen untersucht wurden, auf welche die Menschen in gewissem Sinn keinen Einfluss haben. Es versuchte herauszufinden, ob in dem Beobachtungszeitraum von 1971 bis 1981 zwischen Veränderungen beim Einkommen und bei den Sterberaten von Angehörigen etwa 64 verschiedener Berufsgruppen, die zu beiden Endpunkten des Zeitraumes identifiziert werden konnten, ein Zusammenhang besteht (Wilkinson 1990). Die Frage war, ob die sich verändernden Positionen der Berufe bei der nach Berufsgruppen gegliederten Sterblichkeits-„Bestenliste“ in einem Zusammenhang zu den Veränderungen in ihrer Stellung in der Rangliste nach dem Einkommen standen. Im allgemeinen werden Änderungen bei den Einkommensunterschieden zwischen den Berufsgruppen eher durch persönlich wenig beeinflussbare wirtschaftliche Faktoren wie neue Technologien, Marktposition oder internationalen Wettbewerb als durch die individuellen Eigenschaften Einzelner in diesen Berufsgruppen bestimmt. Das einzige methodologische Problem, das sich in Zusammenhang mit diesem Forschungsansatz stellte, war, dass es zu einer gewissen selektiven Rekrutierung oder zu einem Abgang von Leuten aus Berufen kommen konnte, wenn diese in der Einkommens-Bestenliste deutlich auf- oder abstiegen. Ob allerdings die am wenigsten Gesunden als erste überflüssig werden, wenn ein Beruf in der Bestenliste zurückfällt, oder aber die Gesunden frühzeitig in bessere Berufe wechseln, ist nicht klar. Änderungen in der Größe der Berufsgruppe hingegen, die selektive Prozesse – ungeachtet ihrer Auswirkungen – mitberücksichtigen, konnten einbezogen werden. Eine weitere Verfeinerung bestand darin, die Vergleiche auf dieselbe Kohorte in jeder Berufsgruppe zu beschränken, die kontinuierlich älter wurde. D. h. es wurde beispielsweise die Altersgruppe von 30 bis 40 von 1971 in jeder Berufsgruppe mit jener verglichen, die 1981 zwischen 40 und 50 Jahre alt war. Dies hat dazu beigetragen, dass weitgehend sichergestellt werden konnte, dass zu jedem Zeitpunkt ein hoher Prozentsatz derselben Personen verglichen wurde: Selbst wenn jemand seinen Arbeitgeber mehrfach wechselt, bleiben die meisten Lehrer doch Lehrer, und die meisten Lokführer bleiben Lokführer. Die Ergebnisse dieser Studie zeigten eindeutig, dass Veränderungen in der Position eines Berufes in der Sterblichkeits-„Rangordnung" signifikant mit Veränderungen in dem Prozentsatz der Angehörigen dieses Berufsstandes korrelierten, die keine Arbeit hatten oder wenig verdienten. Zuwächse in den Prozentsätzen der Arbeitslosen und jener, die ein niedriges Einkommen bezogen, korrelierten unabhängig voneinander mit einer Verschlechterung der Position einer Berufsgruppe in der Sterblichkeits-„Bestenliste".

Es gab sogar eine auf einer kontrollierten Versuchsanordnung basierende Studie über die Auswirkungen von Einkommensveränderungen. Damit sollten die wirtschaftlichen und sozialen Auswirkungen der geplanten Einführung eines Systems der negativen Einkommensteuer in Gary, Indien, untersucht werden (Kehrer und Wolin 1979). Als einzige gesundheitliche Auswirkungen wurden leider nur Schwangerschaften und Entbindungen erhoben. Die Studie konzentrierte sich ausschließlich auf eine Population mit geringem Einkommen, die nach dem Zufallsprinzip in zwei Gruppen geteilt wurde, wobei eine Gruppe weiterhin im allgemeinen Sozialsystem verblieb, während die Angehörigen der anderen Gruppe eine negative Einkommensteuer erhielten. Das Ergebnis war, dass die Einkommen in der Gruppe, deren Mitglieder eine negative Einkommensteuer erhielten, im Durchschnitt um 50 Prozent höher lagen als jene der

Familien in der Kontrollgruppe. Bei der Studie stellte sich heraus, dass in jeder der vier Gruppen von Frauen mit einem hohen Risiko für Babys mit einem niedrigen Geburtsgewicht jeweils jene Frauen signifikant schwerere Kinder zur Welt brachten, die eine negative Einkommensteuer bezogen.

Üblicherweise geht man davon aus, dass die Verbindung zwischen dieser Art von Beispielen, die einen kausalen Zusammenhang zwischen Einkommen und Gesundheit zeigen, und einer Beziehung zwischen der durchschnittlichen Gesundheit und der Einkommensverteilung davon abhängt, dass gezeigt werden kann, dass Einkommensveränderungen stärkere Auswirkungen auf die Gesundheit der armen als der reichen Bevölkerung haben. Nur unter dieser Voraussetzung – so dachte ich anfänglich – würde es sich lohnen, nach einem Zusammenhang zwischen der Einkommensverteilung und nationalen Sterberaten zu suchen. Die Frage schien zu lauten, ob der funktionale Zusammenhang zwischen Einkommen und Sterblichkeit so beschaffen ist, dass der gesundheitliche Gewinn der Armen der gesundheitlichen Verlust der Reichen überwiegt, wenn man den Reichen 100 Pfund wegnimmt und sie den Einkommen der Armen hinzuschlägt.

Die Erkenntnisse aus der (weiter oben besprochenen) Analyse der Veränderungen bei den nach Berufsklassen gegliederten Einkommen und Sterberaten hatten vermuten lassen, dass Veränderungen in den Sterberaten nur vom Anteil der Leute mit geringem Einkommen in jeder Berufsgruppe abhingen. Nicht nur bei Verwendung der Zeitverlaufsdaten von 1971 bis 1981, sondern auch bei Verwendung der Querschnittsdaten war die Kurve des Zusammenhangs zwischen berufsbezogenem Einkommen und Sterblichkeit derart gekrümmt, dass die Mortalität unter den schlechter Gestellten eher auf Einkommensänderungen zu reagieren schien als jene unter den besser Situierten. Schließlich wiesen drei Messgrößen für die subjektive Befindlichkeit in dem 9.000 Personen umfassenden *Health and Lifestyle Survey* nicht einfach einen kurvenförmigen Zusammenhang mit dem Einkommen auf, dieser ließ auch vermuten, dass die Krankheitsraten nach einem anfänglichen Rückgang mit steigendem Einkommen vom mittleren zum hohen Einkommensbereich wieder eine steigende Tendenz zeigten – die Kurve glich also einem umgedrehten „J", was die Vermutung nahe legt, dass die Reichen mit zunehmendem Einkommen wieder vermehrt krank würden (Blaxter 1990). Auch in den USA wurden ähnliche Vermutungen über einen schlechteren Gesundheitszustand/Krankheit unter den Reichsten angestellt (Grossman 1972). Dies führte zu der bemerkenswerten – wenn auch nicht sehr einleuchtenden – Schlussfolgerung, dass Einkommenstransfers von den Reichen zu den Armen gleichzeitig zu gesundheitlichen Verbesserungen in beiden Gruppen führen könnten. In der Zwischenzeit hat Mildred Blaxter darauf hingewiesen, dass die Feststellung steigender Krankheitsraten unter den Reichen auf einer sehr geringen Zahl von Personen – im wesentlichen einigen wenigen wohlhabenden jungen Männern sowie einigen reichen Witwen – basiere und daher keinen verlässlichen Hinweis auf einen Zusammenhang mit den Reichen allgemein geben könne (persönliche Mitteilung).

Es gibt auch gewisse Indizien dafür, dass es nicht nur keinerlei Anzeichen für eine Verschlechterung der Gesundheit in den hohen Einkommensklassen gibt, sondern dass der Funktionsgraph nicht einmal gekrümmt ist. Die in Abb. 5.1 dargestellten US-Daten der MRFIT-Studie zeigen eine eindeutig lineare Korrelation. (Man sollte jedoch bedenken, dass in dieser Studie das Durchschnittseinkommen des Postleitzahlbezirks, in dem der Einzelne lebt, und nicht dessen individuelles Einkommen als Einkommensdaten herangezogen wurde.) Bei einem linearen kausalen Zusammenhang, würde eine Reduzierung der Einkommen der Reichen um 1.000 Dollar ihre Gesundheit genau in dem Ausmaß verschlechtern, wie eine Zunahme des Einkommens der Armen um 1.000 Dollar deren Gesundheit verbessern würde. Es ergäbe sich also kein Netto-Nutzen aus der Einkommensumverteilung. Seit damals wurden verschiedene andere Studien über die Art des Zusammenhangs zwischen Einkommen und Gesundheit durchgeführt. Für die USA stellten Backlund et al. einen gekrümmten Verlauf der Korrelationslinie mit der Sterblichkeit fest (Backlund et al. 1996).

Für den Fall, dass dieses widersprüchliche Bild durch den Einfluss verschiedener technischer Probleme bedingt sein sollte, schien es sich zu lohnen, dieser Frage bei einer Gruppe von Menschen nachzugehen, bei denen derartige technische Probleme minimiert werden konnten. Erstens könnte man durch eine Beschränkung auf die im Ruhestand lebende Bevölkerung die Problematik umgekehrte Kausalität – arbeitende Menschen, die krank werden, können einen Einkommensrückgang zu verzeichnen haben – verringern. Im Allgemeinen ver-

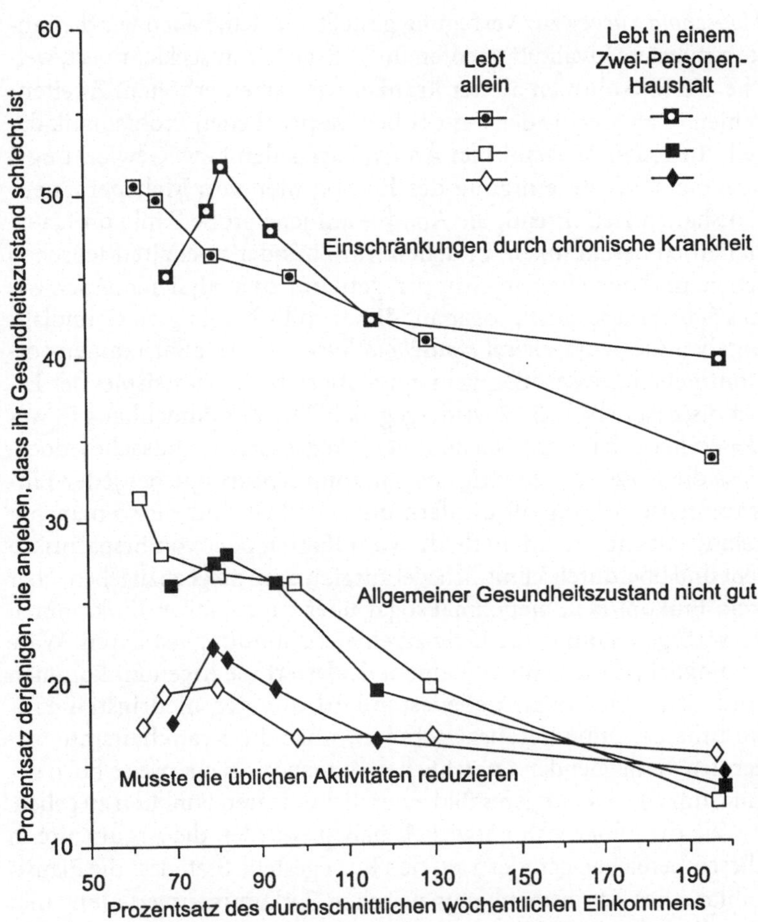

Abb. 5.12. Drei Messgrößen für die subjektive Befindlichkeit in Abhängigkeit vom Einkommen von Männern und Frauen (zusammen) im Alter von 65 Jahren und darüber, die in einem Ein- oder Zwei-Personen-Haushalt leben

Quelle: Daten aus dem *General Household Survey*, zur Verfügung gestellt von Sara Arber

fügt die im Ruhestand lebende Bevölkerung über Pensionen, die unabhängig von ihrer Gesundheit festgelegt sind. Unter Verwendung von Daten, die uns freundlicherweise von Sara Arber vom *General*

Household Survey zur Verfügung gestellt wurden, haben wir die Einkommen aus Invaliditätsrenten und Pflegegeld ausgeklammert, welche die Einkommen älterer kranker Menschen erhöhen. Zweitens schien es angesichts der weiter oben besprochenen Problematik der willkürlichen Auswahl von Äquivalenzskalen bzw. Gewichtungsschemata zur Bereinigung der Einkommen von Mehrpersonenhaushalten zielführend, die Analyse auf jene große Zahl von Haushalten zu beschränken, in denen nur ein oder zwei alte Menschen leben, und diese beiden Gruppen getrennt zu analysieren. Aber, wie das Schicksal so spielt, sogar auf dieser völlig bereinigten Grundlage ergaben die dem *General Household Survey* für Großbritannien entnommenen Messgrößen kein eindeutiges Bild. Ein Beispiel der Ergebnisse ist in Abb. 5.12 wiedergegeben. Der Zusammenhang ist weder einheitlich linear noch nonlinear. Angesichts der Tatsache jedoch, dass die Daten der niedrigsten Einkommensgruppe bei jeder Einkommenserhebung oft insofern unverlässlich sind, als so mancher relativ gut situierte Mensch, der vom Kapital oder von Ersparnissen lebt und überdurchschnittlich viel ausgibt, dazu neigt anzugeben, über kein Einkommen, manchmal sogar über ein negatives Einkommen zu verfügen, könnte die Linie zu einer Krümmung tendieren. Wäre es möglich, diese Leute mit einem deklariert niedrigen Einkommen und dennoch hohen Lebensstandard aus der niedrigsten Einkommensgruppe herauszunehmen, wäre die Krankheitsrate unter den verbleibenden tatsächlichen Armen möglicherweise hoch genug, um ein eindeutigeres Bild einer nichtlinearen Funktion zu geben.

Wie die Dinge sich entwickelt haben, wurden die Argumente in diesen Bereichen geradezu auf den Kopf gestellt. Statt dass die Plausibilität eines Zusammenhangs zwischen Einkommensverteilung und Bevölkerungssterblichkeit von der Feststellung abhängt, dass die Linie des Zusammenhangs zwischen dem individuellen Einkommen und der Gesundheit eine Kurve beschreibt, steht der Zusammenhang mit der Einkommensverteilung nun fest – ungeachtet des Verlaufs der jeweiligen Funktion. Auf ähnliche Weise können wir nun mit wesentlich größerer Sicherheit davon ausgehen, dass es einen kausalen Zusammenhang zwischen der Einkommensgleichheit und der durchschnittlichen Mortalität gibt, nicht so sicher hingegen ist, ob das individuelle Einkommen eine reale Determinante der Gesundheit darstellt. Letzteres mag zwar durchaus einleuchtend erscheinen, und es gibt auch einige Indizien, die für die Richtigkeit dieser Annahme sprechen, doch halten nur sehr wenige dem Einwand stand, der Zusammenhang wäre Ausdruck eines „self-selection-bias". Demgegenüber ist die Korrelation mit der Einkommensverteilung, da dabei immer ganze Bevölkerungen berücksichtigt werden, nicht für selektive Mechanismen anfällig.

Da also kein eindeutiger Verlauf des Zusammenhangs zwischen Einkommen und Gesundheit festgestellt werden konnte, ist damit auch klar geworden, dass ihr kurvenförmiger Verlauf keine notwendige Voraussetzung für den Einfluss der Einkommensverteilung auf die Gesundheit bildet. George Davey Smith (von dem die Daten für die lineare Korrelation in Abb. 5.1 stammen) überredete mich — bei einem Kaffee in der Nähe des Glasgower Hauptbahnhofes — als erster, darüber nachzudenken, wie diese Linearität mit einer Auswirkung der Einkommensverteilung in Einklang gebracht werden könnte.

Der Vorstellung, dass die Funktion eine Kurve beschreiben muss, liegt der wirtschaftswissenschaftliche Begriff des abnehmenden Grenznutzens von Einkommenssteigerungen zugrunde. Im Wesentlichen heißt das: Sobald jemand viel von etwas — beispielsweise Nahrungsmitteln — hat, bringt ein Mehr ihm nur mehr geringeren Nutzen als jemandem, der weniger hat. Ärmere Menschen haben mit größerer Wahrscheinlichkeit unbefriedigte Bedürfnisse, die sich auf ihre Gesundheit auswirken, als reiche Menschen. Diesem Gedankengang liegt aber immer noch die Vorstellung zugrunde, dass es auf das absolute Konsumniveau ankommt: dass also der Nutzen der Güter (oder Dienstleistungen) selbst zählt und dieser Nutzen zwischen Arm und Reich variiert. Wenn wir jedoch in relativen Begriffen denken, dann funktioniert alles ganz anders. Was zählt, ist dann nicht die Art der Güter selbst, sondern es sind vielmehr die sozialen Konnotationen unterschiedlicher Einkommens- und Konsumniveaus. Messgrößen für das relative Einkommen müssten daher in jeder Gesellschaft von einem Referenzwert ausgehen. Als dieser gilt üblicherweise das Durchschnittseinkommen — daher wird die relative Armut im allgemeinen als jener Anteil der Bevölkerung angegeben, der von weniger als 50 Prozent des Durchschnittseinkommens lebt. Um die Streitfrage der Krümmung des Funktionsgraphen zu klären, wollen wir jedoch einen anderen Referenzwert annehmen. Stellen wir uns vor, wir bewerten jede soziale Position in Bezug auf die obersten 10 Prozent und nehmen die Einkommensunterschiede als Maß für den Abstand jedes Einzelnen zu diesen obersten 10 Prozent. Nehmen wir weiters an, dass die Gesundheit um so schlechter ist, je weiter die Einkommen der Betreffenden unter der Norm der obersten 10 Prozent liegen. Es könnte sich dabei eine völlig lineare Korrelation zwischen dem Einkommen und der Gesundheit in jeder Gesellschaft ergeben, und dennoch könnte sich herausstellen, dass sich die Gesamtgesundheit in dem Maße verbessert hat, in dem die Einkommensunterschiede geringer wurden. Geringere Einkommensunterschiede würden demnach das Ausmaß des gesundheitsschädlichen sozialen Nachteils in Relation zu den obersten 10 Prozent verringern.

Ein derartiges Modell ist durchaus glaubwürdig. Neben der positiven Korrelation zwischen der Lebenserwartung und den Einkommensanteilen der unteren Dezile gibt es jedoch immer auch eine negative Korrelation mit dem Anteil der obersten 10 Prozent (je größer der Anteil der obersten 10 Prozent am Gesamteinkommen einer Gesellschaft ist, desto geringer ist die durchschnittliche Lebenserwartung). Der in diesem Modell verwendete Begriff des relativen Einkommens, bei dem die Einkommen der obersten 10 Prozent nie höher sein können als das höchste Einkommen (d. h. jener Referenzwert, wo das Einkommen = 1), würde auch erklären, warum die gesundheitlichen Auswirkungen des sich verringernden relativen Einkommens am unteren Ende der Skala nicht durch zunehmende Vorteile am oberen Ende ausgeglichen werden. Es sieht daher so aus, als ob die Auswirkung der Einkommensverteilung auf die durchschnittliche Gesundheit, wenn man einen relativen Einkommensbegriff verwendet und davon ausgeht, dass das, was die Gesundheit schädigt, mit dem sozioökonomischen Nachteil an sich zusammenhängt, sogar mit einer linearen Korrelation zwischen dem Einkommen und der Gesundheit innerhalb einer Gesellschaft in Einklang stehen könnte. Wenn das der Fall ist, wäre das vielleicht angemessenste Maß für die Einkommensverteilung, das in Verbindung mit der Gesundheit verwendet werden sollte, analog zur Hebelwirkung eine Aufsummierung der Kraftmomente rund um einen Drehpunkt bzw. Bezugswert. Wenn man als Bezugswert die Einkommen der obersten 10 Prozent nimmt, könnte die Gesamtstärke der relativen Deprivation in einer Gesellschaft dadurch gemessen werden, dass man die proportionalen Einkommensentfernungen von jedem Einzelnen zur Referenzgruppe aufsummiert. Die Erkenntnis, dass der so genannte „Robin Hood"-Index der Ungleichheit (der die maximale Entfernung zwischen der Lorenz-Kurve und der Linie der Einkommensgleichheit misst) in 50 amerikanischen Bundesstaaten enger mit der Sterblichkeit korreliert als der Gini-Koeffizient, legt nahe, dass man auf diesem Weg weitergehen sollte (Kennedy et al. 1996).

Die Beweislage erlaubt keine weiteren Schlussfolgerungen. Ob der Zusammenhang zwischen Einkommen und Gesundheit linear ist oder eine Kurve beschreibt, wissen wir auch weiterhin nicht: Es gibt für beides Indizien. Dass er nicht eindeutig eine Kurve beschreibt, ist vielleicht ein Hinweis darauf, dass die Krümmung nicht so stark ausgeprägt ist, dass sie als hauptverantwortlich für eine Korrelation zwischen Lebenserwartung und Einkommensverteilung angesehen werden kann. Ein kurvenlinearer Zusammenhang infolge der Auswirkungen der Einkommensverteilung zeigt sich jedenfalls nur dann, wenn Konzepte verwendet werden, die vom Einfluss der absoluten Einkommensniveaus auf die Gesundheit ausgehen. Wenn wir stattdessen den Einfluss des relativen Einkommens auf die Gesundheit heranziehen und die relativen Einkommensniveaus in wirklich relativen Begriffen definieren, dann stünde sogar ein linearer Zusammenhang zwischen dem Einkommen und der Gesundheit innerhalb einzelner Länder in Einklang mit den Auswirkungen der Einkommensverteilung auf die nationalen Sterberaten. Die Diskussion würde sich dann erübrigen.

Wichtig ist eine klarere Unterscheidung zwischen dem Begriff des relativen und des absoluten Einkommens auch bei der Interpretation der Größe der Unterschiede bei den Einkommensanteilen, die einen Unterschied von einigen Jahren bei der durchschnittlichen Lebenserwartung zur Folge haben. Üblicherweise bewirkt ein Unterschied von lediglich rund 7 Prozent bei jenem Anteil des Einkommens, der auf die unteren 50 Prozent der Bevölkerung entfällt, einen Anstieg der Lebenserwartung von etwa zwei Jahren (Wilkinson 1994b). Diese Änderung des Einkommens erscheint zu gering, um eine plausible Erklärung für den Unterschied in der Lebenserwartung zu liefern. Die Zahlen sind aus Tabelle 5.1 ersichtlich. Die oberste Reihe zeigt die Anteile am Gesamteinkommen, die in einigen weniger egalitär entwickelten Ländern auf die unteren bzw. die oberen 50 Prozent der

Bevölkerung entfallen würden: 27 bzw. 73 Prozent. (Zusammen müssen diese Zahlen natürlich 100 Prozent des persönlich verfügbaren Einkommens einer Gesellschaft ergeben.) Die zweite Reihe zeigt jene Einkommensanteile, die üblicherweise in egalitäreren Gesellschaften zu verzeichnen wären: Zum Einkommensanteil der unteren Hälfte kämen 7 Prozent hinzu, wodurch dieser sich auf nunmehr 34 Prozent belaufen würde; der Einkommensanteil der oberen Hälfte der Bevölkerung ginge demnach von 73 auf 66 Prozent zurück. Wenn man jedoch das Verhältnis der Einkommen der unteren Hälfte zu jenen der oberen Hälfte berechnet, stellt sich heraus, dass das relative Einkommen der unteren Hälfte – obwohl wir lediglich von einem Unterschied von 7 Prozent ausgehen – von 37 auf 52 Prozent des Anteils der oberen Hälfte gestiegen ist, was einen Zuwachs des relativen Einkommens dieser Bevölkerungsgruppe um mehr als 40 Prozent darstellt. Obwohl eine derartige Berechnung, die aus einem 7-prozentigen einen 40-prozentigen Zuwachs macht, nach einem Trick aussieht, ist klar, dass die erste Zahl die Veränderung in der absoluten Einkommenshöhe wiedergibt, während es sich bei der zweiten um eine Berechnung auf der Grundlage der Logik des relativen Einkommens handelt.

Tabelle 5.1. Die Auswirkung unterschiedlicher Einkommensverteilungen auf das relative Einkommen der ärmeren Hälfte der Bevölkerung

	Untere 50 % der Bev.	Obere 50 % der Bev.	Verhältnis der oberen zur unteren Hälfte der Bev.
%-Anteile am Gesamteinkommen (A)	27	73	0,37 : 1
%-Anteile am Gesamteinkommen (B)	34	66	0,52 : 1
Prozentueller Zuwachs (A zu B) des relativen Einkommens der unteren 50%			40,5

Anmerkung: Aus der Tabelle geht hervor, wie ein 7-prozentiger Zuwachs (von 27 auf 34%) des Einkommensanteils der ärmeren 50 Prozent der Bevölkerung einen 40-prozentigen Anstieg ihres relativen Einkommens bewirkt.

Nach diesem Überblick über einige Fragen im Zusammenhang mit statistischen Beweisen für eine Korrelation zwischen Einkommen und Gesundheit beginnt sich allmählich ein zusammenhängenderes Bild mit folgenden Hauptmerkmalen abzuzeichnen. Erstens gibt es recht gute Beweise – und ist es höchst plausibel –, dass die Gesundheit auf Veränderungen im Einkommen reagiert. Zweitens sprechen einige gewichtige Gründe für die Annahme, dass in reichen, entwickelten Ländern das relative Einkommen wichtiger ist als das absolute. Dazu zählt der Nachweis, dass der epidemiologische Übergang das Erreichen eines Schwellenwertes markiert, wo breite Bevölkerungsteile einen Lebensstandard erreicht haben, der sicherstellt, dass die Befriedigung der Grundbedürfnisse nicht mehr die größte Einschränkung für die Gesundheit darstellt. Dazu zählt auch das offenkundige Paradoxon einer engen Korrelation zwischen Einkommen und Gesundheit innerhalb von entwickelten Ländern und das Fehlen eines derartigen Zusammenhangs zwischen entwickelten Ländern. Für eine Deutung dieses Paradoxons mit Hilfe des relativen Einkommens spricht der Zusammenhang zwischen Einkommensungleichheit und durchschnittlicher Lebenserwartung, der – wie gezeigt – sowohl in reichen als auch in armen Ländern besteht. Dies wurde nun an Hand sowohl von Querschnittsdaten als auch von Zeitverlaufsdaten gezeigt, und der Zusammenhang lässt sich plausiblerweise nicht auf irgendeine unbekannte intervenierende Variable zurückführen. Es wird auch deutlich, dass das Ausmaß der Einkommensunterschiede in entwickelten Ländern mit dem Grad der gesundheitlichen Ungleichheiten innerhalb dieser Länder in Zusammenhang steht. Dies scheint sich sowohl bei einem Vergleich von Querschnittsdaten zwischen verschiedenen Ländern als auch bei Zeitverlaufsdaten innerhalb einzelner Länder zu bestätigen. Daraus folgt, dass Einkommensungleichheiten die nationalen Sterberaten vor allem dadurch beeinflussen, dass sie die Stärke der Auswirkung der relativen Deprivation auf die Gesundheit bestimmen. Ob es, wenn die Einkommensunterschiede geringer werden, auch zu einer Verbesserung in der Gesundheit der besser Situierten kommt, ist nicht klar, eindeutig hingegen ist, dass Veränderungen bei den Einkommensunterschieden keine gesundheitlichen Veränderungen bei den Wohlhabenden nach sich ziehen, die im Wesentlichen die gesundheitlichen Veränderungen bei den Armen ausgleichen. Daher haben geringer werdende gesundheitliche Ungleichheiten raschere

Verbesserungen bei den nationalen Sterberaten zur Folge. Die Tatsache, dass in den entwickelten Ländern im Verlauf ihrer wirtschaftlichen Entwicklung kein genereller Trend zur Verringerung gesundheitlicher Ungleichheiten zu beobachten war, legt die Vermutung nahe, dass diese nicht von der absoluten Armut bestimmt werden.

Die enormen Auswirkungen des relativen Einkommens und ihre im Kern soziale Natur stellen eine gewaltige Herausforderung für die konventionellen Wirtschaftswissenschaften dar, die im Wesentlichen auf dem Nutzen maximierenden Individuum beruhen. Inwieweit soziale Bedürfnisse vorrangig sind und von dem System, durch das die Gesellschaft ihre materiellen Bedürfnisse befriedigt, berücksichtigt werden müssen, wurde von der Wirtschaftswissenschaft bislang noch nicht hinreichend untersucht. Obwohl die Wirtschaft keineswegs ausschließlich auf Eigeninteressen ausgerichtet ist, hat die verbreitete Anwendung der Rational-Choice-Theorie die sozialen Bedürfnisse des Menschen stark unterschätzt und der Tatsache nicht ausreichend Rechnung getragen, dass deren Befriedigung – vor allem in wohlhabenden Gesellschaften – oft gegenüber dem Wunsch nach einer Maximierung des individuellen Konsums Vorrang haben sollte. Was fehlt, ist eine Sozialwissenschaft des Wohlbefindens.

Teil III

Sozialer Zusammenhalt und sozialer Konflikt

Kapitel 6
Eine Kleinstadt in den USA, Großbritannien während des Krieges, Osteuropa und Japan

Das relative und das absolute Einkommen scheinen sich auf die Gesundheit in einem wichtigen Punkt unterschiedlich auszuwirken: Während das absolute Einkommen die Gesundheit durch direkte physiologische Auswirkungen materieller Umstände beeinflusst, bezieht das relative Einkommen gesellschaftliche Elemente in die kausalen Prozesse mit ein. Das absolute Einkommen kann sich auf die Gesundheit durch Gefährdung infolge von Giftstoffen, durch schlechte Ernährung, feuchte Wohnungen und ungenügende Heizung niederschlagen. Dass das relative Einkommen eine derart bedeutende Rolle spielt, scheint nahezulegen, dass es nicht so sehr darum geht, unter welchen Umständen man lebt, sondern wie die eigenen Lebensumstände im Vergleich zu denjenigen anderer sind: welchen Platz man in der allgemeinen Bewertungsskala zugewiesen bekommt und welche Auswirkungen dies auf das eigene psychologische, emotionale und soziale Leben hat. Auf diese Aspekte werden wir in den Kapiteln 8, 9 und 10 näher eingehen. Statt jedoch vom Konzept der Einkommensverteilung (im letzten Kapitel behandelt) direkt auf die Art und Weise überzugehen, wie das relative Einkommen des Einzelnen die individuelle Gesundheit determinieren kann, ist es durchaus sinnvoll, einen kurzen Blick darauf zu werfen, was gesamtgesellschaftliche Strukturen mit geringeren Einkommensspannen und besserem Gesundheitszustand zu tun haben. Es werden in der Folge fünf Beispiele erörtert.

Großbritannien während des Krieges

In Großbritannien wurden die weitaus größten Verbesserungen der Lebenserwartung im 20. Jahrhundert während der beiden Weltkriege erreicht (Winter 1988). Die Steigerung der Lebenserwartung von Zivilisten in jedem Jahrzehnt geht aus Tabelle 6.1 hervor. In den Jahrzehnten, die die beiden Weltkriege mit einschließen, stieg die Lebenserwartung sowohl für Männer als auch für Frauen um sechs bis sieben Jahre. Dies ist im Vergleich zur durchschnittlichen Verbesserungsrate im übrigen Jahrhundert mehr als doppelt so rasch.

Tabelle 6.1. Steigerungen der Lebenserwartung in England und Wales nach Jahrzehnten, 1901–91 (zusätzliche Jahre an Lebenserwartung bei der Geburt)

	1901/11	1911/21	1921/31	1931/40	1940/51	1951/60	1961/71	1971/81	1981/91
Männer	4,1	6,6	2,3	1,2	6,5	2,4	0,9	2,0	2,4
Frauen	4,0	6,5	2,4	1,5	7,0	3,2	1,2	1,8	2,0

Quellen: S. H. Preston, N. Keyfitz und R. Schoen, *Causes of death. Life tables for national populations.* Academic Press, New York 1972; OPCS, *Population Trends,* HMSO, London 1995.

In beiden Kriegen wurde die Produktion radikal von der zivilen Konsumgüterherstellung auf kriegswichtige Produktion umgestellt. Der Lebensstandard stieg nicht weiter an und die Wohnverhältnisse verschlechterten sich – insbesondere aufgrund der Bombardierungen während des Zweiten Weltkrieges. Auch die medizinischen Dienste wurden in großem Umfang von einer zivilen Ausrichtung auf die Bedürfnisse verwundeter Soldaten umgestellt. Auch wenn die Nahrungsmittelrationierung die Ernährungsqualität des Landes während des Zweiten Weltkrieges verbesserte und häufig als Grund für die gesundheitlichen Fortschritte angeführt wird, lässt eine derartige Erklärung außer Acht, dass dies auf den Ersten Weltkrieg nicht zutraf. Während beider Weltkriege gab es indes eine Rückkehr zur Vollbeschäftigung und eine drastische Verringerung der Einkommensunterschiede. Winter beschreibt den Versuch, grundlegende Minimumstandards für alle zu garantieren, der, wie er sagte, zu einer allgemeinen Erhöhung der Gesundheitsstandards führte, wobei die schnellsten Verbesserungen in den ärmsten Gebieten erzielt wurden (Winter 1985, 1988). Es gab nicht nur praktisch keine Arbeitslosigkeit mehr, auch die Einkommensspannen unter den Beschäftigten verringerten sich erheblich.

> [Im Ersten Weltkrieg] wurde sowohl die Marktposition der meisten Arten körperlicher Arbeit erhöht, als auch die gesetzlichen und moralischen Rechte der Arbeiter gestärkt, für ihre Arbeit einen gerechten Lohn zu erhalten
>
> (Winter 1985, 244)

Wie Winter schreibt, fiel „die bittere Armut unter den Armen in Stadt und Land völlig unerwartet dem Krieg zum Opfer" (245). Er kommentiert auch, dass infolgedessen „Anklagen und Verurteilungen wegen Diebstahls und anderer Delikte zurückgingen, Vagabundentum und Bedarf an Sozialhilfeleistungen ebenfalls sanken" (245).

Zwar war die Verringerung der Einkommensspannen während des Zweiten Weltkrieges teilweise eine Reaktion des Arbeitsmarktes auf den Arbeitskräftemangel, sie wurde jedoch gleichzeitig als bewusste Strategie eingesetzt. So meinte Titmuss in seinem Aufsatz „War and Social Policy" (Krieg und Sozialpolitik): „Da die Mitarbeit der Massen als kriegswichtig angesehen wurde, mussten die Ungleichheiten verringert und die Pyramide der sozialen Gliederung abgeflacht werden" (Titmuss 1958, 86). Teil dieses Unterfangens war der Beveridge Report, der im Juni 1941 in Auftrag gegeben und weniger als 18 Monate später, im November 1942, vorlegt wurde. Die darin geplante starke Ausweitung des Wohlfahrtsstaates gehörte zu jenen Maßnahmen, die den Kampfgeist stärken und eine „zum Heldentum bereite Nation" schaffen sollten. Angesichts der kriegsbedingt hohen Regierungsausgaben kann es keine andere Erklärung geben, warum 1941 als Zeitpunkt gewählt wurde, Pläne für eine drastische Ausweitung der Wohlfahrtsausgaben ins Auge zu fassen.

Um die Bevölkerung vor den durch den Markt vermittelten Härten des Mangels zu schützen, musste nicht nur die Rationierung von Nahrungsmitteln und vielen anderen Gütern, wie Kleidung, Möbel, Erdöl und Kohle, eingeführt, sondern auch ein System von Preiskontrollen und Subventionen errichtet werden.

Im Zweiten Weltkrieg verschwand nicht nur die Arbeitslosigkeit, auch die Einkommensunterschiede gingen drastisch zurück. Berechnungen zufolge nahm das reale Einkommen nach Steuern um mehr als 9 Prozent bei jenen zu, die Seers als der Arbeiterklasse zugehörig einstufte, während es bei der Mittelklasse um mehr als 7 Prozent fiel (Milward 1984, 41). Vergleiche der Seebohm-Rowntree-Armutserhebungen in York aus dem Jahr 1936 mit jenen von Rowntree und Laver von 1950 ergeben, dass die relativen Armutsraten zwischen den beiden Zeitpunkten halbiert wurden (Townsend 1979).

Das Leben während des Krieges wird immer mit Kameradschaftsgeist, einem Gefühl des Zusammenrückens und des sozialen Zusammenhalts beschrieben. Diese Stimmung der Einigkeit hat drei Ursachen: da war erstens das psychologische Gefühl der Einigkeit gegenüber einem gemeinsamen Feind; zweitens herrschten Marktbedingungen, die die Arbeitslosigkeit, die Einkommensunterschiede und die damit einhergehenden sozialen Unterteilungen reduzierten; und drittens wurde bewusst eine Politik verfolgt, die ein Gefühl der sozialen Einheit und Zusammenarbeit bei den Kriegsanstrengungen förderte. Es ist nicht auszumachen, welchen Anteil jede dieser verschiedenen Komponenten hatte. Interessant ist indes der Schneeballeffekt, da jede Komponente die anderen stärkte. Der Wunsch, die Kriegskosten gemeinsam zu tragen, passte recht gut zur Notwendigkeit, das Einkommen durch die Besteuerung jener zu steigern, die sich die Zahlungen leisten konnten: Die unausweichliche Folge davon war eine Verringerung der Einkommensspannen nach Steuerabzug. Die Senkung der Arbeitslosigkeit beseitigte eine Quelle sozialer Spaltung und Verbitterung und gab den Menschen gleichzeitig eine Rolle in einer gemeinsamen Aufgabe. Auch wenn derartige exogene Verringerungen der wirtschaftlichen Ursachen sozialer Spaltung häufig zu einem stärkeren Gefühl des sozialen Zusammenhalts führen können, gab es während des Kriegs auch exogene soziale und politische Faktoren, die zum Gefühl der Einigkeit beitrugen, die sich wiederum vielleicht auf eine größere Bereitschaft zur Verringerung wirtschaftlicher Spaltungen auswirkten.

Im Krieg wurden zumindest einige sonst übliche Kausalzusammenhänge – von der wirtschaftlichen bis zur sozialen Spaltung – auf den Kopf gestellt. Gegen Ende des Krieges gab es sicherlich den Wunsch, eine Gesellschaft zu schaffen, die sich besser um ihre Mitglieder kümmerte. Abgesehen von der bewussten politischen Strategie wurde dieser Wunsch auch von der damaligen Erfahrung geringerer Unterschiede und eines gemeinsamen Zieles in der Bevölkerung genährt. Zweifelsohne trug dies zum Sieg der Labour Party bei den allgemeinen Wahlen 1945 bei. In diesem Zusammenhang könnte man darüber spekulieren, ob die sich unter der Thatcher-Regierung verstärkenden Einkommensunterschiede, sozialen Spaltungen und das mit der Schwächung des öffentlichen Dienstes zunehmende Gefühl der Unsicherheit einen Rückzug in den Individualismus und den Konservatismus förderten, der zu den aufeinander folgenden konservativen Wahlsiegen in den 1980er- und frühen 1990er-Jahren führte.

Anhand des Beispiels von Großbritannien während des Krieges wird deutlich, dass die Einkommensverteilung durchaus als Stellvertreter für eine Reihe anderer wichtiger gesellschaftlicher, mit dem sozialen Zusammenhalt korrelierender Aspekte dienen kann. Während die Einkommensverteilung zu stark mit der Gesundheit zusammenhängt, um sie lediglich als entferntes Merkmal für andere „echte" Gesundheitsdeterminanten abzutun, muss jedoch anerkannt werden, dass die Einkommensunterschiede in umfassendere Abläufe ideologischer Art sowie in soziale und wirtschaftliche Beziehungen eingewoben sind, die diese sowohl bestimmen als auch von ihnen bestimmt werden. Die Verschlechterung der absoluten materiellen Lebensstandards für den Großteil der Bevölkerung erzwingt gleichsam die Einsicht, dass die drastische Verbesserung der zivilen Sterberaten eng mit der größeren Gleichheit zusammenhängt.

Roseto, Pennsylvania

Roseto, eine Kleinstadt in Ostpennsylvania mit etwa 1.600 Einwohnern, fiel durch seine niedrigen Sterberaten auf – vor allem in Bezug auf Herzanfälle (Bruhn und Wolf 1979). Wissenschaftlich wurde bewiesen, dass die Sterberaten schon seit Mitte der 1930er-Jahre erheblich niedriger lagen als in den benachbarten Städten. Dass die Sterberaten infolge von Herzanfällen in Roseto anfangs mehr als 40 Prozent niedriger lagen, konnte durch die üblichen Risikofaktoren wie Ernährung, Rauchen und körperliche Betätigung nicht erklärt werden (Wolf und Bruhn 1993).

Die Bevölkerung setzte sich großteils aus Italoamerikanern zusammen, deren Vorfahren in den 1880er-Jahren in großer Zahl aus dem italienischen Roseto im östlichen Süditalien ausgewandert waren.

Nachdem die gesundheitlichen Unterschiede nicht durch die bekannten Risikofaktoren erklärt werden konnten, fiel den Wissenschaftlern auf, dass die Gemeinde von Roseto, Pennsylvania, viel engere Kontakte untereinander unterhielt, als dies in den benachbarten Städten der Fall war. Es hieß, dass die Stadt sich durch „enge Familienbande und einen großen Zusammenhalt der Gemeinde" auszeichnete (Egolf et al. 1992, 1089). Vieles weist darauf hin, dass der verstärkte soziale Zusammenhalt in Roseto mit einem stärkeren Bedürfnis der Bürger nach Gleichheit einherging. Bruhn und Wolf schreiben:

> Wenn die Sorge um das Geldverdienen eine nicht näher definierte Grenze überschritt, führte dies zur Ablehnung innerhalb der Gesellschaft, unabhängig von der sozialen Stellung der Person, wie der Priester vor Ort betonte. [...] In den ersten fünf Jahren unserer Studie [d. h. ab 1961] konnte man aufgrund der Kleidung oder des Verhaltens die Wohlhabenden von den Mittellosen in Roseto nur schwer unterscheiden. Die Lebensverhältnisse – Häuser und Autos – waren einfach und auffallend ähnlich. Obwohl viele wohlhabend waren, hatte man nicht den Eindruck, dass die Leute den Nachbarn nacheiferten.
>
> (Bruhn und Wolf 1979, 80, 81–82)

Weiter heißt es bei Bruhn und Wolf:

> Von Anfang an schloss das Gefühl einer gemeinsamen Zielsetzung und Kameradschaft unter den Italienern Protzerei oder Herabsetzung der weniger Wohlhabenden aus, und durch die engen nachbarschaftlichen Kontakte wurde nie jemand allein gelassen. Dieses Muster eines bemerkenswerten sozialen Zusammenhalts, in der die Familie als Mittelpunkt und Bollwerk des Lebens Sicherheit und Versicherung gegen jede Katastrophe bot, ging mit der auffallenden Abwesenheit von Herzinfarkten und plötzlichen Todesfällen einher.
>
> (Ebda., 136)

Dieser Punkt wird wiederholt betont: „Während all der Jahre, in denen die Gemeinde untersucht wurde, zeigte sich, dass das starke bedingungslose Für-einander-Eintreten und der Familien- und Gemeindezusammenhalt die Auswirkungen von Stresssituationen im

Leben ausglich und so einen Schutz vor lebensbedrohendem Herzinfarkt bot." (Ebda., 118)

Als sich die Bande in der Gemeinde in den 1960er-Jahren lockerten und die jungen Leute wegzogen, sagten die Wissenschaftler zu Recht voraus, dass Roseto seinen gesundheitlichen Vorteil einbüßen würde. In einem Kommentar zu diesem Wandlungsprozess schrieben sie:

Dass die alten Lebensformen in Roseto allmählich aufgegeben wurden [...] war an dem aufkommenden Streben nach materialistischen Werten ersichtlich, das mit dem höheren Bildungsniveau und dem wachsenden Wohlstand einherging. Zwischen 1966 und 1975 (als der gesundheitliche Vorteil verschwand) tauchten viele Cadillacs und andere teure Autos in den Straßen von Roseto auf. [...] Ihre Hinwendung zu Statussymbolen – teure Kleidung, große Autos und von Innenarchitekten aufwendig gestaltete neue Häuser – spiegelte den Anfang des Zusammenbruchs der früheren, nach Gleichheit strebenden Lebenseinstellung der Rosetaner wider.

(Ebda., 111, 115–116).

Die Gemeinde hatte einen beträchtlichen Gesundheitsvorteil gehabt, der sichtlich nur durch ihre sozialen Merkmale erklärt werden konnte. Es wurde nun vorhergesagt, dass dieser Gesundheitsvorteil verlorengehen würde, wenn diese Charakteristika verschwinden, und genau dies scheint der Fall gewesen zu sein. Die Wissenschaftler schlossen daher:

Die im Laufe von zwanzig Jahren in der italoamerikanischen Gemeinde von Roseto gesammelten Daten legen im Vergleich zu jenen der benachbarten Gemeinden eindringlich nahe, dass die kulturellen Merkmale – die Eigenschaften einer sozialen Organisation – auf gewisse Weise einen Einfluss auf die individuelle Anfälligkeit auf Herzinfarkt und plötzlichen Tod haben. Daraus folgt, dass eine emotional unterstützende soziale Umgebung eine Schutzwirkung hat und dass, im Gegensatz dazu, fehlender Rückhalt in Familie und Gemeinde und eine nicht genau definierte Rolle in der Gesellschaft Risikofaktoren sind.

(Ebda., 134)

Auch wenn die ursprüngliche Besiedlung durch arme Einwanderer bedeutete, dass es in Roseto von Anfang an eine gewisse Basis für den sozialen Zusammenhalt gegeben hat, wird deutlich, dass es sich um ein Beispiel handelt, wo ein nach sozialer Gleichheit strebendes Empfinden gesellschaftlich aufrechterhalten wurde – zumindest eine Zeit lang. Man gewinnt jedoch den Eindruck, dass das Materielle und das Soziale sich nicht zu weit voneinander entfernen können. Um den sozialen Zusammenhalt aufrechtzuerhalten, müssen Anzeichen materieller Unterschiede „in der Kleidung, Sprache oder im Verhalten" minimiert werden (110). Als der Zusammenbruch kam, wurde der soziale Zusammenhalt zugunsten demonstrativen Konsums aufgegeben.

Die Regionen Italiens

Ein drittes Beispiel für die Art und Weise, wie soziale Systeme funktionieren können, das den Zusammenhang zwischen Einkommensverteilung und Gesundheit vielleicht näher beleuchtet, stammt zufällig aus einer Vergleichstudie der Regionen Italiens selbst.

1970 wurden in den zwanzig Regionen Italiens neue Regionalregierungen eingerichtet. In den darauf folgenden zwei Jahrzehnten untersuchten Putnam, Leonardi und Nanetti, wie effektiv diese funktionierten, und versuchten die von ihnen festgestellten Unterschiede zu erklären. Der nun folgende Auszug ist fast zur Gänze ihrem Buch *Making democracy work: civic traditions in modern Italy* entnommen.

Putnams Messgröße, wie gut die neuen Regionalregierungen funktionierten, war ein Index, der auf einem Dutzend verschiedener Faktoren basierte wie etwa der Effizienz der Regierung beim Angebot verschiedenster Dienstleistungen (Wohnraum, Tagespflege, Familienkliniken usw.), Bearbeitung von schriftlichen und telefonischen Anfragen, Qualität ihrer legislativen Leistung und zeitgerechte Verabschiedung des Jahreshaushalts. Die Auswertung ergab große Unterschiede in der Effizienz der einzelnen Regionalregierungen, wobei die Leistung in den nördlicheren Regionen im allgemeinen besser war als in den südlichen. Da alle Regionalregierungen aufgrund des gleichen Einkommensschlüssels pro Kopf der Bevölkerung finanziert wurden, versuchte Putnam die Unterschiede durch Charakteristika der jeweiligen Regionen zu erklären.

Ihm fiel zunächst auf, dass die Regionen zwar in eine reichere und eine ärmere Gruppe aufgeteilt werden konnten und die Leistung in der ersteren besser als in der letzteren war, dass es aber *innerhalb* jeder Gruppe keine Verbindung zwischen Einkommenshöhen und Leistung gab. Die letztendlich aus der statistischen Analyse gewonnene Erkenntnis besagte, dass die lokale Regierung in jenen Regionen am besten funktionierte, in denen die „Bürgergemeinschaft" stark war, wobei der Begriff der Bürgergemeinschaft im Gegensatz zum „egozentrischen (oder manchmal „amoralischen") Familismus gesehen wurde, Ausdrücken, die Putnam von Banfield (1958) übernahm. Er maß die Regionen auf einer Skala, an deren einem Ende die Gemeinden standen, in denen es wenig oder keine Beteiligung an öffentlichen Angelegenheiten gab, außer bei der Verfolgung direkter eigener oder familiärer Interessen. In diesen Gebieten, wo der Bürgersinn am schwächsten ausgebildet war, funktionierten die sozialen Beziehungen vor allem hierarchisch und basierten auf Patronage. Öffentliche Vorhaben, die einen großen allgemeinen Nutzen gebracht hätten, wurden häufig nicht in Angriff genommen, weil es an bürgerschaftlichem Verantwortungsgefühl fehlte und ein neidischer Verdacht auf die Motive all jener fiel, die sich engagierten.

Am anderen Ende von Putnams Skala befanden sich die Gebiete mit gut entwickelten Bürgergemeinschaften, mit einem hohen Bewusstsein für öffentliche Angelegenheiten und einer starken Beteiligung am öffentlichen Leben, in deren Wertekanon Gleichheit und Demokratie eine vorrangige Rolle spielten. Um die Beteiligung der Menschen am öffentlichen Leben messen zu können, entwickelte Putnam einen Index für die Stärke der Bürgergemeinschaft, der u. a. auf dem Prozentsatz der Bevölkerung basierte, die sich an Referenden beteiligte, auf der Zeitungsleserschaft und auf der Anzahl von Vereinen für freiwillige, kulturelle und sportliche Aktivitäten pro Kopf der Bevölkerung. Die Korrelation zwischen diesem Index und seiner Messgröße für die Regierungsleistung betrug 0,92, d. h. dass weit mehr als drei Viertel der Unterschiede in der Leistung auf Unterschiede in der Stärke der Gemeinschaft zurückgeführt werden konnten.

Nach der Untersuchung von Korrelationen einer Reihe anderer sozialer Attribute fasste Putnam den Kontrast zwischen den Regionen mit ausgeprägter und geringer bürgerlicher Gemeinschaft folgendermaßen zusammen:

In manchen Regionen Italiens gibt es viele Chöre, Fußballvereine, Vogelbeobachtungs- und Rotarierklubs. Die meisten Bürger in diesen Regionen informieren sich interessiert über Gemeindeangelegenheiten in der Tagespresse. Öffentliche Themen bewegen sie. [...] Die Bewohner trauen einander zu, gerecht und gesetzmäßig zu handeln. Führungspersönlichkeiten sind in diesen Regionen relativ aufrichtig. Sie glauben an die Regierung durch das Volk und sie sind von vornherein bereit, mit ihren politischen Gegnern Kompromisse einzugehen. Bei den Bürgern wie bei der Führungsriege ist der Begriff Gleichheit positiv besetzt. Soziale und politische Netzwerke sind horizontal und nicht hierarchisch organisiert. Die Gemeinschaft schätzt Solidarität, bürgerschaftliches Engagement, Zusammenarbeit und Ehrlichkeit. Die Regierung funktioniert. Kein Wunder, dass die Menschen in diesen Regionen zufrieden sind! Auf dem anderen Pol befinden sich die „nicht-bürgerschaftlichen" Regionen, auf die der französische Ausdruck *incivisme* zutrifft. Das öffentliche Leben verläuft in diesen Regionen hierarchisch, nicht horizontal. Der Begriff des „Bürgers" ist hier regelrecht verkümmert. Aus Sicht des einzelnen Bewohners sollen sich andere – *i notabili*, „die Bosse", „die Politiker" – um öffentliche Angelegenheiten kümmern, nicht ich. Nur wenige Menschen haben das Bedürfnis, sich an Überlegungen zum Gemeinwohl zu beteiligen, es bieten sich auch wenige Gelegenheiten dazu. Politische Beteiligung wird durch persönliche Abhängigkeit und private Gier und nicht nur den kollektiven Zweck ausgelöst. Man engagiert sich nur sehr mäßig bei sozialen und kulturellen Vereinen. Private Frömmigkeit tritt an die Stelle des öffentlichen Engagements. Korruption wird allgemein als die Norm angesehen, sogar von den Politikern selbst, die eine zynische Haltung zu den demokratischen Grundsätzen einnehmen. „Kompromiss" hat nur einen negativen Beigeschmack. Gesetze sind dazu da sind, (mit allgemeiner Zustimmung) gebrochen zu werden. Da die Menschen jedoch die Gesetzlosigkeit der anderen fürchten, verlangen sie härtere Disziplin. Gefangen in diesen ineinander greifenden Teufelskreisen fühlt sich fast jeder machtlos, ausgebeutet und unglücklich. Wenn man all dies berücksichtigt, ist es kaum weiter erstaunlich, dass die reprä sentative Regierung hier weniger effizient ist als in den Gemeinden mit stärkerem Bürgersinn.

(Putnam et al. 1993, 115)

Obwohl die Merkmale von Bürgergemeinschaften von einer Gesellschaft zur anderen variieren, beweisen Putnams Ausführungen, dass die Stärke des Gemeindelebens eine wichtige Variable ist. Auch wenn er sich weder für die Gesundheit noch für die Einkommensverteilung interessierte, ist seine Arbeit dennoch für beides relevant, da die bürgerliche Gemeinschaft mit beiden zusammenhängt. In einer Fußnote merkt er an, dass die Korrelation zwischen seinem Index der Bürgergemeinschaft und einer ausgewogeneren Einkommensverteilung 0,81 beträgt ($p<0,001$) – was beweist, dass es einen engen und statistisch signifikanten Zusammenhang zwischen ihnen gibt. Ebenso erwähnt er, dass eine Korrelation zwischen starker Bürgergemeinschaft und niedriger Kindersterblichkeitsrate besteht. Zudem habe ich eine statistisch signifikante Beziehung zwischen seinen Messgrößen der Bürgergemeinschaft und der weiblichen, nicht jedoch der männlichen Lebenserwartung festgestellt. Warum männliche und weibliche Lebenserwartung in den verschiedenen italienischen Regionen unterschiedliche Variationsmuster aufweisen sollten, ist nicht geklärt, es kann sich hier jedoch vielleicht um den Einfluss anderer Faktoren auf die Herzgefäßerkrankungen bei Männern handeln.

Dieses Beispiel zeigt einmal mehr, dass die Einkommensverteilung mit viel mehr zusammenhängen kann als nur mit den unterschiedlich hohen Beträgen in den Geldbörsen der Menschen. Wie bei den Beispielen von Planwirtschaften (siehe unten) und von Großbritannien während des Krieges, wird auch bei den italienischen Regionen deutlich, dass es hier um viel umfassendere Aspekte geht, die mit dem sozialen Gewebe der Gesellschaft zu tun haben. Bemerkenswert ist, dass die italienischen Einwanderer, die aus einer durch ihren „amoralischen Familismus" gekennzeichneten Gegend stammten, dennoch im neuen Roseto eine derart eng verknüpfte Gemeinschaft gründeten.

Osteuropa in den 1970er- und 80er-Jahren

(Teile dieses Abschnitts wurden aus Wilkinson 1996 übernommen.) Einen anderen Bereich, der einige etwas anders geartete Möglichkeiten dieser strukturellen Beziehungen illustriert, bilden die früheren zentralwirtschaftlich oder staatskapitalistisch geführten Länder Osteuropas und der Dritten Welt. Seit den frühen 1970er-Jahren – lange vor den Unruhen von 1989 – war es nicht mehr gelungen, die Lebenserwartung in Osteuropa und der Sowjetunion weiter zu verbessern, sie hinkte immer weiter hinter den Standards von Westeuropa her. Bis in die frühen 1970er-Jahre war die Gesundheit in diesen Ländern indes im allgemeinen mit jener in Westeuropa vergleichbar gewesen. Länder wie die DDR, Bulgarien und Rumänien schnitten besonders gut ab, die Lebenserwartung in der DDR war sogar höher als in Westdeutschland. In Osteuropa waren höhere Gesundheitsstandards erzielt worden, obwohl niedrigere Lebensstandards zumeist mit weniger gutem Gesundheitszustand assoziiert werden.

Es kann kaum ein Zweifel daran bestehen, dass die Gesundheitsstandards in Osteuropa bis zu den frühen 1970er-Jahren als Beweis für das umfassende Muster gelten können, wonach Länder mit größerer Gleichheit auf allen Ebenen der Entwicklung einen besseren Gesundheitszustand aufweisen als andere Länder mit ähnlich hohem BNP pro Kopf. Amartya Sen untersuchte in seiner Arbeit von 1981 die Verbesserungen in der Lebenserwartung von 100 entwickelten und weniger entwickelten Ländern zwischen 1960 und 1977 (Sen 1981). Da es wahrscheinlich einfacher ist, die Lebenserwartung in Ländern, wo diese anfangs niedrig ist, um einige Jahre zu erhöhen, als in jenen, wo die Lebenserwartung schon hoch ist, maß Sen den Fortschritt, indem er die prozentuelle Verringerung der Jahre, die auf eine Lebenserwartung von 80 Jahren fehlten, heranzog. Seine Untersuchung ergab, dass neun von zehn kommunistischen Ländern in seiner Liste von 100 Nationen zwischen 1960 und 1977 im obersten Viertel rangierten, was die prozentuelle Verringerung des Rückstands bei der Lebenserwartung betraf. Bei den neun Ländern handelte es sich um Albanien, Bulgarien, Rumänien und Jugoslawien in Osteuropa sowie um Vietnam, China, Nordkorea, die Mongolei und Kuba. Nur Ungarn konnte keinen derart raschen Fortschritt erzielen (vielleicht ein Hinweis auf den Aufstand von 1956 und die darauf folgenden

Säuberungen). Wie Sen anmerkt: „Ein Gedanke muss sich jedem [der seine Ergebnistabelle ansieht] aufdrängen, dass nämlich der Kommunismus für die Beseitigung der Armut gut ist."

Weitere Länder, die zu den obersten 25 Prozent zählten, waren El Salvador, Malaysia, Taiwan, Costa Rica, Hongkong und Griechenland. Die augenfällige Verbindung zwischen diesen und den kommunistischen Ländern ist deren erfolgreiche Verminderung der relativen Armut. Einige erreichten dies durch Verringerung der Einkommensunterschiede, andere durch wirksame Verteilung der Erträge aus der raschen Wirtschaftsentwicklung in der ganzen Gesellschaft.

In den weniger entwickelten Ländern – und tatsächlich auch in Mittel- und Osteuropa bis in die frühen 1970er-Jahre – scheint sich der Kommunismus positiv auf den Gesundheitszustand ausgewirkt zu haben. Bei den Errungenschaften Osteuropas handelte es sich auch nicht einfach um die Sicherstellung eines hohen Immunisierungsniveaus im Kindesalter und um gute Säuglingspflege. Die Lebenserwartung in den osteuropäischen Ländern war sogar noch für 15-Jährige hoch im Vergleich zu Ländern mit einem gleich niedrigen Niveau des BNP pro Kopf. Nimmt man einmal an, dass sich der „Kommunismus" infolge geringerer Einkommensunterschiede und eines niedrigen relativen Armutsniveaus normalerweise positiv auf den Gesundheitszustand auswirkte, stellt sich nun die Frage, was dann schief lief. Warum konnten in den frühen 1970er-Jahren in Osteuropa keine weiteren Verbesserungen in der Lebenserwartung mehr erreicht werden?

Für diese fehlende Weiterentwicklung der Gesundheitsstandards sind mehrere wichtige Faktoren zu nennen. Zunächst stimmt das Muster genau mit der politischen Grenze zwischen Ost- und Westeuropa überein. Bezüglich der Sterberaten von erwerbsfähigen Männern lag 1990 kein einziges osteuropäisches Land unter den Zahlen eines westeuropäischen Landes, obwohl es 1970 noch beträchtliche Überschneidungen gegeben hatte (Watson 1995). Sozusagen als Spiegelbild seiner politischen Zwitterstellung lässt sich Jugoslawien auch nach den Sterberaten genau zwischen den beiden Blöcken einordnen. Während westeuropäische Länder weiter erhebliche Verbesserungen in der Lebenserwartung erzielen konnten, gab es in fast jedem Land in der früheren sowjetischen Einflusssphäre nur minimale oder gar keine Zugewinne. Interessant ist, dass Albanien – das mit China und nicht mit der Sowjetunion verbündet war – als einziges Land Osteuropas die Lebenserwartung weiterhin signifikant verbessern konnte. Dies zeigt, wie sehr der Gesundheitszustand mit der politischen Atmosphäre zusammenhängt. Betrachtet man die Tendenzen in der Lebenserwartung in Osteuropa, gewinnt man in der Tat den starken Eindruck, dass uns die zugrunde liegenden Ursachen für die Unruhen von 1989 bekannt wären, wenn wir wüssten, warum sich die Gesundheit nach den frühen 1970er-Jahren nicht weiter verbessert hat. In den frühen 1970er-Jahren ging irgend etwas in diesen Gesellschaften schief und die Gesundheit ist wahrscheinlich der deutlichste Indikator dafür.

Einige Gründe können ausgeschlossen werden. In seinem Bericht für die Weltbank beweist Hertzman, dass die schlechte Gesundheitsleistung Osteuropas nicht durch eine Verschlechterung der medizinischen Pflegestandards oder durch Faktoren wie Luftverschmutzung erklärt werden kann (Hertzman 1995). Wenn auch die Luftverschmutzung in einigen Industriegebieten hoch ist, ist der Anteil der Bevölkerung, der ihr ausgesetzt ist, nicht so groß, dass dies signifikante Auswirkungen auf die nationalen Sterberaten haben könnte. Ein interessanter Hinweis auf den soziologischen Charakter der von uns gesuchten Ursache ist Watsons Beobachtung der erstaunlich unterschiedlichen Mortalitätstrends bei Alleinstehenden und Verheirateten (Watson 1995). Nach ihren Angaben gab es nur geringfügige Veränderungen bei den Todesraten verheirateter Männer und Frauen in Polen zwischen 1970 und 1988, während bei geschiedenen Männern und Frauen erhebliche Zuwächse zu verzeichnen waren. Ein ähnliches Muster wurde auch in Ungarn beobachtet. Während der 1970er- und 80er-Jahre stieg die vorzeitige Mortalität in Ungarn bei geschiedenen Männern am stärksten, jedoch auch bei Witwern oder Ledigen war sie deutlich erhöht. Verheiratete Männer waren relativ gut geschützt. Bei Frauen waren die stärksten Steigerungen in den Sterberaten bei Witwen zu verzeichnen (Hajdu et al. 1995).

Die anhaltenden Verbesserungen bei der Säuglingssterblichkeit konnten sich nicht auf die Lebenserwartung auswirken, da sie durch wachsende Sterblichkeit bei Erwachsenen, insbesondere bei Männern, kompensiert wurden. Obwohl die Sterberaten bei Verheirateten nicht signifikant anstiegen, hätte erwartet werden können, dass die Raten in allen Teilen der Bevölkerung sanken. Die Bedeutung der

Zweiteilung in Ledige und Verheiratete besteht nicht darin, dass Verheiratete von den gesuchten Ursachen unberührt blieben, es heißt nur, dass diese je nach Familienstand unterschiedliche Wirkung zeitigten. Dies schließt nicht nur allgemeine Umwelteinflüsse wie die Luftverschmutzung aus, der die gesamte Bevölkerung ausgesetzt wäre, sondern auch viele auf die gesamte Gesellschaft wirkende Wirtschaftseinflüsse wie Veränderungen des Lebensstandards. (In der Mehrzahl der osteuropäischen Länder hielt das Wirtschaftswachstum ja tatsächlich bis weit in die 1970er- und 80er-Jahre an.)

Eine der vielleicht deutlichsten Beschreibungen dessen, was in diesen Gesellschaften schief gelaufen war, gab Gorbatschow in seiner Rede vor dem Zentralkomitee der Kommunistischen Partei am 27. Januar 1987. In einem außerordentlichen Appell an die Partei, ihr soziales und moralisches Engagement zu erneuern, sprach er von einem „Verlust an Triebkraft", von „Stagnation" und von „sich auftürmenden ungelösten Problemen", die „die Wirtschaft und die soziale und geistige Atmosphäre ernsthaft gefährden". Er macht der Partei mit folgenden Worten Vorwürfe:

Bewegte Diskussionen und schöpferische Ideen [waren] verschwunden [...] während autoritäre Bewertungen und Meinungen zu unumstrittenen Wahrheiten wurden. [...] Die sozialen Ziele der Wirtschaft in den letzten Fünfjahresplanperioden wurden verwässert und es kam zu einer Taubheit gegenüber sozialen Themen. [...] Elemente sozialer Auflösungserscheinungen, die in den letzten Jahren zutage traten, wirkten sich negativ auf die Moral der Gesellschaft aus und untergruben unbemerkt die hohen Wertestandards, die für unser Volk immer kennzeichnend gewesen waren. [...] Das Interesse an gesellschaftlichen Fragen ließ nach, es tauchten Anzeichen von Gefühllosigkeit und Skepsis auf. [...]
Eine immer breitere Schicht – darunter auch junge Leute – sahen ihr Lebensziel in materiellem Wohlstand und Gewinn um jeden Preis. Ihre zynische Haltung nahm immer aggressivere Formen an, vergiftete so ihre Umgebung und löste damit eine Welle des Konsumrausches aus. Die Verbreitung von Alkohol- und Drogenmissbrauch und eine zunehmende Kriminalität wurden zu Indikatoren für den Niedergang der sozialen Sitten.
Gesetzesmissachtung, Verdrehung von Berichten, Schmiergeldannahme und die Förderung von Speichelleckerei und Schmeiche-

leien wirkten sich schädigend auf die moralische Stimmung in der Gesellschaft aus.

Echte Sorge um die Menschen, um deren Lebens- und Arbeitsbedingungen und um das soziale Wohlergehen wurden häufig durch politische Koketterie ersetzt – durch massenhafte Verleihung von Auszeichnungen, Titeln und Preisen. Eine Atmosphäre der Freizügigkeit machte sich breit, Detailgenauigkeit, Disziplin und Verantwortungsgefühl gingen zurück.

Ernst zu nehmende Unzulänglichkeiten in der ideologischen und politischen Bildungsarbeit wurden in vielen Fällen durch Aktionismus, durch Kampagnen und die Feier zahlloser Jubiläen überdeckt. Die Welt der tagtäglichen Wirklichkeit und die des vorgegaukelten Wohlstandes drifteten immer stärker auseinander. Die Ideologie und die Mentalität der Stagnation wirkten auf den Zustand von Kultur, Literatur und auf die Künste zurück.

(Gorbatschow 1987)

Gorbatschow sah die Lösung in der Transparenz und im Umbau, in *Glasnost* und *Perestroika*. Die von ihm erkannten Probleme der Bürokratie, des Zynismus, der Korruption, des Drogen- und Alkoholmissbrauchs während der Breschnjew-Jahre passen gut zu den Tendenzen bei den Sterberaten infolge unterschiedlicher Todesursachen. Leicht lassen sich die Haupttodesursachen, die in den frühen 1970er-Jahren eine Trendwende anzeigten, zusammenfassen (Wilkinson 1996). Ab Mitte der 1970er-Jahre ist eine rasche Zunahme an Selbstmorden und Selbstverstümmelungen zu verzeichnen. Geistesstörungen sowie Erkrankungen des Nervensystems und der Sinnesorgane waren gesunken, begannen nun aber wieder anzusteigen; dies gilt auch für endokrine, ernährungs- und stoffwechselbedingte Erkrankungen sowie für Immunitätsstörungen. Chronische Lebererkrankungen und Zirrhose begannen nun stärker als zuvor zuzunehmen, während die Reduktionsrate von infektiösen und parasitären Erkrankungen erheblich zurückging.

Diese Muster, insbesondere die aufgrund von Selbstmorden, chronischen Lebererkrankungen und Zirrhose ansteigenden Sterberaten, ähneln auffällig den Mustern der ursachenspezifischen Mortalität, die, wie in Kapitel 8 gezeigt wird, mit einer weiter auseinander klaffenden Einkommensverteilung einhergehen (McIsaac und Wilkinson 1997).

Wie Atkinson bewiesen hat, blieb die Einkommensverteilung noch Mitte der 1980er-Jahre eher ausgewogen im Vergleich zu Großbritannien, in verschiedenen Ländern ging der Trend jedoch zu mehr Ungleichheit (auch in der Sowjetunion, nicht aber in der Tschechoslowakei) (Atkinson und Mickelwright 1992a, 1992b). Die Entwicklung der Einkommensverteilung wird hier indes nicht der Schlüssel sein. In ganz Osteuropa waren die Einkommensunterschiede ein geringerer Anhaltspunkt für Statusunterschiede als in marktwirtschaftlichen Gesellschaften. Da die Konsumgüter so knapp waren und man beim Einkauf endlos langes Schlangestehen in Kauf nehmen musste, gaben viele Leute nicht ihr ganzes Einkommen aus. Parteimitgliedschaft und Zugang zu Intershops hätten vielleicht mehr Aufschluss über die gesellschaftliche Stellung und den Besitz von Gebrauchsgütern gegeben als das Einkommen selbst. In einigen osteuropäischen Ländern waren die Durchschnittslöhne für körperliche Arbeit sogar höher als für Kopfarbeit (Wnuk-Lipinski und Illsley 1990). Manche Epidemiologen haben die Frage aufgeworfen, ob dies Anlass zu Problemen der „Statusunvereinbarkeit" gegeben haben könnte, in die epidemiologische Literatur hat dies als mögliche Gesundheitsgefährdung schleichend Einzug gehalten (Siegrist et al. 1990).

Aus Gorbatschows Rede geht indes eindeutig hervor, dass eine bedeutende Verschlechterung im sozialen Gefüge der Gesellschaft stattgefunden hat. Wenn diese auch durch äußere politische Prozesse bedingt war, die nicht notwendigerweise die Einkommensunterschiede betroffen haben müssen, sind die stattfindenden Veränderungen dennoch erhellend, da sie trotz unterschiedlicher Ursachen einige Merkmale sozialer Desintegration zeigen, die andernorts normalerweise mit zunehmenden Einkommensunterschieden einhergehen.

In der Breschnjew-Ära (1964–1982) hatte sich ein tiefes Gefühl der Enttäuschung breit gemacht, insbesondere bei der älteren Generation, deren Idealismus und Glaube an das System teilweise wieder aufgeflammt waren, als Chruschtschow die Verbrechen und die Brutalität des Stalinismus verurteilt hatte. In früheren Jahren hatte ein gewisser Optimismus über das Potential von Planwirtschaften geherrscht. Die Wirtschaftswachstumsraten fielen oft besser aus als in westlichen Ländern; darauf bezog sich auch Chruschtschow, als er in seiner Rede vor der UN-Generalversammlung 1960 selbstsicher vorhersagte, dass die Sowjetunion den Kapitalismus „begraben" würde.

Der Start des ersten Weltraumsatelliten 1957 schien die wachsende technologische Überlegenheit der Sowjetunion zu symbolisieren.

In den 1970er-Jahren war dieses Selbstbewusstsein jedoch verschwunden. Statt daran zu glauben, einem sozial und wirtschaftlich überlegenen System zu dienen, wurden die kommunistischen Parteien Osteuropas immer stärker als repressive Handlanger einer ausländischen Macht gesehen, die sich für ihren Machterhalt auf Geheimpolizei und Spitzel stützen musste. Nach der Niederschlagung des „Prager Frühlings" in der Tschechoslowakei 1968 gab Breschnjew eine Erklärung ab, die später „Breschnjew-Doktrin" genannt wurde und besagte, dass die Sowjetunion angesichts „antisozialistischer Degeneration" im sowjetischen Lager nicht untätig bleiben werde. Dies war zweifelsohne der Beginn eines stärkeren sowjetischen Einflusses im politischen und wirtschaftlichen Leben der osteuropäischen Staaten und erklärt gleichzeitig die Ähnlichkeiten in ihrer nachfolgenden politischen Entwicklung. Die Niederschlagung der immer wieder aufflammenden Aufstände hatte öffentlich den moralischen Anspruch auf Rechtmäßigkeit von Regierungen in Osteuropa zunichte gemacht.

Im Laufe der Jahre wirkte sich dies auf das öffentliche Leben verheerend aus. Durch den fehlenden Pluralismus und die Kontrolle aller Institutionen durch die kommunistischen Parteien entfernten sich die Menschen immer stärker von jeder aktiven Beteiligung am öffentlichen Leben – auch am Arbeitsplatz. Der Zynismus, mit dem die Säuberungen nach der Niederschlagung des Prager Frühlings in der Tschechoslowakei durchgeführt wurden, bewirkte, dass jeder noch in der Partei vorhandene Idealismus ausgemerzt wurde. „Durch die ganze Säuberungsaktion verlor die [tschechische] kommunistische Partei die meisten ihrer aktiven, idealistischen und unabhängig denkenden Mitglieder" (Simeèka 1984, 40). Im Säuberungsprozess wurden „Gehorsam, Loyalität, Abhängigkeit, Mittelmäßigkeit, Anständigkeit, Vorsicht [und] moralische Schwäche" geschätzt (Ebda., 41). Auf allen Gebieten machten sich die zersetzenden Auswirkungen bemerkbar, die durch den Verlust an Zielstrebigkeit innerhalb des Regimes entstanden. Der Einsatz für das Gemeinwohl wurde nun sogar implizit als Regimetreue verunglimpft. Arbeit und öffentliches Leben boten keine Möglichkeiten mehr für Selbsterfüllung und sozial engagierte Tätigkeit. Aufgrund des tiefen Gefühls von Frustration und Bedeutungslosigkeit konnte nur mehr in der Familie ein gewisses Maß an Selbstverwirklichung erreicht werden. Deshalb blieben die Säuglingssterblichkeitsraten relativ verschont und gingen auch in den 1970er- und 1980er-Jahren weiter zurück, deshalb war die Sterberate bei Frauen weniger betroffen als bei Männern und deshalb machten sich die negativen Tendenzen – bei beiden Geschlechtern – bei Ledigen stärker bemerkbar.

Dies vermittelt uns vielleicht nicht nur eine Vorstellung davon, welche Einflüsse für die fehlende Zunahme der Lebenserwartung in Osteuropa in den 1970er- und 1980er-Jahren verantwortlich sein könnten, sondern auch eine Andeutung über die gemeinsamen Ursachen der Gesundheitstendenzen und der Unruhen von 1989. Wie sah die Situation jedoch früher aus? Wie kam es, dass die Länder, in denen kommunistische Parteien die Macht übernommen hatten, zumindest bis 1970 Gesundheitsstandards aufwiesen, die so viel höher waren als angesichts der Höhe ihres BNP pro Kopf zu erwarten gewesen wäre? Noch 1990 erreichte China, das laut Angaben der Weltbank Durchschnittseinkommen von kaum 2 Prozent der US-Einkommen aufwies, eine durchschnittliche Lebenserwartung, die nahezu gleich hoch wie jene in den USA im Jahre 1970 war.

Der Begriff des „Genossen" weist in der Planwirtschaft gewisse Ähnlichkeiten mit der Kameradschaft in Großbritannien zur Kriegszeit auf. Ihm liegt indes ein Paradoxon zugrunde. Gross meint, wenn er über die frühere Sowjetunion unter Stalin schreibt, dass die Möglichkeit jedes Einzelnen, als Informant tätig zu sein, jedem Bürger die willkürliche Macht des Staates verlieh, diese gegen andere zu verwenden. „Jeder hatte einen Anteil an der Macht, jeden anderen zur Strecke zu bringen und zu zerstören." Diese Macht war enorm wichtig, wie Gross schreibt: „Diese Fähigkeit, jeden einsperren zu lassen, war der große Gleichmacher der sowjetischen Bürger" (Gross 1982, 376). Vogel, der in einem Artikel über China das wachsende Gefühl, Freunden nicht mehr trauen zu können, beschrieb, erklärt jedoch auch die zunehmende „neue moralische Kameradschaft" als Beziehungsform der Bürger untereinander. Nach der Schilderung des negativen Prozesses des Zusammenbruchs des persönlichen zwischenmenschlichen Vertrauens fährt er in seinem Aufsatz „From friendship to comradeship: the change in personal relations in Communist China" („Von der Freundschaft zur Kameradschaft: der Wandel in den persönlichen

Beziehungen im kommunistischen China") mit der Beschreibung der Entwicklung der Kameradschaft in positiverem Sinne fort (Vogel 1965). Diese Kameradschaft war anscheinend nicht nur in ihrer Loyalität begründet, sondern auch in ihrer Universalität, in der Tatsache, dass jeder Bürger des anderen Kamerad war. Vogel meint, dass „ein Teil der dem Kameradschaftsgedanken zugrunde liegenden Einstellung darin besteht, dass auf diese Weise sichergestellt wird, dass jeder in der Gesellschaft mit jedem anderen in Beziehung steht". „Auf der anderen Seite sollte man aber keine besonderen Beziehungen zu bestimmten Leuten pflegen, da dies die Verpflichtungen gegenüber allen anderen beeinträchtigen würde" (Ebda., 55). Ein wichtiges Element in dieser chinesischen Kameradschaft war es, „anderen Menschen zu helfen", wobei dies manchmal ganz offensichtlich ein Euphemismus dafür war, andere Menschen zur Ordnung zu rufen, damit sie ihren Beitrag leisteten, gleichzeitig bedeutete es jedoch auch die echte Bereitschaft, sich Zeit für hilfsbedürftige Menschen zu nehmen. Vogel führt Beispiele an:

> Einem Schüler, der mit seinen Aufgaben Schwierigkeiten hat, sollte von jemandem geholfen werden, der dazu in der Lage ist. Einem alten Menschen sollte auf der Straße von jemandem geholfen werden, der sich in der Nähe befindet. Demjenigen, der in einer Gruppe neu ist, sollte jemand helfen, den neuen Ort kennen zu lernen und alle von ihm benötigten Einrichtungen zu finden. Anderen zu helfen, sich Zeit und Energie zu nehmen, um ihnen Dinge zu erleichtern, ist ein positiver Wert. Einige Flüchtlinge vom chinesischen Festland tun sich sogar schwer, sich in Hongkong einzugewöhnen, weil es niemanden mehr gibt, der nach ihnen sieht und sich um sie kümmert.
>
> (Vogel 1965, 55)

Auch wenn es mehr als flüchtige Hinweise dafür gibt, dass private Beziehungen geopfert wurden, ist es durchaus möglich, dass die Ausgewogenheit der sozialen Beziehungen und öffentlichen Werte entscheidend dazu beigetragen hat, dass die so genannten kommunistischen Länder traditionell höhere Gesundheitsstandards erreichten, als von ihren Pro-Kopf-Einkommen erwarten werden könnte. Wenn dies der Fall ist, dann könnte der Verlust eines ehedem mit anderen kommunistischen Ländern geteilten Vorteils möglicherweise eine Erklärung für die abnehmende Gesundheitsleistung in den osteuropäischen Ländern in den 1970er- und 1980er-Jahren sein. Wenn sich Gorbatschow über das Aufweichen der „hohen Wertestandards" in der Sowjetunion, über ein abnehmendes „Interesse an gesellschaftlichen Angelegenheiten" und über wachsende Gefühllosigkeit und Skepsis beklagt, dann bezieht er sich sicherlich auf einen Rückgang in dieser Qualität des öffentlichen Lebens.

In den Ländern Osteuropas wurden diese öffentlichen Werte fatalerweise mit der Unterstützung der Partei und des angeblich kommunistischen Vorhabens gleichgesetzt. Ein guter Bürger zu sein, schien eine Ausdrucksform dafür zu sein, dass man die Regierung unterstützte, und konnte nur so lange aufrechterhalten werden, als es noch ein gewisses Maß an Idealismus gab. Als dieser dem politischen Zynismus das Feld räumte, wandelte sich der Charakter des öffentlichen Lebens unausweichlich.

In einer Veröffentlichung mit dem Titel „Social disintegration in Poland: civil society or amoral familism?" beschreiben Tarkowska und Tarkowski (1991) die wachsende Kluft zwischen öffentlicher und privater Lebenssphäre in Polen:

> Die gesamten 1970er-Jahre waren geprägt von einer intensiven Beschäftigung mit Familie, Freunden und kleinen gesellschaftlichen Kreisen, im Gegensatz zur ausgeprägten Gleichgültigkeit gegenüber dem öffentlichen Leben. Die Politisierung von 1980–1981 bedeutete eine Revitalisierung der öffentlichen Sphäre und [für kurze Zeit] bot sich die Politik als Alternative an. Mit der Verhängung des Kriegsrechts im Dezember 1981 gewann das Privatleben wieder die Oberhand. [...] Bis 1989 hatte sich eine vollkommen „private Gesellschaft" herauskristallisiert.
> (Tarkowska und Tarkowski 1991, 103–104)

Die psychologische Auswirkung dieser Ereignisse auf die Bevölkerung wurde durch den dramatischen, aber kurzfristigen Rückgang von Selbstmorden während der optimistischen Phase von 1981 verdeutlicht, auf den Watson hinwies (Watson 1995). Nach dem Hinweis auf den „Boykott des öffentlichen Lebens" führten Tarkoswka und Tarkowski aus, dass wirtschaftliche Engpässe zu Wettbewerb und Feindschaft unter den kleinen privaten gesellschaftlichen Kreisen führten und leicht in „Aggression, soziale Krankheit und alle Merkmale einer ‚unfreundlichen Gesellschaft' umschlugen [...] die sich in ‚Familienangehörige' und ‚Fremde' teilte" (Tarkowska und Tarkowski 1991, 104). Ganz besonders auffallend ist, dass sich die Autoren für die Beschreibung des Zerfalls der polnischen Gesellschaft in dieser Zeit ausdrücklich auf das Konzept des „amoralischen Familismus" beriefen, das Banfield zur Charakterisierung der Gebiete Süditaliens verwendete, die, wie Putnam später erkannte, das niedrigste Niveau an bürgerlicher Entwicklung aufweisen (Banfield 1958).

Einer der interessantesten Aspekte zum auseinander driftenden Gesundheitszustand zwischen Ost- und Westeuropa in den 1970er- und 1980er-Jahren wurde von Leon entdeckt (D. Leon, persönliche Mitteilung 1996). Für jede Todesursache – Krebserkrankungen jeder Art, Schlaganfall, Herzerkrankungen, Infektionen usw. – berechnete er das Verhältnis der Sterberaten in Ost- und Westeuropa. Die gleiche Berechnung führte er sodann für das Verhältnis der Sterberaten zwischen Unter- und Oberschicht in der britischen Gesellschaft durch. Danach gab es eine Korrelation zwischen den beiden von rund 0,7 – etwas stärker für Männer als für Frauen. Mit anderen Worten, die Todesursachen, die in Osteuropa im Vergleich zu Westeuropa den höchsten Überschuss hatten, waren tendenziell die gleichen Ursachen, die in Großbritannien zum höchsten Überschuss in der Unterschicht verglichen mit der Oberschicht führten. Einige Ursachen wie z. B. Brustkrebs trugen zu diesem Gefälle nicht bei. Da dieselben Ursachen bei jedem Vergleich einen erhöhten Wert aufwiesen, kann vermutet werden, dass sie Ausdruck ähnlicher Umwelteinflüsse sind.

Japan

Japan soll hier als fünftes und letztes Beispiel angeführt werden, um ein Aufeinandertreffen dieser Aspekte auf informative Weise zu illustrieren. Wie schon aufgezeigt wurde, ist die Lebenserwartung in Japan in den letzten Jahrzehnten sprunghaft angestiegen, während sich gleichzeitig die Einkommensunterschiede verringerten (Marmot und Davey Smith 1989; Wilkinson 1992). Noch 1970 glich Japan in beiderlei Hinsicht stark Großbritannien (Wilkinson 1986). Ende der

1980er-Jahre wies es die höchste Lebenserwartung der Welt auf und hatte die geringsten Einkommensspannen, die ein Land der Weltbank vorlegte.

Der Rückgang der Einkommensungleichheit, der die Entwicklung der japanischen Gesellschaft in der Nachkriegszeit stark geprägt hat, reflektiert die Sonderentwicklung des japanischen Kapitalismus während und nach dem Zweiten Weltkrieg. Nach Dores Beschreibung unterschied sich die Arbeitsweise des japanischen Kapitalismus vor dem Krieg nur wenig von dem in anderen Ländern etablierten Muster. Die Reform der japanischen Industrie und Gesellschaft wurde indes in dem Maße ermöglicht, als die Macht und Position des japanischen Establishments durch die militärische Niederlage geschwächt und diskreditiert worden war. Unmittelbar nach dem Krieg wurden „all jene, die auf allen Gebieten des japanischen Lebens, auch in der Industrie, formelle Autorität ausgeübt hatten, demoralisiert und konnten nicht mehr mit ihren Machtbefugnissen rechnen" (Dore 1973, 115). „Ermahnungen zu Loyalität und Diensteifer standen nun zurück hinter der Propaganda für Demokratie, Gleichheit, Freiheit und Würde des Einzelnen" (Ebda., 116). Dore spricht in diesem Zusammenhang von der „großen Flut egalitärer Ideen nach 1945" (Ebda., 339) und davon, dass „die japanische Industrie ihre sozialdemokratische Revolution hatte, während dies bei der britischen Industrie nicht der Fall war" (Ebda., 115). Zudem wirkte sich die amerikanische Besatzung dahingehend aus, dass der Wiederaufbau nach dem Krieg stark vom Rat amerikanischer Experten beeinflusst wurde, die persönlich keine speziellen Interessen oder Loyalität gegenüber dem alten Establishment hatten.

Einige der wichtigsten Veränderungen erfolgten jedoch als Reaktion auf den Krieg selbst. Im Rahmen der kriegsbedingten Mobilisierung der japanischen Wirtschaft übernahm die Regierung "drakonische" Machtbefugnisse über die Industrie (Dore 1995). Dazu gehörte, dass neue Vorstandsmitglieder von Unternehmen nur nach Genehmigung durch die Regierung ernannt werden konnten und über Kenntnisse und/oder Erfahrung in der betreffenden Industrie verfügen mussten. Infolgedessen erhöhte sich der Anteil der Unternehmensdirektoren, die sich im Unternehmen hinaufgearbeitet hatten, während des Krieges von einem Drittel Mitte der 1930er-Jahre auf über 95 Prozent im Jahr 1949 (Dore 1996; Aoki und Dore 1994).

Dies sorgte in Verbindung mit verschiedenen grundlegenden Arbeitsgesetzreformen unmittelbar nach dem Krieg für eine andere soziale Grundlage in der Entwicklung des japanischen Arbeitsumfeldes. Regelungen, die es Gewerkschaftsführern ermöglichten, Erfahrung auf Vorstandsniveau zu erlangen, bewirkten, dass heute manche der größten Firmen von ehemaligen Gewerkschaftsführern geleitet werden.

In seiner wegweisenden Analyse der Unterschiede in der sozialen Organisation zwischen zwei Hitachi-Fabriken in Japan und zwei English Electric Betrieben legt Dore „beträchtliches Gewicht auf einen wachsenden allgemeinen Wunsch nach sozialer Gleichheit" in Japan (Dore 1973, 11). Er beschreibt, wie dies nicht so sehr zu einem Verschwinden von Hierarchie, sondern zu einer anderen Art von Hierarchie führte.

> Der Gegensatz [...] besteht zwischen einem Klassensystem und einem System von unendlich teilbaren Schichten. Angestellte von English Electric haben eine genaue Vorstellung vom Statussystem in ihrer Firma – und natürlich auch von ihrer Gesellschaft – in dem Sinne, dass einige mehr oder weniger homogene Schichten durch eine jeweils deutliche Kluft getrennt werden. Wie sehr sich die Menschen dieser Trennlinien bewusst sind, hängt von der Vielfalt der Unterscheidungsmerkmale ab, die auf denselben Trennlinien *zusammentreffen* – Einkommen, Zahlungsmodalitäten, Toiletten, Kantinen, Urlaub, Rentenansprüche, Kleidung, Akzent, Gewerkschaftsmitgliedschaft usw. – zusätzlich zu funktionellen Führungspositionen. Beim Hitachi-System gibt es hingegen viel weniger Bruchstellen – Toiletten, Kantinen usw. trennen keine Statusgruppen. Gehaltsschemen sind ein *einziges* Kontinuum.
>
> (Dore 1973, 258)

Auch dort, wo solche Trennlinien bestehen, treffen sie nicht nur nicht zusammen, sondern überkreuzen einander vielmehr.

Die unterschiedlichen Erfahrungen sozialer Schichtung scheinen auch bei Erhebungen zutage zu treten, wonach nicht nur viel mehr Japaner als Briten Schwierigkeiten haben, sich selbst einer sozialen Klasse zuzuordnen, sondern auch die Unterstützung japanischer Parteien weniger durch Klassenzugehörigkeit polarisiert wird.

Innerhalb der Firma „haben fast alle Hitachi-Direktoren ihre Position erlangt, nachdem sie ein Leben lang in der Firma gearbeitet hatten [...] Hitachi-Direktoren sehen sich viel eher als Rangältere einer *corporate community* denn als Menschen, deren Aufgabe es ist, für den Aktionär möglichst hohe Profite aus dem Aktionärseigentum, der Firma, zu erwirtschaften" (Ebda., 260). „In Bezug auf Würde oder Prestige sind Hitachi-Arbeiter viel weniger benachteiligt als deren Kollegen bei English Electric" (Ebda., 259). „Hitachis Gruppenorientierung, seine Integration und kollektive Leistung geht bis auf die Ebene des Arbeitsteams in der Montagehalle hinunter" (Ebda., 231). „Japan war und ist immer noch eine ‚Gruppen'-Gesellschaft. Daher kann ein System, das Rivalität minimiert und Kooperation und Sicherheit maximiert [...] viel leichter zu gemeinschaftlichen Anstrengungen geführt werden, um die Ziele der Gruppe insgesamt zu erreichen" (Ebda., 230–231).

Die „Gruppenorientierung" der Gesellschaft hängt eng mit dem zusammen, was häufig als Paternalismus der japanischen Industrie bezeichnet wird. Die Betonung auf Loyalität, Gruppenmitgliedschaft und Leistung wird teilweise durch ein System von Gruppenzielen und Bonuspunkten gefördert, aber auch durch die viel ausgeprägtere soziale Rolle, welche die japanischen Vorarbeiter im Vergleich zu ihren westlichen Kollegen spielen. Sie sind nicht nur für umfangreiches gesellschaftliches Engagement am Arbeitsplatz wie Feiern, Ausflüge und Feste verantwortlich, sondern gleichzeitig wird von ihnen auch erwartet, genauestens über die Familien der Arbeiter ihrer Gruppe Bescheid zu wissen und einen aktiven Anteil an deren Familienangelegenheiten zu nehmen.

Fast die gesamte Nachkriegszeit hindurch scheinen sich die Einkommensunterschiede in Japan verringert zu haben, heute liegen sie erheblich unter denjenigen anderer westlicher Länder und sind viel geringer als in Großbritannien und den Vereinigten Staaten. Außerdem war es durch die Erfolge der japanischen Wirtschaft nicht nur leichter, in Rezessionszeiten Entlassungen zu verhindern, es konnte auch mehr Arbeitssicherheit geboten und die Arbeitslosenzahlen niedrig gehalten werden. Die unterschiedliche Einstellung von leitenden Managern und Direktoren in japanischen Firmen zur Sicherung der Mitarbeiterarbeitsplätze zeigt aber auch, dass es entscheidende Unterschiede in den moralischen Grundsätzen gibt. Ganz allgemein wird erwartet, dass leitende Manager in schwierigen Zeiten von sich aus ihr Gehalt verringern, statt Arbeiter am Fließband zu entlassen (Dore 1995).

Ein Vergleich japanischer und amerikanischer Polizeimethoden wirft ein Schlaglicht auf die gleichen grundlegenden Unterschiede zwischen der japanischen und der westlichen Gesellschaft (Bayley 1976). Darauf wird in Kapitel 8 in Zusammenhang mit dem langfristigen Rückgang der japanischen Kriminalitätsrate näher eingegangen, die mit den drastischen Verbesserungen des Gesundheitszustandes und den sich verringernden Einkommensunterschieden einhergingen. Bayley macht deutlich, dass die japanische Polizei nicht bloß dem Recht zur Geltung verhilft, dass ihre Angehörigen auch die Aufgabe haben, als moralische Lehrmeister zu wirken. Seiner Ansicht nach gehen Japaner davon aus, dass der Charakter auf sozialen Druck reagiert. Von Straftätern wird erwartet, dass sie die Resozialisierungsbedingungen der Gemeinschaft akzeptieren und sich selbst moralisch verpflichtet fühlen, aktiv an der Aufrechterhaltung eines moralischen Konsenses in der Gemeinschaft mitzuwirken (Bayley 1976). Ein bizarrer Hinweis auf die Macht der expliziten sozialen Vermittlerrolle wird anhand einer Zeitungsartikels über zwei Gangmitglieder deutlich, die bei einer Polizeistation anriefen, um sich für die Ermordung eines Polizisten zu entschuldigen, den sie irrtümlich für das Mitglied einer anderen Gang gehalten hatten (Andrews 1995).

Bedeutsam an dem japanischen Beispiel im vorliegenden Kontext ist weder die Idealisierung einer weniger von Klassentrennungen zerrissenen Gesellschaft noch die Befürchtung, die Individualität einem System zu opfern, das den Anschein erwecken könnte, Paternalismus zugunsten von Kapitalinteressen zu instrumentalisieren. Sozial wirklich relevant ist indessen die Verbindung einer von geringen Unterschieden gekennzeichneten Einkommensverteilung mit einer öffentlichen Lebenssphäre. Statt eines moralischen und sozialen Vakuums, das lediglich durch Marktkräfte geregelt wird, weist das Leben außerhalb der Familie eine gut entwickelte *soziale* Struktur auf. Fast unabhängig von den ideologischen Zwecken, für die es eingesetzt werden könnte, ist das öffentliche Leben ausdrücklich Teil des sozialen Lebens. Während man früher der Meinung war, dass einige charakteristische Merkmale der japanischen Gesellschaft lediglich Überbleibsel der jüngsten agrarischen Vergangenheit seien, die im Laufe der wirtschaftlichen Entwicklung verschwinden würden, steht heute fest, dass die sozialen Rahmenbedingungen vielmehr einigen systemgefährdenden, antisozialen Aspekten der Marktwirtschaft Einhalt geboten haben.

Zusammenfassung

Es ist unstrittig, dass größere bzw. kleinere Einkommensunterschiede sich entscheidend auf das soziale Gewebe einer Gesellschaft auswirken. Die genannten Beispiele haben zu diesem Thema mehr als lediglich einen Überblick geboten. In Großbritannien verbesserte sich der Gesundheitszustand während der beiden Weltkriege rascher, da das Land zu dieser Zeit einen stärkeren Zusammenhalt und eine ausgewogenere Einkommensverteilung aufwies. Anhand des Beispiels von Roseto wurde deutlich, dass die Stadt ihren gesundheitlichen Vorteil einbüßte, sobald ihr sozialer Zusammenhalt nachließ. Die Erfahrungen in Osteuropa zeigten, dass der gesundheitliche Vorteil verlorenging, den die kommunistischen Länder zuvor mit egalitäreren Gesellschaften teilten. Gleichzeitig wurde auch aufgezeigt, dass dieser Verlust insbesondere mit der zunehmenden Bedeutungslosigkeit und dem Zerfall des öffentlichen Lebens einherging. Und schließlich kann anhand des japanischen Beispiels ersehen werden, dass die Lebenserwartung stark verbessert werden kann, wenn Ungleichheiten vermindert werden. Bei all diesen Beispielen wird deutlich, dass eine Verbindung zwischen Ausgewogenheit, sozialem Zusammenhalt und besserer Gesundheit besteht. Statt jedoch aus diesen Beispielen ein ordentlich geschnürtes Paket von Folgerungen zusammenzustellen, sollen sie dazu dienen, die theoretische Diskussion soziologischer und struktureller Fragen mit einem praktischen Zusammenhang zu verbinden. Durch die Beispiele wird eine Vielzahl von Verbindungen zwischen Einkommensverteilung und Merkmalen des gesellschaftlichen, ideologischen, geschäftlichen und wirtschaftlichen Lebens deutlich.

Auch wenn bei jedem Beispiel erkennbar ist, dass es diese weiter greifenden Verbindungen gibt, ist dennoch nicht klar, in welche Richtung die Kausalität zielt. Vielleicht kann sie in beide Richtungen wirken. Auch wenn eine durch geringer Unterschiede gekennzeichnete

Einkommensverteilung zu einer ausgewogeneren Sozialmoral führt, hat man gleichzeitig den Eindruck, dass exogene Faktoren, die zu einer ausgewogeneren Ethik führen, ebenfalls eine Verringerung der Einkommensunterschiede zur Folge haben. Wenn sich also ein ausgewogeneres soziales Ethos exogen – unabhängig von der Einkommensverteilung – entwickelte, ist es unlogisch, dass eine derartige Gesellschaft große materielle Ungleichheiten toleriert, ohne eine Verringerung derselben anzustreben. Ebenso ist es unwahrscheinlich, dass dieser Zusammenhalt anhält, wenn die Ungleichheit nicht verringert wird. Wenn es andererseits zu Veränderungen in der Einkommensverteilung von außen kommt, beweisen die verschiedensten Quellen, dass diese Veränderungen auch einen Wandel im Sinne eines sozialen Zusammengehens oder Auseinanderdriftens bewirken. Wenn sich also Gesellschaften mit starkem Zusammenhalt bilden, sind geringere Einkommensunterschiede auch eine notwendige Vorbedingung für deren Weiterbestehen und dienen gleichzeitig als Kennzeichen für wichtige Merkmale im sozialen Gewebe.

Auch wenn die vorliegenden Beispiele in Bezug auf die Kausalität keine eindeutigen Hinweise geben, kann man zu dem Schluss kommen, dass die Vergrößerung der Einkommensunterschiede in einer Reihe von Ländern in den 1980er-Jahren (die Auswirkungen für Großbritannien wurden im vorhergehenden Kapitel erörtert) ein eindeutiges Beispiel für einen exogenen Wandel in der Einkommensverteilung lieferte, der zu einer Verschlechterung im sozialen Gewebe der Gesellschaft führte. Doch auch hier ist die Beweislage zweideutig. Diejenigen, die anführen, dass eine Zunahme der Einkommensungleichheit zuerst kam, würden auf deren Verursachung durch den internationalen Wettbewerb und neue Technologien hinweisen, durch welche die Marktposition von Menschen mit einem niedrigen Bildungsniveau und geringeren Fachkenntnissen geschwächt worden seien. Von anderer Seite könnte indes argumentiert werden, dass der Monetarismus als wirtschaftliche Ideologie zuerst kam und dass dieser immer des versteckte Ziel hatte, die Verhandlungsposition der Arbeit als solche zu schwächen und Einschnitte im Wohlfahrtsstaat vorzunehmen, in der Hoffnung, dass größere Einkommensspannen das Wirtschaftswachstum stimulieren würden.

Die Tatsache, dass die Einkommensverteilung und die Qualität des sozialen Gewebes einer Gesellschaft so eng miteinander verknüpft sind, bedeutet vielleicht, dass es sinnlos ist, eine Kausalkette festlegen zu wollen. Zwischen beiden besteht ein ständiger Austausch, nicht von einem Jahr zum nächsten oder innerhalb einiger Jahre, so dass es sinnvoll wäre, den Versuch zu unternehmen, eine Kausalitätsrichtung festzulegen, dieser Austausch findet nicht einmal von einem Monat zum nächsten statt, es handelt sich vielmehr um ein tagtägliches wechselseitiges Einwirken. Die zwischen sozialen und wirtschaftlichen Prozessen stattfindende Wechselwirkung ist in der ganzen Gesellschaft ständig wirksam, wobei sich der gemeinsame Schwerpunkt gelegentlich auf die eine oder andere Seite verlagert.

Bei all diesen Beispielen sind sozialer Zusammenhalt und Gemeinschaftssinn wichtige Themen. Obwohl die stärkere Ausgewogenheit und der größere Zusammenhalt in den Gesellschaften mit engeren Einkommensspannen bei diesen Beispielen häufig gefördert (oder gewählt) wurden, um einem höheren Zweck zu dienen, wie der Kriegsanstrengung in Großbritannien, dem Wirtschaftswachstum in Japan oder der Unterstützung der kommunistischen Parteien in Osteuropa, so beweisen Roseto und die italienischen Regionen, dass dies nicht immer der Fall sein muss. Ganz eindeutig ist auch, dass die größere Ausgewogenheit der Gesundheit zuträglich war, unabhängig von weiteren ideologischen Zielsetzungen. Wenn man etwas herausgreifen sollte, das auf den Unterschied zwischen mehr oder weniger egalitären Gesellschaften zielt, so hätte dies sicherlich mit der sozialen Beschaffenheit des öffentlichen Lebens zu tun. Statt der reinen Orientierung am Markt oder egozentrischen Beziehungen zwischen Familien oder Haushalten, scheint in ausgewogeneren Gesellschaften die öffentliche Sphäre des Lebens mehr vom Sozialen geprägt zu werden, als dies in anderen Gesellschaften der Fall ist. Dort fällt auf, dass die Menschen sich an sozialen, ethischen und menschlichen Belangen der Gesellschaft beteiligen, sie werden nicht den Marktwerten und -transaktionen überlassen. Die Menschen finden zusammen, um gemeinsam umfassendere soziale Ziele zu verfolgen: Dies macht den sozialen Zusammenhalt aus. Dass diese Kräfte gefördert werden, um dem Kriegsdienst oder einer höheren Produktivität zu dienen, ist nur ein Anzeichen dafür, wie sehr ein Zusammenbruch des Zusammenhalts nicht nur die Gesundheit einer Gesellschaft, sondern auch deren produktive Anstrengungen schwächt.

Seit der Abfassung dieses Kapitels wurden neue Beweise erbracht, die zeigen, dass der soziale Zusammenhalt in den Bundesstaaten der USA eng mit der Einkommensverteilung zusammenhängt. In dem wegweisenden Beitrag „Social capital, income inequality and mortality" im *American Journal of Public Health* (Kawachi et al. 1997) erbringen Kawachi, Kennedy und deren Mitarbeiter den quantitativen Beweis, dass der soziale Zusammenhalt in den USA das Bindeglied zwischen Einkommensverteilung und Mortalität darstellt. Dieser Erkenntnis kommt eine doppelte Bedeutung zu: Es wird hier nicht nur erstmals ein quantitativer Beweis erbracht (im Gegensatz zu dem zuvor angeführten qualitativen Beweis), dass der soziale Zusammenhalt ein Bindeglied zwischen Einkommensverteilung und Mortalität darstellt, es wird hier zugleich anhand von US-Daten bestätigt, was Putnam über Italien zwar berichtete, aber nicht weiter beachtete, dass nämlich der soziale Zusammenhalt eng mit der Einkommensverteilung zusammenhängt. Diese Aussage sollte kein Politiker missachten dürfen.

Kapitel 7
Eine Anthropologie des sozialen Zusammenhalts

Aus historischer Perspektive tasten sich die modernen Gesellschaften noch immer zu einer zufriedenstellenden Organisation des stark integrierten Produktionssystems vor, das die Wirtschaftsentwicklung erst kürzlich hervorgebracht hat. Abgesehen von wenigen Ausnahmen bestand die Welt – sogar in den höchstentwickelten Ländern – noch vor wenigen Generationen hauptsächlich aus Kleinbauern, die größtenteils für den Eigenbedarf produzierten und sich nur marginal am Handel beteiligten. In Großbritannien, wo die Industrialisierung ihren Anfang nahm, muss man nur bis zu meiner Ururgroßmutter zurückgehen, um auf jemanden zu stoßen, der vor dem ersten Eisenbahnbauboom, vor den ersten Früchten der Industriellen Revolution geboren wurde. Schätzungen zufolge waren in Japan noch in den 1860er-Jahren nur ungefähr 5 Prozent der Bevölkerung in irgendeiner Art von Lohnarbeit beschäftigt (Dore 1973). Die Geldwirtschaft prägte keineswegs permanent die menschliche Gesellschaft, erst im letzten halben Jahrhundert ist sie zur beherrschenden Kraft im Leben der Mehrheit der Weltbevölkerung aufgestiegen. Obwohl Geld eine lange Geschichte hat, hatte es im Leben der selbstversorgenden Bauern lediglich eine marginale Funktion. Selbst die Rolle, die es in den vorindustriellen Gesellschaften spielte, war bisweilen stark eingeschränkt – Preise und Löhne waren durch die Tradition oder per Gesetz festgesetzt, Wucher war strikt verboten.

Wenn wir Vorschau und nicht Rückschau auf die Vergangenheit halten, wird deutlich, dass die Art, wie Geld arbeitet und verwendet wird, sich bis zur Unkenntlichkeit verändern wird, je mehr es elektronisch verwendet wird. Wenn die physischen Münzen und Banknoten tatsächlich verschwinden und Einnahmen- und Ausgabenfluss für jedes Mitglied der Gesellschaft nur mehr im Speicher von Zentralcomputern registriert werden, dann wird Geld wahrscheinlich eine ganz andere Bedeutung entwickeln. Schon heute geht es nicht mehr darum, ob man Bargeld in der Tasche hat oder nicht, die Ausgaben der Menschen werden vielmehr durch abstraktere Konstrukte wie ihre Kreditwürdigkeit eingeschränkt. Trotz des Gefühls der überwältigenden Macht der das moderne Leben vollkommen durchdringenden Marktwirtschaft und trotz deren anscheinend unausweichlicher Dominanz über menschliche Angelegenheiten, muss man sich vor Augen halten, wie jung diese Macht ist und wie rasch sie sich wandelt. Da die Gesellschaften einen sozialeren *modus vivendi* mit dem modernen ineinander greifenden Produktionssystem ausloten, ist es wichtig, die Schwierigkeiten zu sehen, sich aber dennoch bewusst zu sein, wie jung die Dominanz der Geldwirtschaft ist und welch rascher Veränderung sie unterworfen ist.

Einkommensunterschiede sind heute der wichtigste Ausdruck und Faktor sozialer und wirtschaftlicher Ungleichheit, Ungleichheit kann aber auch andere Grundlagen haben. Sklaverei, ererbte Positionen und Titel, Feudal- und Kastenwesen – sie alle institutionalisieren die Ungleichheit in unterschiedlicher Form. Mit dem Aufstieg der Geldwirtschaft wurden die sozialen, kategorischen und situationsbedingten Statusmerkmale immer mehr durch monetäre Kennzeichen ersetzt. Die modernen Auswirkungen von Einkommensungleichheit ergeben sich aus einer Kombination von Ungleichheit und Marktmechanismen. Die menschlichen Gesellschaften wurden im Laufe der Menschheitsgeschichte jedoch überwiegend von einer ganz anderen Form des Austauschs zusammengehalten.

Austausch von Geschenken

Bei vielen frühen Gesellschaftsformen, vor allem bei Jägern und Sammlern, Viehzüchtern und Bauern, die Wanderwirtschaft betrieben, war das Teilen von Nahrung und Austauschen von Geschenken die häufigste Form innerhalb der Nomadengruppe, des Dorfes oder Stammes. Sozialanthropologen haben sich intensiv damit beschäftigt herauszufinden, wie verschiedene Güter ausgetauscht wurden, wie die Muster des Nahrung-Teilens, des Schenkens und die Normen der

Wechselseitigkeit aussahen. Nahrung-Teilen und Austausch von Geschenken waren fast immer die vorherrschende Form der Verteilung innerhalb der frühen Gesellschaften.

Schenken war jedoch nicht nur auf den Austausch innerhalb der Gemeinschaft beschränkt, es wurde auch weiträumiger eingesetzt, um manchmal auf ritualisierter Basis Austausch mit benachbarten Menschengruppen zu treiben. Auch wenn Güter regelmäßig mit anderen Gemeinschaften ausgetauscht wurden, um die wirtschaftliche Versorgungsfunktion mit Dingen zu erfüllen, die sich die Gruppen jeweils nicht leicht selbst beschaffen konnten, nahm der Austausch häufig die Form eines Geschenkaustauschs an und wurde von erprobten „Handelspartnern" durchgeführt, zwischen denen negative Reziprozität unterdrückt und Feilschen verboten war.

In den meisten Gesellschaften herrschte ein striktes Tabu gegen jeden offenen Ausdruck materiellen Eigennutzes. „Die !Kung betreiben keinen Handel untereinander. Für sie ist dies eine unwürdige Tätigkeit, die vermieden werden sollte, weil sie zu leicht schlechte Gefühle hervorruft" (Marshall 1961, 242, zitiert bei Sahlins 1974, 232). Hogbin schreibt über den eigennützigen Inlandshandel zwischen nicht miteinander verwandten polynesischen Stämmen: „Die Parteien scheinen sich ein wenig zu schämen [...] und schließen ihren Handel außerhalb des Dorfes ab. Handel, so denkt man, sollte abseits von den von Menschen bewohnten Orten getätigt werden, am besten am Straßenrand oder am Strand" (zitiert bei Sahlins 1974, 236).

Wo Formen primitiven Geldes sogar innerhalb einer Gesellschaft verwendet wurden und wo es Konkurrenz um seltene Rohstoffe gab, war diese fast immer auf die Konkurrenz um Luxusgüter oder Güter für zeremoniale Zwecke beschränkt: Nahrung und andere Grundbedürfnisse wurden weiter untereinander geteilt (Nash 1966). Ein wichtiger Grund, weshalb das Nahrung-Teilen so dominierte und warum die Gesellschaftssysteme Konkurrenz um den Zugang zu Grundbedürfnissen vermieden, bestand in der Vermeidung möglicher Konfliktursachen. Der soziale Konflikt, bei dem Einzelne oder Gruppen einander vom Zugang zu Grundbedürfnissen ausschlossen, musste um jeden Preis vermieden werden. Firth weist darauf hin, dass das System der Nahrungsmittelverteilung bei den Maori bezweckte, dass „Verhungern oder echte Not in einer Familie unmöglich war, solange andere im Dorf noch reichlich mit Nahrung versorgt waren" (Firth 1959, 290).

Es gibt jede Menge derartiger Zitate. Schapera (1930, 148, zitiert bei Sahlins 1974, S. 264) berichtet von den Buschmännern: „Nahrung [...] ist Privateigentum und gehört demjenigen, der sie sich verschafft hat. Von jedem, der Nahrung hat, wird jedoch erwartet, alles denen zu geben, die keine haben. Im Endeffekt wird dadurch die ganze Nahrung gleichmäßig im gesamten Lager verteilt." Radcliffe-Brown verwendet fast die gleichen Worte, um das System des Nahrung-Teilens bei den Andaman-Insulanern zu beschreiben (Radcliffe-Brown 1948, 43, zitiert bei Sahlins 1974, 264).

In zwei wichtigen Abhandlungen, die sich auf eine Fülle anthropologischer Literatur über frühe Austauschsysteme stützten, entwickelte Sahlins diese Analyse des Systems des Geschenkaustauschs weiter (Sahlins 1974). Er erklärte, dass der allgegenwärtige Geschenkaustausch und das Nahrung-Teilen in primitiven Gesellschaften eine Möglichkeit der Friedenssicherung waren. Er bezieht sich auf Hobbes' politische Philosophie, wenn er behauptet, dass frühe Gesellschaftsformen das Konfliktpotenzial des „Krieges jeder gegen jeden" in sich bergen. Nicht dass es tatsächlichen Krieg im Sinne eines Hobbesschen „Naturzustandes" gäbe, vielmehr liegt es angesichts einer fehlenden allmächtigen Kraft (eines Herrschers oder einer „allgemeinen Kraft, die alle einschüchtert"), die Konflikte vermeiden kann, an jedem Einzelnen, die Beziehungen zu den Anderen so zu gestalten, dass der Frieden erhalten und Feindschaft vermieden wird. Mit anderen Worten, wenn es keine Polizei gibt, muss man seinen eigenen Frieden mit den Menschen machen. Durch den Austausch von Geschenken und Nahrung wurde dies dann bewerkstelligt.

Sahlins merkt an, dass es beim Schenken und beim gegenseitigen Austausch eine ganze Bandbreite des Umgangs miteinander gibt. Diese erstreckt sich vom „Opfer zugunsten eines Anderen bis zum eigennützigen Gewinn auf Kosten eines Anderen". Am einen Ende der Skala steht die einseitige Gabe, in der Mitte die verschiedenen Formen des gegenseitigen Schenkens mit loseren oder strengeren Normen über Zeitpunkt und Art des gegenseitigen Geschenks und am anderen Ende befinden sich verschiedene Formen eindeutig eigennützigen Marktaustauschs und Feilschens. Er betont das moralische Element beim Schenken und zitiert in diesem Zusammenhang aus Ethnographien unterschiedlicher Gesellschaften: „Das Gefühl war da, dass der Nahrungsmittelhandel verwerflich war" (Sahlins 1974, 218). „Welchen Nutzen [der gegenseitige Geschenkaustausch] auch immer hatte, es musste gar keinen geben, immer gab es einen moralischen Zweck [...] es sollte eine freundliche Atmosphäre geschaffen werden [...] und wenn dies nicht gelang, dann wurde der Zweck verfehlt" (Ebda., 220). „Um Gleichwertigkeit [beim gegenseitigen Schenken] bemüht zu sein [...] ist ein beiderseitiger demonstrativer Verzicht auf Eigennutz, eine gewisse Absage an eine feindliche Absicht oder Gleichgültigkeit zugunsten von Wechselseitigkeit" (Ebda., 220).

Die Gabe, die mit einem Gefühl der Verpflichtung und dem Zwang der Erwiderung einhergeht, kommt in Sahlins' Augen einem primitiven Sozialvertrag gleich: Es ist, wie er sagt, die Art, wie die Menschen sich untereinander einigen können. In allen menschlichen Gesellschaften bewirkt der Empfang eines Geschenkes ein Gefühl von Verpflichtung und einen Zwang zur Erwiderung der Gabe. Dies scheint in der Tat eine der wenigen allgemein gültigen Gemeinsamkeiten der menschlicher Gesellschaft zu sein. Es ist ein soziales Bindeglied: „Wenn Freunde schenken, dann machen Geschenke Freunde" (Ebda., 186). Dieses Gefühl der Verpflichtung ist so stark, dass es häufig die Grundlage für die Macht eines Häuptlings bildet. Diejenigen, die am meisten geben, gewinnen auch am meisten Einfluss und Macht, indem sie veranlassen, dass sich die Menschen ihnen verpflichtet fühlen.

Sahlins schließt seine Ausführungen mit den Worten:

Hier wurde eine Abhandlung über die Wirtschaft geschrieben, in der „das Wirtschaften" vor allem als exogener Faktor erscheint. Die Organisationsprinzipien der Wirtschaft wurden an anderer Stelle gesucht. Dies ging so weit, dass sie außerhalb des angenommenen Hangs des Menschen zum Hedonismus gefunden wurden, es wird hier eine Strategie primitiver Wirtschaft angedeutet, die fast das Gegenteil der sonst üblichen reinen Wirtschaftslehre ist.

(Ebda., 230)

Dies heißt, dass in diesen Gesellschaften die Aufrechterhaltung guter sozialer Beziehungen wichtiger war als enger gefasste materielle Überlegungen.

Diesen institutionellen Praktiken kommt nicht einfach deshalb Bedeutung zu, weil sie einen Gegensatz zu den heute vorherrschenden Austauschsystemen bilden, sondern weil sie ein kulturelles Muster darstellten, das sich unabhängig in den unterschiedlichen Gesellschaften auf der ganzen Welt herausgebildet hatte und nicht nur ein knappes Jahrhundert überdauerte, sondern vielmehr Hunderttausende von Jahren – und somit den weitaus überwiegenden Teil der menschlichen Existenz – Gültigkeit hatte. Sie spiegeln die Formen wider, mit deren Hilfe das soziale Leben der Menschen organisiert wurde, und die Institutionen, durch welche die Menschen sich selbst, ihr Verhalten und ihre Beziehungen zu anderen kennen lernten.

Die institutionelle Verankerung des Verhaltens bestimmt die jeweiligen Ansichten, wie wir miteinander in Beziehung stehen und was wir unter „normaler" oder „natürlicher" zwischenmenschlicher Beziehung verstehen und wie wir diese erfahren. Es spielt vielleicht keine Rolle, ob Handlungen eigentlich auf einer anderen Ebene eigennützig sind. Wichtig ist, ob die von uns verwendeten Formen Eigennutz oder Gegenseitigkeit als Norm in menschlichen Beziehungen verkünden.

Die Ausstauschsysteme, durch die wir als Individuen in der Gesellschaft miteinander in Kontakt treten, festigen in uns nicht nur starke Vorstellungen, wie wir zueinander in Beziehung stehen, sie scheinen uns auch offen zu legen, wie sozial oder eigennützig unser Wesen im Grunde ist. Unausweichlich erleben wir das institutionalisierte Muster der materiellen Beziehungen, durch das wir unser Leben leben, als ob diese Beziehungen unmittelbar unser inneres Wesen und unseren Bezug zueinander ausdrückten.

Die Art wie Sahlins Hobbes' politische Philosophie benützt, führt zu erstaunlichen Schlussfolgerungen, die Sahlins nicht weiterentwickelt. Angesichts einer fehlenden übermächtigen Regierungsmacht sollten wir, wie Sahlins andeutet, den Austausch von Geschenken, das Teilen von Nahrung und den auf materielle Egalität abzielenden Charakter früher Gesellschaften als Folge des menschlichen Bedürfnisses nach Frieden untereinander ansehen. Wenn er recht hat, dann sollte auch das Gegenteil zutreffen: Der offenkundige Eigennutz von Markttransaktionen und die große materielle Ungleichheit in modernen hierarchisch gegliederten Gesellschaften basiert auf dem Vorhandensein einer übermächtigen Autorität, die in der Lage ist, den Frieden aufrechtzuerhalten. Polizei, Gerichte und Gefängnisse sprechen die Menschen nicht nur von der Notwendigkeit frei, untereinander Frieden zu halten, sie geben uns auch die Möglichkeit so zu leben, dass Konflikte entstehen können. Wir können unsere Angelegenheiten so erledigen, dass sie sozialer Harmonie nicht förderlich sind, weil wir vor den meisten sozialen Konsequenzen dieser Vorgehensweisen geschützt sind. Materielle Ungleichheit und Marktbeziehungen passen so gar nicht zu Fürsorge und harmonischen sozialen Beziehungen, dass eine übermächtige Regierungsmacht, die die soziale Ordnung aufrechterhalten kann, eine Notwendigkeit ist. Nur aufgrund ihrer Rechtsprechung können die Klagen der Entrechteten berechtigt ignoriert werden.

Starke soziale Tabus gegen offen zum Ausdruck gebrachten materiellen Eigennutz bei Austauschsystemen waren nicht nur auf die frühesten Gesellschaftsformen beschränkt. Beim Übergang von der bäuerlichen Klassengesellschaft zur Marktwirtschaft — also lange nach dem Verlust des primitiven Egalitarismus — wurde der historische Übergang zu einer voll ausgebildeten Handelsgesellschaft von einem Aufflammen moralischer Gesinnungen geprägt. Der vielleicht berühmteste Beitrag zu diesem moralischen Wandel ist Bernard Mandevilles *„Bienenfabel"* (*Fable of the bees: or private vices, publick benefits*), die 1714 erstmals erschien. Mandeville, der allgemein als derjenige angesehen wird, der den Weg zu einer kommerzielleren oder kapitalistischeren Ethik freimachte, vertrat den von vielen als moralisch anstößig angesehenen Gedanken, dass das Verfolgen privaten Eigennutzes der ganzen Gesellschaft zugute käme (Goldsmith 1985). *Die Bienenfabel* „beinhaltete eine Ablehnung der vorherrschenden politischen und sozialen Einstellung und bot eine andere Sozialtheorie an [...] [die] sich ganz besonders dafür eignete, eine [...] kommerzielle oder [...] kapitalistische Gesellschaft zu rechtfertigen" (Goldsmith 1985, 123). „Die menschliche Gesellschaft würde von Menschen verbessert, deren Taten egoistisch auf das eigene Vergnügen ausgerichtet sind." (Ebda., 162) Im Mittelpunkt stand der Wandel der moralischen Gesinnung: Galt früher, je mehr die privilegiertesten Teile der Gesellschaft konsumierten, desto weniger verbliebe allen anderen, so wurde nun die Ansicht vertreten, dass erhöhter Verbrauch der Reichen sich auf die ganze Gesellschaft positiv auswirke, weil die Armen dadurch Arbeit und Lohn erhielten. Die eine Einstellung war durch die landwirtschaftliche Produktion und durch das begrenzte Vorhandensein von Grund und Boden geprägt, während die andere eine kommerzielle Gesellschaft widerspiegelte, in der die Menschen – fast buchstäblich – vom Geld durch den Verkauf ihrer Arbeitskraft lebten. Im Gegensatz zu denjenigen, die die gesellschaftlichen Probleme auf die unmäßige Gier nach Luxus und Reichtum zurückführten, der Teil der Ausschweifungen und Verderbtheit der Wohlhabenden zu sein schien, verkündete Mandeville in seiner satirischen Art, dass der Luxus „eine Million Arme beschäftige". Sogar der Diebstahl gab dem Schlosser noch Arbeit. Dieses Argument führte weithin zu Empörung und war das gesamte 18. Jahrhundert hindurch umstritten. Unter anderen beteiligten sich auch David Hume und Adam Smith an der Debatte. Wenn es auch schon in früheren Jahrhunderten Elemente einer monetarisierten Wirtschaft gegeben hatte, so war der monetäre Austausch so geregelt worden, dass der Eigennutz sich innerhalb sozial umrissener Grenzen hielt. In der mittelalterlichen Gesellschaft waren Löhne und Preise von wichtigen Gütern per Gesetz und Tradition so geregelt, dass sie als gerecht oder fair angesehen wurden. Es gab keinen freien Markt und es war illegal von kurzfristigen Engpässen zu profitieren.

Die Herausbildung der neuen Wirtschaftsmoral ging Hand in Hand mit einer im England des 18. Jahrhunderts stattfindenden Entwicklung, die manchmal euphemistisch als „Handelsrevolution" oder „Geburt der Konsumgesellschaft" bezeichnet wurde (McKendrick et al. 1982). Die Zeit war geprägt durch einen wachsenden, öffentlich zur Schau gestellten Konsum, durch das Aufkommen der Mode und die Entwicklung des Kauf- und Handelslebens. Ende des 18. Jahrhunderts war es dann auch Napoleon, der England als „Krämervolk" bezeichnete.

Gleichzeitig wurden die finanziellen Interessen zu einer erkennbaren Kraft in der Gesellschaft. 1694 war die Bank of England gegründet worden, es gab auch eine wachsende Aktivität an der Börse. Die zunehmende Bedeutung des Marktes als beherrschendes Prinzip des Wirtschaftslebens bedingte klarerweise auch, dass frühere moralische Bedenken aufgegeben werden mussten. Einer der wichtigsten Vorteile des Marktes war es, dass er als scheinbar vollkommen mechanistischer und unpersönlicher Verteiler von dessen Ungerechtigkeiten funktionierte. Er sprach die Privilegierten und Mächtigen von ihrer sozialen Verantwortung frei und stellte sicher, dass die Armen kaum je eine bestimmte Person für ihre Notlage verantwortlich machen konnten. Der Gedanke, dass der Markt auf wunderbare Weise die ungehemmte Verfolgung eigennütziger Ziele in einen Akt der Nächstenliebe verwandeln könnte, fand in verschiedenen Teilen der Gesellschaft natürliche Verbündete.

Der Grad an Ungleichheit in modernen Gesellschaften zeigt, in welchem Maße wir das Wohlergehen des Anderen missachten. In Ländern, wo die Einen Hunger leiden, während es sich die Anderen gut gehen lassen, sind die Trennungen härter und grausamer als in Staaten, wo Sozialversicherungssysteme zumindest eine Grundversorgung sicherstellen. Die sozialen Konnotationen von Ungleichheit und Markt vermitteln keine unterschiedlichen Botschaften, vielmehr laufen sie auf das gleiche hinaus. Wenn die soziale Umgebung, in der offene Trennung oder gegensätzliche Interessen sich in Markttransaktionen und in der Abhängigkeit der Haushalte von getrennten Einkommen ausdrücken, von relativer materieller Gleichheit geprägt wird, dann werden die spaltenden sozialen Bedeutungen stark abgeschwächt. In der Tat werden die trennenden Eigenschaften des Marktes stärker oder schwächer, je nachdem wie groß oder klein die Einkommensunterschiede sind. Dort, wo sie größer sind, schwappen die Prinzipien des Marktes häufig auf Bereiche des gesellschaftlichen Lebens über. Je mehr sich die Prinzipien der sozialen Organisation der Logik des privaten Gewinns unterordnen, werden Marktgesellschaften zu Marktwirtschaften.

Es gibt eine ganze Reihe psychologischer Prozesse, die die Toleranz gegenüber sozialer Ungerechtigkeit verstärken und marktbedingter materieller Ungleichheit den Anschein von Legitimität verleihen. Vor allem neigen Menschen häufig zu der Annahme, dass ihre gesellschaftliche Stellung ein Spiegelbild ihres inneren Wertes sei. In *The hidden injuries of class* zeigten Sennet und Cobb (1973), dass sich bei Arbeitern in Boston ihre relativ untergeordnete Position am stärksten in ihrer Überzeugung niederschlug, dass sie von Geburt an weniger fähig seien als die Menschen, die sozial über ihnen standen. Entweder akzeptieren die Menschen, dass ihre Stellung ein Spiegelbild ihrer Fähigkeiten ist oder sie kämpfen ständig um eine Verbesserung ihrer gesellschaftlichen Stellung und darum, ihre Selbstachtung zu retten.

Zahlreiche psychologische Untersuchungen haben bewiesen, dass wir alle dazu neigen, Fähigkeiten von sozialen, berufsbedingten Nebensächlichkeiten abzuleiten – auch in Situationen, wo es dafür eindeutig keine mögliche Berechtigung geben kann. In einem Experiment wurden Teilnehmer nach dem Zufallsprinzip paarweise eingeteilt, wobei der Eine den „Fragesteller" und der Andere den „Kandidaten" spielen sollte (Ross L. 1978). Die Fragesteller mussten sich anhand ihres eigenen Allgemeinwissens schwierige Fragen zum Allgemeinwissen ausdenken, deren Antworten sie wussten, und diese dann ihren Partnern, den Kandidaten, stellen. Den Fragestellern, deren Kandidaten-Partnern und einer Gruppe von Beobachtern war bekannt, dass ihnen die Rolle jeweils nach dem Zufallsprinzip zugewiesen worden war. Und dennoch stellte sich am Ende des Experiments heraus, dass alle drei Gruppen – Fragesteller, Kandidaten und Beobachter – das Allgemeinwissen der Fragesteller signifikant höher einschätzten als das der Kandidaten. So gaben die Kandidaten ihrem eigenen Allgemeinwissen auf einer Skala von 1–100 lediglich die Note 40, während sie dem Wissen ihrer Partner die Note 65 verliehen. Ähnliche Ergebnisse zeigen, dass wir von unserer eigenen Rolle und der Rolle anderer in einer Institution oder in einer gesellschaftlichen Stellung auf unsere relativen Fähigkeiten schließen. Die andere Seite der Medaille ist die Wirkung, die Statusunterschiede auf die Selbstachtung und das Selbstvertrauen der Menschen haben können.

Ein wichtiger Aspekt des Marktes und der Lohnarbeit ist der dadurch institutionalisierte Individualismus. Im Mittelpunkt des Individualismusbegriffs steht die praktische Trennung der Interessen und der Identität jedes Einzelnen von denjenigen der Anderen. Am deutlichsten kommt der Individualismus in der Rolle zum Ausdruck, den das Bargeld in einer Marktwirtschaft spielt, wo wir unseren Lebensunterhalt verdienen und Geld für unser „Leben" ausgeben, wobei wir einander wie auf dem Marktplatz als Käufer und Verkäufer gegenüberstehen. Mein Einkommen ist allein für meine Bedürfnisse da, und jede Anerkennung deiner Bedürfnisse stellt in Frage, ob ich mit meinem Einkommen auskomme, und gefährdet somit meine Sicherheit.

Der wirtschaftlichen Notwendigkeit von Einnahmen und Ausgaben und den Wirtschaftsinstitutionen, durch die wir diese abwickeln, wohnt eine Rationalität inne, die einen großen Teil unseres Lebens bestimmt. Diese Logik des possessiven Individualismus, die aus dem Gegensatz vermarkteter „Interessen" erwächst, liefert den Ökonomen ihre Rational Choice-Theorie. Diese Logik bleibt indes nicht einfach eine äußere Tatsache des Lebens, sie wird vielmehr internalisiert. Statt die realen, situationsbedingten Ursachen unseres Verhaltens zu sehen, ist deutlich geworden, dass wir ihnen eine innere Rationalität zuschreiben, als ob diese uns innewohnte. Wir erfahren uns selbst als mit geeigneten sozialen, materiellen und erwerbsorientierten inneren Veranlagungen und Motivationen ausgestattet, die durch unser Handeln zu Tage zu treten scheinen. Infolgedessen schwappt der eigennützige Individualismus des Marktplatzes auf andere Bereiche des gesellschaftlichen Lebens über. Wenn wir uns durch den Markt erfahren, dann handeln wir, als ob dessen Motivationen tief in uns angesiedelt wären. Das Wesen des öffentlichen Lebens verändert sich, die menschliche Interaktion wird von den asozialen Werten des Marktes beherrscht.

Die Sozialpsychologie hat aufgezeigt, wie sehr wir uns nicht durch eine echte interne introspektive Quelle verstehen, unser Wesen und unsere Merkmale nicht daraus ableiten, sondern durch die Beobachtung unseres Verhaltens. In ganz außerordentlichem Maße benutzen wir situations- und verhaltensbedingte Anhaltspunkte, um nicht nur unsere eigenen Emotionen und Motivationen zu interpretieren, sondern auch auf jene der Anderen zu schließen. Schlussendlich gelangen wir zu der Überzeugung, dass der Mensch von Natur aus das ist, was seine Kultur nahe legt. Wenn wir also durch Institutionen leben, die sich selbst durch einen Interessengegensatz begründen, dann lesen wir auf diese Weise die ganze menschliche Natur. Deshalb haben die Menschen im Verlauf der gesamten Menschheitsgeschichte, von einer Gesellschaftsform zur anderen, geglaubt, dass die Institutionen ihrer eigenen Gesellschaft bloß niedergeschriebenes Naturgesetz sind. Menschen in Gesellschaften, wo der Austausch von Geschenken die Norm war, wuchsen mit einer ganzen Reihe von Annahmen auf, wie sie zueinander in Beziehung stehen; wir wachsen mit anderen Vorstellungen auf.

Dass der Mensch dazu neigt, diesen Schluss zu ziehen, hat den zusätzlichen Effekt, dass wir das Maß an Veränderung unterschätzen. Dadurch scheint es, als ob alle Mängel in der Gesellschaft aus den Unzulänglichkeiten der Menschen erwüchsen und nicht aus den Unzulänglichkeiten der Institutionen. Dieser Umkehrschluss ist so stark, dass er zur Stabilisierung der kulturellen Formen, durch die wir leben, dient. Gleichzeitig sehen wir nicht, wie rasch eine andere soziale Ordnung das Spiegelbild eines unterschiedlichen menschlichen Charakters sein kann.

Die Mehrzahl der Forschungsarbeiten über die Wahrnehmung unserer Gefühle und der uns motivierenden internen Welt wurde durch Daten angeregt, die zu zeigen schienen, dass ganz unterschiedliche Gefühle von im weitesten Sinne ähnlichen Zuständen physiologischer Erregung begleitet werden (Kleinke 1978). Statt durch einen introspektiven Prozess, durch den wir eine innere Ursache für die Erkenntnis dessen finden, was wir empfinden, stellte sich heraus, dass sich Gefühle hauptsächlich durch kognitive Prozesse voneinander unterscheiden, woran eine Interpretation unserer Situation beteiligt ist. Das emotionale Erleben eines bestimmten Zustands physiologischer Erregung, so wurde erkannt, hängt von der Perzeption situationsbedingter Anhaltspunkte ab. Der Beweis des kognitiven und situationsbedingten Beitrags zum Erleben einer Emotion hing von der Manipulation der Situation der Versuchspersonen ab, um diese zu veranlassen, ihren Erregungszustand nicht fälschlicherweise in Form eines Automatismus mit der ursprünglichen kognitiven Quelle in Verbindung zu bringen. Durch einige Verfälschungen der Versuchsumgebung konnte gezeigt werden, dass ursprünglich durch Angst, Spaß oder Ärger, durch Adrenalinspritzen oder sogar durch körperliche Betätigung verursachte physische Erregung als eine ganz andere Emotion empfunden werden konnte. Dieser Erfahrungsprozess der Fehlattribuierung hing von keinerlei verbalem Ausdruck, bewusster Erinnerung oder Befragung ab.

Ein weniger erstaunliches, aber dennoch marktrelevantes Beispiel beschäftigt sich mit der Auswirkung von Bezahlung auf die intrinsische und extrinsische Motivation. Zwei getrennte Studentengruppen sollten an einigen Puzzlespielen arbeiten (Deci 1971). Einer Gruppe wurde gesagt, sie würde für jede richtige Lösung einen bestimmten Geldbetrag erhalten, während die andere Gruppe nicht bezahlt wurde. Nach einer Stunde wurde beiden Gruppen eine Ruhepause gewährt, in der sie unbemerkt beobachtet wurden. Es bestätigte sich die Vorhersage, dass die Studenten, die nicht bezahlt wurden, sich intrinsisch motiviert sehen und daher mit größerer Wahrscheinlichkeit auch während der Ruhepause weiter an den Puzzles arbeiten würden. Dies legt nahe, dass die Wahrnehmung, ob man Puzzles gerne macht oder nicht, nicht ausschließlich von einem inneren Wissen abhängt, wie angenehm oder unangenehm die Arbeit daran für sie ist, sondern signifikant von einem situationsbedingten Anhaltspunkt für ihre Motivation beeinflusst ist.

Ein weiterer, häufig wiederholter Versuch, der die gleiche Grundaussage beleuchtet, nennt sich der „Versuch mit dem verbotenen Spielzeug". Dabei werden Kinder aufgefordert, mit einem bestimmten Spielzeug nicht zu spielen, während eine erwachsene, Aufsicht führende Person für kurze Zeit den Raum verlässt (Kleinke 1978). Die eine Gruppe wird freundlich vor einer Übertretung des Verbotes gewarnt, während die andere viel strenger auf das Verbot hingewiesen wird. Die Kinder werden in der Folge beobachtet, und es zeigt sich, dass keiner in Abwesenheit der Aufsichtsperson mit dem verbotenen Spielzeug spielt. Bei einer späteren Befragung stellt sich heraus, dass die Kinder, denen das Spielen strenger verboten worden war, das Spielzeug viel verführerischer fanden als jene Kinder, die milde auf das Verbot hingewiesen worden waren. Nachdem es mehrere mögliche Interpretationen dieses Ergebnisses gibt, wurde der Versuch in verschiedenen Varianten wiederholt. Die Resultate zeigten, dass Kinder, die freundlich verwarnt wurden, mit größerer Wahrscheinlichkeit folgerten, dass sie mit dem Spielzeug nicht spielten, weil sie es nicht sehr interessant gefunden hatten. Jene, denen das Spielen streng verboten worden war, empfanden mit viel geringerer Wahrscheinlichkeit, dass sie aus freien Stücken gehandelt hatten, wenn sie mit dem Spielzeug nicht spielten, und schlossen daher bei einer versuchten Erklärung ihres Tuns nicht auf mangelndes persönliches Interesse.

Hierbei handelt es sich um ein gründlich entwickeltes Forschungsgebiet der Sozialpsychologie mit einer aus einer großen Anzahl von ganz unterschiedlichen Versuchen resultierenden Theorie, durch die aufgezeigt werden kann, wie labil sogar so starke Gemütserregungen wie Ärger, Furcht, Abscheu und Anziehung sind. In jedem Fall stellt sich heraus, dass das Wesen einer Gemütserregung nicht einfach ein rein innerlicher Vorgang ist, sondern von einer kognitiven Konstruktion der Situation abgeleitet wird.

Im vorliegenden Zusammenhang kommt dieser Arbeit deshalb so große Bedeutung zu, weil dadurch aufgezeigt wird, dass wir in einem bestimmten sozial strukturierten Kontext mit wenig echter innerer Kenntnis über unsere Beweggründe und Gefühle unser inneres Wesen aus unserem äußeren Verhalten ablesen. Wie Bem sagt, „lernen

Einzelpersonen ihre eigenen Haltungen, Emotionen und andere innere Zustände teilweise dadurch kennen, dass sie Schlüsse aus Beobachtungen ihres eigenen, nach außen gerichteten Verhaltens und/oder der Umstände ziehen, in denen dieses Verhalten vorkommt" (Bem 1972, S. 5). Im Wesentlichen ist die Selbsterkenntnis ein Produkt aus Überzeugungen über die Beweggründe des Verhaltens und weist aufgrund der schwachen genuin introspektiven Ursachen des Selbst-Bewusstseins viele Gemeinsamkeiten mit unserer gegenseitigen Wahrnehmung auf. Was wir für die innere Welt halten, lesen wir aus sozial und institutionell motiviertem und strukturiertem äußeren Verhalten ab. In unserem bewussten Verständnis nehmen wir jedoch an, dass der Prozess in die andere Richtung abläuft. Die – schon zuvor erwähnte – Tendenz, soziale Institutionen als Ausdruck der menschlichen Natur aufzufassen, scheint durch den so genannten „grundlegenden Attribuierungsfehler" unterstützt zu werden. Dabei handelt es sich um eine von der Sozialpsychologie festgestellte systematische Tendenz, die besagt, dass der Mensch den Einfluss externer situationsbedingter Faktoren unterschätzt und die Rolle interner motivierender Veranlagungen in seiner Verhaltenswahrnehmung anderen Menschen gegenüber überschätzt (Ross, L. 1978). Mit anderen Worten ausgedrückt, statt die echten Zwänge der Situation zu sehen, wird das Verhalten so wahrgenommen, als ob es einfach Ausdruck einer inneren Veranlagung wäre. Der Mensch reagiert so sensibel auf seine Situation, dass der Beweis erbracht werden konnte, dass viele angeblich psychologische Merkmale – die man für dauerhafte Persönlichkeitsmerkmale gehalten hatte – wenig oder keine Dauerhaftigkeit im Situationsvergleich zeigen (Mischel 1986). Manchmal genügt eine sehr subtile Manipulation der Situation im Rahmen eines Experiments, um Unterschiede, die zuvor als relativ stabile Persönlichkeitsmerkmale angesehen worden waren, zu verwischen.

Wichtig ist festzuhalten, dass diese Arbeit sich nicht einfach auf das bewusste Erinnern der Menschen oder auf deren Berichte über ihre Gefühle oder Motivationen bezieht. Vielmehr handelt sie davon, wie das Verhalten der Menschen durch Wahrnehmungen ihrer Gefühle geformt wird, die, statt von einer echten inneren Quelle zu stammen, nicht mehr als eine plausible kognitive Ableitung dessen zu sein scheinen, was sie wahrscheinlich in jener Situation empfinden würden.

Ein besonders deutlicher Indikator für die Stärke des Einflusses, den der Markt auf soziale Beziehungen ausübt, ist die Art und Weise, wie dessen Einflusssphäre mit den familiären Grenzen koinzidiert. Die Grenzen der Familie fallen mit dem Übergang von Marktbeziehungen zum Teilen zusammen. Wenn davon gesprochen wird, dass eine Gesellschaft ein erweitertes Familiensystem aufweist, dann heißt das in der Praxis, dass ein weiterer Kreis von Angehörigen einen Anspruch auf die Ressourcen eines Anderen und eine Pflicht gegenüber dem gegenseitigen materiellen Wohlergehen hat. Im Allgemeinen leben Familien und Haushaltsmitglieder von einem gemeinsamen Haushaltseinkommen: auch wenn nicht das gesamte Einkommen geteilt wird, trifft dies doch auf Nahrung und Haushaltseinrichtungen zu. Wenn ein Paar heiratet oder zusammenzieht, dann spielt das Teilen der Ausgaben und die Übernahme der Verantwortung für das gegenseitige Wohlergehen eine wichtige Rolle. Im Hinblick auf die erweiterten Verwandtschaftsnetzwerke in primitiven Gesellschaften wies E. B. Tylor darauf hin, dass (im Englischen) *kindred* (Verwandtschaft) mit *kindness* (Güte) zusammenhängt, „zwei Wörter, deren gemeinsame Wurzel [...] eines der Hauptprinzipien des Soziallebens ausdrückt" (zitiert bei Sahlins 1974, 196). Interessant wäre es zu wissen, wie sehr die Wahrnehmung unterschiedlicher sozialer und emotionaler Verwandtschaft aus der Art und Weise resultiert, wie wirtschaftliche Übereinkommen eine gemeinsame Interessenidentität stiften oder zerstören und wie weit die wirtschaftlichen Übereinkommen zuvor existierenden emotionalen Bindungen folgen.

Abgesehen vom Austausch von Geschenken waren vor-agrarische menschliche Gesellschaften in hohem Maße egalitär. In der Tat lebten unsere Vorfahren als Sammler und Jäger über weite Strecken der Urgeschichte (vermutlich etwa 2,5 Millionen Jahre) in kleinen egalitären Gruppen. Anthropologen haben auf eine Reihe verschiedener Faktoren als Grundlage für diesen Egalitarismus hingewiesen. Sahlins' Erklärung des Systems des gegenseitigen Schenkens und Nahrung-Teilens war also *per implicationem* eine Erklärung des materiellen Egalitarismus früher Gesellschaftsformen (Sahlins 1974). In beiden Fällen handelte es sich um eine Möglichkeit Frieden zwischen Individuen zu halten angesichts des Fehlens einer externen Hobbesschen Kraft, die dies für sie erledigen würde.

Andere Anthropologen haben anders lautende Erklärungen für den Egalitarismus der frühen Gesellschaften gegeben. Nach Woodburn verfügten die durch große soziale Gleichheit gekennzeichneten Gesellschaften der Sammler und Jäger über Wirtschaften mit „unmittelbarem Gewinn" im Gegensatz zu Wirtschaften mit „verzögertem Gewinn" (Woodburn 1982). Diese unterscheiden sich voneinander durch das Ausmaß, in welchem die Nahrungsmittelproduktion zwischen der Anwendung von Arbeitskraft und dem daraus resultierendem Endprodukt eine Verzögerung erfährt. Jede Landwirtschaft geht unweigerlich mit Verzögerung einher, während die Nahrungssuche nach natürlich Wachsendem wenig oder keine Verzögerung zwischen dem Sammeln und dem Verbrauch aufweist. Wenn bearbeitetes Werkzeug beteiligt ist, kommt es auch zu einer Verzögerung zwischen der zur Herstellung der Werkzeuge eingesetzten Arbeit und den mit deren Hilfe hergestellten Verbrauchsgütern. Diese Verzögerungsformen führen zu Eigentumsrechten, die jene, die die Arbeit anwandten, mit dem Endprodukt verbanden. Nach Ansicht Woodburns führen sogar schon diese frühen Eigentumsformen zu einem Abgehen von den egalitärsten Formen der sozialen Organisation.

Im Gegensatz zu diesen beiden Ansichten analysierte Goody das Wachstum von Zwang ausübenden Kräften (Goody 1971). Wie hierarchisch oder egalitär Gesellschaften sind, hängt seiner Meinung nach ebenso von der Kontrolle über die Zerstörungsmittel wie auch von der Kontrolle über die Produktionsmittel ab. Manche Waffen – etwa Steinwerkzeuge, Speere, Pfeil und Bogen – sind im Wesentlichen demokratisch, weil jeder sie herstellen kann und es schwierig ist, den Zugang zu diesen zu verweigern. Auf der anderen Seite können Gewehre nur von anderen Quellen bezogen werden, und wem es gelingt, ein Monopol zu deren Zugang zu errichten (oder zu jeder anderen höheren Waffengattung), der hat auch die Macht, Zwang auf andere auszuüben. Ganz eindeutig kommt den Produktionsmitteln ebenfalls eine große Bedeutung zu. Klassensysteme hängen vom kontrollierenden Zugang zu den Produktionsmitteln ab, wobei die Kontrollmechanismen je nach Entwicklungsstufe variieren. Die Strategie der Kontrolle über die Arbeitskräfte hängt davon ab, wie leicht ein unabhängiger Zugang zu produktiven Ressourcen ist (Wilkinson 1973).

Diese vier Theorien sind eindeutig miteinander vereinbar, wenn sie auch je nach Gesellschaftsform und Entwicklungsstufe unterschiedlich relevant sind. Sie stimmen mit der Ansicht überein, dass soziale Harmonie in den frühen Gesellschaften von herausragender Bedeutung war und eine Bedrohung durch Konflikte über knappe Ressourcen vermieden werden musste. In einem Buch, in dem es vor allem um die Auswirkungen von Ungleichheit auf die Gesundheit geht, ist es eminent wichtig sich bewusst zu machen, dass im Laufe des größten Teils der Menschheits- und Urgeschichte die menschlichen Gesellschaften Wert darauf legten, einige Ursachen für soziale Disharmonie zu vermeiden, und egalitärere sozialen Systeme bevorzugten. Die Tatsache, dass wir uns — fast solange es unsere Spezies gibt — nach moderner Auffassung bemerkenswert egalitär organisierten, deutet darauf hin, dass wir vielleicht psychologisch nicht gut an Ungleichheit und Individualismus angepasst sind. Die Auswirkung von Ungleichheit und untergeordneter Stellung für das Überleben könnte hierfür eine Bestätigung sein. Während kurzfristige Stressreaktionen, die den Körper auf das Handeln vorbereiten, ganz eindeutig für das Überleben vorteilhaft sind, scheinen die Auswirkungen von chronischem Stress, der häufig mit niedrigem sozialen Status und einem Fehlen von gegenseitig unterstützenden sozialen Bindungen einhergeht, etwas zu sein, an das unser Körper nicht gewöhnt ist (siehe Kapitel 10).

Von Zeit zu Zeit vergessen die Menschen, dass wir psychologisch an das Leben in Gruppen mit egalitäreren sozialen Bindungen angepasst sind, und zitieren die Hierarchie bei Schimpansen als den uns am nächsten stehenden Primaten, um zu suggerieren, dass Ungleichheit beim Menschen angeboren ist. Power führt in ihrem Buch *The egalitarians* (1991) indes an, dass Schimpansen erst mit der Einführung der künstlichen Fütterung von einer egalitären Sozialordnung abgingen.

Da es äußerst schwierig ist, wild lebende Schimpansen zu beobachten, wenn man ihnen auf ihren Streifzügen folgen muss, begannen Forscher sie zu füttern, um sie in der Nähe der Beobachtungsposten zu halten. Sie sorgten für ein System regelmäßiger Fütterungen aus Boxen, die zu bestimmten Zeiten ferngesteuert geöffnet werden konnten. Power vertritt die Meinung, dass dies grundsätzliche Veränderungen in der sozialen Organisation auslöste (Power 1991). Sie weist auf die unterschiedlichen Berichte über die soziale Organisation und das Verhalten von Schimpansen hin, bevor und nachdem sich die künstliche Fütterung als Beobachtungsmethode von frei lebenden Tieren durchgesetzt hat. Regelmäßige Fütterungszeiten führten dazu, dass sich eine große Anzahl von Tieren versammelte und gespannt darauf wartete, dass sich die Bananenboxen öffneten. Es kam zu Streitigkeiten und Kämpfen. Power meint dazu:

> Die von Menschen gesteuerten, vollkommen unnatürlichen Fütterungssituationen hatten schwer wiegende Auswirkungen auf die Affen, auf ihr Verhalten, die Stimmung untereinander und ihre Beziehungen. In der Spannung, gemeinsam mit anderen auf das Obst zu warten [...] traten die Schimpansen in heftige, direkte Konkurrenz zueinander; und die radikale Veränderung, die sich auf die gesamte adaptierte Sozialordnung verheerend auswirken sollte, nahm ihren Anfang.
>
> (Power 1991, 70)

Verteilungsmuster wurden zerstört und benachbarte Gruppen verhielten sich feindlicher zueinander. Das territoriale Verhalten „wechselte von der relativ friedlichen, ritualisierten, für nicht-menschliche Tiere charakteristischen Verteidigung ihres Territoriums zu einem aggressiveren und gewalttätigeren Verhalten" (Goodall 1986, 528, zitiert bei Power 1991, 73).

Auch die Beziehungen innerhalb der Gruppen änderten sich drastisch. Beobachter, die vor der künstlichen Fütterung der Schimpansen lediglich einen kurzen Konflikt innerhalb von zwei Jahren gesehen hatten, berichteten nach der Einführung der Fütterungen von 284 Fällen, wobei 60 Prozent als direkte Folge der Fütterung stattfanden. Allmählich bildete sich eine klare soziale Hierarchie heraus, die auf aggressivem Imponiergehabe, Androhung von Gewalt oder tatsächlicher Gewalt basierte. Einer der Beobachter wird mit der Bemerkung zitiert, dass es typischerweise die unsichersten Tiere waren und diejenigen, die am stärksten einen Prestigegewinn brauchten, die sich mit der größten Wahrscheinlichkeit aggressiv verhielten und dadurch innerhalb der Hierarchie aufstiegen.

Nicht allein die sozialen, auch die sexuellen Beziehungen erfuhren einen grundsätzlichen Wandel. Anstelle der autonomen sexuellen Wahl wild lebender Schimpansen beiderlei Geschlechts, wie sie vor der künstlichen Fütterung vorherrschte, übten nun allmählich die Männchen Druck auf die paarungsbereiten Weibchen aus. Powers

Bericht über das frühere Verhaltensmuster würde vollkommen unwahrscheinlich erscheinen, wäre dieses nicht so gut dokumentiert worden. Sie beschreibt „ein vollkommenes Fehlen jedes Anzeichens von exklusiven Rechten von Männchen auf paarungsbereite Weibchen und keinerlei Konkurrenz bei der Annäherung, kein Versuch, sie sexuell zu monopolisieren, keine dauerhaften sexuellen Partner und keine Anzeichen von Besitzansprüchen oder Aggression unter den Männchen in dieser, oder sogar in jeder anderen ‚Situation'" (Power 1991, 77). Nach den auf die Einführung der Fütterung erfolgten Veränderungen in der Sozialstruktur wurden die Paarungsmuster, die zuvor umfassenderen sozialen Aufgaben zu dienen schienen, durch ausschließlichere, auf Konkurrenz und Eigentumsansprüchen basierende Muster ersetzt.

In einer Erörterung, wie die Leitungsfunktion in einen egalitären menschlichen Kontext passt, verallgemeinert Power (1991) aufgrund einer Reihe anthropologischer Quellen. Sie meint, dass sich eine Führungsrolle bei verschiedenen Tätigkeiten meist einfach als Anerkennung eines speziellen Wissens oder einer Geschicklichkeit auf diesem Gebiet ergibt. Weiter führt sie aus: „Die Führungsrolle wird nicht erstrebt, und diejenigen, die diese Rolle innehaben, wechseln ständig, je nach Bedürfnissen und Gegebenheiten. Die Rolle wird spontan von der Gruppe zugewiesen, wird einem Mitglied in einer bestimmten Situation übertragen, sie wird nicht von einem Einzelnen übernommen oder ergriffen." (Ebda., 47)

Führung erfolgt durch Überzeugung, nicht durch Autorität und dient lediglich dazu, den Verband zum Konsens zu führen, in dem die tatsächlichen Entscheidungen fallen. Infolgedessen werden die Selbständigkeit und das Selbstbewusstsein der Anderen durch die Abhängigkeit von der Autorität einer zentralen oder Achtung gebietenden Person nicht geschmälert. Es gibt keinen Verlust oder Gewinn an Selbstachtung, wenn eine Führungs- oder Nachfolgerrolle übernommen wird. In diesen Gesellschaften liegt die Betonung auf einer allgemein gültigen Gegenseitigkeit.

(Ebda., 47)

Aus der Tatsache, dass die soziale Organisation bei Schimpansen nicht immer auf Konkurrenz und Hierarchie beruht, folgt, dass Berichte über Hackordnungen und soziale Hierarchien bei Tieren nicht immer zur Untermauerung der Behauptung herangezogen werden können, dass die soziale Hierarchie in menschlichen Gesellschaften eine „natürliche" oder genetische Grundlage hat. Ganz eindeutig sind sogar bei nicht-menschlichen Primaten verschiedene Formen der sozialen Organisation möglich, und wir haben vielleicht mit der Annahme unrecht, dass soziale Hierarchien bei unseren engsten Verwandten typisch sind.

Kapitel 8
Die Symptome des Zerfalls

Welche Krankheiten in einem Land am stärksten vom sozioökonomischen Status abhängen, ist von Land zu Land verschieden. Frankreich etwa weist sehr starke Ungleichheiten bei Krebskrankheiten und bei alkoholbedingten Todesursachen auf, während sich Todesfälle infolge von Herzerkrankungen leicht gegenläufig verhalten. Im Gegensatz zu Frankreich bestehen sowohl in Schweden als auch in England viel geringere Ungleichheiten bei der durch Krebs verursachten Mortalität, dafür liegt die Rate an Herzerkrankungen in den unteren Schichten erheblich höher (Kunst und Mackenbach 1997). Generell scheinen die sozioökonomischen Unterschiede in der Sterblichkeit gerade bei jenen Krankheiten eine Rolle zu spielen, die in den einzelnen Ländern in besonderem Maße für Todesfälle verantwortlich sind, so beispielsweise durch Alkohol bedingte Todesfälle in Frankreich, durch Gewalteinwirkung verursachte Todesfälle in den Vereinigten Staaten und Todesfälle infolge von Herz- und Atemwegserkrankungen in England und Wales. Daraus ließe sich ableiten, dass die oberen sozioökonomischen Gruppen in jedem Land in ihrem Lebensstil stärker international ausgerichtet und daher länderübergreifend homogener sind, während die unteren sozialen Gruppen vielleicht eher die länderspezifischen kulturellen Charakteristika aufweisen.

Obwohl die Krankheiten von Land zu Land verschieden sind, die dort jeweils am engsten mit dem Ausmaß an sozioökonomischer Ungleichheit korrelieren, können wir uns dennoch die Frage stellen, ob es Anzeichen für gemeinsame Muster gibt, die in mehreren Staaten auftreten. Sind manche Todesursachen tendenziell häufiger, wo die sozioökonomischen oder einkommensbedingten Unterschiede größer sind?

Eine vor nicht allzu langer Zeit fertig gestellte Studie, die den Charakter der Beziehung zwischen Einkommensverteilung und Lebenserwartung zum Thema hatte (wie in Kapitel 5 beschrieben), gliederte die Sterberaten hinsichtlich des Zusammenhangs mit der Lebenserwartung nach den für diese verantwortlichen Todesursachen (McIsaac und Wilkinson 1997). Es ging darum herausfinden, ob es Todesursachen gibt, die besonders stark mit der Einkommensverteilung korrelieren, da diese in einer Reihe von Ländern mit reichen Marktwirtschaften variieren. Wenn dies der Fall ist, dann könnte die betreffende Art der Todesursachen etwas über die der Beziehung zugrunde liegenden sozialen Prozesse aussagen.

Trotz erheblicher methodologischer Schwierigkeiten kristallisierte sich ein recht klares und durchaus plausibles Muster heraus. Während alle wichtigen kausalen Untergruppen – Infektionen, Krebserkrankungen, ischämische Herzerkrankungen und andere Kreislaufkrankheiten, Atemwegserkrankungen, chronische Leberkrankheit und Unfälle – in Ländern mit größeren Einkommensunterschieden tendenziell häufiger auftraten, waren doch einige Krankheiten stärker betroffen als andere. Innerhalb dieser Gruppe von Hauptursachen bestand die schwächste Korrelation zu allen Formen von Krebserkrankungen; die stärksten Korrelationen zur Einkommensverteilung wurden bei Todesfällen festgestellt, die durch chronische Leberkrankheit und Zirrhose, durch Verkehrsunfälle und Infektionen bedingt waren, sowie – besonders bei jungen Männern – bei Todesfällen, die aus Verletzungen resultierten, die nicht durch Verkehrsunfälle hervorgerufen worden waren. All diese Todesfälle traten tendenziell häufiger in Ländern mit größeren Einkommensunterschieden auf. (Dies heißt jedoch nicht, dass andere Krankheiten – wie etwa Herzkrankheiten – nicht zumindest in einigen Ländern eng mit den Einkommensunterschieden korrelierten, es bedeutet lediglich, dass dies nicht in der Mehrzahl der Länder der Fall war.)

Wenn sich die Einkommensverteilung auf die Gesundheit der Bevölkerung vor allem durch das Maß an chronischem Stress in der Gesellschaft auswirkt, dann sollte man erwarten, dass vor allem stressbedingteTodesursachen dafür mitverantwortlich sind. Durch chronische Leberkrankheit und Zirrhose verursachte Todesfälle sind wahrscheinlich stark durch Alkohol- und Drogenkonsum bedingt. (Leider werden durch Drogenkonsum ausgelöste Todesfälle in der internationalen Klassifikation in verschiedene Untergruppen eingeordnet.) In jeder Gesellschaft dient Alkohol (wie schon zuvor erwähnt) zur Entspannung, zur Erleichterung sozialer Kontakte, zum Verdrängen von Sorgen und zur Flucht vor Stress auslösenden Lebensumständen. Eine Reihe anderer Drogen, die zu chronischer Leberkrankheit beitragen können, werden aus ähnlichen Gründen konsumiert.

Von noch größerem Interesse ist indes der Beitrag der Unfälle. Da sind zunächst die durch Verkehrsunfälle bedingten Todesfälle, die international eine starke Korrelation mit der Einkommensverteilung aufweisen. Der Alkoholkonsum fällt hier zwar auch durchaus ins Gewicht, andererseits hängen Unfälle aber auch vom zwischenmenschlichen Verhalten in der Gesellschaft und von der Einstellung gegenüber der Öffentlichkeit ab. Der Einfluss des Lenkerverhaltens bei Verkehrsunfällen muss hier vor dem Hintergrund technologischer Verbesserungen der Planung und Sicherheit von Autos und Straßen gesehen werden, wodurch die Unfallraten international tendenziell rückläufig sind. Aus den Statistiken geht dennoch hervor, dass die Unfallraten in Ländern mit größeren Einkommensunterschieden höher sind. Vielleicht tritt das allgemein übliche Verhalten der Menschen gegenüber dem unbekannten Nächsten in der Gesellschaft nirgendwo besser zutage als im Straßenverkehr. Die Sicherheit wird dadurch bestimmt, wie höflich die Fahrer zueinander sind, wie sehr sie bereit sind, bei Fußgängerübergängen anzuhalten, andere Fahrzeuglenker aus Seitenstraßen in den Verkehr einbiegen zu lassen, kleinere Fahrfehler zu vergeben, Geschwindigkeitsbeschränkungen und andere Verkehrsbestimmungen zu beachten und die Sicherheit von Fußgängern – insbesondere von Kindern – auf städtischen Straßen zu gewährleisten. Je stärker der Straßenverkehr als Konkurrenzkampf angesehen wird, je aggressiver, unkooperativer, gesetzwidriger, draufgängerischer und rücksichtsloser sich die Verkehrsteilnehmer verhalten, desto gefährlicher wird es auf der Straße. In vielerlei Hinsicht ist das Verkehrsverhalten wahrscheinlich ein höchst sensibles Spiegelbild dessen, wie sich die Menschen in Bezug zum unbekannten Mitmenschen in der Gesellschaft insgesamt sehen. Werden die anderen Mitglieder in der Öffentlichkeit als Mitbürger angesehen, deren Wohl voneinander abhängt, oder werden sie wechselseitig lediglich als Hindernis wahrgenommen?

Dies trifft natürlich nicht nur auf die Verkehrssicherheit zu. Auch Unfälle, die nicht mit dem Straßenverkehr zusammenhängen, korrelieren mit der Einkommensverteilung – insbesondere wenn wir unser Augenmerk auf ledige, kinderlose junge Menschen richten, die ein Leben mit besonders hohem Unfallrisiko führen (McIsaac und Wilkinson 1997). Darunter fallen natürlich auch eine Reihe von Drogentoten; und teilweise werden diese Unfälle auch dadurch beeinflusst, wie sehr die Menschen ihr eigenes Leben schätzen. Rücksichtnahme auf die Sicherheit Anderer hat häufig auch mit der Vermeidung von Gefahren zu tun, die Unbeteiligte treffen könnten. Zu vermeiden, dass Andere in Gefahr gebracht oder einem sonstigen Risiko ausgesetzt werden, bedeutet, auf das Wohl unbekannter Anderer Rücksicht und diese in Schutz zu nehmen. Sichere Gesellschaften werden wohl geordnete Gesellschaften sein, mit einer niedrigen Vandalismusrate, in der sich die Menschen als Teil einer Gemeinschaft mit gemeinsamen Interessen empfinden.

Neben dem Alkohol und Unfällen bedingen auch Infektionen tendenziell eine höhere Sterblichkeit in Ländern mit größeren Einkommensdifferenzen; dies lässt sich auch durch die Auswirkungen erklären, die Stress anerkanntermaßen auf das Immunsystem hat. Obwohl Herzkrankheiten in manchen Ländern in engem Zusammenhang mit den Einkommensunterschieden stehen, ist diese Korrelation im Allgemeinen schwach ausgeprägt – bei Frauen vielleicht etwas stärker als bei Männern. Die Psychoneuroendokrinologie liefert mögliche Erklärungen für den Zusammenhang zwischen Herzerkrankungen und sozioökonomischem Stress.

Das aus fünfzig US-Bundesstaaten vorliegende Datenmaterial bietet eine der besten statistischen Grundlagen für die Analyse der Auswirkungen der Einkommensverteilung. Wie wir bereits in Kapitel 5 gesehen haben, zeigen Studien, die diese Daten verwenden, das erwartete Muster höherer Gesamtsterberaten in jenen Bundesstaaten, wo die Einkommensungleichheiten besonders stark ausgeprägt sind (Kaplan, G. A. et al. 1996; Kennedy, B. P. et al. 1996). Die Korrelation verändert sich nur wenig, wenn die – letztlich viel schwächeren – Auswirkungen der Durchschnittseinkommen oder der absoluten Armut statistisch berücksichtigt werden. Von besonderem Interesse im vorliegenden Kontext ist, dass der Zusammenhang zwischen der Einkommensverteilung und der Mordrate sowie der Gewaltkriminalität noch stärker ist als zwischen der Einkommensverteilung und der Mortalität insgesamt. Abbildung 8.1 zeigt die Korrelation zwischen den Mordraten und dem Anteil der am schlechtesten situierten 50 Prozent der Bevölkerung am gesamten Haushaltseinkommen in 46 Bundesstaaten, für die Daten vorliegen. (Mein Dank gilt Kaplan und Lynch, die mir das Datenmaterial großzügigerweise vor ihrer eigenen Veröffentlichung zur Verfügung stellten – siehe Kaplan et al. 1996). Bereinigt man die Daten mit dem logarithmierten Median-Einkommen in jedem Staat, so verbessert sich die Korrelation gegenüber dem Wert von 0,72 (p<0,001), der in Abb. 8.1 dargestellt ist, marginal. Diese Korrelationen deuten an, dass sich fast die Hälfte der äußerst großen Unterschiede bei den Mordraten der jeweiligen Staaten auf Unterschiede in der Einkommensungleichheit zurückführen lassen (sie variieren jährlich zwischen 2 und 18 pro 100.000 Einwohner). Frühere Untersuchungen, wonach Mordraten in den Vereinigten Staaten stärker mit der Einkommensungleichheit als mit der absoluten Armut korrelierten, bestätigen diese Ergebnisse (Balkwell 1990; Crutchfield 1989; Blaus und Blaus 1982; Currie 1985).

Eine viel ältere Studie, bei der Daten aus der Zeit von 1967–73 für die 192 Standard Metropolitan Statistical Areas (üblicherweise für statistische Zwecke erfasste Großstadtbezirke) der Vereinigten Staaten verwendet wurden, erkannte klare Korrelationen zwischen der Mehrzahl der wichtigsten Gewaltkategorien und der Größe der „Einkommenslücke" zwischen den Einkommen der ärmsten 20 Prozent der Bevölkerung und den Durchschnittseinkommen in jedem Bezirk (Braithwaite 1979). Unterschiedliche Vorgangsweisen bei der Klassifikation und der Berichterstattung über Gewalttaten stellen ein ernst zu nehmendes Hindernis für internationale Vergleichsuntersuchungen dar. Mord ist eine der wenigen Verbrechenskategorien, bei der internationale Vergleiche angestellt werden können. Auch unter Verwendung von Daten aus 31 Ländern zeigten Braithwaite und Braithwaite (1980) eine statistisch signifikante Korrelation zwischen größerer Einkommensungleichheit und höheren Mordraten auf. Messner (1982) stellte fest, dass das Maß an Einkommensungleichheit für 35 Prozent der Unterschiede bei den Mordraten in den 39 Ländern, für die ihm Daten zur Verfügung standen, verantwortlich zeichnete.

Dass der Zusammenhang zwischen Gewalt und Einkommensungleichheit in gewissem Maße eine Parallele zu jenem zwischen

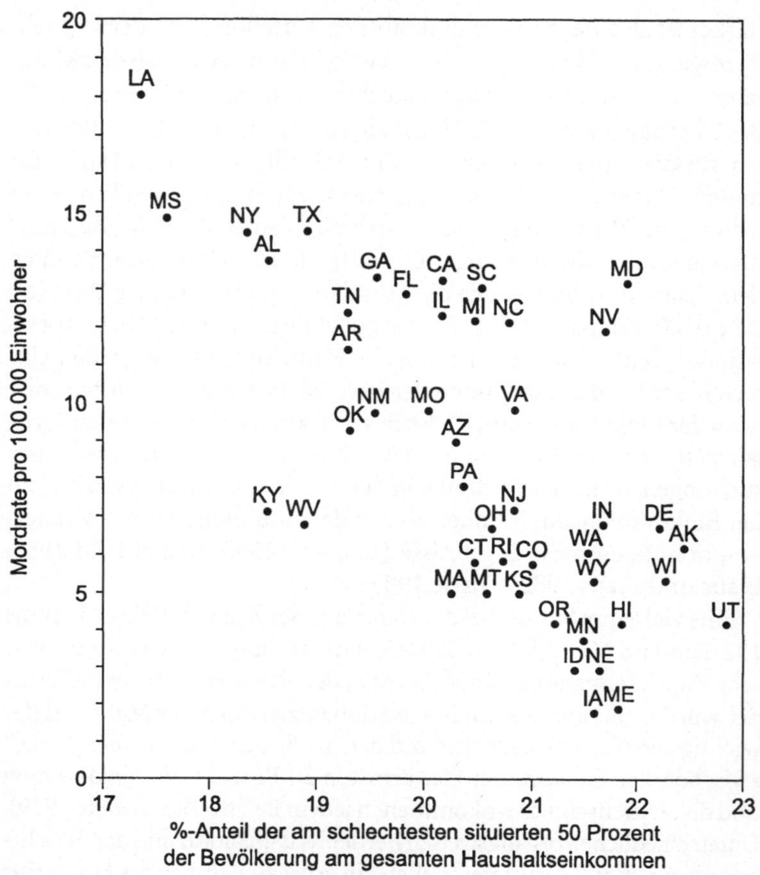

Abb. 8.1. Die Korrelation zwischen Einkommensverteilung und Mord in den US-Bundesstaaten im Jahr 1990
(Bzgl. der Abkürzungen der Bundesstaaten siehe Abb. 5.5)

Quelle: Daten aus den Statistiken des US Zensus und des National Centre for Health (1996) ausgewertet von Kaplan, Pamuk, Lynch, Cohen und Balfour, die sie dankenswerterweise für diese Veröffentlichung zur Verfügung stellten

Gesundheit und Ungleichheit aufweist, zeigt deutlich die Wirkungsmechanismen auf, durch welche die Gesundheit beeinträchtigt wird. Dadurch wird nicht nur unabhängig bestätigt, dass die Einkommensverteilung entscheidende psychosoziale Auswirkungen auf die Gesellschaft hat, es wird gleichzeitig auch aufgezeigt, dass die Auswirkungen die Hypothese stützen, dass größere Einkommensunterschiede soziale Spaltungen bewirken. In der Tat weist einiges darauf hin, dass sie die Legitimität gesellschaftlicher Institutionen auf umfassendere Weise untergraben. Eine Untersuchung, bei der als Maß für die politische Unruhe in mehreren Ländern unterschiedlicher Entwicklungsstufe (vielleicht allzu vereinfachend) die durch Aufstände, Bombenattentate und Hinrichtungen bedingte Sterberate genommen wurde, belegte, dass diese Todesfälle ebenfalls mit der Einkommensverteilung korrelierten (Pavin 1973).

Ein Zusammenhang zwischen der Einkommensverteilung einerseits und Mord, Gewaltverbrechen, durch Alkohol bedingten Todesfällen, Verkehrsunfällen und Tod durch „andere Verletzungen" andererseits ist ein Beweis mehr, dass Unterschiede in der Einkommensverteilung breit gestreute psychosoziale Auswirkungen haben. Auch wenn diese Muster, wie wir gesehen haben, nicht in allen Ländern gelten, spiegeln sie sich doch in Mustern gesundheitlicher Ungleichheit innerhalb mancher Länder wider. Eine Untersuchung über die Mortalität in Harlem, einem der unterprivilegiertesten Stadtteile von New York City, ergab, dass die Sterberaten dort in den meisten Altersgruppen nach der Kleinkindphase höher lagen als im ländlichen Bangladesch (McCord und Freeman 1990). Tatsächlich hat ein Junge, der in Harlem geboren wird und aufwächst, eine geringere Chance, das 65. Lebensjahr zu erreichen, als ein Säugling in Bangladesch. Verglichen mit dem Rest der Vereinigten Staaten wies Harlem bei Männern und Frauen unter 65 Jahren das relativ höchste Risiko bei Drogentod, Mord, alkoholbedingten Todesfällen und Zirrhose (in dieser Reihenfolge) auf. Durch Zirrhose, Mord, Alkohol und Drogen bedingte Todesfälle waren zusammen genommen für etwa 43 Prozent des Überhangs bei der Mortalität und für 30 Prozent aller Todesfälle verantwortlich. Dieses Muster einer erhöhten Sterblichkeit in einem unterprivilegierten Gebiet weist viele Gemeinsamkeiten mit der allgemeinen Situation von Einkommensungleichheit sowohl innerhalb der Vereinigten Staaten als auch international auf und vermittelt ein äußerst plausibles Bild einer erhöhten Mortalität, die mit den Auswirkungen gesellschaftlicher Ausgrenzung direkt Hand in Hand geht.

Die Korrelation zwischen Einkommensverteilung und offenkundig sozialen Todesursachen impliziert psychosoziale Auswirkungen von Einkommensunterschieden, die aller Wahrscheinlichkeit nach auch andere ausgeprägte soziale Folgen haben. Die geschilderten Auswirkungen auf Sterblichkeitsmuster sind deshalb am einfachsten nachzuverfolgen, weil hier international vergleichbare Sterblichkeitsdaten vorliegen. Während für die Vereinigten Staaten ein Zusammenhang mit Mord, einigen anderen Gewaltverbechen und dem Prozentsatz der in Gefängnissen einsitzenden Bevölkerung gezeigt werden konnte (Kaplan 1996, Braithwaite 1979), fehlen verlässliche Daten über weitere soziale Indikatoren, welche die psychosozialen Auswirkungen auf die Einkommensverteilung widerspiegeln könnten.

Angesichts fehlender internationaler Vergleichsdaten könnte man auf die Idee kommen, eher die Trends im Zeitverlauf innerhalb eines einzigen Landes zu untersuchen als verschiedene Länder zu einem bestimmten Zeitpunkt zu vergleichen. Allerdings sind die Veränderungen in der Einkommensverteilung meist zu gering und erfolgen zu langsam, um signifikante Ergebnisse erwarten zu können. Wirtschaftswissenschaftler erachteten die Einkommensunterschiede lange Zeit hindurch für unerklärlicherweise stabil – sie sahen darin geradezu eine wirtschaftliche Konstante. In den 1980er-Jahren jedoch vergrößerte sich die Schere bei den Einkommensunterschieden in Großbritannien rascher als je zuvor und zudem auch rascher als in allen anderen entwickelten Ländern (ausgenommen vielleicht Neuseeland) (Hills 1995). Die Trends sind aus Abb. 5.9 ersichtlich. Entscheidend für unseren Kontext ist, dass sich das zunächst langsame Auseinanderdriften der Einkommensverteilung ab etwa 1985 beschleunigte. Dies bot eine gute Gelegenheit, die psychosoziale Wirkung größer werdender Einkommensunterschiede zu untersuchen.

Wie in Kapitel 5 gezeigt, ging die immer weiter auseinander klaffende Schere bei den Einkommensunterschieden in den späten 1980er-Jahren mit einer Verlangsamung der Verbesserung bei den nationalen Sterberaten in den Altersgruppen der unter 45-Jährigen (Abb. 5.10) und größeren Unterschieden bei den Sterberaten zwischen wohlhabenderen und ärmeren Gebieten des Landes einher (Phillimore et al. 1994; McLoone und Boddy 1994; Greater Glasgow Health Board 1993). Dieses Muster schien sich bei den Ergebnissen von Lesetests bei Kindern zu wiederholen (Wilkinson 1994c). Da einige örtliche Schulbehörden (Local Education Authorities – LEA) in Großbritannien alljährlich Leseleistungstests bei Grundschulkindern durchführen, handelt es sich dabei um eine der wenigen psychosozial sensiblen Messgrößen, für die verlässliche Daten vorliegen. Erste warnende Hinweise auf einen Leistungsrückgang kamen von einer anonymen Gruppe von Schulpsychologen, die behaupteten, dass die Leseleistung in den Schulbezirken, in denen sie tätig waren, „vor allem in der Zeit seit 1985" nachgelassen habe (Gorman und Fernandes 1992). Dies löste nicht nur eine Kontroverse über die Lehrmethoden aus, sondern gab auch Anstoß zu weiterer Forschung. Die für Prüfungen und Beurteilungen verantwortliche Schulbehörde (The Schools Examinations and Assessment Council) beauftragte die NFER (National Foundation for Educational Research) mit der Überprüfung der in den 1980er-Jahren festgestellten Veränderungen in der Leseleistung von Kindern im Alter von 7 Jahren. Zunächst wandte man sich an die LEAs, bei denen Akten über die Lesetestergebnisse der Kinder vorlagen. In 19 der 26 Rückmeldungen wurde berichtet, dass die Leistungen zurückgegangen seien und dass der Abwärtstrend „nach 1985 sehr deutlich hervorgetreten" sei (Gorman and Fernandes 1992). Um Vorurteile bei den Rückmeldungen auszuschließen, wurden die Testergebnisse durch Stichprobenuntersuchungen an Schulen überprüft. Da die Lesetests verändert worden waren, musste der Vergleich auf die Zeit zwischen 1987 und 1991 begrenzt werden. Die Ergebnisse bestätigten, dass tatsächlich ein Rückgang bei den Leseleistungen zu verzeichnen war. Schließlich analysierte ein Schulpsychologe der Schulbehörde von Buckinghamshire, wo in den 1980er-Jahren bei allen Schulkindern des Schulbezirks dieselben Lesetests durchgeführt worden waren, die Trends bei deren Leseleistungen. Die Ergebnisse dieser Analyse sind in Abb. 8.2 dargestellt und sollten mit den Abb. 5.9 (S. 116) und 5.10 (S. 119) verglichen werden. In seinem Kommentar über den Rückgang schreibt der Autor: „1985 kam es ganz eindeutig zu einer Trendwende, wie auch aus den Daten von Turner hervorgeht." (Lake 1991) Alle maßgeblichen Stellen sind sich einig, dass es einen Rückgang bei den Leseleistungen gab und dass sich dieser ab 1985 besonders deutlich abzeichnete.

Von Anfang an hatten die konservativen Bildungsminister den Rückgang bei der Leseleistung auf die so genannte Ganzheitsmethode beim Erwerb der Lesefähigkeit zurückgeführt, Wissenschaftler konnten jedoch keine signifikanten Verbindungen zwischen der Lehrmethode und der Leseleistung der Kinder feststellen. Zudem setzte lediglich

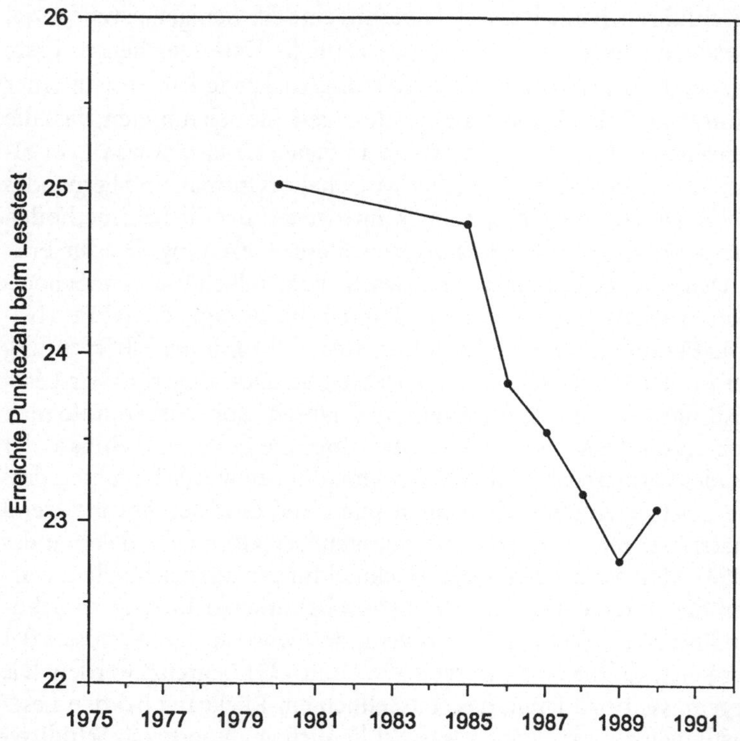

Abb. 8.2. Der Rückgang bei den Leseleistungen (Punkteanzahl bei den Chiltern-Lesetests bei Kindern im Alter von 7–8 Jahren im Schulbezirk Buckinghamshire)

Quelle: M. Lake, *Language and Learning*, Juni, Nr. 6, 1991

eine kleine Minderheit von Schulen die Ganzheitsmethode ein, deren Zahl außerdem im Erfassungszeitraum rückläufig war. Die fehlende Korrelation zu den Lehrmethoden fand ihre Bestätigung in einem Bericht der Schulbehörde von Croydon, der besagte, dass gleichzeitig ein Leistungsabfall der Kinder in Mathematik festzustellen gewesen sei (London Borough of Croydon 1992). Die einzige Übereinstimmung zwischen den beiden Leistungsrückgängen bestand in den sozioökonomischen Merkmalen des Bezirks. Laut Bericht des NFER lag die Hälfte der Schulen, in denen die Leistungen gesunken waren, in großen städtischen Ballungsräumen und Industriezentren, während keine der Schulen, die eine Leistungssteigerung aufwiesen, im Stadtzentrum oder in einem unterprivilegierten Bezirk lag (Gorman und Fernandes 1992). Statt eines allgemeinen Rückgangs in der Leseleistung schien der Anteil jener Kinder zugenommen zu haben, die besonders schlecht abschnitten. Der in den Schulen der ärmsten Bezirke von Buckinghamshire zu beobachtende Leistungsabfall glich die in den Schulen der besseren Gegenden zu verzeichnenden geringfügigen Steigerungen bei weitem aus. Genau das gleiche Muster hatte sich schon bei den Sterblichkeitstrends abgezeichnet. Einer der durchgeführten psychologischen Tests bestätigte, dass es keine Korrelation zu den Schulen an sich gab, deutete aber an, dass es eine Verbindung zur Verschlechterung der Qualität des häuslichen Hintergrunds der weniger guten Leser gab (Lake 1991).

Es besteht kaum ein Zweifel, dass die Lesefähigkeit der Kinder durch die zunehmenden materiellen Ungleichheiten in ähnlicher Weise betroffen war wie die Sterberaten von Säuglingen, Kindern und Leuten im Elternalter (Abb. 5.10, S. 119). Die sozioökonomischen Muster und die zeitliche Abfolge der Trends sind praktisch identisch.

Zwischen 1979 und 1991 stieg der Anteil der Kinder, die in Familien lebten, deren Einkommen unter der Hälfte des nationalen Durchschnitts lagen – das ist die relative Einkommensarmutsgrenze der Europäischen Union – auf das Dreifache (Department of Social Security 1993). Wenn fast ein Drittel der Kinder eines Landes in relativer Armut lebt, dann ist es durchaus möglich, dass in ärmeren Gegenden die Hälfte oder zwei Drittel der Kinder jeder Klasse aus Familien kommen, die mit Armut zu kämpfen haben. Unweigerlich wird Lehren und Lernen unter solchen Bedingungen schwieriger. In den Klassen gibt es dann mehr undisziplinierte Kinder sowie mehr Kinder mit Verhaltensproblemen und emotionalen Störungen. In die gleiche Richtung weist die steigende Zahl an Schulverweisen, die das Advisory Centre for Education (ACE) für die Jahre 1986–91 dokumentierte (Advisory Centre for Education 1993). In diesem Zeitraum stieg die Zahl der Schulverweise sowohl aus Grund- als auch aus Sekundarschulen rasch an. Obwohl die Schulen ihre Haltung gegenüber „schwierigen" Kindern infolge der Einführung der „lokalen Schulverantwortung" möglicherweise geändert und diese eher ausgeschlossen hatten, berichtete das ACE, dass statistisch gesehen kein Zusammenhang zwischen dem Ausmaß, in dem die LEAs ihre Befugnisse an die Schulen in den verschiedenen Bezirken abtraten, und der Zunahme der Schulverweise beobachtet werden konnte.

Aus mehreren Berichten, die sich allerdings auf eine recht schwache empirische Basis stützen, geht hervor, dass der Anteil der Kinder mit Verhaltensstörungen angestiegen war. 40 der 52 LEAs, die auf die Anfrage reagierten, vertraten zudem die Ansicht, dass die Häufigkeit von Verhaltensproblemen in ihren Schulen zugenommen habe (Bennathan und Smith 1991). Nur eine örtliche Schulbehörde war anderer Meinung.

Auch eine Reihe anderer Tendenzen weist auf die Folgen auseinander klaffender Einkommensunterschiede in Großbritannien in den späten 1980er-Jahren hin. Ab 1987 schnellte die Gewaltkriminalität in England und Wales mit einer noch nie da gewesenen Geschwindigkeit hoch – rascher denn je nach dem Zweiten Weltkrieg. In einer gründlichen Analyse vorhandener wissenschaftlicher Studien zeigt James (1995) auf, dass dies einerseits auf die zeitverzögerte Auswirkung des Stresses zurückzuführen war, unter dem eine rasch steigende Zahl von in relativer Armut lebender Familien mit Kindern zu leiden hatte, und andererseits auf die unmittelbareren Auswirkungen relativer Armut. Die relative Armut nahm in den frühen 1980er-Jahren bei Familien mit Kindern rascher zu als in den übrigen Teilen der Gesellschaft. James zeigt auch, dass gewalttätige Jugendliche häufig schon als Kinder gewalttätig waren und dass die wichtigsten Risikofaktoren Reizbarkeit und Unausgeglichenheit der Eltern sowie Depression und Gewalt als Folge von relativer Armut sind. Er legt überzeugendes Beweismaterial vor, dass das Hinaufschnellen der „Gewalt gegen die Person" eine direkte Folge der zunehmenden Einkommensunterschiede ist.

Obwohl Selbstmordraten häufig umgekehrt proportional zur Gewalt gegen Andere sind, stiegen die Suizidraten in Großbritannien bei jungen Männern im Alter von 15 bis 24 Jahren von Mitte bis Ende der 1980er-Jahre um 75 Prozent an (OPCS 1991). Es konnte nachgewiesen werden, dass dieser Anstieg mit den wachsenden sozioökonomischen Ungleichheiten korrelierte. Die steigende Selbstmordrate war auch hauptverantwortlich für die steigenden Sterblichkeitsraten bei jungen Männern und Frauen (20–29 Jahre) in den ärmsten Postleitzahlbezirken Schottlands zwischen 1981 und 1991 (McLoone and Boddy 1994). Als die relative Benachteiligung in diesen Bezirken zu-

nahm, stiegen die auf „unterschiedliche Ursachen" zurückzuführen-
den Mortalitätsraten bei jungen Männern um 29 Prozent und bei
jungen Frauen um 11 Prozent. Die steigende Suizidrate korreliert
vermutlich besonders eng mit der wachsenden Arbeitslosigkeit (Platt
und Kreitman 1984).

International gesehen scheint der Suizid in Ländern mit größeren
Einkommensunterschieden indes nicht häufiger vorzukommen –
vielmehr gibt es Anzeichen für das Gegenteil (McIsaac und Wilkinson
1997). Das internationale Bild spiegelt eher eine umgekehrte Korrelation zwischen Suizid- und Mordraten wider, die sowohl vor als auch
seit Durkheims berühmter Selbstmorduntersuchung beobachtet worden war (Ferri 1895; Durkheim 1896 [dt. Ausgabe 1997]; James 1995).
Daraus folgt, dass es vom sozialen Kontext abhängt, ob Ärger und Verbitterung nach außen oder innen gerichtet werden, ob man Anderen
oder sich selbst die Schuld gibt. Trotz der Verbindung zwischen Selbstmord und Arbeitslosigkeit in Großbritannien, ist die Lage in Teilen der
Vereinigten Staaten ganz anders. Von den 17 in der Sterblichkeits-
untersuchung von Harlem aufgeführten Todesursachen war der Suizid
die einzige Ursache, bei der die Raten in Harlem tatsächlich niedriger
lagen als landesweit bei Weißen (McCord und Freeman 1990).

In der Zeit zwischen den frühen 1980er-Jahren und 1991 verdop-
pelten sich die von der britischen Polizei festgestellten Delikte von
Drogendealern. Vor allem unter Jugendlichen nahmen Drogendelikte
besonders stark zu (Joseph Rowntree Foundation 1993). Der vier- bis
fünffache Anstieg von Todesfällen infolge Schnüffelns von Klebstoff
oder anderen flüchtigen Substanzen legt nahe, dass es sich bei diesem
Wandel nicht allein um eine Wende in der Berichterstattung handelte (Taylor et al. 1993). Das Institute for the Study of Drug Dependence
(Institut für die Untersuchung der Drogenabhängigkeit) berichtete:
„Die relativ konstanten Drogenkonsummuster unter Jugendlichen
Mitte der 1980er-Jahre veränderten sich in den späten 1980er-Jahren
und in den 1990er-Jahren wurden dann verstärkt etablierte Drogen
wie Kannabis, Lösungsmittel, Amphetamine und haluzinogene Pil-
ze konsumiert, auch der Ecstasy- und LSD-Konsum schnellte nach
oben." Die Verbindungen zwischen verstärkter relativer Armut,
Drogenkonsum und Kriminalität wurden für diesen Zeitraum auch
durch eine lokale Studie des Design & Marketing Unternehmens
Wirral für den Raum Liverpool aufgezeigt (Parker et al. 1988).

Eine der Möglichkeiten, wie nachteilige sozioökonomische Lebensverhältnisse langfristig psychologischen und emotionalen Schaden anrichten können, ist der erhöhte Stresspegel, unter dem das Alltagsleben bewältigt werden muss. Das soziale und wirtschaftliche Umfeld bedingt viele der Schwierigkeiten, mit denen man im Alltag fertig werden muss, und kann nicht von dem Problemkreis getrennt werden, der normalerweise als familiäre Schwierigkeiten eingestuft wird. Es handelt sich nicht nur darum, dass die Sorgen um Geld, Arbeitsplatz und Wohnung in die häusliche Konfliktsituation hineinwirken, da die nervliche Anspannung größer ist und Eltern über geringere Reserven an Geduld und Toleranz verfügen. Der Mangel an Geld, Alternativen, Platz zum Spielen, an ausreichender Wohnfläche, um Raum für unvereinbare Familienaktivitäten zu schaffen – kurzum der Mangel an unterschiedlichsten Ressourcen (auch an Zeit) – bedeutet, dass widersprüchliche Bedürfnisse und Ansprüche der Menschen aufeinander prallen. Je enger die Grenzen gesetzt sind, innerhalb derer eine Familie funktionieren muss, desto weniger Ansprüche können befriedigt werden und desto mehr geraten die Interessen der Menschen aneinander. Je kleiner die Reserven sind, desto weniger Möglichkeit besteht, unvorhergesehene Schwierigkeiten, Unfälle, Umbrüche oder Verluste zu überwinden. Je größer potenzielle Stress- und Konfliktquellen sind, desto mehr werden das Familienleben und die soziale Unterstützung in Mitleidenschaft gezogen. So ergab eine Untersuchung über die Auswirkungen von Arbeitslosigkeit auf die Ehe, dass die Hälfte der Ehepaare über zunehmenden Streit berichteten und ein Drittel angab, dass der eine oder andere Partner das Haus vorübergehend verlassen oder dies in Erwägung gezogen habe (Burgoyne 1985). Das gesellschaftliche Leben wurde eingeschränkt und der Freundeskreis schrumpfte. Aus anderen Studien ging hervor, dass – wie zu erwarten – Entbehrung Stress verursacht und dass der sozioökonomische Status „Fatalismus und Zermürbung" bewirkt (Wheaton 1980), dass wirtschaftliche Not die Fähigkeit der Menschen vermindert, ihre Rollen auszufüllen – sei es als „Ernährer der Familie" oder als „Hausfrau" – und infolgedessen zu Depression führt (Ross und Huber 1985). Eine schwedische Untersuchung hat gezeigt, dass Differenzen innerhalb der Familie während der Kindheit mit einer mehr als 50-prozentigen Steigerung der Sterberate bei Männern und Frauen im Alter von 30–75 Jahren korrelierten (Lundberg 1993).

Die letztgenannte Untersuchung zeigte zudem, dass die Sterberaten im Erwachsenenalter unter Menschen, die in ihrer Kindheit Streit in der Familie erlebt hatten, höher waren als bei jenen, die als Kind wirtschaftliche Härten zu spüren bekommen hatten. In ähnlicher Weise erkannte Power bei einer Kohorte von 17.000 Menschen, die von ihrer Geburt im Jahre 1958 an beobachtet worden waren, dass die beste Vorhersage über deren Gesundheit im Alter von 23 Jahren eine Verhaltensbeurteilung der 16-Jährigen durch ihre Lehrer war. Jene Jugendlichen, deren Verhalten von den Lehrern unter Verwendung der Verhaltensskala nach Rutter als „abweichend" angesehen wurde – die also „emotionale oder verhaltensbedingte Störungen" zeigten –, schnitten bei Gesundheitserhebungen im Alter von 23 weitaus schlechter ab, selbst dann, wenn auch andere soziale und wirtschaftliche Faktoren mitberücksichtigt wurden (Power et al. 1991). Erkenntnisse wie diese über die relative Bedeutung materieller und psychosozialer Faktoren können aus Problemen mit der Messmethode resultieren, wahrscheinlich zeigen sie jedoch, dass die Folgen wirtschaftlicher Faktoren vor allem durch psychosoziale Wirkungsmechanismen weitergegeben werden. Bedenkt man, dass wirtschaftliche Faktoren die Risiken psychosozialer Schwierigkeiten verstärken – aber keineswegs deren einzige Ursache sind –, ist es durchaus möglich, dass der Zusammenhang zwischen psychosozialen Faktoren und Gesundheit stärker ist als zwischen materiellen Faktoren und Gesundheit. Dass dies tatsächlich der Fall ist, legt nahe, dass psychosoziale Faktoren das wichtigste Verbindungsglied zwischen materieller Benachteiligung und Gesundheit sind.

Auch ohne diese Beispiele, die eine Verschärfung einer Reihe von Problemen bei größeren Einkommensunterschieden verdeutlichen, ist jedem bekannt, welch enge Verbindung zwischen relativer materieller Not und vielen sozialen Problemen besteht. Wir alle wissen nur zu gut, dass arme Bezirke, abgesehen von schlechter Gesundheit, auch überproportional hohe Kriminalitätsraten, schlechte Schulleistungen, Drogenmissbrauch und Gewalt aufweisen. Um nur ein Beispiel zu nennen, beträgt die Korrelation zwischen den vom Umweltministerium vergebenen Benachteiligungspunkten für örtliche Schulbehörden und den Prüfungsergebnissen bei der Mittleren Reife von 16-Jährigen 0,81; dies signalisiert, dass zwei Drittel der Varianz der Ergebnisse in den einzelnen Bezirken Ausdruck der unterschiedlichen Benachteiligung sind. Die Korrelation zwischen der gleichen Punkteanzahl in Bezug auf Benachteiligung und der Sterberate betrug 0,76 für Männer und 0,58 für Frauen (Morris et al. 1996). Ein weiterer Benachteiligungsindex – der Townsend Index – zeigt noch höhere Korrelationen mit der Sterberate (Phillimore et al. 1994).

Es ist nicht schwierig sich vorzustellen, wie diese bezirksbezogenen Daten mit häuslichen Gegebenheiten, familiärem Stress und mit dem Leben jedes einzelnen Kindes zusammenhängen. Greift man Kindesmissbrauch als die zum Teil sichtbare Spitze des viel umfassenderen Problemfeldes häuslicher Konflikte heraus, so fällt auf, dass die drei wichtigsten zum Stress beitragenden Ursachen, die Sozialarbeiter bei der Aufnahme jedes einzelnen Falles nennen, Eheprobleme, Schulden und Arbeitslosigkeit sind (Creighton 1992). Die Ergebnisse einer Untersuchung bei 15.000 Kindern im Alter von 10 Jahren, die 1970 geboren wurden, unterstreichen deutlich die Größenordnung des Gesamtproblems (siehe Abb. 10.2, Seite 252). Im Vergleich zur Berufsgruppe I (akademische Berufe) waren in Klasse V (ungelernte Arbeiter) die Hyperaktivitätsraten um mehr als einen Faktor drei höher und Verhaltensstörungen kamen viermal so oft vor (Woodroffe et al. 1993).

Es kann nicht oft genug betont werden, welch großen Einfluss das äußere Umfeld einer Familie, die Umstände, in die das häusliche Leben eingepasst werden muss, auf die Chancen haben, ob stabile, fürsorgliche Verhältnisse herrschen – oder ob es zu Konflikt und Gewalt kommt. Alles, was Spannungen und Schwierigkeiten im Familienleben verstärkt, wird Toleranz vermindern und Konflikte vermehren und dadurch die Zahl der Kinder mit Verhaltensproblemen und Lernschwierigkeiten sowie die Zahl jener erhöhen, die später mit größerer Wahrscheinlichkeit arbeitslos sein und mit Drogen und Kriminalität zu tun haben werden. Häusliche Konflikte wirken sich besonders schädigend auf das emotionale Wohlbefinden von Kindern aus, da spielt es kaum mehr eine Rolle, ob man von einem oder zwei Elternteilen großgezogen wird. Obwohl Kinder geschiedener oder getrennt lebender Eltern (im Gegensatz zu von Anfang an Alleinerziehenden) signifikante Entwicklungsnachteile aufweisen, geht aus Untersuchungen, bei denen viele Kinder über einen längeren Zeitraum beobachtet wurden, deutlich hervor, dass diese Nachteile zumeist vor der Trennung der Paare einsetzen. Die kindlichen Probleme spiegeln die emotionalen Auswirkungen des elterlichen Konflikts wider, der zu Scheidung oder Trennung führte (Wadsworth et al. 1990; Ferri und Robinson 1976). Misst man die Entwicklung von Kindern nach der Scheidung ihrer Eltern und setzt dies in Beziehung zur Entwicklung vor der Scheidung (womit der Schaden, der bereits vor der Scheidung entstanden ist, in Rechnung gestellt wird), so zeigt sich, dass die Erziehung durch bloß einen Elternteil kaum zusätzlichen Schaden verursacht. Das Klima innerhalb der Familie ist weitaus wichtiger als die Familienstruktur (Sweeting und West 1995).

Für die Sozialpolitik ist es äußerst wichtig, zwischen den Auswirkungen der Erziehung durch einen Elternteil und den Auswirkungen eines Lebens in größerer Armut zu differenzieren, wie dies bei fast allen Kindern mit nur einem Elternteil der Fall ist. In Großbritannien lebten 1990/91 74 Prozent der Kinder aus Einelternfamilien von weniger als der Hälfte des Durchschnittseinkommens (bereinigtes Haushaltseinkommen unter Berücksichtigung der in jedem Haushalt lebenden Personen) (Department of Social Security 1993). Diese Zunahme – 1979 waren es noch 28 Prozent – bedeutet einen mehr als zweieinhalbfachen Anstieg des Anteils aller Kinder von allein erziehenden Eltern, die in relativer Armut leben. Statt die weit reichenden sozialen Auswirkungen sich verstärkender Einkommensunterschiede und zunehmender relativer Armut zu sehen, werden die Einelternfamilien mit immer vielfältigeren sozialen Problemen konfrontiert. Vergleicht man indes Kinder allein erziehender Eltern mit ebenso armen Kindern, die von zwei Elternteilen großgezogen werden, verschwinden fast alle Unterschiede (McLanahan 1985; Ferri 1976). Auch den Kindern der wenigen gut situierten Alleinerzieher geht es genauso gut wie Kindern aus gut situierten Familien mit zwei Elternteilen: Fast alle Erziehungs- und Entwicklungsnachteile scheinen sich somit durch das Ausmaß an Armut erklären zu lassen.

Angesichts der Kontroverse um die Folgen eines Heranwachsens in einer Einelternfamilie ist es hilfreich, etwas näher auf die Ähnlichkeiten und Unterschiede zwischen Schweden und Japan einzugehen. Die beiden Länder zeigen ganz eindeutig, dass nicht die Familienstruktur, sondern die relative Armut das weitaus größte Problem darstellt. Bezüglich der Familienstruktur befinden sie sich am jeweils entgegengesetzten Ende des Spektrums. Unter den entwickelten Marktwirtschaften hält Japan am stärksten an der traditionellen Zwei-

Eltern-Kernfamilie fest, mit wenigen Scheidungen und wenigen außerehelichen Geburten. Im Gegensatz dazu sind mehr als die Hälfte der Geburten in Schweden außerehelich – nur Island hat einen höheren Prozentsatz zu verzeichnen. Trotz dieses großen Gegensatzes weisen beide jedoch die höchsten Standards bei der Gesundheit und dem Wohlbefinden von Kindern auf. In Bezug auf die Sterberate bei Kindern unter 5 Jahren (dem wichtigsten internationalen, von der UNICEF verwendeten Indikator kindlichen Wohlbefindens) hat Schweden die weltweit niedrigste Rate, gefolgt von Japan (UNICEF 1993). Beiden Ländern gemeinsam ist auch eine äußerst egalitäre Einkommensverteilung: Einmal mehr weist Japan die geringsten Einkommensunterschiede aller entwickelten Marktwirtschaften auf, Schweden folgt dicht dahinter. Zahlen von 1987 zeigen, dass in Schweden lediglich 2 Prozent der Einelternfamilien in relativer Armut lebten (unter der Hälfte des Durchschnittseinkommens), im Vergleich zu durchschnittlich 21,2 Prozent in einer Gruppe von OECD-Staaten (Hewlett 1993). In den Vereinigten Staaten lebten etwa 54 Prozent der Kinder allein erziehender Eltern in relativer Armut (Hewlett 1993), ein Anteil der nach offiziellen Angaben jenem im Vereinigten Königreich zum Vergleichszeitpunkt nahe kam (Department of Social Security 1993). Dies ist zweifelsohne teilweise eine Erklärung dafür, warum die Säuglingssterblichkeit unehelicher Kinder in Schweden sogar niedriger lag als die Sterberate für Säuglinge aus intakten Familien der sozialen Klasse I in Großbritannien (siehe Abb. 5.7) (Leon et al. 1992). Ob es Kindern in dem einen oder anderen Land gut geht oder nicht, liegt daher nicht an der Familienstruktur, sondern am Ausmaß der relativen Armut in den Familien und an den Spannungen, die dies für das Familienleben bedeutet.

In einem für unser Thema weiteren wichtigen Punkt sticht Japan hervor: Es ist wahrscheinlich das einzige entwickelte Land, in dem es einen erheblichen langfristigen Rückgang in der Kriminalität gab. Die einzige Kategorie, in der die Kriminalität nicht gesunken ist, ist die „intellektuelle Kriminalität" (wie dies in den japanischen Statistiken bezeichnet wird), d. h. Betrug und Angestelltenkriminalität (Statistisches Amt, Japan 1990). Die seit dem Zweiten Weltkrieg ständig schrumpfenden Einkommensunterschiede beeinflussen die Verbrechensrate, so dass diese vor allem in den meisten Innenstadtgebieten, wo sie zuvor besonders hoch gewesen war, zurückging und sich die Korrelation mit Gesellschaftsklasse und Armut zunehmend abschwächte (Clifford 1976). Zu den in Japan rückläufigen Verbrechenskategorien wie Mord, Raub, Vergewaltigung, Gewalttaten und Körperverletzung gehören auch die Verbrechen, die – wie in internationalen und auch in US-amerikanischen Untersuchungen gezeigt wurde – mit der Einkommensverteilung korrelieren. Schweden wird manchmal als ein Land genannt, wo es trotz geringerer Einkommensunterschiede erhebliche Verbrechensraten gebe. Zahlen aus dem Internationalen Verbrechensregister belegen indes, dass es sich hier nicht um ein Gegenbeispiel handelt.

Dass sowohl Kriminalität als auch Gesundheit und Wohlbefinden mit der Einkommensverteilung zusammenhängen, gibt uns einen wichtigen zusätzlichen Hinweis auf die dafür mitverantwortlichen Mechanismen. Auch wenn zuvor schon summarisch von „sozioökonomischem Stress" gesprochen wurde, müssen wir genauer wissen, wie die mit sozialer Ungleichheit und Spaltung verbundenen sozialen Prozesse ihre größte psychologische Wirkung auf uns ausüben. Eindeutig fest steht, dass es entscheidende Verbindungen zum häuslichen Stress gibt. Dies betrifft insbesondere kleine Kinder, bei denen sie ein Leben lang nachwirken. (In Kapitel 10 wird kurz auf die Beweislage hiezu eingegangen.) Es steht noch nicht fest, ob es im Erwachsenenalter auf physiologischer Ebene verschiedene Stressformen oder nur eine Form allgemeinen chronischen Stresses gibt. Epidemiologen konnten eine Reihe von Stressursachen ausmachen, die die Gesundheit im Erwachsenenalter angreifen, auf die im nächsten Kapitel näher eingegangen werden soll. Zu diesen Ursachen zählen ein mangelndes Gefühl für die Beherrschung der eigenen Lebenssituation, fehlende soziale Unterstützung, schlechte soziale Netzwerke, Depression und geringes Selbstwertgefühl. Die Verbrechensforschung nennt einige wichtige zusätzliche mögliche Ursachen.

In einer Studie über Mord kommen Daly und Wilson (1988) zu dem Schluss, dass „Gesichtsverlust" die häufigste Ursache für Gewalt ist. Gesichtsverlust läuft letztlich auf einen Verlust von Selbstwertgefühl, auf Erniedrigung oder Prestigeverlust in den Augen Anderer hinaus. Auch wenn hier bestimmte Situationen im Mittelpunkt stehen, denen sich der Einzelne gegenübersehen kann, ist unschwer vorstellbar, dass Menschen mit größeren Status- und Prestigereserven sich vielleicht weniger leicht von einem Gesichtsverlust bedroht fühlen. Noch interessanter ist indes der Gedanke, den Braithwaite in seinem Buch *Crime, shame and reintegration* (1989) entwickelt. Seine Theorie des „reintegrativen Schämens" läuft im Wesentlichen auf eine Sozialisierungstheorie hinaus, die für die Kindererziehung gleichermaßen gilt wie für die Verbrechensbekämpfung. Unter Bezugnahme auf die kindliche Entwicklungsforschung führt er aus, dass eine wirksame Sozialisierung davon abhängt, ob man fähig ist, Kinder unter Aufrechterhaltung der Liebe und Fürsorge zurechtzuweisen, wobei die Kinder genau wissen, dass diese liebende Sorge über jede Strafe oder Zurechtweisung hinaus andauern wird. „Familien, in denen Tadel und nicht Lob die Norm ist, können ihre Kinder nicht durch Anerkennungsentzug sozialisieren" (Braithwaite 1989, 56). Der Anerkennungsentzug kann nur dort wirken, wo er im Gegensatz zum normalerweise üblichen Lob steht. Dies muss die Grundlage der Sozialisierung in jeder Gesellschaft sein, und Braithwaite meint, dass die gleichen Prozesse die Grundlage für die soziale Kontrolle im gesamten Erwachsenenleben bilden. Gestützt auf zahlreiche wissenschaftliche Arbeiten stellt er die Behauptung auf, dass es zwar eine Korrelation zwischen leichteren Straftaten und einer größeren Wahrscheinlichkeit ertappt zu werden gibt, aber kaum einen Nachweis für eine Korrelation zwischen Verbrechensraten und Strafausmaß. Er schließt daraus: „Es scheint, dass Sanktionen, die von Verwandten, Freunden oder einer für die Person wichtigen Bezugsgruppe verhängt werden, das kriminelle Verhalten wirksamer beeinflussen als Sanktionen, die von einer entfernten gesetzlichen Autorität verhängt werden" (Ebda., 69). Reputation in den Augen naher Bekannter scheint den Menschen wichtiger zu sein als die Meinungen oder Handlungen von Kriminal- oder Justizbeamten. Auf die Frage, was für sie die schlimmste Folge einer Verhaftung wäre, antwortete die große Mehrzahl der befragten jungen Männer, dass es die Reaktion ihrer Familien oder Freundinnen und die Schande eines öffentlichen Gerichtsauftritts wäre. Nur weniger als ein Sechstel gab an, dass es die Art der verhängten Strafe wäre. Braithwaite erachtet die Existenz einer moralischen Gemeinschaft für notwendig – genauso notwendig, wie die Menschen innerhalb dieser Gemeinschaft zu belassen. Schämen kann destruktiv sein, wenn es stigmatisierend und nicht reintegrierend wirkt, weil die Menschen dadurch aus der moralischen Gemeinschaft in abweichende Subkulturen gedrängt werden. Zudem illustriert er die Macht sozialer oder moralischer Motivation, indem er ein Experiment zitiert, bei dem die Menschen einen Monat vor Ausfüllen der Steuererklärungen befragt wurden. Bei einer Gruppe betonten die Interviewer die strengen Strafen für Steuerhinterziehung, während in der anderen Gruppe moralische Gründe für Steuerehrlichkeit betont wurden. Der moralische Appell führte zu einem signifikant stärkeren Anstieg der gezahlten Steuern (Schwartz und Orleans 1967).

Nach dem Hinweis, dass 45 Prozent der verurteilten Straftäter in den Vereinigten Staaten eine Gefängnisstrafe abbüßen verglichen mit weniger als 2 Prozent in Japan, verwendet Braithwaite Bayleys Untersuchung der japanischen und amerikanischen Polizeiarbeit, um zu illustrieren, wie integrativ „Schämen" in einer modernen, entwickelten Gesellschaft sein kann.

> Von den [japanischen] Straftätern wird erwartet, dass sie die von der Gemeinschaft festgesetzten Bedingungen zur Resozialisierung akzeptieren, statt auf unschuldig zu plädieren und in der Verhandlung für Strafminderung einzutreten. [...] Der Charakter jedes Menschen gilt als wandelbar [und] empfänglich für informelle Sanktionen nahe stehender Gruppen; [...] der Einzelne fühlt sich moralisch verpflichtet, aktiv an der Aufrechterhaltung des moralischen Konsenses in der Gemeinschaft mitzuarbeiten.
>
> (Bayley 1976, 196)

> Japanische Polizisten streben nach mehr als nur Gesetzestreue, sie streben nach der Akzeptanz der moralischen Werte der Gemeinschaft. Sie sind nicht bloß Vollzugsbeamte; sie sind Lehrer der Gesetzestugend. Der japanischen Polizei wurde ein moralisches Mandat übertragen, das auf der Anerkennung ihrer Bedeutung bei der Gestaltung des Gemeinwesens beruht.
>
> (Ebda., 186)

Für westliche Ohren klingen manche von Bayleys Beschreibungen unwahrscheinlich:

> Psychologisch ausgedrückt stützt sich das System auf positives statt auf negatives Feedback, es wird die liebevolle Akzeptanz im Gegenzug für echte Reue betont. Der japanische Polizist möchte, dass der

Straftäter sich ebenso erleichtert fühlt wie ein Kind, das vor Erleichterung in Tränen ausbricht, wenn es einen Fehler zugibt und es die Eltern daraufhin lächelnd liebevoll umarmen. Im Unterschied zu einem amerikanischen Polizisten wollen die japanischen Polizisten für die Wärme ihrer Fürsorge und nicht für die Strenge ihrer Durchsetzungskraft bekannt sein.

(Ebda., 156)

Diese hier so verblüffend beschriebene japanische Polizeiarbeit ist vermutlich weniger wichtig hinsichtlich des direkten Einflusses, den sie vielleicht auf die Kriminalität ausübt, sie ist vielmehr ein Indiz für den äußerst integrativen Charakter der japanischen Gesellschaft, von der die Kriminalitätsraten bestimmt werden.

Über die Auswirkungen einer geringen sozialen Integration meinte Durkheim: „Je weiter die Schwächung in der Gruppe fortschreitet, der [ein Mensch] angehört, um so weniger ist er von ihr abhängig und um so mehr steht es demzufolge bei ihm, ob er noch andere Verhaltensregeln anerkennt als die, die in seinem Privatinteresse liegen.“ (Durkheim 1997, 232) Letztlich findet „in jeder ineinander verflochtenen und lebendigen Gemeinschaft ein ständiger Ideen- und Empfindungsaustausch von allen zu einem, von einem zu allen statt, und es gibt eine Art moralische Unterstützung, die den Einzelnen statt ihn auf sich selbst zurückzuwerfen, an den kollektiven Kräften teilhaben lässt und dadurch stärkt, wenn er sich am Ende fühlt“ (Ebda., 233).

Durkheims Arbeit über soziale Integration war Teil seiner Analyse der sozialen Ursachen des Selbstmords. Seiner Meinung nach lassen sich hohe Selbstmordraten aus einer der drei Dimensionen der Beziehung zwischen dem Individuum und der moralischen Gemeinschaft ableiten. Beim altruistischen Selbstmord ist die soziale Kontrolle über den Einzelnen so stark, dass sich Menschen genötigt sehen können, sich aus Ehr- oder Pflichtgefühl das Leben zu nehmen. Am entgegengesetzten Pol steht der egoistische Selbstmord, bei dem die soziale Integration und die Kollektivität zu schwach sind, um den Betroffenen die Kraft für den Einsatz für weitreichende soziale Ziele und gesellschaftliche Prozesse zu geben. Als drittes nennt Durkheim den anomischen Selbstmord, der sich daraus ableiten lässt, dass „die Gesellschaft dem Einzelnen nicht gegenwärtig genug ist“ (Ebda., 296), weshalb die Betroffenen, seiner Auffassung nach, mit größerer Wahrscheinlichkeit unrealistische Zeile verfolgen und den Bezug zu erreichbaren Normen und bewältigbaren Einschränkungen verlieren.

Fest steht, dass schlechtere Gesundheit und höhere Kriminalitätsraten – insbesondere bei Gewaltverbrechen –, stark mit der schwächeren sozialen Integration korrelieren, die Durkheim mit dem egoistischen Selbstmord assoziierte. Obwohl mancher Selbstmord ein egoistisches oder anomisches Muster aufweist – wie aus der Verbindung mit Arbeitslosigkeit zu ersehen ist (Platt und Kreitman 1984) –, verhalten sich Selbstmord und Mord zumeist umgekehrt proportional zueinander (Ferri 1895; James 1995). Dass Selbstmorde heutzutage in Gesellschaften mit geringeren Einkommensunterschieden eher häufiger vorkommen (McIsaac und Wilkinson 1997), legt nahe, dass höhere Selbstmordraten in stärker integrierten Gesellschaften vorkommen – vielleicht aufgrund eines Schamgefühls, wenn die Menschen meinen, sie hätten Familie, Kollegen oder die Gemeinschaft enttäuscht.

Durkheim lenkte die Aufmerksamkeit auf einige der wichtigsten gesellschaftlichen Unterscheidungsmerkmale. Jede Analyse sozialer Integration und Gemeinschaft verlangt unbedingt nach unverminderten sozialen Differenzierungsprozessen, durch die soziale Hierarchien sowohl reflektiert als auch verstärkt werden. Gerade in diesen Prozessen entsteht soziale Ausgrenzung, werden die Unterprivilegiertesten stigmatisiert und soziale Gräben durch die Gesellschaft gezogen. Diese Prozesse werden durch Ungleichheiten genährt und gepflegt, die Bourdieu wirtschaftliches und kulturelles Kapital nennt. Bourdieu hat aufgezeigt, wie Geschmacksunterschiede – in fast jedem Lebensumfeld – nicht nur eng mit unterschiedlichem Einkommen und Wohlstand zusammenhängen, sondern auch eingesetzt werden, um diese sozialen Unterschiede in Form von Über- oder Unterlegenheit auszudrücken (Bourdieu 1982). Bourdieu schreibt: „Nur selten nimmt die Soziologie derart prägnante Züge einer Psychoanalyse des Sozialen an wie in der Beschäftigung mit dem ‚Geschmack‘, einem Gegenstand, dem innerhalb der Auseinandersetzungen auf dem Kräftefeld der herrschenden Klasse wie dem der kulturellen Produktion eine herausragende Rolle zukommt." (Ebda., 31) Die von ihm beschriebenen Methoden zum Aufbau und Ausdruck sozialer Unterschiede korrelieren wahrscheinlich stark mit dem Minderwertigkeitsgefühl, das Sennett und Cobb in ihrer Untersuchung *The hidden injuries of class* (1973) als Schlüsselkomponente des Klassenerlebnisses amerikanischer Arbeiter herausgriffen.

Als Grundlage für die Prozesse sozialer Schichtung und Differenzierung kann wahrscheinlich die Einkommensverteilung stellvertretend für die Ungleichheiten im Wirtschafts- und Humankapital angesehen werden. Da soziale Differenzierungsprozesse durch diese Ungleichheiten genährt werden und den sozialen Zusammenhalt zerstören, gibt es eine starke Korrelation zwischen dem Maß an Einkommensungleichheit und dem Maß, in dem es sich um eine integrierte und harmonische Gesellschaft mit hohem sozialem Engagement handelt oder um eine Gesellschaft, die gespalten ist, vom Statusdenken, von Vorurteilen und sozialer Ausgrenzung beherrscht wird, was der Bildung aggressiver, gegen die übrige Gesellschaft gerichteter Untergruppen Vorschub leistet und die am stärksten Benachteiligten stigmatisiert. Wie schon die Menschen in gesellschaftlichen Frühformen nur allzu klar erkannt haben, kann soziale Integration nicht ohne wirtschaftliche Integration erreicht werden. Die Werte des sozialen Lebens werden tendenziell immer die Grundsätze des Wirtschaftslebens widerspiegeln.

Teil IV

Wie die Gesellschaft tötet

Kapitel 9
Die psychosozialen Krankheitsursachen

Bis heute ist es noch nicht möglich, mit einiger Präzision die wichtigsten Wirkungsmechanismen zu identifizieren, die den sozialen Zusammenhalt egalitärer Gesellschaften, wie er in Kapitel 6 besprochen wurde, mit den höheren Standards der physischen Gesundheit und der langen Lebensdauer verbinden, deren sich ihre Bevölkerungen erfreuen. Statt die psychosozialen Einflüsse auf die Gesundheit für gering, umstritten und gänzlich sekundär im Vergleich zu den stärkeren materiellen Einflüssen auf die Gesundheit zu halten, scheinen die Fakten zu einer gegenteiligen Sicht zu berechtigen – zumindest was die Determinanten der Gesundheit in den entwickelten Ländern betrifft. Wie wir in Kapitel 3 gesehen haben, wird die Gesundheit in reichen Gesellschaften, die den epidemiologischen Übergang bereits hinter sich haben, nicht mehr primär von den direkten Auswirkungen materieller Faktoren bestimmt. Es hat den Anschein, als würde den psychosozialen Einflüssen auf die Gesundheit vorrangige Bedeutung zukommen, sobald für die große Mehrheit der Bevölkerung minimale Grundstandards sichergestellt sind.

Kein Mensch wird an Voodoo-Zauber denken, wenn wir argumentieren, dass psychosozialer Stress töten kann. Glücklicherweise verfügen wir heute über eine Vielzahl epidemiologischen und experimentellen Beweismaterials, um jeden Zweifel auszuräumen, dass psychosoziale Faktoren einen gewaltigen Einfluss auf die physische Gesundheit haben können – sowohl auf die Morbidität als auch auf die Mortalität. Zu Beginn dieses Kapitels soll ein kurzer Abriss über den derzeitigen Wissensstand gegeben werden, der das äußerst breite Spektrum der Möglichkeiten solcher Verbindungen aufzeigt. Das Problem ist dabei nicht so sehr, dass es an möglichen Verbindungen fehlt, sondern vielmehr, dass es eine Vielzahl von Möglichkeiten gibt, die im Lichte des bereits Bekannten alle durchaus einleuchtend erscheinen. Es wird noch einige Jahre intensiver Arbeit bedürfen, um einige auszuschließen und die Bedeutung anderer zu bestätigen.

Das relative Einkommen ist ein inhärent sozialer Begriff. Es spiegelt einen Aspekt der Beziehung zwischen dem Individuum und einer sozialen Gruppe wider. In dem Bestreben, die gesundheitlichen Auswirkungen des relativen und nicht des absoluten Einkommens zu erklären, wollen wir uns auf die psychosoziale und soziale Wirkungsweise konzentrieren. Da die Einkommensverteilung einen so hohen Stellenwert hat, müssen wir die Auswirkungen eines niedrigen Einkommens auf die Gesundheit durch seine soziale Bedeutung und seine Folgen für die gesellschaftliche Stellung und nicht so sehr durch die direkten physischen Auswirkungen erklären, die materielle Gegebenheiten unabhängig von ihren sozialen Konnotationen in jeder beliebigen Gesellschaft nach sich ziehen können. Das heißt nicht, dass eine schlechte (und oft nicht vorhandene) Unterkunft und unzureichende Nahrung die Gesundheit einer (wenn auch der Zahl nach noch immer großen) Minderheit von Menschen in entwickelten Gesellschaften nicht in Mitleidenschaft ziehen: das ist zweifellos der Fall. Es heißt vielmehr, dass die direkten materiellen Folgen derartiger Faktoren nicht die wichtigste Erklärung für den Zusammenhang zwischen der Volksgesundheit und der Einkommensverteilung sind. Es heißt auch nicht, dass wir die Gesundheit der Ärmsten in einer Gesellschaft außer Acht lassen sollen. Die Armen haben sowohl unter den psychosozialen Folgen der Deprivation als auch unter deren direkten materiellen Auswirkungen zu leiden. Es ist tatsächlich wichtig zu erkennen, dass jene Menschen, die am unteren Ende der sozialen Hierarchie leben, sowohl unter den größten materiellen Entbehrungen als auch unter den stärksten sozialen, psychologischen und emotionalen Entbehrungen zu leiden haben, und dies mag ihre Gesundheit sehr wohl stärker beeinträchtigen als die unmittelbareren Auswirkungen des materiellen Mangels.

Sapolsky hat sogar für jene Menschen, die – nach jeder denkbaren Norm – unter absoluter materieller Armut leben, nachweisen können, dass sozioökonomischer Dauerstress psychosoziale Spuren hinterlässt (Sapolsky 1991). Sapolsky beschreibt zunächst, dass alle zwischen 1830 und 1930 in den Londoner medizinischen Schulen für den anatomischen Unterricht bestimmten Leichen aus Armenhäusern stammten, und fährt dann fort, dass die Nebenniere für wesentlich größer gehalten wurde als dies heute als normal gilt. Wenn die Anatomen gelegentlich die Nebenniere eines reicheren Verstorbenen zu Gesicht bekamen, stellten sie fest, dass diese seltsamerweise kleiner war und erfanden eine neue Krankheit – die *idiopathische Nebennierenatrophie* –, um dieses Phänomen zu erklären. Diese „Krankheit" blühte Anfang des 20. Jahrhunderts, bis die Ärzte erkannten, dass die kleineren Nebennieren die Norm waren und die „Störung" wurde zu einer peinlichen Fussnote in medizinischen Lehrbüchern. Die vergrößerten Nebennieren der Armen resultierten aus lang anhaltendem sozioökonomischem Stress. In ähnlicher Weise hatte sich die für das Immunsystem wichtige Thymus-Drüse bei den Armen, als Folge von chronischem Stress, oft gänzlich zurückgebildet. Wieder wurden die bei wohlhabenderen Menschen festgestellten größeren Thymus-Drüsen irrtümlich als Störung angesehen und, so Sapolsky, durch eine Strahlentherapie behandelt, die später zu Schilddrüsenkrebs führte.

So dürfen selbst in historischen Zeiten, wo die absolute und nicht die relative Armut das Hauptproblem für einen deutlich größeren Teil der Bevölkerung darstellte, die physischen Einflüsse des damit einhergehenden extremen psychosozialen und emotionalen Stresses nicht unterschätzt werden. Die materielle Unsicherheit per se ist eine Ursache von Stress: Sie stellt eine stete Bedrohung und Quelle der Sorge dar, die oft der Verzweiflung weicht. Gemälde wie Hogarths *Gin Lane* lassen keinen Zweifel daran, dass sich Armut über psychosoziale Wirkungsmechanismen in starkem Maße auf die Gesundheit auswirkt – selbst bei den Armen im London des 18. Jahrhunderts.

Einen Hinweis auf die Bedeutung von Stress im Zusammenhang mit Deprivation in modernen Gesellschaften gibt ein Gefangener, der über das Leben in einem englischen Gefängnis der 1990er-Jahre (vielleicht nicht einmal dem schlimmsten in der entwickelten Welt) berichtet. Er schreibt: „Am Ende des Tages liegen die Nerven so blank, dass du zappelst und zuckst, bevor du dich im Einschlafen entspannst. Mit dem ersten Schlüsselklappern kehrt die Angst wieder zurück." (Shannon und Morgan 1996)

Ein anderer Denkansatz beim Vergleich der Bedeutung von psychosozialen und direkten materiellen Wirkungsmechanismen hinsichtlich des Zusammenhangs zwischen Einkommen und Gesundheit setzt bei der Wohnsituation an. Obwohl es unter Menschen in schlechter Wohnsituation eine deutlich höhere Rate bei den wichtigsten Krebsarten und bei Herzerkrankungen gibt, führt fast niemand diesen Umstand darauf zurück, dass die physischen Aspekte einer schlechten Unterkunft einen wichtigen direkten Beitrag zu diesen Todesursachen leisten (Lowry 1991). Freilich kann eine feuchte Unterkunft durch die vermehrten Schimmelpilzsporen in der Luft direkt zu einem erhöhten Auftreten von Atemwegserkrankungen beitragen. Aber erstens machen diese Atemwegserkrankungen lediglich einen sehr geringen Teil der erhöhten Krankheitsbelastung aus, die mit mangelhafter Unterbringung in Zusammenhang gebracht wird; und zweitens geht aus Erhebungen der Wohnbedingungen hervor, dass kaum 7 Prozent der Gesamtbevölkerung in feuchten Unterkünften leben (Ineichen 1993). Selbst wenn der Anteil deutlich unterschätzt wurde, ist doch klar, dass wir uns in erster Linie mit den sozialen Folgen der relativen Deprivation beschäftigen müssen, wenn wir nicht nur die Verbindung zwischen Gesundheit und schlechter Wohnsituation verstehen, sondern insbesondere auch den Zusammenhang zwischen der Einkommensverteilung und der Gesundheit der Gesamtbevölkerung erklären wollen.

Einer der deutlichsten Hinweise auf die über psychosoziale Wirkungsmechanismen erfolgende Beeinflussung der Gesundheit durch die relative Deprivation stammt aus Studien über die gesundheitlichen Auswirkungen der Arbeitslosigkeit. Eine der anfänglichen Schwierigkeiten, mit denen sich die Forschung auf diesem Gebiet konfrontiert sah, war die Kausalrichtung: Waren die Arbeitslosen weniger gesund, weil Arbeitslosigkeit die Gesundheit tatsächlich beeinträchtigte, oder war es einfach so, dass kranke Menschen mit größerer Wahrscheinlichkeit arbeitslos wurden? Bloße Vergleiche des Gesundheitszustands von Arbeitenden und Arbeitslosen konnten zwischen diesen beiden Möglichkeiten nicht unterscheiden. Erst als Daten aus Studien über die Schließung von Fabriken – die eine nicht-selektive Arbeitslosigkeit verursachten – verfügbar wurden, konnte schlüssig nachgewiesen werden, dass sich die Gesundheit tatsächlich *als Folge* von Arbeitslosigkeit verschlechtert. Noch interessanter hingegen war, dass aus denselben Studien hervorging, dass diese Verschlechterung des Gesundheitszustandes zu einem Großteil nicht erst dann einsetzte, als die Betroffen tatsächlich arbeitslos wurden, sondern schon zuvor – bei der ersten Ankündigung von Entlassungen. Es stellt sich nun heraus, dass die Verbindung zwischen Gesundheit und Arbeitslosigkeit weitgehend mit der Arbeitsplatzsicherheit und der Erwartung von Arbeitslosigkeit zusammenhängt. Dies konnte bisher zumindest viermal nachgewiesen werden (Iversen und Klausen 1981; Ferrie et al. 1995; Cobb und Kasl 1977; Mattiasson et al. 1990). Damit verfügen wir über ein eindrucksvolles Beweismaterial, dass sich eine der klarsten Kategorien der Deprivation in modernen Gesellschaften vorwiegend über psychosoziale Wirkungsmechanismen auf die Gesundheit auswirkt.

Diese Ergebnisse sind auch deshalb interessant, weil das Problem der Arbeitsplatzunsicherheit viel weiter verbreitet ist als Arbeitslosigkeit selbst. Während das Ausmaß dieser Problematik mit den Schwankungen in der Arbeitslosigkeit variiert, ist zu erwarten, dass die Zunahme der „marginalen" oder „flexiblen" Arbeitskräfte als gewichtiger Multiplikator der Arbeitsplatzunsicherheit wirken wird. Das „Market & Opinion Research International"-Institut (MORI) stellte in einer Erhebung fest, dass selbst unter den Arbeitnehmern der „Mittelklasse" (Klassifizierung A, B, C1) bei 35 Prozent Sorge um einen möglichen Verlust ihrer Arbeitsstelle in den nächsten 12 Monaten herrschte, während 20 Prozent der Familien erst kürzlich die Erfahrung von Arbeitslosigkeit gemacht hatten (Smith 1994).

Arbeitsplatzunsicherheit ist vermutlich nur eine von mehreren Kategorien finanzieller oder materieller Unsicherheit. Eine Studie über die gesundheitlichen Auswirkungen einer unsicheren Wohnsituation hat ergeben, dass die Zahl der Mieter, die ihren praktischen Arzt aufsuchten, schwankte, je nachdem, ob die Drohung des Verwaltungsrates ihre Wohnanlage abzureißen, gerade aktuell war oder nicht. Eine unsichere Wohnsituation, sei sie nun bedingt durch Pläne des Verwaltungsrates oder Schwierigkeiten bei der Mieten- oder Kreditzahlung, weist viele Parallelen mit der Angst vor Arbeitslosigkeit auf. Dass so viele Immobilien wieder an die Banken zurückfallen, ist lediglich die Spitze des Eisbergs der Wohnungsunsicherheit; 1991 fielen in Großbritannien 75.000 Immobilien wieder an die Wohnbaugesellschaften zurück, und bei weiteren 275.000 Immobilien waren die Ratenzahlungen mindestens 6 Monate im Rückstand (*Building Societies Yearbook* 1993/94). Diese Zahlen erfassen nur das Wohnungseigentum, sie sagen aber nichts über die Probleme der Menschen auf dem Mietensektor aus.

Die Leute, die ihre Wohnung verlieren, stellen wiederum nur die Spitze jener großen Zahl an Menschen dar, die mit einer Schuldenlast leben. Bislang wurden die Auswirkungen von Schulden auf die Gesundheit noch nicht ausreichend untersucht: Nur einige wenige Arbeiten sprechen den Beitrag von Schulden und finanzieller Unsicherheit zu den gesundheitlichen Auswirkungen der Arbeitslosigkeit an (Bartley 1994; White 1991; Wilson und Walker 1993). Wie Presseberichte von über bis zu 30 Selbstmorden unter den bei Lloyd's registrierten „names", die infolge großer Schadensfälle in Zahlungsschwierigkeiten gerieten, indes nahe legen, beschränken sich die gesundheitlichen Auswirkungen von Schulden nicht nur auf die Armen (McGowan 1994).

Weitere Hinweise, dass die Natur des Zusammenhangs zwischen einem niedrigen relativen Einkommen und der Gesundheit eher kognitiver als rein materieller Natur ist, stammen von Studien aus Australien und Irland, wo jeweils festgestellt wurde, dass die subjektive Erfahrung von „finanziellem Stress" stärker mit der Gesundheit korrelierte als die tatsächliche Einkommenshöhe (Ullah 1990; Whelan 1991).

Neben Untersuchungen, die die Ursachen von spezifisch sozioökonomischem Stress in Verbindung zur Gesundheit setzten, gab es auch statistisch besser fundierte Experimente, die den tieferen Zusammenhang zwischen physischer Gesundheit und Stress aus unterschiedlichen Ursachen aufzeigten. In einem Fall füllten Freiwillige einen psychologischen Standard-Fragebogen aus, mit dessen Hilfe ihr Stressniveau gemessen wurde; danach wurden sie nach dem Zufallsprinzip in zwei Gruppen eingeteilt (Cohen et al. 1991). Bei diesem Blindversuch wurden den Leuten in der einen Gruppe Nasentropfen mit destilliertem Wasser verabreicht, die 5 verschiedene Arten von Erkältungsviren enthielten; die Kontrollgruppe bekam Nasentropfen, die lediglich aus reinem destillierten Wasser bestanden. Die Ergebnisse zeigten einen steigenden Anteil von Testpersonen, die eine Erkältung bekamen: von 27 Prozent bei Personen mit niedrigem Stresspegel bis zu 47 Prozent bei Personen mit einem hohen Stresspegel. Dies legt die Vermutung nahe, dass ein hohes Stressniveau die Wahrscheinlichkeit, eine Erkältung zu bekommen, um 75 Prozent steigern kann. An diesem Verhältnis änderte sich auch nichts, wenn Alter, Geschlecht, Bildung, Allergien, Gewicht und Jahreszeit statistisch mitberücksichtigt wurden. Die Unterschiede ließen sich auch nicht durch eventuelle „Stresskrankheitsmediatoren" wie Rauchen, Alkoholkonsum, körperliche Betätigung, Ernährung oder Schlaflosigkeit erklären.

Trotz der Berücksichtigung derartiger Faktoren könnte man einwenden, dass sich Menschen mit hohem Stresspegel von denjenigen mit niedrigem Stresspegel auf irgendeine Weise unterscheiden, die für die Unterschiede bei den Infektionsraten verantwortlich sein könnte. Zahlreiche Studien liefern jedoch Hinweise auf eine geschwächte Immunität und einen schlechteren Gesundheitszustand in Zusammenhang mit einer eindeutig identifizierbaren umweltbedingten Stressquelle. Eine Studie beispielsweise untersuchte Rachenabstriche von Medizinstudenten während der Prüfungszeit, aufgrund deren Vergleich sich zeigte, dass der Prüfungsstress ihre Immunität schwächte (Kennedy, S. et al. 1988). Es gibt auch Beweise, dass der durch das Scheitern oder die Zerrüttung einer Ehe bedingte Stress das Immunsystem beeinträchtigen kann. Dabei stellte sich heraus, dass die Auswirkungen um so stärker waren, je kürzer das Zerwürfnis zurücklag und je stärker die Bindung an den Ex-Partner noch war (Kennedy, S. et al. 1988). Eine Studie in Südwales fand heraus, dass die Sterberaten unter den engsten Angehörigen der Kinder, die getötet wurden, als eine Schlackenschicht des Aberfan Bergwerks eine Grundschule zum Einsturz brachte, siebenmal höher lagen als bei Kontrolluntersuchungen im darauf folgenden Jahr (Conduit 1992). In gleicher Weise war unter den Leuten, deren Häuser in Bristol unter Wasser standen, im darauf folgenden Jahr ein 50-prozentiger Anstieg der Mortalität zu verzeichnen im Vergleich zu jenen, deren Häuser von der Flut verschont geblieben waren (Bennet 1970).

Man hat sogar herausgefunden, dass Ereignisse wie Unfälle von Kindern, bei denen psychologische Einflüsse weniger plausibel erscheinen könnten, stark von Depressionen der Mutter beeinflusst sind. Bei seiner Folgestudie über Mütter kam Brown zu dem Schluss, das „psychiatrische Schwierigkeiten der Mütter für einen Gutteil der Klassenunterschiede bei Unfällen in der Kindheit verantwortlich sind" (Brown 1978). (Angesichts der Tatsache, dass das soziale Gefälle bei Unfällen von Kindern besonders krass ist, kommt dieser Erkenntnis

besondere Bedeutung zu.) Brown stellte fest, dass sich die Unfallhäufigkeit bei Kindern der sozialen Klasse V (ungelernte Arbeiter und
ihre Familien) verdoppelte, wenn die Mütter depressiv waren. Die
Depressionsraten lagen bei Müttern der Arbeiterklasse viermal höher (28 Prozent) als bei Müttern der Mittelklasse. Da die Mütter im
Rahmen der Studie über längere Zeit hinweg beobachtet wurden,
konnte gezeigt werden, dass die Unfallraten nur dann höher waren,
wenn die Mütter gerade depressiv waren, in den Wochen davor und
danach hatten ihre Kinder ähnliche Unfallraten aufzuweisen wie die
Kinder von Frauen, die nicht unter Depressionen litten.

Es gelang auch, unter der allgemeinen Bevölkerung eine erhöhte
Sterblichkeit nachzuweisen, die mit einer umfassenden Liste von
Stress auslösenden „einschneidenden Erlebnissen" in Verbindung
stand. Eine Studie beobachtete sieben Jahre lang eine Kohorte von 752
Männern mittleren Alters und stellte dabei fest, dass die Sterberaten
unter jenen Männern, die zumindest drei Stress auslösende „einschneidende Erlebnisse" mitgemacht hatten, mehr als dreieinhalbmal so hoch lagen (Rosengren 1993). In absteigender Ordnung nach
ihrer Bedeutung lautete ihre Liste von zehn derartigen „einschneidenden Erlebnissen" folgendermaßen: Strafverfolgung, erzwungener Wohnungswechsel, Scheidung oder Trennung, ernsthafte finanzielle Schwierigkeiten, Gefühl der Unsicherheit bei der Arbeit, ernste
Sorgen um ein Familienmitglied, schwere Krankheit in der Familie,
Überflüssig-Werden, erzwungener Arbeitswechsel und schließlich der
Tod eines Familienangehörigen. Auch wenn der Tod eines Familienangehörigen hier an letzter Stelle genannt wird, haben Studien über
Sterbefälle gezeigt, dass der Tod eines Ehepartners den Tod des anderen unter Umständen beschleunigt (Helsing und Szklo 1981). Die
Zahl der Todesfälle infolge von Krebserkrankungen, Herzkrankheiten und durch Alkohol bedingten Ursachen war besonders hoch. Eine
Studie über Menschen, die einen Herzanfall gehabt hatten, zeigte
ebenfalls, dass die Wiederholungsrate bei Leuten, die über lange Zeit
hinweg Schwierigkeiten hatten, viel höher war (Tennant et al. 1994).

Auch bei der Identifizierung psychosozialer, auf die Gesundheit
rückwirkender Arbeitsbedingungen wurden Fortschritte erzielt. So hat
sich herausgestellt, dass für den größten Teil der arbeitenden Bevölkerung in der entwickelten Welt, sicherlich jedoch für alle, die in einem Büro tätig sind, die soziale Arbeitsorganisation heute aller Wahr-

scheinlichkeit nach das größte berufliche Gesundheitsrisiko darstellt. Forschungsarbeiten, die sich bemühten, die gesundheitlichen Unterschiede je nach der sozioökonomischen Stellung in Bezug auf die Arbeitsumgebung zu erklären, kamen ebenfalls zu Ergebnissen, die auf die Bedeutung psychosozialer Prozesse hinweisen. Karasek und Theorell (1990) wiesen auf gesundheitsschädigende Folgen hin, wenn die Betroffenen über ihre Arbeit nur wenig selbst bestimmen konnten, wenn sie an ihrem Arbeitsplatz von ihren Vorgesetzten oder Kollegen nur geringe soziale Unterstützung erhielten oder einem raschen Arbeitstempo ausgesetzt waren. Diese drei Ursachen standen unabhängig voneinander in einem engen Zusammenhang zu Symptomen von Herzgefäßerkrankungen und einer Reihe anderer gesundheitlicher Probleme. Marmot et al. (1991) stellten in der Whitehall-Studie ähnliche Zusammenhänge fest, die mitverantwortlich für die Unterschiede um einen Faktor drei bei der Mortalität waren. Obwohl die Höhe des Dienstgrades im Staatsdienst eng mit dem Maß an selbstbestimmtem Arbeiten korreliert, stand die Kontrolle über die eigene Arbeit in einem signifikanten Zusammenhang zur Gesundheit, auch wenn der Dienstgrad und eine Reihe anderer Risikofaktoren berücksichtigt wurden. Widersprüchliche Arbeitsanforderungen und ein hohes Arbeitspensum bei gleichzeitig fehlender Selbstbestimmung zogen laut dieser Studie ebenfalls einen schlechteren Gesundheitszustand nach sich.

Einer der Vorteile derartiger Arbeitsplatzstudien besteht darin, dass sie den Zusammenhang von den objektiven Bedingungen, unter denen die Menschen arbeiten, bis hin zu den psychosozialen Auswirkungen auf den Einzelnen und seine Gesundheit aufzeigen können. Großes Augenmerk schenkte die Sozialpsychologie den Auswirkungen des Gefühls, alles unter Kontrolle zu haben, bzw. der persönlichen Effizienz auf der einen Seite und der „erlernten Hilflosigkeit" auf der anderen, wobei sich herausstellte, dass diese in vielen Leistungsbereichen sowie auch bei der Grenze der Schmerztoleranz und verschiedenen gesundheitlichen Folgen eine wichtige Rolle spielen. Obwohl diese Merkmale bei der Mehrzahl dieser Studien der Manipulation durch die Umwelt unterliegen – wie der Begriff „erlernte Hilflosigkeit" nahe legt –, werden sie dennoch oft als fixe Persönlichkeitsmerkmale angesehen. Wenn wir versuchen, die Auswirkungen sozioökonomischer Bedingungen auf die Gesundheit zu erklären, sind psychosoziale Faktoren nur insofern relevant, als sie eine Reaktion auf diese Umstände sind.

Die gesundheitliche Bedeutung des Ausmaßes an selbstbestimmter Arbeit, des Arbeitsdrucks und der bei der Arbeit gewährten sozialen Unterstützung wurde nun von Arbeitsplatzstudien in Schweden, den USA, Deutschland und Großbritannien bestätigt (Johnson und Hall 1998; Karasek et al. 1988; Siegrist et al. 1990; Karasek und Theorell 1990; Marmot et al. 1991). Diese Erkenntnisse sind indes von doppelter Bedeutung: Obwohl es sich um Untersuchungen des Arbeitsumfeldes handelt, gibt es hier immer einen häuslichen Gegenpart, und so erfahren wir aller Wahrscheinlichkeit nach ebenso viel über jene Faktoren, die die Gesundheit zu Hause beeinflussen, wie über jene, die im Arbeitsumfeld zum Tragen kommen. In vieler Hinsicht ist Geld der Schlüssel zu der Fähigkeit, das eigene Leben zu bestimmen. Je mehr Geld, desto mehr Optionen stehen offen, desto größer ist die Wahlfreiheit und desto leichter können die meisten Probleme überwunden werden. Probleme in Bezug auf die Unsicherheit des Arbeitsplatzes oder der Wohnverhältnisse können in der Tat als Beispiele für eine allgemeinere Kategorie von finanzieller Unsicherheit angesehen werden, wo wichtige Bereiche der Selbstbestimmung verlorengehen. Die Bedeutung der sozialen Unterstützung wirkt auch über die Arbeit hinaus.

Mehrere Studien haben die gesundheitsförderlichen Auswirkungen von mehr und besseren zwischenmenschlichen sozialen Kontakten zu Hause oder in der Gemeinschaft aufgezeigt (House et al. 1988; Broadhead et al. 1983; Berkman und Syme 1979). Weitgehende Einigkeit herrscht heute darüber, dass bestimmte Formen der sozialen Unterstützung und des sozialen Kontakts wichtige positive Auswirkungen auf die Gesundheit haben. So scheint soziale Unterstützung mit großer Wahrscheinlichkeit eine wichtige Rolle zu spielen, um die Reaktionen der Menschen auf Stress auslösende Ereignisse und Umstände zu verändern (Whelan 1993; Rosengren et al. 1993). Das Fehlen einer vertrauensvollen Beziehung zu einem engen Freund, Verwandten oder Partner steht in Zusammenhang mit einem schlechteren Gesundheitszustand, gleiches gilt aber auch für eine geringere Einbettung in umfassendere soziale Netze, gemeinschaftliche Aktivitäten usw.

Was den Zusammenhang zwischen Gesundheit und Einkommensverteilung (Kapitel 5) sowie zwischen der Einkommensverteilung und dem sozialen Zusammenhalt (Kapitel 6) betrifft, ist der Beweis von gesundheitlichen Auswirkungen einer geringeren sozialen Einbettung in die Gemeinde und von weniger guten sozialen Netzwerken besonders interessant. In einer Rezension schrieb Berkman:

> Zwischen 1979 [...] und 1994 wurden acht prospektive Studien auf Gemeindeebene durchgeführt, die einen Zusammenhang zwischen dem, was wir heute soziale Integration nennen, und den Sterberaten, in der Regel Todesfällen ohne Berücksichtigung der Todesursache, aufzeigen [...] Ganz allgemein zeigen sie alle übereinstimmend, dass isolierte Menschen einem erhöhen Mortalitätsrisiko infolge einer Reihe unterschiedlicher Todesursachen ausgesetzt sind. Ihre methodologische Qualität festigt unser Vertrauen in ihre Erkenntnisse. [...] In der ersten dieser Studien aus Alameda County stellte sich heraus, dass die Wahrscheinlichkeit, innerhalb der darauf folgenden neun Jahre zu sterben, bei Männern und Frauen ohne Kontakt zu Anderen (basierend auf einem Index, der die Kontakte zu Freunden und Verwandten, den Familienstand und die Zugehörigkeit zu Kirchen und Gruppen erfasste) um 1,9- bis 3,1-mal höher war [...] als bei Menschen mit viel mehr Kontakten.
>
> (Berkman 1995, 246)

Berkman betont, dass sich die Auswirkungen von fehlenden sozialen Kontakten bei einem breiten Spektrum von Todesursachen bemerkbar machen und sowohl das Auftreten der Krankheit als auch die Sterberaten beim Auftreten beeinflussen. Sie zitiert Beispiele, wo die Sterberaten nach Auftreten eines Herzanfalls tatsächlich um einen Faktor drei variierten, je nachdem, ob den Patienten gute soziale Unterstützung zuteil wurde oder nicht. Mehrere mögliche kausale Verbindungen zwischen den Auswirkungen sozialer Beziehungen und der Gesundheit wurden identifiziert, die sowohl das Immun- als auch das neuroendokrine System betreffen.

Obwohl die offensichtliche Bedeutung sozialer Beziehungen für die Gesundheit eine erfreulich direkte Verbindung zwischen dem sozialen Zusammenhalt und der Gesundheit zeigt, besteht auch die Möglichkeit, dass sich die Ergebnisse durch die individuelle Selektion erklären lassen. Sollte sich herausstellen, dass geselligere Menschen gesünder sind, weil sie andere psychologische Eigenschaften haben, könnte es sein, dass eine kontaktfreudigere Gesellschaft die Gesundheit auf diesem Wege nicht verbessert. Unter Umkehrung der üblichen Sorge vor dem ökologischen Trugschluss könnte es falsch sein, von individuellen Untersuchungen auf die Sozialpolitik für ganze Gemeinwesen zu schließen.

Es gibt jedoch Beweise, dass psychosoziale Interventionen in anderen Bereichen gesundheitliche Folgen zeitigen. Beobachtungsstudien und Experimente – wie jenes, das den Zusammenhang zwischen dem Stresspegel und der Anfälligkeit für Erkältungsviren gezeigt hat – haben den Beweis für die Bedeutung psychosozialer Einflüsse auf die physische Gesundheit erbracht. Es gibt auch Studien über die Auswirkungen von Interventionen, die darauf abzielen, das Stressniveau zu senken, indem man den Menschen Entspannungs- und Meditationstechniken nahe bringt. Bei einem besonders beeindruckenden Beispiel wurden Leute mit erhöhtem Blutdruck nach dem Zufallsprinzip in zwei Gruppen eingeteilt; einer Gruppe wurden Ratschläge zu den Themen Rauchen, Ernährung und körperliche Betätigung erteilt, während der anderen Gruppe acht Wochen hindurch zusätzlich einmal wöchentlich eine Unterrichtseinheit über Entspannung und Umgang mit Stress geboten wurde (Patel und Marmot 1987). Bei Untersuchungen acht Monate respektive vier Jahre später stellte sich heraus, dass der Blutdruck bei den Leuten der Gruppe, denen Entspannungsübungen gezeigt worden waren, signifikant niedriger war. Obwohl die Mitglieder dieser Gruppe auf eine diesbezügliche Befragung angaben, dass nur wenige von ihnen weiterhin diese Entspannungsübungen machten, forderten sich doch viele in Stresssituationen immer noch selbst auf: Entspannen, beruhigen! Die Bedeutung dieser – und ähnlicher – experimenteller Maßnahmen liegt im gegenwärtigen Kontext darin, dass sie durch eine Verringerung des Stresses den nahezu schlüssigen Beweis für die Bedeutung psychosozialer Prozesse für die Gesundheit liefern und auf mögliche Vorteile von Interventionen hinweisen. (Experimente durchzuführen, die das chronische Stressniveau deutlich heben würden, wären ethisch selbstverständlich nicht zu vertreten.)

Viele der wichtigsten Stressquellen unseres Lebens sind aller Wahrscheinlichkeit nach durch das sozioökonomische Umfeld bedingt und werden durch relativ geringe Einkommen verstärkt. Von sozioökonomischen Nachteilen zu sprechen, die die Gesundheit über psychosoziale Wirkungsmechanismen in Mitleidenschaft ziehen, soll nicht dahingehend ausgelegt werden, dass die Probleme in gewisser Weise „psychologischer" und nicht „realer" Natur sind. Die Menschen haben Angst, ihre Unterkunft zu verlieren, wenn sie ihre Raten- oder Mietzahlungen nicht mehr leisten können, weil dies eine echte Gefahr darstellt. Die psychologische Wirkungsweise zu betonen heißt nicht, dass die Grundursache des Problems psychologisch ist oder mit psychologischen Interventionen aus der Welt geschafft werden kann. Bei der Unterscheidung zwischen psychosozialen und rein materiellen Wirkungsmechanismen geht es darum, zwischen sozialen und wirtschaftlichen Problemen zu unterscheiden, die sich durch unterschiedliche Arten von Sorgen, Stress, Unsicherheit usw. auf die Gesundheit auswirken, und solchen, die – wie Luft- oder Wasserverschmutzung – die Gesundheit über rein materielle Wirkungen beeinträchtigen, selbst dann wenn wir uns ihrer gar nicht bewußt sind und uns keine Gedanken darüber machen. Wir könnten einfach von kognitiven statt psychosozialen Wirkungsmechanismen sprechen, aber die Wahrnehmungen, die mit genügend Stress verbunden sind, um ins Gewicht zu fallen, sind natürlich jene, die besonders emotionsbeladen sind und daraus resultieren, dass man über lange Zeit hinweg gewisse Begleiterscheinungen der eigenen Lebensumstände aushalten muss. Es wäre zwar widernatürlich, sich angesichts der Aussicht, seine Wohnung zu verlieren, weil man sie nicht mehr bezahlen kann, keine Sorgen zu machen, gleichzeitig muss man sich aber der destruktiven Wirkung dieser Bedrohung – auch dann, wenn die Wohnung möglicherweise nicht verlorengeht – bewusst werden. Ein Gefühl der Verzweiflung, des Zorns, der Verbitterung, der „erlernten Hilflosigkeit" oder Aggression ist eine sehr verständliche Reaktion auf verschiedene soziale, wirtschaftliche und materieller Schwierigkeiten. Durch eine dieser Ursachen bedingter anhaltender Stress reicht aber oft aus, um die Gesundheit zu schädigen.

Es wäre allerdings ein Irrglaube zu meinen, dass wir infolge der Bedeutung psychosozialer Prozesse für den Zusammenhang zwischen Einkommensverteilung und Gesundheit die Einkommensverteilung vergessen und uns auf psychosoziale Interventionen konzentrieren können. Dies bedeutet vielmehr, dass die Einkommensverteilung eine wichtige Determinante für das psychischen Wohlbefinden einer Gesellschaft ist. Die Erkennntis, dass der soziale Zusammenhalt vermutlich durch geringere Einkommensunterschiede verbessert werden kann, gewinnt dadurch an Bedeutung, dass den politischen Entscheidungsträgern damit ein Weg für die Verbesserung wichtiger Aspekte des Lebens unserer Gesellschaft gewiesen wird. Wo die Menschen früher nur verzweifelt die Hände zusammenschlagen konnten, wird es jetzt vielleicht möglich sein, praktische Schritte in Richtung einer Verbesserung zu setzen. Da die Einkommensverteilung sehr stark von der Regierungspolitik bestimmt wird, hätten es die Regierungen in der Hand, die psychosozialen Bedingungen und die Stimmung in der gesamten Bevölkerung zu verbessern.

Stress und gesundheitsbezogenes Verhalten

Eine der vielen Varianten, wie sich psychosoziale Faktoren auf die Gesundheit auswirken, ist das gesundheitsbezogene Verhalten. Mehrere unterschiedliche verhaltensbedingte Gesundheitsrisiken scheinen vom allgemeinen Niveau des sozialen Stresses in der Bevölkerung beeinflusst zu werden. Marsh hat in einer besonders aufschlussreichen Forschungsarbeit gezeigt, dass das Rauchen zwar in dem gesamten Zeitraum zwischen 1976 und 1990 zurückging, allerdings nur in den obersten drei Quartilen der Einkommensverteilung (den reichsten drei Vierteln der Bevölkerung), nicht jedoch im ärmsten Viertel (Marsh und McKay 1994). Während das ärmste Viertel relativ ärmer wurde (einige wurden sogar absolut ärmer), nahm das Rauchen in diesem Bevölkerungsteil zu. Besonders deutlich war dies in den späten 1980er-Jahren, als die Einkommensunterschiede besonders rasch auseinander drifteten. Rauchen scheint nun nicht nur bei Betrachtung der Querschnitts-, sondern auch in Verlaufsdaten mit einer Benachteiligung zu korrelieren. Obwohl man erwarten hätte können, dass die starke finanzielle Belastung beim Rauchen vor allem die Ärmsten am stärksten abschreckt, führten die wachsende relative Armut und die unveränderten absoluten Einkommen der Armen dazu, das diese – entgegen dem nationalen Trend – mehr rauchten.

Eine Analyse jüngeren Datums des *Health and Lifestyles Survey* in Großbritannien ergab, dass es zwar ein eindeutiges sozioökonomisches Gefälle bei der erfolgreichen Rauchentwöhnung gab, bei dem Wunsch es aufzugeben jedoch kein ähnliches Gefälle beobachtet werden konnte (Jones 1995). Wie Marsh betont, fällt es leichter, das Rauchen aufzugeben, wenn man über eine hohe Selbstachtung verfügt, das Leben optimistisch sieht und das Gefühl hat, es selbst in der Hand zu haben. Wenn hingegen alles schlecht läuft und weitgehend hoffnungslos erscheint, wird das Rauchen (wie Hilary Graham gezeigt hat) mit größerer Wahrscheinlichkeit als einzige Entspannung und einziger Luxus gesehen – auch wenn man wünschte, es aufgeben zu können (Action on Smoking and Health 1993).

In einem wichtigen Sinne ist das Rauchen zu einem Indikator für sozioökonomischen Stress geworden. Es gibt aber auch Anzeichen für einen gleich laufenden Prozess bei anderen gesundheitsschädigenden Verhaltensformen. Eine der vielen mögliche Reaktionen auf Stress, Unglücklichsein und unbefriedigte emotionale Bedürfnisse besteht darin, in einem erhöhten Konsum bestimmter Lebensmittel – die üblicherweise einen hohen Zucker- und Fettgehalt aufweisen – und unterschiedlicher Drogen, einschließlich Alkohol und natürlich Tabak, Trost zu suchen. Dieses kompensatorische Essen reicht in seiner extremsten Form bis zu Fresssucht und Bulimie. Einmal mehr ist es interessant anzumerken, dass in den späten 1980er-Jahren, als die Einkommensunterschiede so rasch zunahmen, ein drastischer Anstieg der Zahl fettleibiger Männer und Frauen im arbeitsfähigen Alter zu verzeichnen war (Department of Health 1993). Unschwer lässt sich vorstellen, dass dies eine Folge der gestiegenen Arbeitslosigkeit und Unsicherheit war, die möglicherweise zu einer geringeren körperlichen Betätigung unter den entmutigten Menschen führte, die zu Hause festsaßen und im Essen Kompensation suchten.

Es ist wohl bekannt, dass Leute dazu neigen, mehr Süßigkeiten zu essen, wenn sie das Rauchen aufgeben; dies ist ein Hinweis darauf, inwieweit Süßigkeiten als Ersatzdroge fungieren können (Winkelstein und Feldman 1993). Dass heute vorwiegend junge Frauen, die nicht zunehmen wollen, Zigaretten rauchen, ist zum Teil darauf zurückzuführen, dass es Rauchern leichter fällt, keine Süßigkeiten zu essen.

Dass Menschen an verschiedenen Formen eines „ungesunden Verhaltens" festhalten, auch wenn sie dieses oft gerne aufgeben würden, mag ein Hinweis auf eine triebbedingte, zwanghafte oder suchterzeugende Komponente sein. Bis zu einem gewissem Grad handelt es sich dabei um Versuche, zum Teil möglicherweise soziale Bedürfnisse zu befriedigen. Es gibt Konsumbereiche, die sich weitgehend aufgrund ihrer psychosozialen Auswirkungen behaupten können. Der Wunsch nach Entspannungs-, Enthemmungs-, Aufputschmitteln usw. ist vermutlich ein Indikator für den psychosozialen Zustand der Bevölkerung. Alkohol wurde quer durch alle Bevölkerungsschichten stets benützt, um Hemmungen zu lösen und Stress abzubauen – vor allem den Stress bei sozialen Kontakten. Er ist auch ein Mittel zur Entspannung. Wie sehr wir das Gefühl haben, ihn zu brauchen, zeigen die konsumierten Mengen. Obwohl der Verbrauch in England und Wales deutlich unter dem Durchschnittsniveau in der Europäischen Union liegt, beträgt er doch mehr als ein Pint (0,568 l) Bier pro Tag bei Männern über 16 Jahren und etwa 1/2 Pint bei Frauen (Institute for the Study of Drug Dependence 1994). 7 Prozent der Männer und 2,5 Prozent der Frauen geben zu, sich mindestens einmal pro Woche zu betrinken. Wir haben im letzten Kapitel gesehen, dass durch Alkohol bedingte Todesfälle besonders eng mit der Einkommensverteilung korrelieren.

Bevor es zum Rückgang beim Rauchen kam, spielten Zigaretten eine besondere gesellschaftliche Rolle, die sich zum Teil mit der sozialen Funktion des Alkohols überschnitt – die Leute rauchten, um die sozialen Spannungen bei Veranstaltungen und gesellschaftlichen Zusammenkünften abzubauen. Eine Zigarette war etwas, „das man den Leuten anbieten konnte". Trotz des langen und langsamen Rückgangs rauchen immer noch zwischen einem Viertel und einem Drittel der britischen Erwachsenen.

Einige sehen in der Menge an Koffein, die in Form von Tee, Kaffee und Softdrinks konsumiert wird, ein weiteres Beispiel für einen psychotropen Verbrauch, die mit bestimmten Formen von Stress in Verbindung steht. Schätzungen zufolge nimmt der Erwachsene im Durchschnitt täglich zwischen 350 und 450 mg Koffein zu sich – ungefähr doppelt so viel wie bei einer medizinischen Verwendung als Stimulans.

Neben diesen selbstverordneten Substanzen zur Hebung des Wohlbefindens gibt es auch stimmungsverändernde Medikamente, die von Ärzten für Allgemeinmedizin verschrieben werden. Über 32 Millionen Rezepte für verschiedene psychotrope Medikamente wurden 1994 für die englische Bevölkerung ausgestellt. Einige, wie etwa Prozac, sollen Depressionen lindern und den Menschen helfen, ihr Leben positiver zu sehen; andere, wie die Benzodiazepine wirken beruhigend und Angst mindernd. Auch der illegale Konsum so genannter „Freizeit"-Drogen ist zum Teil vielleicht als Reaktion auf ähnliche Probleme zu sehen. Von einigen illegalen Drogen meinte man anfänglich ebenfalls, dass sie zur Erleichterung sozialer Kontakte verwendet würden: Cannabis-Zigaretten wurden herumgereicht, und manche glaubten – schwerpunktmäßig vermutlich in den 1960er-Jahren –, Cannabis hätte die Macht, die menschlichen Beziehungen in der ganzen Gesellschaft zu verändern. Verschiedene härtere Drogen werden vor allem deshalb geschätzt, weil sie ein Gefühl des Ich-Verlusts und der Einheit mit den Anderen vermitteln. Dazu Cameron und Jones: „Unsere Gesellschaft braucht Tabak, Alkohol und andere Trost spendende Drogen nicht nur, um die Not und das Leid des Einzelnen zu lindern, sie könnte in ihrer gegenwärtigen Form gar nicht ohne sie funktionieren" (Cameron und Jones 1985).

Zweifellos sind wir von vielen psychotropen Stützen abhängig. Man könnte meinen, dass das Bedürfnis danach mit steigendem Lebensstandard abgenommen hätte – dass das Gin-Trinken im 18. Jahrhundert Ausdruck des Wunsches war, den materiellen Härten und der Unsicherheit des Lebens zu entfliehen –, wenn man diese verschiedenen psychotropen Drogen jedoch zusammennimmt, ist der Konsum heute vermutlich so hoch wie eh und je. Auch wenn die Trends beim Rauchen sowie beim Alkohol- und Koffeinkonsum von Land zu Land variieren, ist international verbreitet ein Anstieg bei der Verwendung sowohl illegaler Drogen als auch psychotroper Medikamente zu verzeichnen, die von pharmazeutischen Firmen im Rahmen des Gesundheitssystems bereitgestellt werden. Noch nicht lange ist die pharmazeutische Industrie in der Lage, ein breites Spektrum von psychotropen Medikamenten zu produzieren, und die Tatsache, dass immer mehr Geld dafür ausgegeben wird, ist ein Hinweis darauf, dass der Konsum derartiger Pharmaka heute deutlich stärker verbreitet ist als in allen früheren Generationen.

Die zunehmende Inanspruchnahme so genannter „Gesprächstherapien" könnte als eine weitere Reaktion auf ähnliche psychologische oder emotionale Bedürfnisse gesehen werden; in diesem Zusammenhang ist es interessant, auf Gellners Erklärung der Popularität und weiten Verbreitung der psychoanalytischen Theorien Freuds hinzuweisen, auf die diese Form der Therapie zurückgeht. Gellner geht nicht darauf ein, ob die Freudsche Theorie grundsätzlich richtig oder falsch ist, er versucht vielmehr zu erklären, warum sie populär wurde (Gellner 1993). Er führt an, dass sie einem zunehmenden Bedürfnis entsprach. Wenn man von der Annahme ausgeht, dass die persönlichen Beziehungen ab dem späten 19. Jahrhundert problematischer wurden, so musste der Versuch, eine theoretische Grundlage für eine psychologische Therapie zu bieten, einer allgemeinen Nachfrage entsprechen.

Es gibt auch gewisse Hinweise auf eine grundsätzlichere Verbindung zwischen Stress und einigen unserer üblichen Reaktionen darauf, als wir sie normalerweise wahrnehmen. Obwohl wir wissen, dass Rauchen, Alkoholkonsum und Kaffee direkt psychotrop wirken, könnte auch der Drang, süße oder fette Nahrungsmittel zu essen, tiefere Wurzeln haben als ein rein neurotisches Bedürfnis, uns selbst eine Freude zu bereiten. Es häufen sich die Anzeichen, dass einige dieser Nahrungsmittel in einem gewissen Ausmaß einen Schutz vor einigen Auswirkungen von Stress bieten. So hat man herausgefunden, dass ein hoher Cholesterinspiegel, der darauf zurückgeführt werden könnte, dass der Betroffene Kompensation im Essen sucht, mit einem geringeren Risiko im Hinblick auf Verletzungen und Selbstmord in Zusammenhang steht. Eine 20-jährige Verlaufsstudie bei 53.000 schwedischen Männern und Frauen hat ergeben, dass Männer, die zu den 25 Prozent mit dem niedrigsten Cholesterinspiegel gezählt werden konnten, eine fast dreimal so hohe Wahrscheinlichkeit hatten, infolge von Verletzungen zu sterben. Diese Übersterblichkeit war vor allem auf Selbstmord zurückzuführen. Bei Frauen konnte kein vergleichbares Muster festgestellt werden (Lindberg et al. 1992). Eine andere Studie fand bei Selbstmordversuchen häufig Personen mit niedrigem Cholesterinspiegel (Gallerani et al. 1995). Im Rahmen eines kontrollierten Experiments über die Auswirkungen einer cholesterinarmen Ernährung auf das Verhalten erhielten junge Affen Futter, das zwar den gleichen Fettgehalt, aber mehr bzw. weniger Cholesterin enthielt. Den Autoren zufolge stellte sich heraus, dass die Tiere, die ein cholesterinarmes Futter bekamen, „aggressiver und weniger gesellig waren" (Kaplan, J. R. et al. 1994). Wir verfügen heute über eine Reihe von Studien, die eine Verbindung zwischen einem niedrigeren Cholesterinspiegel im Blut und einem höheren Risiko von Selbstmord, Gewalt und Unfällen aufzeigen (Wardle 1995). Die Vermutung geht dahin, dass die vermehrte Aufnahme von Zucker und Fetten, wenn Menschen sich niedergeschlagen oder depressiv fühlen, eine Form der Selbstmedikation darstellt, um diese Gefühle durch eine Erhöhung des Serotoninspiegels im Gehirn zu mildern (Moller 1992).

Experten auf dem Gebiet gesundheitsbewussten Verhaltens neigten schon immer dazu, das höhere Niveau verhaltensbedingter Risiken unter der ärmeren Bevölkerung als Folge von Unwissenheit zu erklären – oder von höheren Kosten, wie etwa beim Verzehr ungesunder Nahrungsmittel. Dass dort, wo der sozioökonomische Stress am größten ist, ein zunehmendes Bedürfnis nach Entspannungsmitteln besteht, wurde hingegen nicht richtig erkannt und könnte doch eine wichtige Erklärung für die soziale Verteilung gewisser Formen gesundheitsschädigenden Verhaltens bieten. Es ist bekannt, dass bestimmte risikobehaftete Verbrauchsmuster oft Reaktionen auf verschiedene Formen von Stress sind und dass gewisse bedenkliche Nahrungsmittel sowie Alkohol und Tabak psychotrop wirken. Aus dem epidemiologischen Beweismaterial geht darüber hinaus hervor, dass in jenen Jahren in der zweiten Hälfte des 20. Jahrhunderts, in denen die relative Armut am raschesten anstieg, auch das Rauchen unter dem ärmsten Viertel der Bevölkerung zunahm (Marsh und McKay 1994).

Dieser psychosoziale Blickwinkel bietet nicht nur eine Erklärung für die soziale Verteilung vieler verhaltensbedingter Gesundheitsrisiken, sondern hilft auch zu erklären, warum sich der zu starke Verbrauch verschiedener Nahrungsmittel und Drogen so hartnäckig halten kann, obwohl die gesundheitlichen Folgen wohl bekannt sind und von gesundheitspädagogischer Seite immer wieder auf eine Verhaltensänderung gedrängt wird. Noch wichtiger als die soziale Verteilung ist aber vielleicht das sehr hohe Gesamtniveau der Verzehrs. Fassen wir den Alkohol, die Zigaretten, die 32 Millionen Rezepte für psychotrope Medikamente, die koffeinhaltigen Getränke sowie die dem Wohlbefinden dienenden – und möglicherweise antidepressiv wirkenden – süßen und fetthaltigen Nahrungsmittel in einer Gruppe zusammen, so bietet sich uns das Bild einer bemerkenswert neurotischen Gesellschaft. Fast jeder von uns kennt die emotionale und psychische Leere, die wir mit Hilfe derartiger Dinge zu überbrücken suchen, und weiß, wie schwierig es ist, die eigene Sucht unter Kontrolle zu halten – ob es dabei um Schokolade, Alkohol und etwas Anderes geht. All das scheint für eine psychisch recht labile Gesellschaft zu sprechen.

Das soziale Gefälle bei einigen verhaltensbedingten Risikofaktoren ist aber im gegenwärtigen Kontext nicht nur hinsichtlich der direkten gesundheitlichen Auswirkungen interessant; wichtige Aufschlüsse bietet es auch über die Stimmung der Menschen, den Stress, dem sie ausgesetzt sind, und die Tatsache, inwieweit sie das Gefühl haben, selbst über ihr Leben zu bestimmen. Bei unseren Überlegungen über den Beitrag verhaltensbedingter Faktoren zu den sozialen Ungleichheiten bei der Gesundheit dürfen wir vier Punkte nicht übersehen: dass sich das soziale Gefälle bei Herzkrankheiten zum weitaus überwiegenden Teil nicht durch verhaltensbedingte Risikofaktoren erklären lässt; dass wir auch dann, wenn wir alle verhaltensbedingten Risikofaktoren ausschließen, mit größter Wahrscheinlichkeit immer noch an einer Herzkrankheit sterben werden (Rose 1985); dass bei Krankheiten, die in keinerlei Zusammenhang mit dem Rauchen stehen, ein gleich starkes soziales Gefälle zu beobachten ist wie bei solchen, die damit in Zusammenhang stehen; und dass auch bei Krankheiten, über deren verhaltensbedingte Risikofaktoren wir noch nicht viel wissen, ein soziales Gefälle zu verzeichnen ist. Die Verteilung der verhaltensbedingten Risikofaktoren in der Gesellschaft legt jedoch die Vermutung nahe, dass der psychosoziale Stress in den ärmsten Bevölkerungsschichten am größten ist.

Wenn wir uns mit den möglichen Ursachen für das hohe Verbrauchsniveau von psychotropen Substanzen quer durch die Gesellschaft auseinander setzen, gibt es einen interessanten Punkt in Zusammenhang mit dem Blutdruck, den wir vielleicht im Auge behalten sollten. In allen Gesellschaften, außer bei den ersten sesshaften Bauern, den nomadischen Viehzüchtern sowie bei den Jägern und Sammlern, steigt der Blutdruck der Menschen üblicherweise mit zunehmendem Alter (Waldron et al. 1982). Je höher der Entwicklungsgrad einer Gesellschaft, desto rascher scheint sich der Blutdruck mit dem Alter zu erhöhen. Nicht nur einmal wurde die Vermutung geäußert, die Tendenz für steigenden Blutdruck im Alter könnte mit dem Maß an Marktbeteiligung einer Gemeinschaft in engem Zusammenhang stehen (Waldron et al. 1982; Eyer 1984). Diese Tendenz zu einem Anstieg des Blutdrucks mit zunehmendem Alter ist so allgemein anerkannt, dass Ärzte in der gesamten entwickelten Welt immer feststellen, ob der Blutdruck für das jeweilige Alter hoch oder niedrig ist. Dennoch ist Bluthochdruck ein bedeutender Risikofaktor für verbreitete Todesursachen – wie beispielsweise Schlaganfall und Herzkrankheiten. Gegen die Erklärung dieses Phänomens durch die Essgewohnheiten und für psychosoziale Ursachen spricht mit aller Deutlichkeit eine Studie, in deren Rahmen Klosterschwestern eines beschaulichen Ordens hinsichtlich des Anstiegs des Blutdrucks mit zunehmendem Alter untersucht und die Ergebnisse mit einer Kontrollgruppe von Frauen verglichen wurden. Dabei stellte sich heraus, dass bei den Ordensschwestern kein Anstieg des Blutdrucks zu verzeichnen war. Da die Kontrollgruppe in nahezu jeder anderen entscheidenden Hinsicht vergleichbar war, kamen die Autoren zu dem Schluss, dass „ein Anstieg des Blutdrucks bei Frauen in einer stressfreien klösterlichen Umgebung, die durch Stille, Meditation und Isolation von der Gesellschaft gekennzeichnet ist, [... über eine Zeitspanne] von 20 Jahren vermieden werden kann" (Timio et al. 1988).

Wenn es plausibel ist, dass man sich in Reaktion auf sozialen Stress einer Reihe verhaltensbedingter Risikofaktoren aussetzt, und wenn es stimmt, dass sozialer Stress gewisse gesellschaftlich bedingte Ursachen hat (die in Zusammenhang mit der Einkommensverteilung und dem sozialen Zusammenhalt stehen), so ist dies möglicherweise eine partielle Erklärung für Roses Beobachtung (siehe Kapitel 2), dass der einem hohen Risiko ausgesetzte Prozentsatz der Menschen in jeder beliebigen Gesellschaft aus einer Verschiebung in der Gesamtverteilung der Gefährdung durch diesen Risikofaktor resultiert, und nicht aus einer Veränderung der Verteilungsform (Rose 1992).

Schlussfolgerungen

Wie passt nun all dies zusammen? Im ersten Teil dieses Kapitels haben wir anhand unterschiedlicher Quellen aufgezeigt, wie stark psychosoziale Prozesse sich direkt auf die Gesundheit auswirken. Viele dieser Ursachen psychosozialer Probleme, die wir dort gesehen haben, haben vermutlich mit einem niedrigen relativen Einkommen zu tun und dürften in Gesellschaften mit geringerem sozialen Zusammenhalt stärker verbreitet sein. In unmittelbarem Zusammenhang mit dem Zusammenhalt einer Gesellschaft standen die gesundheitlichen Auswirkungen sozialer Netzwerke und die Teilhabe am gesellschaftlichen Leben. Im zweiten Teil dieses Kapitels haben wir gesehen, dass die Gefährdung durch bestimmte, die Gesundheit betreffende verhaltensbedingte Risikofaktoren bei sozialem Stress möglicherweise zunimmt und dass eine weite Verbreitung ungesunder Lebensformen in der Bevölkerung ein Indikator für die psychosoziale Verletzlichkeit in der gesamten Gesellschaft sein kann.

Obwohl die Auswirkungen sozialer Netzwerke auf die Gesundheit stark genug sein könnten, dass man nicht davon ausgehen muss, dass auch noch andere Prozesse daran beteiligt sind, scheint es dennoch solche zu geben. Mit an Sicherheit grenzender Wahrscheinlichkeit können wir von entscheidenden Auswirkungen nicht nur der relativen Deprivation, sondern auch von einer Breitenwirkung des sozialen Zusammenhalts ausgehen. Es gilt vermutlich für jede Gesellschaft, dass das Ausmaß des sozialen Zusammenhalts in verschiedenen sozialen Schichten unterschiedlich ist. In den ärmsten Gegenden, die üblicherweise unter einer erhöhten Kriminalität und einer Vielzahl sozialer Probleme zu leiden haben, ist vermutlich auch der soziale Zusammenhalt geringer als in einem von der Mittelklasse bewohnten Gebiet. Bei dem Niveau des sozialen Zusammenhalts darf man nicht von einem einheitlichen Faktor ausgehen, demzufolge ganze Gesellschaften entweder über ein hohes oder niedriges Maß an Zusammenhalt verfügen, das innerhalb der betreffenden Gesellschaft nur geringfügig variiert.

Einer der Gründe, warum eine derartige Sichtweise interessant ist, wurde weiter oben in Kapitel 6 erwähnt. Leon stellte fest (persönliche Mitteilung), dass die für die Mortalitätsunterschiede zwischen Ost- und Westeuropa zu einem wichtigen Teil mitverantwortlichen Todesursachen die gleichen sind, die in Großbritannien für die Mortalitätsunterschiede zwischen den sozialen Klassen ausschlaggebend sind. Unter der Annahme, dies bedeutete, dass die beiden Unterscheidungsgruppen gewisse gemeinsame Ursachen hätten, würde dies die Vorteile des sozialen Zusammenhalts schmälern. Der Zusammenbruch des öffentlichen Lebens und das Abgleiten in einen „amoralischen Familismus" in Osteuropa in den 1970er- und 1980er-Jahren geht eindeutig mit der Vergrößerung der Kluft bei der Mortalität zwischen Ost und West in diesen Jahrzehnten einher. Diese Entwicklung in Osteuropa entspricht vielleicht eher dem sozial geschädigten Lebensstil in den heruntergekommenen innerstädtischen Gebieten in den entwickelten Ländern.

Die der Sozialanthropologie und der Sozialpsychologie entlehnten Ausführungen in Kapitel 7 lassen erahnen, inwieweit Ungleichheit und das damit einhergehende Fehlen eines Zusammenhalts es erschweren, uns als soziale Lebewesen zu erfahren. Vielleicht enthüllt uns die Epidemiologie, die die Bedeutung enger persönlicher Beziehungen und breiter sozialer Netze für die Gesundheit aufzeigt, tatsächlich einen tiefgründigeren Lebensstil, in dem wir Menschen durch den Nächsten und in Beziehung zu diesem leben, um wesentliche Quellen für unsere Selbstbestätigung zu finden.

Der einzig einigermaßen plausible Ansatz, das relative Einkommen mit der Gesundheit in Verbindung zu setzen ohne psychosoziale Aspekte zu berücksichtigen, wäre es zu behaupten, dass es in weniger egalitären Gesellschaften einen sozialen Konsumdruck gibt, aufgrund dessen die Menschen ihre finanziellen Mittel von der Befriedigung der materiellen Voraussetzungen für Gesundheit abzweigen. Wenn man es als wichtig erachtet, ein schickeres Auto und teurere Kleider zu haben, dann können finanzielle Mittel für Nahrungsmittel und andere notwendige Bedürfnisse umgeleitet werden. Während es Auswirkungen dieser Art zweifellos gibt, könnte durch diesen Ansatz nur schwer erklärt werden, warum das Gesundheitsgefälle bis an das obere Ende der sozialen Skala reicht. Durch den Beweis, dass der Einfluss psychosozialer Faktoren auf die Gesundheit äußerst stark sein kann, lässt sich eine ausschließliche Berücksichtigung der materiellen Ebene kaum rechtfertigen, rein auf das Materielle ausgerichtete Erklärungsversuche scheinen geradezu einer Leugnung der Bedeutung der sozialen Komponente gleichzukommen.

Bei jedem Versuch, die relative Bedeutung verschiedener die Volksgesundheit beeinflussender Faktoren abzuschätzen, geht es nicht bloß um die Frage der Größe des zusätzlichen Gesundheitsrisikos für die dadurch gefährdeten Personen, sondern auch um den Prozentsatz der Bevölkerung, der diesem Risiko ausgesetzt ist. Vielleicht veranlasst gerade der Gedanke an den hohen Anteil der Bevölkerung, der den unterschiedlichsten Formen von psychosozialem Stress ausgesetzt ist, dazu in den psychosozialen Faktoren die vermutlich wichtigsten Determinanten für die Volksgesundheit in den entwickelten Ländern zu sehen.

Kapitel 10
Paviane, Beamte und die Körpergröße bei Kindern

Einige der interessantesten Aufschlüsse über die physiologischen Wirkungsmechanismen sozialer Organisation auf die physische Gesundheit bieten – vielleicht erstaunlicherweise – Studien über andere Primaten. Sie zeigen auf, welche Auswirkung die Stellung innerhalb der sozialen Hierarchie auf den Stresspegel hat und wie sich chronischer Stress in weiterer Folge auf die Kernmerkmale des Alterungsprozesses auswirkt.

Viele Jahre hindurch widmete sich Robert Sapolsky in der Serengeti dem Studium in freier Wildbahn lebender Paviane und konnte im Zuge dessen einige der physiologischen Auswirkungen sozialer Dominanz unter diesen Tieren aufzeigen. Er beschäftigte sich in seinen Studien ausschließlich mit erwachsenen männlichen Tieren, da 80 Prozent der Weibchen entweder trächtig sind oder Jungtiere säugen und die von ihm zur Betäubung verwendeten Pfeile die Trächtigkeit gefährden und die Aufzucht der Jungen unterbrechen könnten. Er beschreibt, dass Paviane nur etwa vier Stunden pro Tag mit der Futtersuche verbringen, womit 12 Stunden täglich für soziales Verhalten bleiben. Sie verfügen über komplizierte soziale Beziehungsstrukturen mit verschiedenen Mustern von Dominanz und Subordination, Bündnissen und Freundschaften, wobei ihr Wettstreit klar definierte soziale Hierarchien entstehen lässt. Sapolsky stellte fest, dass Männchen, die in der sozialen Ordnung weit unten rangieren, einen höheren Glucocorticoidspiegel aufweisen als solche auf einer höheren Stufe der Hierarchie, und hat auch gezeigt, dass dies eine Reaktion auf den erhöhten Stress ist, dem untergeordnete Tiere ausgesetzt sind, weil ihre dominanteren Artgenossen ihnen ständig ihre Überlegenheit demonstrieren (Sapolsky 1993). Glucocorticoide sind steroide Hormone, die in Stresssituationen als Teil des „Kampf oder Flucht"-Mechanismus ausgeschüttet werden. Sie stellen damit eine wichtige Komponente jenes Systems dar, durch welches die Körperkräfte von nicht-vorrangigen Aufgaben wie Wachstum, Gewebeaufbau und Immunsystem abgelenkt werden, um den Körper auf eine unmittelbare Handlung vorzubereiten und die erforderlichen Energieressourcen für die Muskeln zu mobilisieren. Das Problem resultiert dabei nicht aus kurzen Stressschüben, die durch einen vorübergehenden Alarm hervorgerufen werden, sondern vielmehr aus dem anhaltenden oder chronischen Stress, dem die nachgeordneten Tiere ausgesetzt sind, wodurch diese Ressourcen über längere Zeit von für die Aufrechterhaltung der Gesundheit wichtigen Funktionen abgezogen werden.

Entscheidend für die schädlichen Auswirkungen von Dauerstress ist die Tatsache, dass die Feedback-Mechanismen, die den Glucocorticoidhaushalt regeln, durch dessen erhöhtes Niveau während der dauernden Stressbelastung allmählich abstumpfen. Ein anhaltend hoher Glucocorticoidspiegel führt zum Absterben von Neuronenrezeptoren im Hippocampus, die die Grundlage des Rückkoppelungs-Kontrollsystems bilden (Sapolsky 1992; Meaney et al. 1988). In Gefangenschaft lebende rangniedrigere Meerkatzen wurden ausgesondert und nach ihrem Tod untersucht; wobei sich nicht nur herausstellte, dass sie vielfach Magenschwüre und Bissnarben hatten, sondern auch eine signifikante Degeneration des Hippocampus zu bemerken war, was auf eine durch ständigen sozialen Stress und einen erhöhten Glucocorticoidspiegel hervorgerufene Degeneration im Zentralnervensystem hindeutet (Uno et at. 1989). Im Laufe der Zeit verursacht die Abstumpfung des Rückkoppelungsmechanisms einen zunehmenden Anstieg des Glucocorticoid-Grundspiegels. Bei untergeordneten Pavianen sinkt der Glucocorticoidspiegel nach Stress auslösenden Ereignissen nicht nur viel langsamer als bei dominierenden Pavianen, er geht auch nicht auf ein gleich niedriges Niveau zurück. (Andere Begleiterscheinungen von chronischem Stress zeichnen für die Veränderungen in der Größe der Nebenniere sowie der Thymusdrüse verantwortlich, die bei den Leichen jener Armen festgestellt wurden, die – wie im letzten Kapitel erwähnt – für die ersten Anatomiestudien herangezogen wurden.) Mit der zunehmenden Schädigung des Rückkoppelungsmechanismus durch einen immer höheren Glucocorticoidspiegel gerät allmählich das gesamte System ins Stocken. Dies führt dazu, dass der Grundspiegel der Stresshormone mit höherem Alter eine steigende Tendenz aufweist und der Hippocampus zunehmend Schaden nimmt. Der Hippocampus reguliert aber nicht nur den Glucocorticoidhaushalt, sondern hat auch eine besonders wichtige Funktion beim Lern- und Merkprozess. Mit hoher Wahrscheinlichkeit stehen daher einige Merkmale des Alterungsprozesses, einschließlich des Gedächtnisverlustes, in Zusammenhang mit der im Laufe des Lebens akkumulierten Stressbelastung.

Es gibt jedoch auch Indizien, dass Reaktionen von Erwachsenen auf Stress mit frühkindlichen Erfahrungen zusammenhängen. So hat man herausgefunden, dass Ratten, die von der Geburt bis zur Entwöhnung täglich gestreichelt werden, über ihre gesamte Lebenszeit gesehen einen niedrigeren Stresspegel sowie einen niedrigeren Glucocorticoid-Grundspiegel aufweisen. Das Streicheln scheint sie zu entspannen, wodurch jener *circulus vitiosus* verlangsamt wird, in dessen Verlauf der Regulierungsmechanismus durch einen hohen Glucocorticoidspiegel in Mitleidenschaft gezogen wird, was einen weiteren Anstieg zur Folge hat. Mit zunehmendem Alter werden die Unterschiede zwischen den Ratten, die als Kleintiere gestreichelt wurden, und jenen, bei denen das nicht der Fall ist, immer größer. Die Auswirkungen einer Schädigung des Hippocampus auf die Gehirnfunktion lassen sich daran erkennen, dass Ratten, die gestreichelt wurden, sich in ihrem späteren Leben deutlich besser zurechtfinden, wenn sie in einem Labyrinth ausgesetzt werden (Meaney et al. 1988).

Mehrere Wirkungsmechanismen wurden aufgezeigt, wie anhaltender sozialer Stress sich aller Wahrscheinlichkeit nach auf die Gesundheit von rangniedrigeren Pavianen auswirkt. Es wurde festgestellt, dass ein erhöhter Cortisol-Grundspiegel bei rangniedrigeren Tieren mit einer geringeren Zahl von Lymphozyten einhergeht, was die nachteilige Wirkung der Glucocorticoide auf die Widerstandskraft widerspiegelt. Aus mehreren (im vorigen Kapitel erwähnten) Studien geht hervor, dass auch Menschen anfälliger für Infektionskrankheiten sind, wenn sie unter Stress stehen. Eine ebenfalls im vorhergehenden Kapitel erwähnte Studie hat gezeigt, dass der Prozentsatz der Menschen, die nach Verabreichung von Erkältungsviren enthaltenden Nasentropfen tatsächlich eine Erkältung bekamen, in proportionalem Zusammenhang mit dem jeweiligen Stresspegel stand (Cohen et al. 1991). In einer anderen Studie wurde festgestellt, dass Rachenabstriche von Studenten während der Prüfungszeit eine verringerte Abwehrkraft zeigten (Kennedy S. et al. 1988).

Aus den Studien über Paviane geht zudem hervor, dass einige Risikofaktoren für Herzgefäßerkrankungen ebenfalls durch die soziale Stellung beeinflusst wurden. Nicht nur der Glucocorticoidspiegel, sondern auch der Blutdruck blieb bei rangniedrigeren Tieren nach einer Stress auslösenden Begegnung länger erhöht als bei ranghöheren. Und wenn er schließlich zurückging, sank er nicht auf dasselbe niedrige Niveau, das bei den ranghöheren Tieren beobachtet werden konnte. Auf den Menschen übertragen, würde dadurch das Risiko einer Herzerkrankung bzw. eines Schlaganfalls bei Menschen am unteren Ende der sozialen Hierarchie erhöht. Darüber hinaus wurden höhere Grundkonzentrationen an Cortisol bei rangniedrigeren Pavianen mit einem ungünstigeren Verhältnis von HD- zu LD-Lipoproteinen in Verbindung gebracht. Dies hat eine raschere Akkumulation von Cholestrinablagerungen in den Blutgefäßen zur Folge, und Wissenschaftler berichten von einer Verengung der Koronararterie sowie der Aorta bei rangniedrigeren Tieren. Beim Menschen stellen derartige Veränderungen wesentliche Risikofaktoren für Herzkrankheiten dar.

Brunner hat auf eine Reihe weiterer Ähnlichkeiten bei den Wirkungsmechanismen zwischen Pavianen und Menschen hingewiesen, in welcher Weise Risikofaktoren für koronare Herzkrankheiten vom sozialen Status beeinflusst werden (Brunner 1996). Er stützt sich dabei auf Daten aus den beiden Studien über 17.000 bzw. 10.000 Londoner Beamte. Bei der „Whitehall I-Studie" stellte sich heraus, dass die altersbereinigten Sterberaten infolge von Herzkrankheiten bei den untersten Dienstgraden viermal so hoch waren wie bei den höchsten Dienstgraden (siehe Kapitel 4). Bei der zweiten Studie ging es darum, mit Hilfe genauerer physiologischer und psychosozialer Messungen die Ursache für die gesundheitlichen Unterschiede zu ergründen. Brunner schreibt, dass bei den Beamten – ebenso wie bei den Pavianen – sowohl beim LD-Lipoproteinspiegel (der die Wahrscheinlichkeit einer Verstopfung der Blutgefäße sowie von Herzerkrankungen erhöht) als auch beim HD-Lipoproteinspiegel (der eine Senkung des Cholesterinspiegels ermöglicht) ein soziales Gefälle zu verzeichnen war – in beiden Fällen zum Nachteil der rangniedrigeren Beamten bzw. Paviane. Darin sowie in den unterschiedlichen Fibrinogenwerten (Fibrinogen erhöht die Blutgerinnung) wurde die Ursache für etwa ein Drittel des erhöhten Vorkommens von Herzerkrankungen unter den rangniedrigeren Beamten gesehen. Wie Sapolsky misst auch Brunner dem chronischen Stress eine zentrale Bedeutung bei. Ihm zufolge besteht die wahrscheinlichste Wirkungsweise „in einer Verbindung zwischen der Reaktion des hypothalamisch-adrenergen Systems auf chronischen Stress und dem daraus resultierenden erhöhten Corticosteroidspiegel mit einer zentral gesteuerten Fettleibigkeit, einer Insulinresistenz, einem ungünstigen Lipidprofil und einer erhöhten Neigung zu Blutgerinnseln" (Brunner 1996, 29). Obwohl Brunner sich vorrangig mit Herzkranzgefäßerkrankungen beschäftigt, weist er darauf hin, dass es auf ähnliche Weise vermutlich zu Auswirkungen auf das Immunsystem kommt.

Bei diesen Ausführungen über ähnlich gelagerte physiologische Auswirkungen der sozialen Position bei Menschen und anderen Primaten ist es wichtig darauf hinzuweisen, dass dieser Zusammenhang nicht als Ausdruck einer Einteilung der Bevölkerung nach genetischen Merkmalen gesehen werden darf. Sapolsky hat festgestellt, dass ein erhöhter Glucocorticoidspiegel eine unmittelbare Reaktion auf sozialen Stress ist. Er untersuchte, welche Auswirkungen es hatte, wenn wild lebende Tiere sich einer neuen Gruppe anschlossen und sich dadurch ihre soziale Stellung änderte bzw. wenn in Gefangenschaft lebenden Tiere in eine andere Gruppe gebracht wurden. Er konnte auch beobachten, dass der Stresspegel höher lag, wenn die soziale Hierarchie nicht stabil war oder die ganze Gruppe sich einer durch das Umfeld bedingten Herausforderung gegenübersah. Bei den Pavianen schien ein erhöhter Stress eindeutig mit der Häufigkeit von Herausforderungen und Bedrohungen durch dominantere Tiere einherzugehen.

Angesichts der Tatsache, dass die soziale Hierarchie unter Menschen ganz anders als bei anderen Primaten ausgehandelt wird, sollten wir uns allerdings vor dem vorschnellen Schluss hüten, dass wir es hier mit ein und demselben grundlegenden Vorgang bei unterschiedlichen Arten zu tun haben. Obwohl die Menschen einander ihre Macht demonstrieren und sich Höherrangigen unterordnen – es soll auch höhere Beamten geben, die sich physisch krank fühlen, wenn sie von schlecht gelaunten Ministern eine verbale Zurechtweisung hinnehmen müssen – besteht die unterschwellige Angst der Menschen nicht darin gebissen zu werden, sie fürchten vielmehr wirtschaftliche Sanktionen wie den Verlust des Arbeitsplatzes oder das Ausbleiben einer Beförderung. Brunner schreibt weiters, dass die ungünstige Entwicklung des Verhältnisses von HD- zu LD-Lipoproteinen bei Beamten mit niedrigem Dienstgrad in einem signifikanten Zusammenhang – unter anderem – mit der vermehrten Häufigkeit von finanziellen Problemen stand. Es ist also nicht nur wahrscheinlich, dass ein niedrigerer sozialer Status bei Menschen und anderen Primaten aus gänzlich unterschiedlichen Gründen zu einem erhöhten Stress führt, auch viele Todesursachen, die beim Menschen in Zusammenhang mit einem niedrigen sozialen Staus stehen, gibt es im Tierreich nicht. Die Ursachen für die großen Klassenunterschiede bei Unfällen im Kindesalter beispielsweise stehen damit in Zusammenhang, dass es in ärmeren Wohngegenden an verkehrsfreien Spielplätzen mangelt und dass es in ärmeren Haushalten mehr Gefahrenquellen gibt. Stressgeplagte Paviane beginnen auch weder zu trinken noch zu rauchen oder Drogen zu nehmen. Während wir diese offenkundig wichtigen Unterschiede nicht aus den Augen verlieren dürfen, lohnt es sich dennoch, auf die gemeinsame Verbindung von Stress und niedrigerem sozialen Status hinzuweisen.

Körpergröße

Ein wichtiger Aspekt der Wirkungsweise, wie sozioökonomische Ungleichheit durch chronischen Stress in gesundheitliche Ungleichheit umgesetzt wird, ist die faszinierende Geschichte, wie emotionaler Stress in der Kindheit, Körpergröße und soziale Mobilität wechselseitig zusammenhängen. Erst kürzlich wurden einige bahnbrechende Forschungsarbeiten abgeschlossen, die unser Verständnis der Rolle, welche die Körpergröße für die gesundheitlichen Ungleichheiten spielt, in einem neuen Licht erscheinen lassen. Sie liefern ein interessantes Beispiel für die Interaktion zwischen sozioökonomischen Faktoren, psychosozialen Prozessen und physiologischen sowie sozialen Auswirkungen.

Schon lange ist bekannt, dass die Körpergröße mit der sozialen Mobilität in Zusammenhang steht. Groß gewachsene Menschen steigen in der sozialen Hierarchie leichter auf und werden mit größerer Wahrscheinlichkeit befördert als kleine (Nystrom Peck 1992). Bereits 1955 wurde gezeigt, dass größere Frauen eher in sozial höher gestellte Familien einheiraten als kleinere Frauen (Illsley 1955). Im Rahmen der Whitehall-Studie wurde festgestellt, dass die Körpergröße von Beamten mit ihrer Position in der beruflichen Hierarchie als Erwachsene stärker korrelierte als mit der sozialen Klasse ihrer Ursprungsfamilien (Marmot 1986). Dies legt die Vermutung nahe, dass die soziale Auslese oder Selektion nach der Körpergröße noch entscheidender ist als die Auswirkungen der Klassenzugehörigkeit auf das Wachstum in der Kindheit.

Lange Zeit wurde die Tatsache, dass groß gewachsene Menschen mit größerer Wahrscheinlichkeit in der sozialen Hierarchie aufsteigen, dadurch erklärt, dass alle anderen in gewisser Weise zu ihnen aufschauen müssen und ihnen daher Respekt entgegenbringen, als verfügten sie über eine naturgegebene Überlegenheit. Der entscheidende Durchbruch erfolgte mit einer Arbeit von Montgomery, Bartley et al. (1997). Sie verwendeten Daten aus einer großen Studie, die eine Kohorte von 17.000 Leuten seit ihrer Geburt im Jahre 1958 beobachtete. Als Indikator für die wahrscheinliche berufliche Mobilität der Betroffenen wurden Informationen darüber herangezogen, ob sie als junge Erwachsene arbeitslos waren oder nicht. Dabei stellte sich heraus, dass trotz der – erwartungsgemäß – größeren Wahrscheinlichkeit von Arbeitslosigkeit unter kleineren Menschen, Leute, die als Kinder klein gewesen waren, mit größerer Wahrscheinlichkeit arbeitslos wurden als Leute, die als Erwachsene klein waren. Aus den Daten geht deutlich hervor, dass Arbeitslosigkeit im Erwachsenenalter viel stärker mit der Körpergröße im Alter von sieben Jahren korrelierte als mit der Körpergröße als Erwachsener. (Obwohl die Körpergröße in jedem Alter stark korreliert, wachsen Menschen unterschiedlich rasch, so dass nicht alle kleinen 7-Jährigen kleine Erwachsene und nicht alle großen 7-Jährigen große Erwachsene werden.) Diese wichtige Entdeckung macht eine grundlegende Neubewertung der Vorgänge erforderlich und ist um so bedeutender, als schon immer klar war, dass die Körpergröße auch in einem sehr engen Zusammenhang mit der Gesundheit steht. Ursprünglich erklärte man sich den Zusammenhang einfach damit, dass größere Menschen über eine insgesamt bessere physische Konstitution verfügen. Aber wenn große Menschen deshalb zu einer Mobilität nach oben tendierten, weil jeder von ihrer physischen Erscheinung beeindruckt ist, dann müsste ihre soziale Mobilität enger mit ihrer Größe als Erwachsener korrelieren. Die Erkenntnis, dass die Mobilität in engerem Zusammenhang mit der Größe in der Kindheit steht, heißt aber, dass die Größe im Erwachsenenalter nur eine späte Auswirkung eines Faktors aus der Kindheit ist, der sowohl auf die Größe in der Kindheit als auch auf die zukünftige soziale Mobilität Einfluss nimmt. Daraus folgen zwei Fragen: Welche Determinanten sind für die Größe in der Kindheit ausschlaggebend? Und gibt es eine plausible Erklärung, dass die eine oder andere dieser Determinanten die soziale Mobilität im späteren Leben beeinflusst?

In armen Gesellschaften ist die Ernährung zweifellos entscheidend. Mit der zunehmenden Verbesserung der Ernährungsstandards im Zuge der wirtschaftlichen Entwicklung nimmt deren Relevanz für die Erklärung der verbleibenden Unterschiede in der Körpergröße in reicheren Ländern jedoch immer mehr ab. Wir dürfen nicht vergessen, dass neben Umwelteinflüssen auch die genetische Komponente eine große Rolle spielt, der zufolge sich die Größe der Kinder an jener ihrer Eltern orientiert. Mehrere Forschungsarbeiten jüngeren Datums aus entwickelten Ländern haben interessanterweise gezeigt, dass auch psychosoziale und emotionale Faktoren einen wichtigen Einfluss auf die Größe haben. Eine schwedische Studie, bei der Erwachsene über ihre Lebensumstände in der Kindheit befragt wurden, ergab, dass kleinere Menschen nicht nur in wirtschaftlich beengteren Verhältnissen und mitgliederstärkeren Familien aufwuchsen, sondern in der Kindheit auch mit größerer Wahrscheinlichkeit unter häuslichen Konflikten zu leiden hatten (Nystrom Peck und Lundberg 1995).

Anhand von Daten aus der Studie über die Kohorte von 1958, die im Unterschied zur schwedischen Studie nicht auf Aussagen über die Vergangenheit basierte, stellte Power fest, dass kleiner Körperwuchs im Erwachsenenalter mit angeblichen psychosozialen Problemen in der Kindheit in Zusammenhang stand – insbesondere mit Bettnässen (Power und Manor 1995). Bettnässen gilt stets als Anzeichen für emotionale Störungen. Vor nicht allzu langer Zeit haben Montgomery und

Bartley ebenfalls unter Verwendung von Daten aus der Studie über die Geburtenkohorte von 1958 den schlüssigen Beweis erbracht, dass langsames Wachstum in der Kindheit mit familiären Konflikten in Zusammenhang steht (Montgomery et al. 1997). Den wichtigen genetischen Einflüssen auf die Körpergröße wurde durch die Mitberücksichtigung der Größe der Eltern Rechnung getragen.

Neu ist die Erkenntnis, dass psychosoziale Faktoren sogar für Unterschiede in der Körpergröße innerhalb der normalen Spanne mitverantwortlich sind. Der so genannte „psychogene Zwergenwuchs", wenn Kinder aufhören zu wachsen, wurde schon seit längerem als Folge schwerer Traumata in der Kindheit erkannt, jedoch als extreme Auswirkung angesehen. Wiederholt wurde festgestellt, dass klein gewachsene Kinder häufig emotionale Schwierigkeiten haben, diese wurden jedoch üblicherweise als Folge und nicht als Ursache der Tatsache gesehen, dass sie klein waren (Stabler und Underwood 1986).

In einem isolierten Beitrag, der kurz nach dem Zweiten Weltkrieg erschien, wurde die Vermutung geäußert, dass psychosoziale Faktoren eine wichtige Auswirkung auf die normalen Wachstumsraten haben (Widdowson 1951). Die Studie sollte die Auswirkungen der Ernährung auf das Wachstum untersuchen. Man beschloss, die eher dürftigen Lebensmittelrationen, die kurz nach dem Krieg in deutschen Waisenhäusern verteilt wurden, aufzubessern; danach wurde das Wachstum der Kinder in einem Waisenhaus, wo zusätzliche Nahrungsmittel ausgegeben wurden, mit dem Wachstum von Kindern in einem anderen Waisenhaus verglichen, wo nur die Grundrationen zur Verfügung standen. Dabei stellte sich heraus, dass ein Wechsel der die jeweiligen Waisenhäuser betreuenden Heimmütter zur Mitte der Studie weitreichendere Auswirkungen auf das Wachstum zu haben schien als die zusätzlichen Nahrungsmittel. Wo immer die herzliche, liebevolle Heimmutter zuständig war, wuchsen die Kinder schneller als unter der Obhut der kühleren, zurückhaltenderen und strengeren Heimmutter. In diesem Kontext sollte man vielleicht daran erinnern, dass man lange Zeit dazu neigte, alle Assoziationen zwischen geringer Körpergröße und emotionalen Problemen als emotionale Konsequenz eben der geringen Körpergröße zu sehen. Montgomery skizziert einen der möglichen physiologischen Wirkungsmechanismen, der zur Erklärung der Auswirkungen psychosozialer Faktoren auf die Größe betragen könnte (Montgomery et al. 1997). Er weist darauf hin, dass häufige Schlafstörungen die Ausschüttung von Wachstumshormonen beeinträchtigen können und Stress einen erhöhten Betaendorphinspiegel zur Folge haben kann, was die Produktion von Wachstumshormonen bei vor-pubertären Kindern hemmt. Untersuchungen bei Rhesusaffen haben auch gezeigt, dass die Ausschüttung der Wachstumshormone von der Beschaffenheit der Mutter-Kind-Beziehung abhängt (Champoux et al. 1989).

Es zeigt sich nun, dass nicht nur die Körpergröße von psychosozialen Faktoren während der Kindheit beeinflusst wird, sondern dass dieselben psychosozialen Faktoren aller Wahrscheinlichkeit nach auch den größeren beruflichen Erfolg und die soziale Mobilität größerer Menschen nach oben erklären. Grundsätzlich sind sie größer, weil ihnen zumindest zum Teil jene emotionalen Traumata und der (oft aus familiären Konflikten resultierende) psychologische Stress erspart blieben, worunter andere Kinder zu leiden hatten, und sie haben mit größerer Wahrscheinlichkeit beruflichen Erfolg, weil sie über eine besserer emotionale und psychologische Konstitution verfügen als kleinere Menschen. Ihre größere emotionale Sicherheit bedeutet möglicherweise, dass sie sich besser anpassen und besser arbeiten.

Natürlich muss man die Größe der Eltern berücksichtigen, um die genetischen Einflüsse auf das Wachstum rechnerisch auszuschalten. Die Zwillingsforschung lässt vermuten, dass die Gene in entwickelten Gesellschaften wesentlich ausschlaggebender für die Unterschiede in der Körpergröße sind als die meisten übrigen entwicklungsbedingten und gesundheitlichen Variablen. Ganze 80 Prozent (!) der Größenunterschiede können auf das genetische Erbe zurückgeführt werden. Beschränkte sich unser Wissen allein darauf, ließe sich der von der Körpergröße abhängige Teil der sozialen Mobilität aller Wahrscheinlichkeit nach durch eine gewisse genetische Selektion erklären. Da die genannten Forschungsarbeiten jedoch auch die genetische Komponente mitberücksichtigen und darin festgestellt wurde, dass es eine bestimmte Umweltdeterminante für die Größe gibt, die sich ihrerseits auf die soziale Mobilität auswirkt, können wir mit gewisser Überzeugung behaupten, dass es sich hier wohl nicht um die soziale Selektion genetisch überlegener groß gewachsener Menschen handelt. Interessanterweise zeigt sich auch hier, dass die Umweltkomponente bei den Größenunterschieden – wie bei der Gesundheit – ebenfalls in Zusammenhang mit der Einkommensverteilung steht. Steckel kam, wie wir in Kapitel 5 gesehen haben, zu der Erkenntnis, dass die unterschiedliche Durchschnittsgröße einzelner Bevölkerungen mit der Einkommensverteilung korreliert (Steckel 1983; 1994).

Es stellt sich nun die Frage, warum also die Größe ein guter Indikator für die Gesundheit im späteren Leben ist. Was macht größere Menschen gesünder? Zum Teil verdanken sie dies zweifellos ihrer erhöhten Aufwärtsmobilität, die es mit sich bringt, dass sie in besseren – und durch weniger Stress belasteten – Verhältnissen leben; sie sind jedoch auch unter Berücksichtigung ihrer sozialen Klasse bzw. ihrer beruflichen Position gesünder (Marmot et al. 1984; Marmot 1986; Nystrom Peck 1992). Vieles spricht dafür, dass neben dem wichtigen Einfluss der aktuellen Lebensumstände auch jene psychosozialen Vorgänge, die eine Verbindung zwischen der Größe als Kind und der sozialen Mobilität als Erwachsener herstellen, direkt mitverantwortlich für die bessere Gesundheit größerer Menschen sind.

In einer in Japan durchgeführten Studie wurde die kognitive Fähigkeit von Zwillingen im späteren Leben – im Alter zwischen 50 und 78 Jahren – verglichen (Hayakawa et al. 1992b). Die dabei von den Wissenschaftlern verwendeten Tests waren so ausgelegt, dass ihr besonderes Augenmerk dem allmählichen Nachlassen der geistigen Fähigkeit im Zuge des Alterungsprozesses galt. Das durchschnittliche Testergebnis wurde in dieser Studie daher mit zunehmendem Alter schlechter: Zwillinge zwischen 60 und 70 Jahren erreichten eine geringere Punktezahl als Zwillinge zwischen 50 und 60 Jahren, und zwischen 70 und 80 war das Ergebnis noch einmal schlechter. Der überwiegende Teil der Zwillinge war zwischen 50 und 70 Jahre alt, und viele hatten in ihrer Kindheit den Zweiten Weltkrieg miterlebt. Einige hatten ihre Eltern verloren oder waren adoptiert worden, und diese traurigen Umstände boten für die Forschung eine besondere Gelegenheit. Bei dieser Untersuchung ging es darum, die Unterschiede in der kognitiven Fähigkeit der jeweiligen Zwillinge festzustellen. (Die Studie war auf gleichgeschlechtliche Zwillinge beschränkt.) Die Unterschiede zwischen den Zwillingen wurden in Folge nicht nur danach analysiert, ob diese genetisch identisch waren oder nicht, sondern auch danach, wie lange sie ihre Kindheit gemeinsam verbracht hatten. Die Ergebnisse brachten zwei wichtige Erkenntnisse. Erstens gab es bei zwei der drei durchgeführten Tests sowohl bei eineiigen als auch bei zweieiigen Zwillingspaaren keine Unterschiede in den kognitiven

Fähigkeiten der Zwillinge, was belegt, dass die kognitive Fähigkeit im späteren Leben weitgehend vom Umfeld und nicht von genetischen Faktoren bestimmt wird. (Jede genetische Komponente hätte die Ähnlichkeit zwischen eineiigen Zwillingen erhöhen müssen.) Zweitens zeigte die Studie, dass die Testergebnisse der Zwillinge um so ähnlicher waren, je mehr Zeit sie in der Kindheit gemeinsam verbracht hatten (ungeachtet der Tatsache, ob es sich um ein- oder zweieiige Zwillinge handelte). Je früher sie getrennt wurden, desto unterschiedlicher war ihre kognitive Fähigkeit im späteren Leben. Die Korrelationen stiegen von etwa 0,1 bei Zwillingen, die im Alter zwischen 0 und 5 Jahren voneinander getrennt worden waren, auf 0,7 bei Zwillingen, die die gesamte Kindheit gemeinsam verbracht hatten (siehe Abb. 10.1). Dies ist ein schlagkräftiger Beweis dafür, dass das Nachlassen der kognitiven Fähigkeit im späteren Leben stark von Erlebnissen in der frühen Kindheit beeinflusst wird. (Und es ist auch ein gewichtiger Einwand gegen die Forschungsarbeiten von Plomin, in denen der Bedeutung einer gemeinsam verbrachten Kindheit für den Einfluss auf viele entwicklungsbedingte Faktoren eine Absage erteilt wird [Plomin und Daniels 1987; Dunn und Plomin 1991]).

Das sich hier abzeichnende Muster erinnert stark an die an früherer Stelle in diesem Kapitel überblicksmäßig dargestellte Forschungsarbeit über die positiven Auswirkungen des Streichelns von Jungtieren während des ersten Lebensabschnitts (Sapolsky 1992). Experimente haben gezeigt, dass Tiere, die gestreichelt wurden, einen niedrigeren Stresspegel aufweisen und erst später in den Teufelskreis hineingezogen werden, wo der Hippocampus durch einen erhöhten Cortisolspiegel geschädigt und der Rückgang der kognitiven Funktion mit zunehmendem Alter beschleunigt wird.

Daraus folgt, dass die kognitive Fähigkeit bei japanischen Zwillingen, die ihre Kindheit zusammen verbracht hatten, im Alter deshalb geringere Unterschiede aufwies, weil sie länger in demselben emotionalen Umfeld aufgewachsen waren. So wie sich die Ratten, die als Jungtiere gestreichelt worden waren, später in einem Labyrinth besser zurechtfanden, hatten einige Zwillinge die Erfahrung von emotionaler Wärme, physischer Zuneigung und Sicherheit gemeinsam, und ihre kognitive Fähigkeit nahm im späteren Leben langsamer ab. Anderen war ein weniger behütetes Umfeld in der Kindheit gemeinsam,

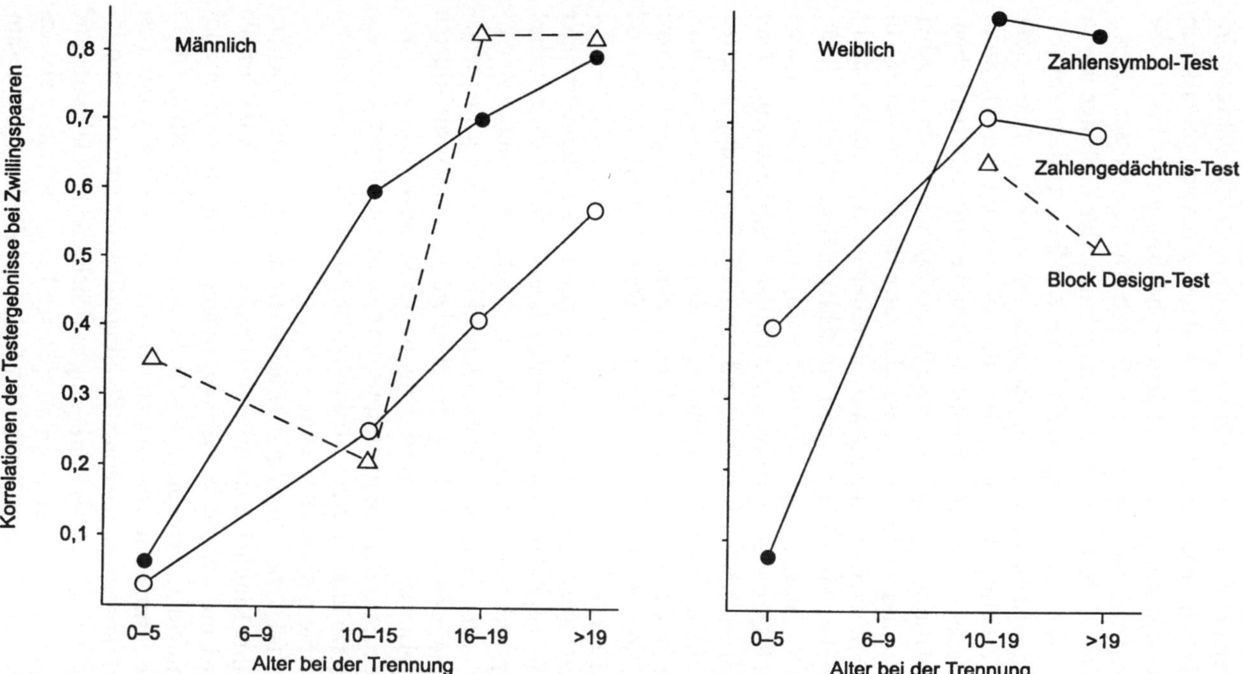

Abb. 10.1. Das Nachlassen der geistigen Fähigkeit im späteren Leben wird stark vom Umfeld in der Kindheit beeinflusst

Quelle: Hayakawa 1992b

und so setzte bei ihnen auch das Nachlassen der kognitiven Fähigkeiten im späteren Leben früher ein.

Es geht hier jedoch nicht nur um die Abnahme der geistigen Fähigkeiten im höheren Alter. Groß gewachsene, emotional gefestigte Menschen, die in ihrer sozialen Mobilität nach oben tendieren, weisen im Verlaufe ihres Leben vermutlich auch einen niedrigeren Stresspegel auf. Obwohl auch sie Stress auslösende Erfahrungen machen, sind sie wahrscheinlich weniger anfällig als andere. Seltenere oder schwächere Stressreaktionen bedeuten wiederum auch weniger gesundheitsschädliche Folgewirkungen, die über das Immun- oder endokrine System weitergegeben werden (Sapolsky 1994). Je weniger oft sich der Körper auf „Kampf oder Flucht" einstellen muss, desto mehr Zeit und Kraft verbleiben für die Erfordernisse des Immunsystems, des Wachstums und die Erneuerung des Gewebes.

Verknüpft man nun die Arbeiten von Bartley, Montgomery und Power über die britische Geburtenkohorte von 1958 mit den Untersuchungen von Sapolsky und seinen Kollegen, die einige der wichtigsten endokrinen und neurologischen Wirkungsmechanismen erforscht haben, wie sich psychosoziale Einflüsse auf die Gesundheit auswirken, und verknüpft man dies wiederum mit der Studie von Hayakawa über die Entwicklung der kognitiven Fähigkeit im Laufe des Alterungsprozesses, so zeichnet sich ein recht deutliches Bild ab, warum größerer Menschen aufsteigen, warum sie gesünder sind und länger leben. Der Stresspegel in der frühen Kindheit (auf den Dinge wie familiäre Konflikte und Bettnässen hinweisen) verringern das Wachstum und beeinflussen die Stressreaktionen über weite Strecken des Lebens. Menschen, die in einer emotional weniger geborgenen Umgebung aufgewachsen sind, haben als Erwachsene aller Wahrscheinlichkeit nach unter einem höheren Stresspegel zu leiden. Ihre Chancen auf beruflichen Aufstieg, ihre sozialen Fähigkeiten und ihre Gesundheit sind durch das Gefühl der Unsicherheit und die daraus resultierenden emotionalen Konsequenzen beeinträchtigt.

Dies klingt ein wenig, als würden die Schlüsse auf schwachen – empirischen – Beinen stehen. Die Qualität des Beweismaterials für den Einfluss des psychosozialen Umfelds auf die Körpergröße in der Kindheit ist jedoch gut, und die Studie von Montgomery et al. (1997) über britische Kinder bestätigt die Erkenntnisse von Nystrom Peck und Lundberg (1995) in Schweden sowie die Schlussfolgerungen, die

Widdowson (1951) in seiner Untersuchung über deutsche Waisenhäuser zieht. Es besteht auch – zumindest bei Tieren – kaum ein Zweifel an den positiven Auswirkungen eines intensiven frühen körperlichen Kontaktes. Es konnte gezeigt werden, dass dadurch sowohl die Wachstumshormone in der Kindheit (Champoux et al. 1989) als auch der Stresspegel und die kognitive Fähigkeit im späteren Leben (Meany et al. 1988; Sapolsky 1992; Hayakawa 1992b) beeinflusst werden. Ohne diese Zusammenhänge ließe sich nur sehr schwer erklären, warum die soziale Mobilität eines Erwachsenen in einer engeren Verbindung zu seiner Körpergröße als Kind denn als Erwachsener stehen sollte. Sie untermauern auch Erkenntnisse wie jene von Power, die besagen, dass der beste bei der Geburtenkohorte von 1958 (National Child Development Study) verfügbare Indikator für den Gesundheitszustand im jungen Erwachsenenalter die Lehrerbeurteilung der Verhaltensprobleme der Kinder mit 16 Jahren war (Power et al. 1991). Und sie bestätigen, was wir über die bleibenden Auswirkungen familiärer Konflikte auf die kindliche Entwicklung wissen. Sie könnten auch teilweise eine Erklärung dafür bieten, warum bei einigen Evaluierungen der Vorschulerziehung ein geringeres Arbeitslosigkeitsrisiko und eine geringere Kriminalität im Erwachsenenalter beobachtet werden konnten (Schweinhart und Weikart 1993). Und nicht zuletzt seien sie uns eine Warnung, in dem Zusammenhang zwischen dem Maß der geistigen Fähigkeit in der Kindheit und der als Erwachsener erreichten sozialen Mobilität einen Beweis dafür zu sehen, dass sozialer Aufstieg Ausdruck der angeborenen Intelligenz ist (Saunders 1996).

Der Einfluss der Kindheit auf das spätere Leben bedeutet natürlich nicht, dass nicht auch das Leben, das ein Mensch als Erwachsener führt, und seine Lebensumstände einen gewichtigen Einfluss auf die Gesundheit ausüben. Wir haben im letzten Kapitel zahlreiche Beispiele für die gesundheitlichen Auswirkungen psychosozialer Umstände im Erwachsenenalter gesehen. Die japanische Zwillingsstudie zeigt, dass es breiten Raum (Residualvarianz) für Einflüsse von Erfahrungen im späteren Leben gibt.

Ungeachtet der Tatsache, ob eine Gesellschaft unterstützend wirkt oder nicht, erliegen üblicherweise die Verletzlichsten den vielfältigen Schwierigkeiten des Lebens. Dass man daher häufig bei jenen Menschen, denen es am schlechtesten geht, gewisse individuelle Schwächen nachweisen kann, bedeutet indes nicht, dass die Zahl der anfälligen Menschen nicht erheblich von den Unbilden oder dem positiven Klima des sozioökonomischen Umfelds beeinflusst wird. Dass die Schwächsten zumeist als erste – auf diesem oder jenem Gebiet – stolpern, spricht ihre aktuellen Lebensumstände jedoch nicht von einer Mitverantwortung frei. Auch wenn jeder, der mit einer bestimmten umfeldbedingten Schwierigkeit nicht zurande kommt, über einen individuellen „Verletzlichkeitsfaktor" verfügte, bedeutete dies nicht, dass Veränderungen in der Unbarmherzigkeit des sozioökonomischen Umfeldes die Zahl jener, die in einer Gesellschaft untergehen, nicht durchaus halbieren oder verdoppeln könnten.

Der Zusammenhang zwischen der Körpergröße als Kind und der sozialen Mobilität als Erwachsener spielt eine wichtige Rolle bei dem in Kapitel 4 bereits besprochenen Gesamtumfang der gesundheitsbezogenen sozialen Mobilität. Dessen Ausmaß wird indes durch zwei Faktoren begrenzt. Erstens resultiert die bessere Gesundheit groß gewachsener Menschen nicht einfach aus der Tatsache, dass sie mit besseren Aussichten aufwachsen: Sie ist auch bedingt durch die günstigeren Lebensumstände, unter denen sie bedingt durch ihre aufstiegsorientierte soziale Mobilität als Erwachsene leben. Zweitens ist beim psychosozialen und emotionalen Wohlbefinden kleiner Kinder ein sehr steiles soziales Gefälle zu verzeichnen. Als wir uns in Kapitel 8 mit dem Leistungsrückgang beim Lesen in Grundschulen beschäftigten, der in den späten 1980er-Jahren zu beobachten war, zu einem Zeitpunkt also, als die relative Armut zunahm, erwähnten wir die Erkenntnisse einer Studie über 15.000 Kinder, deren Entwicklung von ihrer Geburt im Jahre 1970 an verfolgt wurde. Bei einer im Alter von 10 Jahren durchgeführten Erhebung stellte sich heraus, dass der Anteil an hyperaktiven Kindern in der sozialen Klasse V (ungelernte Arbeiter) mehr als dreimal so hoch und jener an Kindern mit Verhaltensstörungen viermal so hoch war wie in der sozialen Klasse I (akademische Berufe). Was die Ängstlichkeit betraf, beliefen sich die Unterschiede auf etwas weniger als das Zweifache. Die Woodroffe et al. (1993) entnommenen Daten sind in Abb. 10.2 wiedergegeben. Die überproportionale Häufigkeit derartiger Probleme bei kleinen Kindern aus ärmeren Verhältnissen zeigt nicht so sehr, dass der soziale Aufstieg zum Teil durch eine gesundheitliche Selektion bestimmt wird, sie ist vielmehr eher ein wichtiger Fingerzeig, warum die sozialen

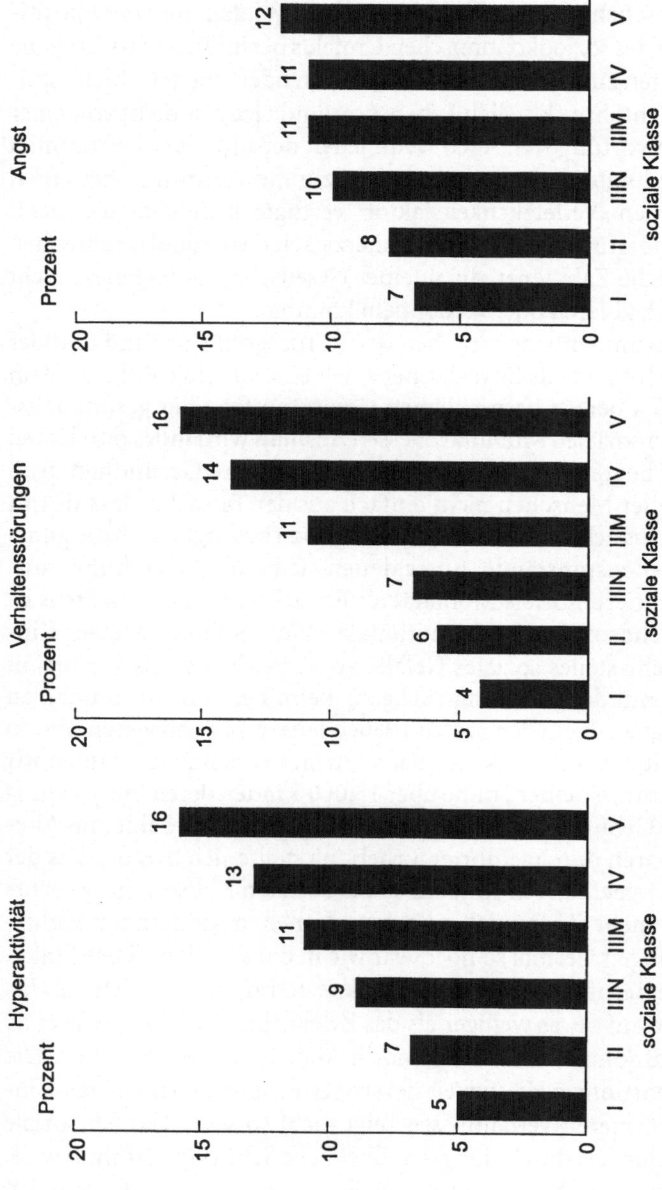

Abb. 10.2. Verhaltensprobleme im Alter von 10 Jahren nach sozialer Klasse; Großbritannien 1980

Quelle: A. Osborn, Daten aus der britischen Geburtenkohorte des Jahrgangs 1970, zitiert bei Woodroffe et al. 1993

Mobilitätsraten nicht höher liegen. Die weiter oben dargelegten Zusammenhänge dürften ein wichtiger Grund für viele bildungsmäßigen und beruflichen Nachteile sein, unter denen Kinder aus ärmeren Verhältnisse leiden. Aus Abb. 10.2 lässt sich ein deutliches Gefälle bei verhaltensbedingten und emotionalen Problemen ablesen, das – trotz aller mit einer Quantifizierung oder Messung einhergehenden Schwierigkeiten und bei aller Unsicherheit, was eigentlich genau gemessen werden soll – aufzeigt, welch große Bürde die zunehmende Armut unter Familien mit Kindern nicht nur diesen Kindern, sondern der gesamten Gesellschaft in den kommenden Jahrzehnten auferlegt.

Die Körpergröße ist nicht der einzige Indikator für einen Zusammenhang zwischen emotionalen Erfahrungen in der frühen Kindheit und der Gesundheit als Erwachsener. In einer Studie über mehr als 5.000 im Jahre 1946 geborene Kinder zeigte Wadsworth, dass die emotionalen Auswirkungen des Zerfalls einer Familie einen enormen Einfluss auf die Gesundheit und das soziale Verhalten der jungen Erwachsenen hatten (Wadsworth 1984). Menschen, deren Eltern geschieden oder gestorben waren bzw. getrennt lebten, litten mit 26 Jahren mit größerer Wahrscheinlichkeit an Magengeschwüren, Kolitis oder psychischen Krankheiten. Ihre Ehen endeten mit größerer Wahrscheinlichkeit in einer Trennung oder Scheidung, und sie wurden auch mit größerer Wahrscheinlichkeit wegen sexueller oder gewalttätiger Verbrechen verurteilt – selbst dann, wenn die Reihenfolge der Geburt, die Größe der Familie und die soziale Klasse mitberücksichtigt wurden. Auch die Wahrscheinlichkeit guter Beziehungen zu den eigenen Kindern war geringer. Einmal mehr zeigt sich ein enger Zusammenhang zwischen diesen Auswirkungen von emotionalem Stress und dem Zerfall der Familie in der frühen Kindheit. Aus dieser Studie geht hervor, dass die Auswirkungen in der Gruppe von 0 bis 5 Jahren größer als bei den über 5-Jährigen waren.

Lundberg stellte nicht nur den Zusammenhang zwischen der Körpergröße und familiären Konflikten in der Kindheit fest, er fand auch heraus, dass in einer untersuchten Bevölkerungsgruppe im Alter von 30 bis 75 Jahren Krankheit eng mit Differenzen in der Familie korrelierte, auch nachdem die soziale Klasse mitberücksichtigt worden war (Lundberg 1993). Jene Menschen, die in der Kindheit familiäre Konflikte erlebt hatten, wiesen ein um 50 Prozent erhöhtes Sterblichkeitsrisiko auf.

Die psychosozialen Einflüsse auf Gesundheit, Körpergröße und soziale Mobilität treten nicht an die Stelle von materiellen und ökonomischen Faktoren: Sie stellen vielmehr einen der Wirkungsmechanismen dar, die den Einfluss materieller Faktoren auf Parameter wie Gesundheit, Körpergröße und soziale Mobilität erklären und den Zusammenhang mit der sozialen Klasse vor Augen führen. Soll das Wohlbefinden der gesamten Bevölkerung gehoben werden, wäre es wenig sinnvoll, die psychosozialen Symptome zu behandeln, ohne das zugrunde liegende Ausmaß an relativer Armut zu verringern. Diese beiden sind – selbst in Einzelfällen – nicht nur schwer voneinander zu trennen, sondern jede Art von Dienstleistung, deren Umfang groß genug wäre, um sich auf diese Probleme in der gesamten Bevölkerung auszuwirken, wäre völlig unrealistisch: Selbst in einem enger gesteckten Rahmen gibt es nur wenige Beweise für die Effizienz eines derartigen Ansatzes und die Kosten auf gesellschaftlicher Ebene wären gänzlich unerschwinglich.

Teil V

Umverteilung, Wirtschaftswachstum und Lebensqualität

Kapitel 11
Sozialkapital: Versuch einer Synthese

Nur allzu oft scheint die Wirtschaft das Leben zu beherrschen – es entsteht gar der Eindruck, als handle dieses Buch davon, wie sie sogar die Lebensdauer bestimmt. Im Grunde jedoch geht es um die Bedeutung der sozialen Bedürfnisse des Menschen und darum, wie die Gesundheit durch den wachsenden Konflikt zwischen den Wirtschaftssystemen und der Befriedigung unserer sozialen Bedürfnisse in Mitleidenschaft gezogen wird. Seine Kernaussage ist die herausragende Bedeutung sozialer Beziehungen für uns als soziale Wesen. Auf allen Entwicklungsstufen menschlicher Beziehungen, ob Reich oder Arm, war die Qualität der sozialen Zusammenhänge schon immer die wichtigste Determinante für das menschliche Wohlbefinden und die Lebensqualität.

Je weiter die mächtige Logik des Marktes ihre Fühler ausstreckt, desto leichter kann man sich die Wirtschaft als Geisteskrankheit vorstellen, die dazu führt, dass jegliches menschliche Verhalten einem egoistischen Wunsch nach maximalem Konsum zu entspringen scheint. Während wir uns alle durchaus bewusst sind, dass es auch ein anderes Leben abseits des Marktplatzes gibt, erinnere ich mich an einen Wirtschaftswissenschaftler, der sich mehr als andere bewusst war, wie vieles von der Wirtschaft beiseite gelassen wird. In diesem Wissen entwickelte er Modelle, die über die Geldwirtschaft hinausgingen. Er verwendete dabei die Technik der so genannten Input-Output-Analyse, die in tabellarischer Form darstellt, was einzelne Branchen von anderen kaufen bzw. an diese verkaufen. In seiner Studie versuchte er, nicht nur die Umweltfaktoren zu berücksichtigen, indem er nicht nur Interaktionen mit der Natur in eine ökologische Tabelle einsetzte, sondern zudem auch unsere sozialen Interaktionen einbaute. Dies erfolgte mittels einer Tabelle, in der aufgelistet wurde, was zwischen den verschiedenen Haushalten vor sich ging. Neben einer ganzen Reihe sozialer „Handelsgüter", wie „Achtung", legte er fest, dass die Menschen unter anderem die Liebe voneinander brauchten. Daher wurde sie neben Stahlblech, Kunststoffen und elektronischen Instrumenten in die Liste der Dinge aufgenommen, die gehandelt werden. Dann erkannte er, dass die Leute nicht nur Liebe bekommen wollen, sie möchten sie auch geben. Daraus resultierten zwei unterschiedliche soziale Güter, die gehandelt werden konnten: „empfangene Liebe" und „gewährte Liebe". Er übersah allerdings, dass es einen Unterschied zwischen handelbaren Gütern und Beziehungen wie Liebe und Achtung gibt, die dem Marktgeschehen zuwiderlaufen.

Die sozialen und gesundheitlichen Auswirkungen größerer Einkommensunterschiede liefern einen gewichtigen Grund für deren Verringerung. Größere Gleichheit war traditionellerweise stets ein sozialistisches Ziel. Es zeigt sich jedoch, dass sich selbst jene, die sich weiterhin dafür einsetzen, ebenfalls zunehmend von der Logik wirtschaftlicher Zusammenhänge leiten lassen. Größere Einkommensgleichheit wurde ursprünglich als eine Möglichkeit angesehen, die soziale Harmonie zu fördern und die strukturellen Grundlagen für zwischenmenschliche Konflikte zu verringern: Dieser Wunsch kam auch in der sozialistischen Praxis zum Ausdruck, die Genossen als „Bruder" oder „Schwester" anzusprechen. Aber zunehmend wurde die Einkommensumverteilung nicht aufgrund der positiven Auswirkung auf die sozialen Beziehungen propagiert, sondern war einfach die Forderung nach einer gerechteren Verteilung von Gütern und Dienstleistungen unter Gesellschaften, von denen angenommen wurde, dass sie aus eigennützigen Individuen bestanden. Dieser Wandel ist ein wichtiger Hinweis darauf, wie weit die Ideologie des Marktes vorgedrungen ist: Selbst jene, die den Markt zumindest teilweise ablehnen, haben unser soziales Innerstes aus dem Blick verloren und die sozialistischen Ziele unbewusst so umgedeutet, dass sie zu einer vermarkteten Menschheit passen. Die wenig begeisternde Vision besteht – bestenfalls – in einer auf Wettbewerb ausgerichteten, entsozialisierten Gleichheit.

Die Fakten, auf die in den vorangegangenen Kapiteln eingegangen wurde, lassen sich nicht einfach vom Tisch wischen. Acht verschiedene wissenschaftliche Arbeitsgruppen haben anhand von zehn unterschiedlichen Datenbeständen aufgezeigt, dass die Einkommensverteilung mit den nationalen Sterberaten in unterschiedlichen Gruppen entwickelter und weniger entwickelter Ländern korreliert (siehe Kapitel 5). Man kann dies nicht einfach als das Ergebnis von ein oder zwei zufälligen Erkenntnissen abtun. Manch einer könnte auf den Gedanken kommen, dass es sich um eine Scheinkorrelation handelt – die aus etwas resultiert, das unabhängig voneinander sowohl die Einkommensverteilung als auch die Gesundheit beeinträchtigt. Während die Einkommensverteilung aller Wahrscheinlichkeit nach als Messgröße für eng miteinander korrelierende Gesellschaftsmerkmale wie den sozialen Zusammenhalt dient, ist die Möglichkeit, dass der Zusammenhang eine falsche Widerspiegelung einer gänzlich anderen intervenierenden Variable ist, äußerst weit hergeholt. Gegen einen derartigen Denkansatz sprechen mehrere gewichtige Gründe: Erstens gibt es einen starken statistischen Zusammenhang zwischen der Einkommensverteilung und den nationalen Sterberaten: Man spricht von Korrelationen von 0,6, 0,7 oder 0,8. Normalerweise müssten die Korrelationen zwischen ihnen und jeder potenziell intervenierenden Variable stärker sein, so dass man nach etwas suchen müsste, das im Vergleich dazu enger sowohl mit der Einkommensverteilung als auch mit der Mortalität korrelieren müsste. Uns ist nichts bekannt, worauf dies zutreffen würde. Nicht nur das, es müsste auch dann zutreffen, wenn der Zusammenhang anhand von Querschnittsdaten untersucht wird – es müsste unabhängig in entwickelten wie auch in weniger entwickelten Ländern gelten; es müsste auch dann zutreffen, wenn die Veränderungen im Zeitverlauf in den entwickelten Ländern betrachtet werden; und schließlich müsste es auch zutreffen, wenn wir uns den Zusammenhang zwischen Einkommensverteilung und Sterblichkeit innerhalb einzelner Länder, sowohl in den 50 Bundesstaaten der USA als auch in kleineren Gebieten in Großbritannien, ansehen (Kaplan et al. 1996; Kennedy et al. 1996; Ben Shlomo et al. 1996). Das ist eine zu hohe Anforderung.

Darüber hinaus wissen wir, dass Bereiche wie Wohnbau oder medizinische Versorgung bei den öffentlichen Ausgaben keinen auch nur annähernd ausreichenden Einfluss auf die Volksgesundheit haben, um diesen Zusammenhang zu erklären, selbst wenn ein solcher bestünde. Im Gegenteil, statistische Analysen haben gezeigt, dass dieser Zusammenhang auch bei einer statistischen Berücksichtigung der gesamten Regierungsausgaben oder spezifischer Ausgabenkategorien bestehen bleibt. In diesem Kontext ist ein weiterer Gegensatz zwischen Schweden und Japan von Interesse. Während sie einander hinsichtlich ihrer ausgeglichenen Einkommensverteilung und der hohen Lebenserwartung stark gleichen, gibt es einen drastischen Unterschied nicht nur in Bezug auf die Familienstruktur – wie wir in Kapitel 8 gezeigt haben –, sondern auch in Bezug auf den Prozentsatz des BNP, der von der Regierung für soziale Aufgaben verwendet wird. In Schweden ist der für Sozialausgaben aufgewendete Prozentsatz des BNP höher als in allen übrigen OECD-Ländern; in Japan ist er niedriger als in jedem anderen OECD-Land (Hills 1994). Dieser Zusammenhang verschwindet auch dann nicht, wenn das Pro-Kopf-BNP, die Durchschnittseinkommen, die absolute Armut, die Rasse oder der Zigarettenkonsum statistisch mitberücksichtigt werden (siehe Kapitel 5).

In Kapitel 6 haben wir gesehen, dass Gesellschaften, die sowohl ausgewogen als auch gesund sind, zudem einen deutlich stärkeren sozialen Zusammenhalt aufweisen als andere. Insbesondere der öffentliche Bereich scheint in diesen Gesellschaften in das soziale Leben eingegliedert zu sein und nicht den negativen Marktbeziehungen zwischen eigennützigen Haushalten überlassen zu werden – Banfields so genannter „amoralischer Familismus" (Banfield 1958). Wenn die Einkommensungleichheit geringer ist, sind die Menschen im öffentlichen Leben miteinander durch eine Vielzahl sozialer Organisationen, Zielsetzungen und Aktivitäten verbunden. Ein gewisser Sinn für das moralische Kollektiv und die soziale Zielsetzung bleibt wichtig. In Kapitel 8 haben wir die typischen Symptome gesehen, die auftreten, wenn die Ungleichheit zunimmt und sich die soziale Kluft vertieft. Diese Gesellschaften weisen üblicherweise eine höhere Sterblichkeit infolge der Mehrzahl der Todesursachen auf, vor allem aber auch signifikant höhere Sterblichkeitsraten durch Alkoholmissbrauch, Unfälle, Mord, Verbrechen, Gewalt und möglicherweise Drogenkonsum. Wenn man diese sozialen Probleme als eine Gruppe sieht, erscheint die statistische Verbindung zwischen dieser und einer tiefer gehenden sozialen Spaltung durchaus einleuchtend. Es handelt sich bei diesen Problemen in hohem Maße um Symptome stärkeren sozioökonomischen Stresses, wie durchaus zu erwarten war.

Ein Blick auf die epidemiologische und physiologische Beweislage, wie größere sozioökonomische Ungleichheit sich auf die Gesundheit auswirken kann, macht deutlich, dass es nicht an möglichen Wirkungsmechanismen fehlt. In Kapitel 9 und 10 wurde gezeigt, dass es deutliche Beweise dafür gibt, dass psychosoziale Prozesse einen wesentlichen Einfluss auf die Gesundheit ausüben können. So zeigen nicht nur viele psychosoziale Faktoren eine stärkere Korrelation mit der Gesundheit als materielle Faktoren (wobei die Risikolage der jeweiligen Bevölkerung natürlich berücksichtigt werden muss), die Tatsache, dass dies der Fall ist, geht auch konform mit der in Kapitel 3 geäußerten Deutung des epidemiologischen Übergangs.

Welche Folgerungen sollten nun aus diesem Bild gezogen werden? Einigen Leuten wäre es wohl lieber, dass sich der Zusammenhang zwischen Einkommensverteilung und Gesundheit durch die absolute materielle Deprivation der Armen erklären ließe. Wer an den entscheidenden Einfluss materieller Faktoren glaubt, könnte den Eindruck gewinnen, dass eine psychosoziale Erklärung diesen Zusammenhang bagatellisiere und auf die „bloß" psychologische Ebene verschiebe. Tatsächlich gewinnt dieser aber an Bedeutung und wirft dadurch viel grundsätzlichere Fragen auf. Zunächst in Bezug auf seinen Stellenwert. Würde die Gesundheit durch objektive materielle Faktoren – ungeachtet der damit verbundenen sozialen Konnotationen – beeinträchtigt, hätte dies viel weniger weit reichende Auswirkungen. Angenommen, das letzte Jahrzehnt sei eine Ausnahme und das „Durchsickern" gehöre zum normalen Verlauf des Wirtschaftswachstums, könnten wir erwarten, dass sich das Problem der absoluten materiellen Armut im normalen Verlauf des wirtschaftlichen Wachstums von selbst löst. Die Tatsache, dass sich die gesundheitlichen Ungleichheiten in Großbritannien in der zweiten Hälfte des 20. Jahrhunderts fast durchwegs und in den USA und Frankreich in unterschiedlich langen Zeitabschnitten vergrößert haben, legt indes nahe, dass sich diese Probleme nicht von selbst lösen.

Aus der Sicht der mit diesem Gebiet befassten Fachleute fällt eine gesundheitliche Schädigung infolge psychosozialer Vorgänge wesentlich stärker ins Gewicht, als dies der Fall wäre, ließe sich diese auf die unmittelbaren physischen Auswirkungen einer feuchten Unterkunft oder minderwertiger Ernährung zurückzuführen. Abgesehen von den erwähnten psychosozialen Auswirkungen, wäre es durchaus möglich, zu viele Chips und zu viel Gebackenes zu essen und dennoch rundum glücklich zu sein. Gleiches gilt für das Rauchen und mangelnde körperliche Betätigung. Praktisch gesehen können viele Probleme durch feuchte Unterkünfte entstehen und zusätzliche Arbeit und viel Ärger mit sich bringen. Wären dies die Hauptursachen für gesundheitliche Ungleichheiten und die Erklärung für den Zusammenhang zwischen Gesundheit und Einkommensverteilung, dann wäre es nicht ganz falsch zu behaupten, dass das Leben der in relativer Armut lebenden Menschen zwar vielleicht kürzer, deshalb aber nicht unbedingt weniger schön sein könnte als das der Reichen. Das Problem ist aber deshalb so bedeutsam, weil dies bei weitem nicht der Wahrheit entspricht. Sich deprimiert, betrogen, verbittert, verzweifelt, verletzlich, verängstigt, verärgert, besorgt über Schulden oder die unsichere Arbeits- und Wohnsituation zu fühlen; sich entwertet, nutzlos, hilflos, unbeachtet, hoffnungslos, isoliert, ängstlich und gescheitert zu fühlen; all diese Gefühle können das gesamte Leben von Menschen beherrschen, auf ihre Wahrnehmung aller anderen Dinge abfärben. Der aus diesen und ähnlichen Gefühlen resultierende Dauerstress ist es, der den Schaden anrichtet. Auf die sozialen Empfindungen kommt es an, nicht auf die Vergiftung durch ein angeblich toxisches materielles Umfeld. Das materielle Umfeld ist bloß das unauslöschliche Kennzeichen und eine ständige Erinnerung an die erdrückende Tatsache des eigenen Scheiterns, an die Verkümmerung jeglichen Gefühls, einen Platz in einer Gemeinschaft zu haben, und an die eigene soziale Ausgrenzung und Abwertung als Mensch.

In Bezug auf die Lebensqualität, die letztlich eine Frage des subjektiv empfundenen Wohlbefindens ist, spielen die psychosozialen Prozesse rund um Ungleichheit, sozialen Zusammenhalt und deren Auswirkungen auf die Gesundheit eine äußerst wichtige Rolle. Sie sind nicht nur vom Standpunkt jener aus wichtig, die am unteren Ende der sozialen Hierarchie am meisten darunter leiden, sondern auch weil die Verschlechterung des öffentlichen Lebens, der Verlust des Gemeinschaftssinns und insbesondere der Anstieg von Verbrechen und Gewalt von grundlegender Bedeutung für die Lebensqualität von uns allen sind.

Die Behauptung, dass mit der Einkommensverteilung in Zusammenhang stehende Faktoren gesellschaftsübergreifend so bedeutsam für die tatsächliche subjektive Lebensqualität sind, steht im Gegensatz zur allgemeinen Tendenz, die Lebensqualität nahezu als Synonym für den materiellen Lebensstandard zu sehen. In Kapitel 3 wurde der sich verändernde Zusammenhang zwischen dem Wirtschaftswachstum und dem Anstieg der Lebenserwartung untersucht. Wie schon dort angemerkt, gibt es Gründe zu der Annahme, dass die Gesundheit ein besserer Indikator für die Lebensqualität ist als jede Messung des Realeinkommens oder des Pro-Kopf-BNP. Während wirtschaftliche Maßnahmen sich weitgehend auf einen quantitativen materiellen Wandel beschränken, reagiert die Gesundheit empfindlich auf materielle und soziale Verhältnisse und wird sowohl von qualitativen als auch von quantitativen Veränderungen beeinflusst. Da die Gesundheit so empfindsam auf die beherrschende psychosoziale Lebensqualität reagiert, kann sie durchaus den Anspruch erheben, im Vergleich zu den verschiedenen wirtschaftlichen Indizes als verlässlicherer Indikator für die Lebensqualität angesehen zu werden. Obwohl angenommen werden könnte, dass ein Mehr auf fast jeder Ebene des Reichtums auch ein Besser bedeutet, wenn alles andere gleich bleibt, wissen wir doch, dass die sozialen und umweltbezogenen Rahmenbedingungen nicht gleich bleiben: Das BNP pro Kopf ist ein schlechter Indikator für die subjektive Lebensqualität.

Einer der Gründe für das anhaltende Interesse am Wirtschaftswachstum ist der Glaube, dass der Wunsch jedes Einzelnen nach einer Steigerung des Einkommens zu einem Wunsch der Gesellschaft nach Einkommenssteigerung aufsummiert werden kann. Angesichts der uns bekannten Fakten über die Macht der Einkommensverteilung und die Bedeutung des relativen und nicht so sehr des absoluten Einkommens, besteht jedoch durchaus die Möglichkeit, dass hier von einer falschen Annahme ausgegangen wird. Vielleicht entspringt der individuelle Wunsch nach einer Einkommenssteigerung in erster Linie der Sehnsucht, die Dinge zu besitzen, die reiche Leute haben, und die gleiche gesellschaftliche Stellung einzunehmen wie diese: das heißt, es könnte sich primär um den Wunsch nach einer relativen Steigerung des eigenen Einkommens handeln. Die Vorteile größeren Reichtums werden schließlich am deutlichsten von den Reichen in der eigenen Gesellschaft demonstriert. Der Wunsch nach einem Millionengewinn entspringt wahrscheinlich der Sehnsucht, zu den Reichen zu gehören und ebenso frei wie diese zu sein und über beträchtliche Mittel zu verfügen. Dies könnte weit entfernt von dem Wunsch sein, einer Gesellschaft mit einem höheren BNP pro Kopf anzugehören. Für einige weniger begüterte Leute könnte es in der Tat erstrebenswerter sein, zu den relativ besser Gestellten in einer ärmeren Gesellschaft zu gehören.

Der andere politisch überzeugende Grund, ein Wirtschaftswachstum anzustreben, ist die Tatsache, dass raschere Wachstumsraten mit einem Rückgang der Arbeitslosigkeit, einem Nachlassen der Einkommensunsicherheit und einer Zunahme der Unternehmensgewinne einhergehen. Dies sind jedoch in gewissem Sinne lediglich willkommene Begleiterscheinungen des Wachstumsprozesses. Das Streben nach einem stetigen Wachstum zur Lösung von Problemen dieser Art ist lediglich eine Form von Sucht: In Zeiten wirtschaftlicher Hochkonjunktur sind diese Probleme vorübergehend gelöst, aber nur um bei der nächsten Rezession wieder aufzutauchen. Die Probleme, die sich durch wirtschaftliche Aufschwünge scheinbar aus der Welt schaffen lassen, bedürfen einer grundsätzlicheren und dauerhafteren Lösung, die sich auch bei fehlendem Wachstum bewähren könnte.

Die Vorstellung, dass die Interessen der Armen als primäre moralische Rechtfertigung für wirtschaftliches Wachstum in der entwickelten Welt vorgebracht werden, wirkt heute sehr fadenscheinig angesichts der Tatsache, dass sich das Wachstum in den letzten etwa zehn Jahren langsam nach oben verteilt hat und nicht nach unten durchgesickert ist. Heute steht jedoch fest, dass die wichtigsten Armutsprobleme (zumindest innerhalb der entwickelten Welt) solche der relativen Armut sind, und wir wissen, dass sie direkt angegangen werden müssen: Wir können uns nicht mehr länger bequem zurücklehnen und annehmen, dass sie verschwinden werden, wenn wir alle gemeinsam reicher werden.

In Kapitel 3 haben wir uns damit auseinandersetzt, wie eine steigende Lebenserwartung mit dem Wirtschaftswachstum in Zusammenhang stehen könnte. Wir haben gesehen, dass Länder im Zeitverlauf in Abb. 3.1 nach rechts gerückt wären, wenn Preisindizes bei der Deflationierung verwendet worden wären, die die Qualitätsänderungen vollständig berücksichtigen. Während dadurch der ansteigende Teil jeder Kurve aufeinander zu liegen gekommen wäre, hätte dies gleichzeitig bedeutet, dass die Korrelation zwischen ProKopf-BNP und der Lebenserwartung unter den reicheren Ländern zu jedem Zeitpunkt noch geringer ausgefallen wäre: Der flache Teil der sich aus den Querschnittsdaten ergebenden Kurve wäre durch eine weitere Ausdehnung nach rechts noch flacher geworden.

Wir mussten also nach einer Erklärung suchen, warum der horizontale Teil der Lebenserwartungskurve im Zeitverlauf ansteigt. Die einzige in Kapitel 3 dafür vorgebrachte Erklärung bestand darin, dass neue Kenntnisse, neue Technologien, neue Waren und Dienstleistungen die Gesundheit beeinflussen und die Kurve im Zeitverlauf nach oben verschieben. Es wurde argumentiert, dass die unterschiedlich rasche Verbreitung dieser Neuerungen in der Bevölkerung der verschiedenen entwickelten Länder nur geringfügig von den Wachstumsraten und dem Pro-Kopf-BNP abhängt. Daher sind die Unterschiede zwischen den Ländern relativ unbedeutend, sobald einmal eine bestimmte Schwelle im Entwicklungsniveau erreicht ist, wenn die Grundbedürfnisse gesichert und die Gesellschaften sich in die moderne Technologie eingekauft haben. Wenn die Gesellschaften einmal Teil des internationalen Marktes sind, werden sie auch an den Früchten der Neuerungen teilhaben (und wahrscheinlich auch ihren Beitrag dazu leisten), unabhängig von ihrem gemessenen Einkommenswachstum.

Bezugnehmend auf die wachsende Sorge um die wahrscheinlichen Folgen des Wirtschaftswachstums für die Umwelt (siehe jedoch Beckermann 1995) und die Forderungen nach einem „Nullwachstum", führen uns die Ausführungen in Kapitel 3 zu einer sinnvollen Unterscheidung. In Bezug auf Ressourcenknappheit und Umweltverschmutzung rührt die Hauptgefahr von der quantitativen Wachstumskomponente, dass mehr Rohstoffe verwendet werden, mehr Energie verbraucht und mehr Abfall produziert wird. Wachstum, das aus qualitativen Verbesserungen resultiert, bringt nicht nur Vorteile mit sich, die weniger Probleme aufwerfen, der zugrunde liegende Innovationsprozess selbst kann auch für Umweltzwecke eingesetzt werden. Ein großer Anteil der Innovation besteht schon heute in Ressourceneinsparungen und einer damit verbundenen Abfallverringerung. Selbst dort, wo keine solchen Einsparungen erfolgen, tragen Verbesserungen in der Konstruktion oft zum Nutzwert von Gütern bei, ohne die Kosten für die Ressourcen zu verändern. Dadurch eröffnet sich uns die Möglichkeit, nahe an ein Nullwachstum heranzukommen (nach derzeitiger Messmethode) und dennoch weiterhin die Vorteile der Konstruktionsverbesserungen und Innovationen, die sich stärker in den Dienst der Umwelt und des Verbrauchers stellen, zu genießen. Mit anderen Worten, es ist durchaus möglich, stetige Verbesserungen in den materiellen Lebensstandards ins Auge zu fassen, die nicht auf Kosten der Umweltbelastung erkauft werden. Ein rein quantitativ gesehenes Nullwachstum würde nicht heißen, dass wir uns bis ans Ende der Zeiten mit unserer derzeitigen verworrenen materiellen Infrastruktur, unserer mit Kompromissen behafteten Technologie und unserem unbefriedigenden Lebensstil abfinden müssten. Es gibt durchaus Innovation ohne Wachstum.

Wenn wir vor dem Versuch zurückschrecken, das erstaunliche Problem immer höherer horizontaler Kurven beim Zusammenhang zwischen dem BNP pro Kopf und der Lebenserwartung durch qualitative technische Veränderungen zu erklären, dann scheint es nur mehr eine andere, wenn auch indirekt plausible Erklärung zu geben. Da die beiden Erklärungen einander nicht ausschließen, können wir jede beliebige Mischung der beiden nehmen. Die zusätzliche Erklärung hängt von der losen Verbindung zwischen wirtschaftlicher Entwicklung und dem Prozess der kulturellen und psychosozialen Veränderung ab.

Einer der wichtigsten Vorteile eines höheren Lebensstandards ist der zunehmende Sinn für Sicherheit und das langsame Verschwinden der brutaleren Lebensaspekte. Historisch gesehen geht mit dem steigenden Lebensstandard vielleicht eine allmähliche Milderung bestimmter Aspekte des sozialen und emotionalen Lebens einher. Zu den augenfälligsten Anzeichen dieses Prozesses gehören Dinge wie die Abschaffung der Todesstrafe in vielen Ländern sowie das Verbot der körperlichen Züchtigung an den Schulen. Deutlicher als bei manchen Prozessen ist dies in der veränderten Kindererziehung ersichtlich. DeMause beginnt das Einführungskapitel seiner Geschichte der Kindheit *Hört ihr die Kinder weinen?* mit den Worten: „Die Geschichte der Kindheit ist ein Alptraum, aus dem wir gerade erst erwachen. Je weiter wir in der Geschichte zurückgehen, desto unzureichender wird die Pflege der Kinder, die Fürsorge für sie, und desto größer die Wahrscheinlichkeit, dass Kinder getötet, ausgesetzt, geschlagen, gequält und sexuell missbraucht wurden." (DeMause 1977, 12) Wenn wir nur weit genug zurückgehen, behauptet er, wurden „die meisten Kinder – nach unseren heutigen Vorstellungen – misshandelt" (Ebda., 15). DeMause geht so weit, die Ansicht in den Raum zu stellen, dass „die zentrale

Antriebskraft historischen Wandels weder in der Technologie noch in der Ökonomie zu finden ist, sondern in den ‚psychogenen' Veränderungen der Persönlichkeits- oder Charakterstruktur, die sich aufgrund der Generationenfolge der Interaktionen zwischen Eltern und Kindern ergeben". Er ist der Meinung, dieser Prozess habe „definitive Grenzen für das in verschiedenen Bereichen der Geschichte Erreichbare" festgelegt (Ebda., 15)

Statt der Behauptung von DeMause über die Autonomie und den Vorrang der Veränderungen in der Kindererziehung zuzustimmen, schiene es einleuchtender, sie als Teil des kultivierenden Effektes der wirtschaftlichen Entwicklung zu sehen. Angesichts der Bedeutung des emotionalen Umfeldes in der Kindheit für die spätere Entwicklung der Menschen und ihre Gesundheit (wie wir in Kapitel 10 gesehen haben), hätten wir erwartet, dass die Verbesserungen bei der Kindererziehung stärkere physische und mentale Vorteile während des übrigen Lebens bewirkt hätten. Die Veränderungen in der Kindheit waren aber natürlich Teil einer allgemeineren sozialen Entwicklung der Gesellschaft, die sich auf die Menschen aller Altersgruppen auswirkte. Die tief greifenden psychosozialen Veränderungen werden vielleicht am deutlichsten, wenn wir uns vor Augen halten, wie barbarisch uns das Leben in vorindustriellen Zeiten und in der ersten Zeit der Industrialisierung heute anmutet. Die Art und Weise, wie eine Gesellschaft ihre Gesetzesbrecher, ihre geistig Behinderten und ihre Armen behandelt, gewährt uns einen tiefen Einblick in die Fortschritte dieser Gesellschaft auf dem Gebiet der Menschlichkeit. Dass man damit aufhörte, Bettler zu brandmarken, Hexen zu verbrennen oder Verbrecher öffentlich hinzurichten oder zu hängen, ist ein Zeichen für einen wichtigen psychologischen Wandel.

Angesichts der Bedeutung psychosozialer Einflüsse auf die Gesundheit (wie in Kapitel 9 und 10 besprochen) sind der Rückgang von Furcht und Unsicherheit sowie die zunehmende Atmosphäre von Toleranz in der Gesellschaft wichtig. Die Tatsache, dass es uns manchmal nicht gelingt, sowohl die Bedeutung als auch die Existenz dieser immateriellen kulturellen Entwicklungen zu erkennen, ändert nichts an ihrer Existenz. Die Zunahme der sozialen Toleranz setzt sich – nicht ohne Rückschläge – in der zweiten Hälfte des 20. Jahrhunderts fort. Veränderungen wie die Gesetzgebung für Homosexuelle und die gesetzliche Regelung bei Abtreibung haben die Gelegenheiten für Angst vermindert: die Angst vor Verhaftung und Gefängnis im Falle von Homosexuellen und die Angst vor einer gesellschaftlichen Stigmatisierung bei jungen Frauen, die vor der Ehe schwanger werden. All dies, zusammen mit der Einführung moderner Empfängnisverhütungsmethoden, hat die Sexualität von einem verstohlenen, höchst unterdrückten und angsterfüllten Tun zu etwas gemacht, das eines Tages zum entspannten Ausdruck unserer Menschlichkeit werden könnte. Diese Veränderungen betreffen nicht nur junge Leute, sondern haben zu einem Rückgang der Unterdrückung und zur Entwicklung toleranterer Einstellungen zur Sexualität im Verlauf des ganzen Lebens beigetragen.

Das Ende des verpflichtenden Militärdienstes hat vermutlich die Vertrautheit der Menschen mit einigen Formen der Gewalt verringert. Bei gesellschaftlichen Beziehungen ganz allgemein gibt man heute verbreitet vertrauteren Formen der Anrede den Vorzug und gewisse Zeichen der Unterwürfigkeit und Servilität zwischen den sozialen Klassen sind verschwunden. Ein Hinweis darauf, um wie viel bewusster als unsere Vorfahren wir uns der Bedeutung des emotionalen Lebens sind, ist vielleicht die Anerkennung der posttraumatischen Stressstörung bei Leuten, die bei Notdiensten arbeiten. Die immer häufigeren Versuche, Menschen, die mit qualvollen Situationen fertig werden mussten, eine Beratung zukommen zu lassen, steht in krassem Gegensatz zur Normalität solcher Erfahrungen in früheren Jahrhunderten.

Die Begriffe „Zivilisation" und „Kultur" umschreiben annäherungsweise die wichtigsten kulturellen und psychosozialen Veränderungen, die mit dem Wirtschaftswachstum einhergehen; sie umfassen notwendige Begriffe wie menschliche Würde und Emanzipation – und zwar sowohl die soziale als auch die materielle. Obwohl weder Kultur noch Zivilisation dasselbe wie Wirtschaftswachstum sind, scheinen sie Formen zu sein, in denen sich die Vorteile des materiellen Fortschritts realisieren. Dass es dabei eine große kulturelle und ideologische Komponente gibt, heißt, dass es nur eine sehr lose Verbindung zum Wachstum gibt. Das Wort „Zivilisation" umfasst neben Würde und Emanzipation den Begriff des Anstands (im Englischen *civility*) und lässt an Bürgersinn und an die Art der sozialen Entwicklung denken. Das gedankliche Konzept kommt dem Fragenkomplex des sozialen Zusammenhalts nahe, von dem in Kapitel 7 die Rede war. In Gesellschaften mit weiter auseinander klaffenden Einkommensverteilungen erscheint das Leben zweifellos weniger zivilisiert. Und dennoch, obwohl der Begriff alles andere als ein Synonym für den Begriff des Wirtschaftswachstums ist, schwingt in dieser Vorstellung die Anerkennung mit, dass Zivilisation auch materielle Seiten hat: Die in spätviktorianischer Zeit in Großbritannien eingeführten Maßnahmen für ein allgemeines Gesundheitswesen trugen zur Emanzipation bei und machten das Leben zweifellos zivilisierter. Kulturelle bzw. zivilisatorische Standards werden in den entwickelten Gesellschaften weitgehend geteilt und könnten mit zunehmendem Fortschritt im Verlauf der Zeit vielleicht ihren Beitrag zum „Einkommensantriebsfaktor" leisten, der die Kurve der Lebenserwartung von einer Periode zur nächsten ansteigen lässt.

Das Verlockende an solchen Überlegungen liegt nicht nur darin, dass die Daten auf andere Weise schwer zu erklären sind. Es liegt auch darin, dass sich auf diese Weise eine einheitlichere Sicht der wichtigsten Einflüsse auf die Gesundheit abzuzeichnen beginnt, sowohl was deren Veränderung im Zeitverlauf bei internationalen Vergleichen betrifft als auch deren Beeinflussung durch das Ausmaß an Gleichheit und sozialem Zusammenhang innerhalb einzelner Gesellschaften. Wir müssen eine Kombination dessen finden, was in den Begriffen sozialer Zusammenhalt und Kultur bzw. Zivilisation zusammengefasst wird. Wenn wir eine Prise Egalitarismus verwenden könnten, um aus dem Kulturbegriff ein umfassendes statt ein ausschließendes Konzept zu machen, würden wir vielleicht eine Vorstellung von den sozialen Bedingungen für Gesundheit bekommen. Das Ergebnis käme sehr nahe an etwas heran, was wir menschliche Würde nennen könnten. Angesichts der Tatsache, dass der materielle Fortschritt emanzipatorische, aber auch diskriminierende und zersetzende Aspekte aufweist, diente ein solcher Begriff dazu, einige (aber nicht alle) Charakteristika des wirtschaftlichen Wachstums mit dem damit einhergehenden psychosozialen Fortschritt zu kombinieren. Die Bedeutung der Begriffe Kultur und Zivilisation geht über die Gesundheit hinaus: Als Ergebnis psychosozialer Wirkungsmechanismen, die einen Zusammenhang zwischen dem materiellen Leben und der Gesundheit herstellen, könnten wir erwarten, dass die sozialen Bedingungen für Gesundheit auch ein Indikator für die Lebensqualität wären. Wir gelangen schließlich zu einer Auffassung von Lebensqualität, die etwas weiter vom wirtschaftlichen Wachstum entfernt ist und an etwas anschließt, das einer Mischung aus Zivilisation und sozialem Zusammenhang näher kommt.

Dessen Inhalt können wir vielleicht nur andeuten. Von der epidemiologischen Forschung können wir die sozialen Beziehungen und die wechselseitige soziale Unterstützung übernehmen sowie ein Gefühl für Situationskontrolle und Sicherheit. Darüber hinaus lässt sich sozialer Zusammenhalt leicht mit dem Gefühl für Kohärenz verbinden, das laut Antonovsky und anderen gesundheitsfördernd ist (Antonovsky 1992; Lundberg und Nystrom Peck 1994). Obwohl Antonovsky dies als eine Eigenschaft betrachtete, über die Einzelne verfügen oder nicht, wäre es im vorliegenden Kontext besser, den Sinn für Kohärenz als eine Eigenschaft von sozialen Gruppen oder Gesellschaften zu sehen. Auf der Grundlage einer sozialen Gerechtigkeit, die auf geringeren Einkommensunterschieden und unbeschränkten bürgerlichen Rechten basiert, wird es in der „moralischen Gemeinschaft" weniger Bruchstellen geben. Antonovskys „Sinn für Kohärenz" sieht vor, dass der Einzelne zielgerichtet agiert und sich seiner Rolle bewusst ist, die für die meisten Menschen nur dann sicher sein kann, wenn sie breite Unterstützung durch eine gemeinsame Grundanschauung und ein gemeinsames Wertesystem erfährt. Wenn es keinen Sinn für soziale Gerechtigkeit gibt, dann ist die Legitimität sozialer Einrichtungen von Grund auf geschwächt und die moralische Gemeinschaft, die das soziale Leben kohärent macht, fehlt. Zusammenhalt und Kohärenz scheinen daher aller Wahrscheinlichkeit nach eng mit sozialer Gerechtigkeit verbunden.

Putnam, dessen Arbeit über die Stärke der Bürgergemeinschaft in den Regionen Italiens wir in Kapitel 6 besprochen haben, verwendet den Begriff des „Sozialkapitals". Er sagt:

Unter „Sozialkapital" verstehe ich Merkmale des sozialen Lebens – Netzwerke, Normen und Vertrauen –, die es den Teilnehmern ermöglichen, gemeinsam wirkungsvoller zu handeln, um gemeinschaftliche Ziele zu verfolgen. [...] In dem Maße, in dem Normen, Netzwerke und Vertrauen wesentliche Teile der Gemeinschaft verbinden und die unterschwelligen sozialen Spaltungen überbrücken – in dem Maße, in dem Sozialkapital eine Brückenfunktion hat – wird die daraus folgende Zusammenarbeit wahrscheinlich breiteren Interessen dienen und auf große Zustimmung stoßen.

(Putnam 1995, 664–665)

Auffallend ist, dass Putnam zwar sehr logisch den Rückgang der gesellschaftlichen Partizipation in den USA dem zunehmenden Einfluss des Fernsehens zuschreibt, er jedoch gleichzeitig in der Überbrückung sozialer Spaltungen eine wesentliche Funktion für das Sozialkapital sieht. Angesichts der Tatsache, dass soziale Spaltungen leichter überbrückt werden könnten, wären sie geringer, steht dies in einem eklatanten Gegensatz zu der mangelnden Aufmerksamkeit, die er dem Einfluss der Einkommensverteilung auf den sozialen Zusammenhalt schenkt.

Die Menschen in den entwickelten Ländern sind sich zunehmend des Gegensatzes zwischen materiellem Erfolg und sozialem Versagen moderner Gesellschaften bewusst geworden. Dass Gesundheit heute in praktisch keinem Zusammenhang zu Messgrößen des Wirtschaftswachstums und doch in engem Zusammenhang zur Einkommensverteilung steht, legt nahe, dass der Befriedigung sozialer Bedürfnisse Vorrang eingeräumt werden muss. Es wäre ein Fehler, auf diese Situation dadurch zu reagieren, dass nun die Devise ausgegeben wird, den materiellen Fortschritt hintanzustellen und sich ausschließlich auf die Einkommensverteilung und eine Verbesserung des sozialen Umfeldes der Gesellschaft zu konzentrieren. Während wahrscheinlich weitgehend Einigkeit darüber herrscht, dass der Zustand des sozialen Umfeldes moderner Gesellschaften häufig die stärkste Einschränkung für die Lebensqualität ist, muss gleichzeitig erkannt werden, dass vieles von dem, was an dem Begriff Kultur wertvoll ist, zumindest lose mit dem materiellen Fortschritt zusammenhängt. Wie lose diese Verbindung ist, lässt sich daran erkennen, dass wir den Fortschritt der Kultur eher als historischen denn als wirtschaftlichen Prozess sehen – trotz des offenkundigen Zusammenhanges zwischen den beiden. Unsere Analyse von Abb. 3.1 legt nahe, dass dieser Prozess heute mehr mit den qualitativen Veränderungen zu tun hat, die im Laufe der Zeit stattfinden, als mit dem quantitativen Wirtschaftswachstum, das – beispielsweise – den Lebensstandard in Griechenland oder Irland von jenem in den Vereinigten Staaten trennt. Während diese Länder eindeutig alle zivilisierter sind als ein Jahrhundert zuvor, ist nicht klar, ob ein Land zivilisierter ist oder mehr für die menschliche Würde unter der jeweiligen Bevölkerung erreicht hat als andere, trotz der unter ihnen herrschenden großen Unterschiede im Pro-Kopf-BNP. Die Verbesserungen im Zeitverlauf, verbunden mit der fehlenden Vorherrschaft eines entwickelten Landes über ein anderes zu einem bestimmten Zeitpunkt, deckt sich in hohem Maße mit dem Puzzle von Abb. 3.1.

Wenn dies auch nur annähernd stimmt, so folgt daraus, dass wir die simple Identifizierung der Lebensqualität mit dem Durchschnittsniveau des materiellen Konsums fallen lassen und das Wirtschaftswachstum in seiner Funktion als gesellschaftliches Ziel demontieren müssen. An seine Stelle müssen wir Werte der menschlich-sozialen und materiellen Emanzipation setzen, durch die sichergestellt wird, dass geringere Einkommensunterschiede die Würde auf alle ausdehnen und so eine materielle Grundlage schaffen, die sich förderlich auf die wahre Entwicklung des sozialen Lebens unserer Gesellschaften auswirkt.

Innerhalb der umweltbedingten Grenzen der Nutzung von Ressourcen und der Erzeugung von Abfall können wir uns immer noch an dem erfreuen, was der wissenschaftliche Fortschritt und die technische Innovation hervorbringen. Zur Erreichung dieser Ziele ist ein neuer Bestand sozioökonomischer Messgrößen erforderlich. Um die Aufmerksamkeit auf den durch den qualitativen Wandel bewirkten wichtigen Anstieg in den materiellen Standards zu lenken, brauchen wir – trotz der enormen technischen Probleme – entsprechend qualitätsbereinigte Preisindizes. Vielleicht wäre es zudem möglich, Messgrößen für qualitative Verbesserungen bei Gütern und Dienstleistungen von Messgrößen für die Ressourcennutzung und Abfallerzeugung zu unterscheiden.

Wie aber können eine ausgeglichenere Einkommensverteilung und ein besserer sozialer Zusammenhalt erreicht werden? In einem ersten Schritt müssen Politiker und die Öffentlichkeit die Bedeutung dieser Themen erkennen. Im Augenblick verfolgen die Lenker der Geschicke der nationalen Ökonomien fast ausschließlich wirtschaftliche Ziele. Das muss sich ändern. Bildungs- und Beschäftigungspolitik, Wirtschaftsstruktur- und Steuerpolitik, die Konjunkturpolitik – all dies muss im Hinblick auf die jeweilige Auswirkung auf die soziale Gerechtigkeit und die soziale Spaltung überprüft werden. Wirtschaftsmanagement muss explizit auf die Steigerung des sozialen Zusammenhalts und der sozialen Lebensqualität ausgerichtet sein.

Die historische Erfahrung zeigt, dass der politische Wille entscheidend ist. Statt mit den notwendigen politischen Umstrukturierung so lange zuzuwarten, bis die Wirtschaft „stimmt" und man sich derartigen sozialen Luxus leisten kann, haben wir in Kapitel 6 gesehen, dass diese Umstrukturierung in Großbritannien zur Kriegszeit eine Notwendigkeit wurde. Die Einkommensumverteilung, die Garantie von Mindeststandards für alle, eine Politik, die sicherstellt, dass die Last der Kriegssteuern die Armen nicht unverhältnismäßig stark belastete, die Verringerung der sozialen Hierarchie und Pläne für eine massive Ausweitung des Sozialstaates, all dies wurde zu einer dringenden Notwendigkeit, als es um eine Maximum an Zusammenarbeit bei der Kriegsanstrengung ging. Dabei handelt es sich nicht um ein Einzelbeispiel. Die Veröffentlichung der Weltbank *The East Asian Miracle* (Weltbank 1993) enthält kurze Beschreibungen des politischen Drucks, der zu einer wesentlichen Verringerung der Einkommensunterschiede in allen acht rasch wachsenden asiatischen Wirtschaften führte (Japan, Südkorea, Taiwan, Singapur, Hongkong, Thailand, Malaysia und Indonesien; China, das als neuntes Land in diese Liste aufgenommen werden könnte, entzieht sich der Beobachtung durch die Weltbank). Und wieder wurde größere soziale Gleichheit nicht als Luxus gesehen, den man sich dann leisten kann, wenn man an jenem illusorischen Punkt angelangt ist, wo alle dringlichen Wirtschaftsprobleme schon gelöst sind, vielmehr scheint es sich um eine Politik zu handeln, die die Regierungen nur zur Lösung politischer Krisen verfolgen, auch wenn sie gleichzeitig substantielle wirtschaftliche Vorteile bringt (Birdsall et al. 1995). In einem Kapitel mit der Überschrift „Eine institutionelle Grundlage für ein gemeinsames Wachstum" legt die Weltbank die Hinwendung zu einer größeren Gleichheit in diesen asiatischen Ländern dar. Darin heißt es, dass in all diesen Ländern, außer Japan

[...] neue Führungen sich der dringenden Notwendigkeit gegenübersahen, ihre politische Lebensfähigkeit zu sichern, bevor wirtschaftlich durchgestartet werden konnte. Südkorea wurde durch einen Einmarsch aus dem Norden bedroht; Taiwan durch China; und Thailand durch Vietnam und Kambodscha. In Indonesien, Malaysia, Singapur und Thailand sah sich die Führung mit einer starken kommunistischen Bedrohung konfrontiert. Außerdem musste die politische Führung in Indonesien, Korea und Taiwan nach ihrer Machtübernahme ihre Regierungsfähigkeit unter Beweis stellen. In Malaysia und Singapur hatte die Führung mit der ethnischen Vielfalt und anhängigen Fragen der politischen Vertretung zu kämpfen. Selbst in Japan, wo die Konkurrenz weniger unmittelbar war, musste die Führung das Vertrauen der Öffentlichkeit nach dem Debakel im Zweiten Weltkrieg zurückgewinnen. In allen Fällen musste die Führung dringend eine Antwort auf die grundsätzliche Frage finden: Warum sollten gerade sie regieren und nicht andere? Welche Strategie auch immer die Spitzen dieser Regierungen als Antwort auf diese grundlegende Herausforderung an die Legitimität wählten, immer enthielt sie *das Prinzip des gemeinsamen Wachstums.*

(Weltbank 1993, 157)

Die Autoren des Weltbankberichtes beschreiben die verschiedenen politischen Strategien, die explizit darauf abzielten, größere Gleichheit zu herzustellen. Sie weisen auch darauf hin, dass die meisten dieser Strategien keine direkten Einkommenstransfers von den Reichen zu den Armen einschlossen, dass sie vielmehr darauf abzielten, Hindernisse und Nachteile für die wirtschaftliche Leistung der Menschen aus dem Weg zu räumen. Zu den von ihnen verwendeten Ansätzen gehörten Landreform und Landumverteilung, Bildung für alle, vermehrte Beschäftigungsmöglichkeiten und Eingriffe in den Wohnungsmarkt, um günstige Wohnmöglichkeiten zur Verfügung zu stellen. Ganz eindeutig wurden sie – wie im Falle von Großbritannien – durch Krieg oder die Bedrohung durch einen solchen, durch die Konkurrenz mit kommunistischen Rivalen und die daraus resultierenden Legitimitätskrisen zu einer derartigen Politik gedrängt.

Ein traditioneller Einwand gegen die Gleichheit ist die immer wieder geäußerte Behauptung, dass diese nur auf Kosten des wirtschaftlichen Wachstums möglich sei. Immer wieder wird gesagt, dass man sich zwischen Gleichheit und Wachstum entscheiden müsse und dass geringere Einkommensunterschiede den Leistungsanreiz vermindern würden. Heute liegen uns indes eine Reihe empirischer Untersuchungen vor, die belegen, dass wir uns nicht zwischen Gleichheit und Wachstum entscheiden müssen, dass vielmehr das Wachstum tendenziell dort rascher ist, wo größere Gleichheit herrscht. Die im Weltbankbericht untersuchten acht rasch wachsenden asiatischen Ökonomien liefern dafür ein Beispiel: Sie alle haben die Einkommensunterschiede zwischen 1960 und 1980 verringert und Birdsall et al. haben einige der Wirkungsmechanismen analysiert, wie größere Gleichheit dem Wachstum dienlich war (Birdsall et al. 1995; Weltbank 1993). Ein zweites Beispiel stammt aus einer Arbeit von Persson und Tabellini (1994), wo von zwei getrennten Tests über die Auswirkung der Einkommensungleichheit auf die Wachstumsrate des BNP pro Kopf berichtet wird. Bei ersterem handelt es sich um eine historische Analyse, die von 1985 so weit zurückgeht, wie es die Daten für eine Gruppe von neun OECD-Ländern erlauben. In einem Zeitabschnitt von jeweils 20 Jahren werden die Veränderungen in jedem Land in den Beobachtungseinheiten erfasst. Bei zweiterem werden Daten aus 67 Ländern von 1950 (oder 1960, wo keine früheren Daten vorlagen) bis 1985 verwendet. Bei beiden Untersuchungen kommt ein deutlicher Zusammenhang zum Ausdruck: stärkere Einkommensunterschiede gehen mit schwächerem Wachstum einher. Aber, wie Birdsall et al., konnten auch sie beweisen, dass die Kausalitätsrichtung von der Gleichheit zum Wachstum wies. Alesina und Perotti (1993) verwendeten Daten aus rund 70 entwickelten und weniger entwickelten Ländern und stellten fest, dass die Investitionen in Ländern mit geringeren Einkommensunterschieden tendenziell höher waren. Sie vermuteten, dass stärkere Einkommensunterschiede die Investitionstätigkeit verringerten, weil sie zur politischen Instabilität beitrugen. Schließlich stellte Glyn fest, dass sich bei einer Gruppe von 16 OECD-Staaten, für welche die Weltbank über Daten zur Einkommensverteilung verfügte, deutlich die Tendenz zeigte, dass egalitärere Länder in der Zeit zwischen 1979 und 1990 größere Zuwächse in der Arbeitsproduktivität aufweisen konnten (Glyn und Miliband 1994).

Es gibt zahlreiche Möglichkeiten, wie sich größere Gleichheit günstig auf das Wachstum auswirken kann, unter anderen auch solche, die durch Rückkoppelungseffekte eine Beschleunigung bewirken. Birdsall betont zum Beispiel, dass eine größere Einkommensgleichheit und geringere Arbeitslosigkeit dazu führten, dass der Ausbildung in den Familien ein höherer Stellenwert eingeräumt und dadurch das Wirtschaftswachstum angekurbelt wurde. Sie sagt, dass die Ungleichheit in der Einkommensverteilung durch das Entstehen eines relativen Überangebots an gut ausgebildeten Arbeitskräften und die damit verbundene Aufweichung des Seltenheitswertes hoher Qualifikation, die Bildungsexpansion und den gleichzeitigen Abbau von Barrieren im Bildungswesen verringert worden sei. Der Rückkoppelungseffekt auf ein rascheres Wachstum und geringere Einkommensungleichheit ließ das Angebot von und die Nachfrage nach Bildung weiter ansteigen. Auch bei gleich bleibendem Bildungsniveau wirkte sich die größere Einkommensgleichheit laut Birdsall positiv auf das Wachstum in diesen asiatischen Staaten aus. Sie vermutet, dass dadurch die Investitionen in Humankapital und andere familiäre Investitionen stiegen und infolgedessen auch der inländische Multiplikatoreffekt von Einkommenszuwächsen an anderer Stelle im Wirtschaftssystem vergrößert wurde.

Ungleichheit verlangt von der Wirtschaft und der Gesellschaft einen hohen Tribut. Neben den in den vorangegangenen Kapiteln besprochenen Studien gibt es noch weitere Untersuchungen, die sich mit einer Reihe wirtschaftlicher und sozialer Kosten auseinandersetzen (Taylor 1990; Glyn und Miliband 1994). Ganz grundsätzlich wird durch die Ungleichheit ein großer Prozentsatz der Bevölkerung innerhalb einer Gesellschaft von Netto-Beitragszahlern zu einer Netto-Belastung. Wir müssen nicht noch einmal auf die Auswirkungen auf die Gesundheit, das emotionale Wohlbefinden der Kinder, die schulischen Leistungen, Unfälle und Verbrechen zurückkommen, auf die bereits in früheren Kapitel eingegangen wurde. Da moderne Wirtschaftssysteme einem immer stärkeren internationalen Wettbewerb ausgesetzt sind, können es sich nur wenige Länder leisten, potenziell wertvolle menschliche Ressourcen zu vergeuden, indem sie die notwendigen Investitionen in das Bildungswesen verabsäumen. Wenn den Menschen die Möglichkeit verwehrt wird, sich selbst als geschätzte Mitglieder der Gesellschaft zu erfahren und einen Beitrag zur Wirtschaft zu leisten, haben sie keine andere Wahl, als die Kosten der Sozialhilfe hinaufschnellen zu lassen. Es geht aber nicht nur um diese sichtbaren und kalkulierbaren Effekte, wie potenzielle Beitragszahler zu Sozialhilfeempfängern werden, auch nicht einmal um die unkalkulierbaren menschlichen Kosten von zerstörtem Leben, von Unsicherheit und Frustration, die durch relative Armut verursacht werden. Die vielleicht bedeutendste Auswirkung auf die wirtschaftliche Effizienz ist die Minderung des guten Willens und der Zusammenarbeit in der Öffentlichkeit insgesamt. Angestellte, die Verbitterung und Widerwillen gegen ihren Arbeitgeber empfinden, werden viel weniger leistungsfähig sein als Leute, die innerhalb eines kooperativen Teams geschätzt werden und in ihrer Arbeit einen Sinn sehen. Einige ähnliche Prozesse spielen sich wahrscheinlich quer durch die Gesellschaft ab, wodurch sich die Freude an einer wechselseitigen Zusammenarbeit zur zerstörerischen Wirkung und Ineffizienz des Antagonismus wandelt.

Wir leben zunehmend in einer – man könnte sagen – „cash and keys"-Gesellschaft. Wann immer wir die schützenden Mauern unserer häuslichen Umgebung verlassen, stellen wir uns der Welt mit den beiden perfekten Symbolen für die Art der sozialen Beziehungen. „Cash" ermöglicht es uns, an den vom Markt gesteuerten Transaktionen teilzunehmen, während „keys" unsere privaten Schätze vor dem Neid und der Gier der Anderen schützen. Die soziale Macht dieser Ordnung betrifft uns nicht nur am Rande, sie ist vielmehr das zentrale Organisationsprinzip des komplexesten und interdependentesten Produktions- und Verbrauchssystems, das jemals existiert hat. Obwohl wir alle für unseren Lebensunterhalt völlig voneinander abhängen, mutiert diese gegenseitige Abhängigkeit von einem sozialen Prozess zu einem Prozess, in dem wir als Einzelkämpfer unseren Lebensunterhalt einer asozialen Umgebung abzutrotzen versuchen. Statt mit dem Anderen durch soziale Beziehungen und gemeinsame Interessen verbunden zu sein, wird er zum Rivalen, zum Konkurrenten um einen Arbeitsplatz, um Wohnung, Raum, einen Sitzplatz im Autobus oder um Parkplätze. Und dennoch, als soziale Wesen können wir Andere in der Arena des öffentlichen Lebens nicht einfach als Teil der natürlichen Umgebung sehen: stattdessen bedeuten Prozesse des – günstigen oder ungünstigen – sozialen Vergleichs, dass alles stets überwacht wird. Wir fühlen uns verletzt, wütend, herabgesetzt, verärgert und manchmal überlegen, wenn die Prozesse der sozialen Unterscheidung und der sozialen Ausgrenzung ihre Wirkung entfalten. Fügt man dem die große materielle Ungleichheit und die sozialen Ungerechtigkeiten hinzu, die es in unserer Gesellschaft gibt, dann haben wir ein Rezept, das einer möglichst effizienten und harmonischen sozialen Ordnung wohl alles andere als förderlich ist.

Eine Studie, die wunderbar die heikle Beziehung zwischen Markt, Armut, sozialem Zusammenhalt und Gesundheit illustriert, ist

Titmuss' *The gift relationship: from human blood to social policy* (1970),
wo das System des Blutspendens in Großbritannien und den USA
verglichen wird. Mit Einführung des National Health Service, mit dem
die medizinische Versorgung allen kostenfrei zur Verfügung gestellt
wurde, gab es in Großbritannien keinen kommerziellen Markt für
Blut mehr. Blut wurde von Spendern ohne jegliche finanzielle
Remuneration oder Anreiz gespendet und Patienten, die Transfusionen benötigten, unentgeltlich zur Verfügung gestellt. Das National Blood Transfusion Service hing ganz von dem Gemeinsinn ab,
der die Leute veranlasste, einem nicht-kommerziellen Gesundheitswesen freiwillig Blut für unbekannte Empfänger zu spenden. Im Gegensatz dazu wurde in den späten 60er-Jahren, in denen diese Studie
durchgeführt wurde, in den USA Blut gemäß verschiedenen Verein-
barungen gesammelt, ein zunehmender Anteil jedoch stammte von
profitorientierten Blutbanken, die die Spender bezahlten und das Blut
an Krankenhäuser für Patienten verkauften, die dafür ebenfalls bezahlen mussten. Die Unterschiede in der Sammelpraxis bewirkten,
dass das Blut in der jeweiligen Gesellschaft aus unterschiedlichen
Quellen gesammelt wurde. In Großbritannien stellten die Spender
sozusagen einen gewissen Querschnitt der Gesellschaft dar – abgesehen von der geringfügigen Überrepräsentation von Gruppen mit höherem Einkommen und der Tatsache, dass ältere Menschen sowie
werdende und stillende Mütter ausgeschlossen wurden. Unter jenen,
die in den USA ihr Blut verkauften, waren, wie sich herausstellte, „die
überwiegende Mehrheit Männer, ungelernte oder angelernte Arbeiter bzw. Migranten mit geringem Einkommen oder ohne Arbeit"
(Titmuss 1970, 126). Einige der kommerziellen Blutbanken hatten
sich das Monopolrecht für die Blutsammlung in den Gefängnissen
ausgehandelt; und in einigen Bundesstaaten bekamen die Gefange-
nen für jeden halben Liter Blut, den sie spendeten, einige Tage
Strafnachlass. „Viele kommerzielle Blutbanken, die oft von 7.30 Uhr
in der Früh bis Mitternacht geöffnet haben, sind besser in der Lage,
Passanten als Spender anzulocken, weil ihre Lokale in Ghettogebieten
liegen. 1966 kauften durch Spenden unterstützte oder private Krankenhäuser 100.000 pints (Anm. d. Übers.: 1l = 1,76 pints) Blut aus
den billigen New Yorker Vergnügungsvierteln von den 31 Geschäf-
ten, in denen für Blut bezahlt wird." (Ebda., 127) (Das waren etwas
mehr als 40 Prozent des gesamten in New York gesammelten Blutes.)

Dabei geht es hier aber nicht in erster Linie darum, dass dies dazu führte, dass qualitativ minderwertiges Blut von Leuten gesammelt wurde, die eine höhere Rate an Hepatitis, Geschlechtskrankheiten, Gelbsucht, Drogenabhängigkeit und Alkoholismus aufwiesen (so genannte „ooze for booze"-Spender [Saft für Alkohol]) und ein Interesse daran hatten, ihren Zustand nicht offen zu legen. Es geht auch nicht darum, dass dies zu einer viel höheren Sterberate bei Patienten in den USA führte, die Transfusionen bekamen. Der Hauptpunkt in unserem Kontext ist, dass ein nicht-kommerziell ausgerichtetes Gesundheitswesen, das den Patienten bei Bedarf kostenfrei medizinische Versorgung und Blut zur Verfügung stellt, eine Bereitschaft in der Öffentlichkeit weckte, völlig freiwillig in einem Ausmaß Blut für unbekannte Empfänger zu spenden, dass dadurch der Blutbedarf der Gesellschaft gedeckt werden konnte. (Etwa jeder Dreißigste, der in Frage kam, spendete Blut.) Auf der gleichen Grundlage war das National Health Service auch in der Lage, aus einem Fundus an gutem Willen zu schöpfen, um eine Reihe anderer Systeme der freiwilligen Hilfe oder Spende anbieten zu können, vom Krankenhaus-Fahrtendienst für Patienten und ehrenamtlichen Helfern in Krankenhäusern bis hin zu Organspendern.

In vielen Bereichen des Lebens sind die Leute bereit, für karitative und nicht-profitorientierte Einrichtungen ehrenamtliche Arbeit zu leisten. Sie können nahezu die gleichen Aufgaben erfüllen wie Leute, die anderswo in der Wirtschaft dafür bezahlt werden. Eine kommerzielle, profitorientierte Organisation ist jedoch – fast gleichgültig um welche Art von Unternehmen es sich handelt – nicht in der Lage, freiwillige Hilfe zu mobilisieren. Wie wertvoll das Anliegen auch sein mag, seine Arbeit ehrenamtlich einer profitorientierten Organisation zur Verfügung zu stellen, ist nicht akzeptabel: Die Leute kämen sich ausgenützt und übervorteilt vor. Es war aufschlussreich zu sehen, dass das Engagement der Öffentlichkeit sich eindeutig verringerte, als die öffentlichen Versorgungsbetriebe – vor allem die Wasserwerke – in Großbritannien in den 1980er- und frühen 1990er-Jahren privatisiert wurden. Als Wasser auf profitorientierter Basis angeboten wurde, waren die Leute weitaus weniger bereit, ihren Wasserverbrauch in Trockenperioden einzuschränken, um ihren Beitrag zur Wasserverfügbarkeit zu leisten. Statt Wasser im Sinne eines freiwilligen Beitrags zur Bewahrung der Vorräte für die Gemeinschaft sparsam zu benützen, hielt man es nun für die Aufgabe des Unternehmens, dieses Problem zu lösen und den Leuten jenes Service zu bieten, für das sie zahlten – unabhängig von allen Schwierigkeiten. In fast allen Fällen führte die Privatisierung von früher verstaatlichten Versorgungsbetrieben zu einer Verringerung der öffentlichen Toleranz: Ungeachtet der Standards der Dienstleistungen gab es einen beträchtlichen Anstieg der Beschwerden.

Titmuss betont in seiner Untersuchung über die Blutspender, dass Systeme, die freiwillige Spenden erlauben und fördern, nicht nur den Menschen Möglichkeiten schaffen, sich durch Altruismus und Gemeinsinn auszudrücken und zu verwirklichen, sie schaffen gleichzeitig auch eine gewisse Art moralischer, verbindender Gemeinschaft. Man sollte sich durchaus scheinbar weit hergeholte, mit der formalen Struktur und dem Aufbau von Organisationen zusammenhängende Fragen vor Augen halten, die sehr wohl einen gewichtigen Einfluss darauf haben können, wie diese sich in die Gesellschaft einfügen, ob sie zu einem Sinn für das Teilen, zu einem gemeinsamen Ziel und zur sozialen Solidarität beitragen. Von der Allgemeinheit bereitgestellte egalitäre Systeme für Bildung, Gesundheitsversorgung, Transportwesen, Wasserversorgung und andere grundlegende Dienstleistungen können ohne Zweifel einen Beitrag zu einem stärkeren Gemeinschaftsgefühl in einer Gesellschaft leisten.

Während das Beispiel der Blutspender sehr deutlich zumindest einen Wirkungsmechanismus beleuchtet, wie sozialer Zusammenhalt eine direkte Auswirkung auf die Gesundheit hat, war Titmuss auch bestrebt darauf hinzuweisen, dass das System des freiwilligen Blutspendens in jeder Hinsicht effizienter war als das kommerzielle. Es verursachte niedrigere soziale Kosten in Bezug auf die Leute, von denen das Blut kam; es fielen geringere Verwaltungskosten an; es war billiger in wirtschaftlicher Hinsicht und sicherer für die Patienten.

Es besteht kein Zweifel, dass Wirtschaftssysteme, die den Geist der sozialen Zusammenarbeit zerstören, in der Folge sehr hohe zusätzliche Kosten verursachen können. Obwohl ein offizieller Bericht über die Kosten von Verbrechen es vermied, die einzelnen Schätzungen aufzusummieren, wurden sie andernorts auf 10 Prozent des Volkseinkommens in Großbritannien geschätzt (Kelly 1993; Standing conference on crime prevention [Ständige Konferenz zur Verbrechensvermeidung] 1988). Zu den am raschesten wachsenden

Beschäftigungsbereichen in den USA zählte im Verlauf des letzten Jahrzehnts der Sicherheitssektor, eine Folge der Einstellung von zusätzlichem Sicherheitspersonal und Portiers. Aber es gibt auch enorme Kosten für die Verbrechensvorbeugung, die in keiner Schätzung aufscheinen: Beispielsweise die gesamten Kosten für das Funktionieren des monetären Systems, mit Buchhaltern, Kassen, Preisgestaltung, Stechuhren, Lohnbüroangestellten, all das ist Teil der Verwaltungskosten für das Funktionieren eines modernen verzahnten Produktionssystems, das nicht auf sozialer Zusammenarbeit aufbaut. Je niedriger das Niveau des Vertrauens und der Zusammenarbeit, desto teurer wird es. Wie lange wird es noch, beispielsweise, dauern, bis Tankstellen Schranken errichten müssen, um die Fahrer am Wegfahren zu hindern, bevor sie das Benzin bezahlt haben?

Obwohl Putnam seine Ansicht einer wohl entwickelten „Bürgergemeinschaft" dem „amoralischen Familismus" einer Gesellschaft gegenüberstellt, in der das öffentliche Leben von Eigennutz und Zynismus beherrscht wird, stammte dieser Begriff aus Banfields Studie über die bäuerliche Gesellschaft in Süditalien in den 1950er-Jahren. Eine vielleicht zutreffendere Sicht des öffentlichen Lebens in einer entwickelten Gesellschaft mit einem geringeren Niveau an Sozialkapital ergibt sich nicht einfach durch die mit relativer Armut einhergehende Zunahme der Probleme, sondern durch etwas, das eher Rathbones Konzept einer „kriminellen Gesellschaft" entspricht. So wie Rose behauptet hat, dass sich die Gesamtverteilung der gesundheitlichen Risikoexposition einer Bevölkerung insgesamt nach oben oder nach unten verschiebt, scheint auch der Krimiautor Julian Rathbone die verschiedenen Stufen der Kriminalität als einen Spiegel der moralischen Haltung einer Gesellschaft zu sehen. Er meint:

Wir leben in einer kriminellen Gesellschaft. Ich meine damit eine Gesellschaft, die von ihrer Struktur her kriminell ist. Wenn wir aus unserer Wirtschaft jede Spur der Ausbeutung der Dritten Welt verbannten und aktiv in die Gegenrichtung arbeiteten [...] wenn wir jegliche unnötige Verschmutzung ausmerzten [...] wenn wir alle Spuren von Sexismus und Rassismus beseitigten [...] wenn wir eine Polizei, eine Beamtenschaft, einen Richterstand, ein Parlament hätten, die wir achten und denen wir vertrauen könnten [...] wenn wir alle „sauberen" Verbrechen auf Angestelltenebene in jeder Form

ausschalteten [...] wenn wir alle Verkäufe von tödlichen Waffen an
mörderische Verrückte stoppten [...] wenn es eine einzige politische
Partei gäbe, die ein Interesse an struktureller Gerechtigkeit und nicht
an der Machtteilhabe [an der Regierung] hätte [...] wenn, wenn,
wenn, dann könnten wir behaupten, dass unsere Gesellschaft nicht
strukturell kriminell ist.

(Rathbone 1995, 35)

Die gesundheitlichen Auswirkungen der Ungleichheit haben uns gezeigt, wie tief die Menschen von diesen strukturellen Merkmalen
unserer Gesellschaft getroffen werden. Aber sogar noch wichtiger als
die paar zusätzlichen Jahre, die eine größere Gleichheit der durchschnittlichen Dauer unseres Lebens hinzufügen würde, ist die Verbesserung der sozialen Lebensqualität, die sie uns ebenfalls bringen
würde. Die Kosten für die Ungleichheit sind nicht nur Kosten ohne
wirtschaftlichen Nutzen, alles weist vielmehr darauf hin, dass die
Ungleichheit uns eine substantielle wirtschaftliche Last aufbürdet, die
die Wettbewerbsfähigkeit der gesamten Gesellschaft verringert.

Es steht fest, dass die von uns erkannte psychosoziale Last heute die
wichtigste Einschränkung für die Lebensqualität in modernen Gesellschaften darstellt. Statt an Denkschemata wie Wirtschaftswachstum
und Anhebung des materiellen Lebensstandards als vorrangigem Ziel
festzuhalten, das von Regierungen anvisiert wird, müssen wir deren
Vorteile viel kritischer unter die Lupe nehmen. Die Behauptung, dass
der Zusammenhang zwischen Einkommensungleichheit und Gesundheit in erster Linie über psychosoziale Wirkungsmechanismen
erfolgt und dass ausgewogenere Gesellschaften einen größeren sozialen Zusammenhalt aufweisen, wird zweifellos einige zu der Überzeugung veranlassen, dass der Egalitarismus übersprungen werden kann
und gleich Versuche unternommen werden sollten, Verbesserungen
des Zusammenhalts auf psychosozialer Ebene zu erreichen. Wenn die
zunehmende Palette der durch mangelnden Zusammenhalt und fehlende soziale Gerechtigkeit aufgeworfenen sozialen Probleme bewältigt werden soll, besteht immer eine Tendenz, dafür neue Dienstleistungen zu fordern. Aber, wie wir in Kapitel 2 gesehen haben, ist dies
eine teure und oft nicht wirkungsvolle Reaktion. Statt uns auf mehr
Sonderklassen an den Schulen, mehr Gefängnisse und Polizei, mehr
Sozialarbeiter und Gesundheitsdienste, mehr Berater und Therapeu-

ten zu verlassen, sollten wir einige der Hauptursachen dieser Probleme, für die diese Leute zuständig sind, an der Wurzel anpacken. Selbst wenn wir uns ein ganzes Heer von Beratern und Gemeindeentwicklungshelfern mit einem kleinen Team für jeden Straßenzug leisten könnten, besteht kein Grund zu der Annahme, dass eine Trennung der strukturellen Ursachen von ihren sozialen Symptomen möglich ist. Die in den vorangegangenen Kapiteln aufgezeigte wichtige Folgerung aus diesen Zusammenhängen funktioniert genau umgekehrt. Nun endlich verfügen wir über eine Variable, die in die politische Gestaltung eingebaut werden kann und in der Lage ist, das psychosoziale Wohlbefinden der gesamten Bevölkerung zu verbessern. Während Politiker sich zweifellos hinter einer ganzen Reihe von Argumenten verschanzen werden, warum sie keinen entscheidenden Einfluss auf die Einkommensverteilung nehmen können, zeigt die Erfahrung in Großbritannien und einer Reihe anderer Länder, dass – einmal mehr – das Gegenteil gilt: Die Einkommensunterschiede werden nur dann geringer, wenn Regierungen der Ansicht sind, es sich nicht leisten zu können, sie nicht zu verringern. Je mehr über die sozialen, wirtschaftlichen und menschlichen Auswirkungen bekannt wird, je stärker sich die Menschen der Kosten der Unterlassung bewusst werden, desto eher wird auch der politische Wille gefunden werden.

Drei Punkte aus Kapitel 2 sind es vielleicht wert, hier wiederholt zu werden, da sie allen Grund zu Optimismus bieten. Der erste betrifft die außerordentliche Zunahme der öffentlichen Aufmerksamkeit für gesundheitliche Ungleichheiten, die in den letzten 20 Jahren stattgefunden hat. Ursprünglich, als das Thema der Unterschiede zwischen den sozialen Klassen bei den Sterberaten im Gespräch mit Ärzten und anderen Gesundheitsexperten aufkam, wurde zunächst üblicherweise die Frage gestellt, in welche Richtung diese Unterschiede denn gingen. Selbst Fachleuten, die mit dem Gesundheitswesen vertraut waren, war nicht bewusst, dass die Situation am unteren Ende der sozialen Skala so viel schlechter war. Seit damals ist der Zusammenhang zwischen Armut und schlechter Gesundheit allgemein bekannt und die Leute fragen sich eher, ob es dazu noch etwas zu sagen gibt, das bisher noch nicht erwähnt wurde. Dieser Wandel im öffentlichen Bewusstsein ist die Folge einer wiederholten Berichterstattung in den Medien über einen ständigen Fluss an Forschungserkenntnissen hinsichtlich zahlreicher unterschiedlicher Aspekte des Ausmaßes und der Ursachen der gesundheitlichen Unterschiede.

Der zweite Grund für Optimismus bezieht sich auf die Reaktion der Politiker auf die Aufmerksamkeit seitens der Öffentlichkeit, was die Gefahr des Erfrierens betrifft. Das Wissen, dass ältere Menschen in kalten Wintern sterben, weil sie sich eine entsprechende Heizung nicht leisten können, fand seinen Niederschlag nicht nur in den Zeitungsüberschriften, die auf diesen Skandal aufmerksam machten, wann immer es einen strengen Winter gab. Es veranlasste zudem Politiker, die die meiste Zeit damit verbrachten, ihrem Wunsch nach Senkung der öffentlichen Ausgaben Ausdruck zu verleihen, geradezu als ob dies ein Zeichen von Männlichkeit wäre, zu zwei Schritten: erstens, eine Sonderregelung für Kaltwetterzahlungen für Pensionisten und Sozialhilfeempfänger zu beschließen; und zweitens, ihre eigene Regierung in dem Versuch zu bekämpfen, die Mehrwertsteuer auf Brennstoffe zu erhöhen. Am Schluss konnte die Regierung ihre Unterstützung nur gewinnen, nachdem sie zustimmte, die Besteuerung stufenweise einzuführen und die am wenigsten Begüterten für die zusätzlich erwachsenden Kosten zu entschädigen. Wenn man sich allseits bewusst sein wird, dass das Erfrieren nur die Spitze des Eisberges ist und dass relative Armut und Ungleichheit für viele Tausende zusätzliche Tote pro Jahr verantwortlich zeichnet, dann würden sich die Politiker vielleicht verpflichtet fühlen, sich der öffentlichen Meinung bei diesen Themen öfter zu beugen.

Der dritte Grund für Optimismus ist, dass viele der Folgen größerer Ungleichheit, die in diesem Buch angesprochen wurden, nicht nur die Armen allein betreffen. Das Handeln hängt nicht bloß von einem Gefühl altruistischer Sorge um das Wohl einer Minderheit ab. Die Mehrheit kann sich nicht des Lebens erfreuen, wenn sie die Augen vor diesen Problemen verschließt: sie betreffen unser aller Lebensqualität.

Bibliographie

Action on Smoking and Health. *Her share of misfortune.* ASH, London 1993.

Advisory Centre for Education. *Findings from the ACE investigations into exclusions.* ACE, London 1993.

Alesina, A. und Perotti, R. *Income distribution, political instability, and investment.* NBER Working Paper 4486. National Bureau of Economic Research, Cambridge, Mass. 1993.

Andrews, E. Japanese gangs learn to say sorry. *The Guardian,* 7. September 1995.

Antonovsky, A. Can attitudes contribute to health? *Advances* 8: 33–49. 1992.

Aoki, M. und Dore, R. P. (Hgg.) *The Japanese firm: sources of competitive strength.* Oxford University Press, Oxford 1994.

Arber, S. Social class, non-employment, and chronic illness: continuing the inequalities in the health debate. *British Medical Journal* 294: 1069–1073.1987.

Atkinson, A. B. und Micklewright, J. *The distribution of income in Eastern Europe.* Working paper 72, Welfare State Programme, LSE, London. 1992a.

Atkinson, A. B. und Micklewright, J. *Economic transformation in Eastern Europe and the distribution of income.* Cambridge, Cambridge University Press. 1992b.

Backlund, E., Sorlie, P. D. und Johnson, N. J. The shape of the relationship between income and mortality in the United States: evidence from the National Longitudinal Mortality Study. *Annals of Epidemiology* 6:12–20.1996.

Balkwell, J. Ethnic inequality and the rate of homicide. *Social Forces* 69: 53–70.1990.

Banfield, E. C. *The moral basis of a backward society.* Free Press, Glencoe, Ill. 1958.

Bartley, M. Unemployment and ill-health: understanding the relationship. *Journal of Epidemiology and Community Health* 48 (4): 333–337. 1994.

Bartley, M. und Plewis, I. Relationship between social mobility and illness in England and Wales 1971–91. *Journal of Health and Social Behaviour* 38: 376–387. 1997.

Bayley, D. H. *Forces of order: police behavior in Japan and the United States.* University of California Press, Berkeley. 1976.

Beckerman, W. *Small is stupid: blowing the whistle on the Greens.* Duckworth, London. 1995.

Bem, D. Self perception theory. In: *Advances in experimental social psychology,* Bd. 6, hg. von L. Berkowitz. Academic Press, NY. 1972.

Ben Shlomo, Y., White, I. R. und Marmot, M. Does the variation in the socioeconomic characteristics of an area affect mortality? *British Medical Journal* 312: 1013–1014. 1996.

Bennathan, M. und Smith, H. The state of services for children in London. *Young Minds Newsletter* 8: 10–12. 1991.

Bennet, G. British floods 1968: controlled survey of effects on health of local community disaster. *British Medical Journal* 3: 454–458. 1970.

Berkman, L. F. The role of social relations in health promotion. *Psychosomatic Research* 57: 245–254. 1995.

Berkman, L. F. und Syme, S.L. Social networks, host resistance and mortality: a nine year follow up study of Alameda County residents. *American Journal of Epidemiology* 109: 186. 1979.

Birdsall, N., Ross, D. und Sabot, R. Inequality and growth reconsidered – lessons from East-Asia. *World Bank Economic Review* 9 (3): 477–508. 1995.

Blane, D., Davey Smith, G. und Bartley, M. Social selection: what does it contribute to social class differences in health? *Sociology of Health and Illness* 15: 1–15. 1993.

Blaus, J. und Blaus, P. The costs of inequality: metropolitan structure and violent crime. *American Sociological Review* 47: 121. 1982.

Blaxter, M. *Health and Lifestyles.* Routledge, London. 1990.

Bourdieu, P. *Die feinen Unterschiede. Kritik der gesellschaftlichen Urteilskraft.* Suhrkamp, Frankfurt. 1982.

Braithwaite, J. *Inequality, crime and public* policy. Routledge, London. 1979.

Braithwaite, J. *Crime, shame and reintegration.* Cambridge University Press, Cambridge. 1989.

Braithwaite, J. und Braithwaite, V. The effect of income inequality and social democracy on homicide. *British Journal of Criminology* 20 (1): 45–53.1980.

Broadhead, W. E., Kaplan, B. H., James, S. A., et al. The epidemiologic evidence for a relationship between social support and health. *American Journal of Epidemiology* 117: 521–537. 1983.

Brown, G. W. Social class, psychiatric disorder of mother, and accidents to children. *Lancet* 1: 378. 1978.

Bruhn, J. G. und Wolf, S. *The Roseto Story.* University of Oklahoma Press, Norman. 1979.

Brunner, E. The social and biological basis of cardiovascular disease in office workers. In: *Health and Social Organisation.* Hg. von Brunner, E., Blane, D. und Wilkinson, R. G. Routledge, London. 1996.

Building Societies Yearbook 1993/94. Wie zitiert in: *Moneywise* 36, Oktober 1993.

Bunker, J. P., Frazier, H. S. und Mosteller, F. Improving health: measuring effects of medical care. *Millbank Quarterly* 72 (2): 225–258. 1994.

Burgoyne, J. Unemployment and married life. *Unemployment Bulletin* 18: 7–10.1985.

Burnet, F. M. und White, D. O. *Naturgeschichte der Infektionskrankheiten der Menschen.* 3. Aufl., Fischer, Frankfurt. 1971.

Cameron, D. und Jones, I. G. An epidemiological and sociological analysis of the use of alcohol, tobacco and other drugs of solace. *Community Medicine* 7: 18–29. 1985.

Champoux, M., Coe, C. L., Shanberg, S., Kuhn, C. und Soumi, S. J. Hormonal effects of early rearing conditions in the infant rhesus monkey. *American Journal of Primatology* 19: 111–117. 1989.

Clifford, W. *Crime control in Japan.* Lexington Books, Lexington, Mass. 1976.

Cobb, S. und Kasl, S. C. *Termination: the consequences of job loss.* Cincinnati: Department of Health, Education and Welfare – US National Institutes for Occupational Safety and Health, Veröff. Nr. 77–224, US NIOSH. 1977.

Cohen, S., Tyrrell, D. A. J. und Smith, A. P. Psychological stress and susceptibility to the common cold. *New England Journal of Medicine* 325: 606–612. 1991.

Conduit, E. H. If A–B does not predict heart disease, why bother with it? A clinician's view. *British Journal of Medical Psychology* 65: 289–296. 1992.

Creighton, S. J. *Child abuse trends in England and Wales 1988–90 and an overview from 1973–1990.* NSPCC, London. 1992.

Crutchfield, R. Labor stratification and violent crime. *Social Forces* 68: 589–612.1989.

Currie, E. *Confronting crime.* Pantheon, NY. 1985.

Daley, H. E. und Cobb, J. B. *For the Common Good.* Green Print, London. 1990.

Davey Smith, G., Shipley, M. J. und Rose, G. Magnitude and causes of socio-economic differentials in mortality: further evidence from the Whitehall Study. *Journal of Epidemiology and Community Health* 44: 265–270.1990.

Davey Smith, G., Neaton, J. D. und Stamler, J. Socioeconomic differentials in mortality risk among men screened for the Multiple Risk Factor Intervention Trial. White men. *American Journal of Public Health* 86: 486–496. 1996.

Deci, E. L. Effects of externally mediated rewards on intrinsic motivation. *Journal of Personality and Social Psychology* 18: 105–1115. 1971.

DeMause, L. (Hg.) *Hört ihr die Kinder weinen? Eine psychogenetische Geschichte der Kindheit.* 1. Aufl., Suhrkamp, Frankfurt, 1977.

Department of Health. *On the state of the public health. Annual report of the chief medical officer 1990.* HMSO, London. 1991.

Department of Health. *Health Survey for England 1991.* HMSO, London. 1993.

Department of Social Security. *Households below average income 1979-1990/1.* HMSO, London. 1993.

Dore, R. *British factory – Japanese factory. The origins of national diversity in industrial relations.* University of California Press, Berkeley. 1973.

Dore, R. Seminar, 20. Juni, International Centre for Health and Society, University College London, und persönliche Mitteilung. 1995.

Dore, R. The limits of discontinuity. Unveröffentlichtes Manuskript. 1996.

Dunn, J. und Plomin, R. Why are siblings so different? The significance of differences in sibling experiences within the family. *Family Process* 10: 271–283.1991.

Durkheim, E. *Der Selbstmord.* 6. Aufl., Suhrkamp, Frankfurt. 1997.

Egolf, B., Lasker, J., Wolf, S. und Potvin, L. The Roseto effect: a 50-year comparison of mortality rates. *American Journal of Public Health* 82: 1089–1092.1992.

Eyer, J. Capitalism, health, and illness. In: *Issues in the political economy of health care.* Hg. von J. B. McKinlay, Tavistock, NY. 1984.

Ferri, E. *Growing up in a one-parent family.* National Foundation for Educational Research. Slough. 1976.

Ferri, E. und Robinson, H. *Coping alone.* National Foundation for Educational Research. Slough. 1976.

Ferri. *Omicidio-suicidio.* 4. Aufl., Turin. 1895.

Ferrie, J. E., Shipley, M. J., Marmot, M. G., Stansfield, S. und Davey Smith, G. Health effects of anticipation of job change and non-employment: longitudinal data from the Whitehall II study. *British Medical Journal* 311: 1264–1269. 1995.

Firth, R. *The Economics of the New Zealand Maori.* R. E. Owen, Wellington, NZ. 1959.

Flegg, A. Inequality of income, illiteracy, and medical care as determinants of infant mortality in developing countries. *Population Studies* 36: 441–458.1982.

Fox, J., Goldblatt, P. und Jones, D. Social class mortality differentials: artefact, selection or life circumstances? *Journal of Epidemiology and Community Health* 39: 1–8. 1985.

Gallerani, M., Manfredini, R. und Caracciolo, S., Scapoli, C., Molinari, S. und Fersini, C. Serum cholesterol concentrations in parasuicide. *British Medical Journal* 310: 1632–1636. 1995.

Gellner, E. *The psychoanalytic movement: the cunning of unreason.* 2. Aufl., Fontana, London. 1993.

Glyn, A. und Miliband, D. Introduction. In: *Paying for inequality: the costs of social injustice.* Hg. von A. Glyn und D. Miliband. Rivers Oram Press, London. 1994.

Goldblatt, P. Mortality and alternative social classifications. In: *Mortality and Social Organisation: Longitudinal Study 1971–81.* Serie LS 6. Hg. von P. Goldblatt. HMSO, London. 1990.

Goldsmith, M. M. *Private vices, public benefits.* Cambridge University Press, Cambridge. 1985.

Goodall, J. *The chimpanzees of Gombe: patterns of behavior.* Harvard University Press, Cambridge, Mass. 1986.

Goody, J. *Technology, tradition and the state in Africa.* Oxford University Press, Oxford. 1971.

Gorbatschow, M. „The way ahead... more democracy and openness", *The Guardian.* Montag, 2. Februar 1987.

Gorman, T. und Femandes, C. *Reading in recession*. National Foundation for Educational Research, Slough. 1992.

Greater Glasgow Health Board. *The annual report of the Director of Public Health 1991/2*. Greater Glasgow Health Board, Glasgow. 1993.

Gross, J. T. A note on the nature of Soviet totalitarianism. *Soviet Studies* 34: 367–376.1982.

Grossman, M. *Demand for health: a theoretical and empirical investigation*. NBER, New York. 1972.

Haan, M., Kaplan, G. A. und Camacho, T. Poverty and health: prospective evidence from the Alameda County Study. *American Journal of Epidemiology* 125: 989–998. 1987.

Hajdu, P., McKee, M. und Bojan, F. Changes in premature mortality differentials by marital status in Hungary and England and Wales. *European Journal of Public Health* 5: 529–564. 1995.

Hayakawa, K., Shimizu, T., Ohba, Y., Tomioka, S., Takahasi, S. und Amano, K. Intrapair differences of physical aging and longevity in identical twins. *Acta Genetica Med. Gemellol* 41: 177–185. 1992a.

Hayakawa, K., Shimizu, T., Ohba, Y. und Tomioka, S. Risk factors for cognitive ageing in adult twins. *Acta Genetica Med. Gemellol* 41: 187–195. 1992b.

Helsing, K. J. und Szklo, M. Mortality after bereavement. *American Journal of Epidemiology* 114: 41–52. 1981.

Hertzman, C. *Environment and Health in Central and Eastern Europe*. World Bank, Washington DC. 1995.

Hewlett, S. A. *Child neglect in rich nations*. UNICEF, New York. 1993.

Hills, J. *The future of welfare*. Joseph Rowntree Foundation, York. 1994.

Hills, J. *Inquiry into income and wealth*. Bd. 2. Joseph Rowntree Foundation, York. 1995.

Himsworth, H. Epidemiology, geneties and sociology. *Journal of Biosocial Science* 16: 159–176. 1984.

House, J. S., Landis, K. R. und Umberson, D. Social relationships and health. *Science* 241: 540–545. 1988.

Illsley, R. Social class selection and class differences in relation to stillbirths and infant deaths. *British Medical Journal* 2: 1520–1524. 1955.

Ineichen, B. *Homes and health: how housing and health interact*. Spon, London. 1993.

Institute for the Study of Drug Dependence. *National Audit of Drug Misuse in Britain 1994*. ISDD, London. 1994.

Institute for the Study of Drug Dependence. *National Audit of Drug Misuse in Britain 1992*. ISDD, London. 1992.

Iversen, L. und Klausen, H. *The closure of the Nordhavn shipyard*. Kopenhagen: Institut für Sozialmedizin. Kobenhavns Universitet Publikation 13 FADL. 1981.

Jackson, T. und Marks, N. UK *Index of sustainable economic welfare.* Stockholmer Umweltinstitut in Zusammenarbeit mit der New Economic Foundation, Stockholm. 1994.

James, O. *Juvenile violence in a winner-loser culture.* Free Association Books, London. 1995.

Johnson, J. V. und Hall, E.M. Job strain, work place social support, and cardiovascular disease: a cross-sectional study of a random sample of the Swedish working population. *American Journal of Public Health* 78: 1336–1342.1988.

Jones, A. M. *A microeconometric analysis of smoking in the UK Health and Lifestyle Survey.* Diskussionspaper 139, Centre for Health Economics, York. 1995.

Joseph Rowntree Foundation, *Social Policy Research Findings.* Nr. 37, York. Mai 1993.

Kaplan, G. A., Pamuk, E., Lynch, J. W., Cohen, R. D. und Balfour, J. L. Income inequality and mortality in the United States. *British Medical Journal* 312: 999–1003. 1996.

Kaplan, J. R., Shively, C. A. und Fontenot, M. B. et al. Demonstration of an association among dietary-cholesterol, central serotonergic activity, and social behaviour in monkeys. *Psychosomatic Medicine* 56: 479–484. 1994.

Karasek, R. A. und Theorell, T. *Healthy work: stress, productivity and the reconstruction of working life.* Basic Books, NY. 1990.

Karasek, R. A., Theorell, T., Schwartz, J., Schnall, P., Pieper, C. und Michela, J. Job characteristics in relation to the prevalence of myocardial infarction in the US HES and HANES. *American Journal of Public Health* 78: 910–918. 1988.

Kawachi I., Kennedy B. P., Lochner K., Prothrow-Stith D. Social Capital, income inequality and mortality. *American Journal of Public Health* 87: 1491–1498. 1997.

Kehrer, B. H. und Wolin, C. M. Impact of income maintenance on low birth weight: Evidence from the Gary experiment. *Journal of Human Resources* 14: 435–462. 1979.

Kelleher, C., Cooper, J. und Sadlier, D. ABO blood group and social class: a prospective study in a regional blood bank. *Journal of Epidemiology and Community Health* 44: 59–61. 1990.

Kelly, R. The invisible hand behind the inexorable increase in the rate of crime. *The Guardian,* 30. August, 1993.

Kennedy, B. P., Kawachi, I. und Prothrow-Stith, D. Income distribution and mortality: Cross sectional ecological study of the Robin Hood Index in the United States. *British Medical Journal* 312: 1004–1007. 1996.

Kennedy, S., Kiecolt-Glaser, J. K. und Glaser, R. Immunological consequences of acute and chronic stressors: mediating role of interpersonal relationships. *British Journal of Medical Psychology* 61: 77–85. 1988.

Kleinke, C. L. *Self-perception: the psychology of personal awareness.* W. H. Freeman, San Francisco. 1978.

Kochanek, K. D., Maurer, J. D., Rosenberg, M. S. und Rosenberg, H. M. Why did black life expectancy decline from 1984 through 1989 in the United States? *American Journal of Public Health* 84: 938–944. 1994.

Koskinen, S. Time trends in cause specific mortality by occupational class in England and Wales. In: *Proceedings of IUSSP conference held in Florence, June 1985.* Florenz 1988.

Kunst, A. E. und Mackenbach, J. P. The size of mortality differences associated with educational level in nine industrialized countries. *American Journal of Public Health* 84: 932–937. 1994.

Kunst, A. E. und Mackenbach, J. P. Measuring the magnitude of socio-economic inequalities in health: an overview of available measures illustrated with two examples from Europe. *Social Science & Medicine* 44 (6): 757–771. 1997.

Lake, M. Surveying all the factors. *Language and Learning.* Juni, Nr. 6. 1991.

Lambert, R. *Nutrition in Britain 1950–60.* Codicote Press, Welwyn. 1964.

Leclerc, A. Differential mortality by cause of death: comparisons between selected European countries. In: *Health inequalities in European countries.* Hg. von A.J. Fox. Gower, Aldershot. 1989.

Leclerc, A., Lert, F. und Fabien, C. Differential mortality: some comparisons between England and Wales, Finland and France, based on inequality measures. *International Journal of Epidemiology* 19: 1001–1010. 1990.

Le Grand, J. Inequalities in health: some international comparisons. *European Economic Review* 31: 182–191. 1987.

Leon, D. A. und Wilkinson, R. G. Inequalities in prognosis: socioeconomic differences in cancer and heart disease survival. In: *Health inequalities in European countries.* Hg. von A. J. Fox. Gower, Aldershot. 1989.

Leon, D. A., Vagero, D. und Otterblad Olavsson, P. Social class differences in infant mortality in Sweden: a comparison with England and Wales. *British Medical Journal* 305: 687–691. 1992.

Lindberg, G., Rastam, L., Gullberg, B. und Eklund, G. A. Low serum cholesterol concentration and short-term mortality from injuries in men and women. *British Medical Journal* 305: 277-279. 1992.

London Borough of Croydon. *Reading competence at age 7.* Education Department, London Borough of Croydon. 1992.

Lowry, S. *Housing and health.* British Medical Journal Publishing, London. 1991.

Lundberg, O. Childhood living conditions, health status, and social mobility: a contribution to the health selection debate. *European Sociological Review* 7: 149–162. 1991.

Lundberg, O. The impact of childhood living conditions on illness and mortality in adulthood. *Social Seience and Medicine* 36: 1047–1052. 1993.

Lundberg, O. und Nystrom Peck, M. Sense of coherence, social structure and health. *European Journal of Public Health* 4: 252–257. 1994.

McCarron, P. G., Davey Smith, G. und Womersley, J. J. Deprivation and mortality in Glasgow from 1980 to 1992. *British Medical Journal* 309: 1481–1482.1994.

McCord, C. und Freeman, H. P. Excess mortality in Harlem. *New England Journal of Medicine* 322: 173–177. 1990.

McGowan, P. Lloyd's financial disaster „has cost more than 30 lives". *Evening Standard,* 18. Februar, 1994.

McIsaac, S. J., Wilkinson, R. G. Income distribution and cause-specific mortality. *European Journal of Public Health* 7: 45–53. 1997.

McKendrick, N., Brewer, J. und Plumb, J. H. *The birth of a consumer society: the commercialization of eighteenth-century England.* Europa Publications, London. 1982.

McKeown, T., Record, R. G. und Turner, R. D. An interpretation of the decline in mortality in England and Wales during the twentieth century. *Population Studies* 29: 391–422. 1975.

McLanahan, S. Family structure and the reproduction of poverty. *American Journal of Sociology* 90: 873–901. 1985.

McLoone, P. und Boddy, F. A. Deprivation and mortality in Scotland: 1981 and 1991. *British Medical Journal* 309: 1465–1470. 1994.

Mackenbach, J. P., Bouvier-Colle, M. H. und Jougla, E. „Avoidable" mortality and health services: a review of aggregate data studies. *Journal of Epidemiology and Community Health* 44: 106–111. 1990.

Mandeville, B. *Die Bienenfabel oder Private Laster als gesellschaftliche Vorteile.* Kiepenheuer, Leipzig–Weimar. 1988.

Marmot, M. G. Social inequalities in mortality: the social environment. In: *Class and health: research and longitudinal data.* Hg. von R. G. Wilkinson. Tavistock, London. 1986.

Marmot, M. G., Davey Smith, G. Why are the Japanese living longer? *British Medical Journal* 299: 1547–1551. 1989.

Marmot, M. G., Adelstein, A., Robinson, N. und Rose, G. Changing social class distribution of heart disease. *British Medical Journal* ii: 1109–1112. 1978a.

Marmot, M. G., Rose, G., Shipley, M. J. und Hamilton, P. J. S. Employment grade and coronary heart disease in British civil servants. *Journal of Epidemiology and Community Health* 32: 244–249. 1978b.

Marmot, M. G., Shipley, M. J. und Rose, G. Inequalities in death – specific explanations of a general pattern. *Lancet* 1 (8384): 1003–1006. 1984.

Marmot, M. G., Davey Smith, G., Stansfield, S., Patel, C., North, F. und Head, J. Health inequalities among British civil servants: the Whitehall II study. *Lancet* 337: 1387–1393. 1991.

Marsh, A. und McKay, S. *Poor Smokers.* Policy Studies Institute, London. 1994.

Marshall, L. Sharing, talking and giving: relief of social tensions among the !Kung Bushmen. *Africa* 31: 231–249. 1961.

Martini, C. J., Allan, G. H. und Davidson, J. Health indexes sensitive to medical care variation. *International Journal of Health Services* 7: 293–309. 1977.

Mascie-Taylor, C. G. N. *Biosocial aspects of social class.* Oxford University Press, Oxford. 1990.

Mattiasson, I., Lindgarde, F., Nilsson, J. A. und Theorell, T. Threat of unemployment and cardiovascular risk factors: longitudinal study of quality of sleep and serum cholesterol concentrations in men threatened with redundancy. *British Medical Journal* 301: 461–466. 1990.

Meaney, M. J., Aitken, D. H., van Berkei, C., Bhatnagar, S. und Sapolsky, R. M. Effect of neonatal handling on age-related impairments associated with the hippocampus. *Science* 239: 766–768. 1988.

Messner, S. F. Societal development, social equality and homicide. *Social Forces* 61. 1982.

Milward, A. S. *The economic effects of the two world wars.* Macmillan, London. 1984.

Mischel, W. *Introduction to personality: a new look.* (4. Aufl.) Holt, NY. 1986.

Moller, S. E. Serotonin, carbohydrates, and atypical depression. *Pharmacology and Toxicology* 71: 61–71. 1992.

Montgomery, S. M., Bartley, M. J., Wilkinson, R. G. *Family conflict and slow growth.* *Archives of the Diseases of Childhood* 77: 326–30. 1997.

Montgomery, S. M., Bartley, M. J., Cook, D. G. und Wadsworth, M. E. J. Health and social precursors of unemployment in young men. *Journal of Epidemiology and Community Health* 50. 1996.

Morris, J., Blane, D. und White, I. R. Levels of mortality, education and social conditions in the 107 LEAs of England. *Journal of Epidemiology and Community Health* 50:15–17.1996.

Multiple Risk Factor Intervention Trial Group. The Multiple Intervention Risk Factor Intervention Trial – risk factor changes and mortality results. *Journal of the American Medical Association* 248: 1465–1476. 1982.

Nash, M. *Primitive and peasant economic systems.* Chandler Publishing Co., San Francisco 1966.

Nelson, R. A., Tanguay, T. L. und Patterson, C. D. A quality-adjusted price index for personal computers. *Journal of Business and Economic Statistics* 12: 23–31. 1994.

Nordhaus, W. D. Do real output and real wage measures capture reality? The history of lighting suggests not. NBER Working Paper and Cowles Foundation for Research in Economics at Yale, Diskussionspapier 1078. 1994.

Nystrom Peck, A. M. Childhood environment, intergenerational mobility, and adult health – evidence from Swedish data. *Journal of Epidemiology and Community Health* 46: 71–74. 1992.

Nystrom Peck, M. und Lundberg, O. Short stature as an effect of economic and social conditions in childhood. *Social Science and Medicine* 41: 733–738. 1995.

O'Donnell, O. und Propper, C. *Equity and the distribution of National Health Service Resources.* Welfare State Programme Paper Nr. 45, London School of Economics, London. 1989.

OPCS. *Occupational Mortality: The Registrar General's decennial supplement for England and Wales 1970-2.* Serie DS Nr.1. HMSO, London. 1978.

OPCS. *Mortality Statistics.* HMSO, London. 1991.

Pamuk, E. Social class inequality in mortality from 1921 to 1972 in England and Wales. *Population Studies* 39:17–31. 1985.

Parker, H., Bakx, K. und Newcombe, R. *Living with heroin.* Open University Press, Milton Keynes. 1988.

Patel, C. und Marmot, M. G. Stress management, blood pressure and quality of life. *Journal of Hypertension* 5: S21–28. 1987.

Pavin, M. Economic determinants of political unrest: an economic approach. *Journal of Conflict Resolution* 17: 271–296. 1973.

Persson, T. und Tabellini, G. Is inequality harmful for growth? Theory and evidence. *American Economic Review* 84 (3): 600–621. 1994.

Phillimore, P., Beattie, A. und Townsend, P. The widening gap. Inequality of health in northern England, 1981-1991. *British Medical Journal* 308: 1125–1128.1994.

Platt, S. und Kreitman, N. Trends in parasuicide and unemployment among men in Edinburgh, 1968–82. *British Medical Journal* 289: 1029–1032.1984.

Plomin, R. und Daniels, D. Why are children in the same family so different from one another? *Behavioral and Brain Sciences* 10: 1–60. 1987.

Power, C., Manor, O., Fox, A. J. und Fogelman, K. Health in childhood and social inequalities in young adults. *Journal of the Royal Statistical Society* (Serie A) 153: 17–28. 1990.

Power, C., Manor, O. und Fox, J. *Health and class: the early years.* Chapman and Hall, London. 1991.

Power, C. und Manor, O. Asthma, enuresis, and chronic illness – long term impact on height. *Archives of Diseases in Childhood* 73 (4): 298–304.1995.

Power, M. *The egalitarians – human and chimpanzee. An anthropological view of social organization.* Cambridge University Press, Cambridge. 1991.

Preston, S. H. The changing relation between mortality and level of economic development. *Population Studies* 29: 231–248. 1975.

Putnam, R. D., Tuning in, tuning out: the strange disappearance of social capital in America. *Political Science and Politics.* Dezember: 664–683. 1995.

Putnam, R. D., Leonardi, R. und Nanetti, R. Y. *Making democracy work civic traditions in modern Italy.* Princeton University Press, Princeton, NJ. 1993.

Radcliffe-Brown, A. R. *The Anderman Islanders.* Free Press, Glencoe, Ill. 1948.

Rathbone, J. Character assassination. *New Statesman and Society.* 15. Dezember 1995.

Redpath, B. Family Expenditure Survey: a second study of differential response, comparing census characteristics of FES respondents and non-respondents. *Statistical News* 72: 13–16. 1986.

Rodgers, G. B. Income and inequality as determinants of mortality: an international cross-section analysis. *Population Studies* 33: 343–351. 1979.

Rose, G. Strategy of prevention: lessons from cardiovascular disease. *British Medical Journal* 282: 1847–1851. 1981.

Rose, G. Sick individuals and sick populations. *International Journal of Epidemiology* 14: 32–38. 1985.

Rose, G. *The strategy of preventive medicine.* Oxford University Press, Oxford. 1992.

Rosengren, A., Orth-Gomer, K., Wedel, H. und Wilhelmsen, L. Stressful life events, social support, and mortality in men born in 1933. *British Medical Journal* 307: 1102–1105. 1993.

Ross, C. E. und Huber, J. Hardship and depression. *Journal of Health and Social Behaviour* 26: 312–327. 1985.

Ross, L. The intuitive psychologist and his shortcomings: distortions in the attribution process. In: *Cognitive theories in social psychology.* Hg. von L. Berkowitz. Academic Press, NY. 1978.

Sahlins, M. *Stone Age Economics.* Tavistock, London. 1974.

Sapolsky, R. M. Poverty's remains. *The Sciences* 31: 8–10. New York. 1991.

Sapolsky, R. M. *Stress, the aging brain, and mechanisms of neuron death.* MIT Press, Cambridge, Mass. 1992.

Sapolsky, R. M. Endocrinology alfresco: psychoendocrine studies of wild baboons. *Recent Progress in Hormone Research* 48: 437–468. 1993.

Sapolsky, R. M. *Why zebras don't get ulcers. A guide to stress, stress-related disease and coping.* W. H. Freeman, New York. 1994.

Saunders, P. *Aiming high: meritocracy in Britain.* Institute of Economic Affairs, London. 1996.

Sawyer, M. *Income distribution in OECD countries.* OECD Economic Outlook; Occasional Studies: 3–36. 1976.

Schapera, I. *The Khoisan peoples of South Africa.* Routledge, London. 1930.

Schwartz, R. D. und Orleans, S. On legal sanctions. *University of Chicago Law Review* 34: 274–300. 1967.

Schwartz, S. The fallacy of the ecological fallacy: the potential misuse of a concept and the consequences. *American Journal of Public Health* 84: 819–824.1994.

Schweinhart, L. J. und Weikart, D.P. Success by empowerment: The High/Scope Perry Preschool Study through age 27. *Young Children* 49: 54–58.1993.

Sen, A. Public action and the quality of life in developing countries. *Oxford Bulletin of Economies and Statistics* 43: 287–319. 1981.

Sennett, R. und Cobb, J. *The Hidden Injuries of Class.* Knopf, NY. 1973.

Shannon, T. und Morgan, C. *The invisible crying tree.* Doubleday, London. 1996.

Siegal, D. Errors in output deflators revisited: unit values and the producer price index. *Economic Inquiry* 32: 11–32. 1994.

Siegrist, J., Peter, R., Junge, A., Cremer, P. und Seidel, D. Low status control, high effort at work and ischaemic heart disease: prospective evidence from blue-collar men. *Social Science and Medicine* 31: 1127–1134.1990.

Simečka, M. *The restoration of order: the normalisation of Czechoslovakia.* Verso, London. 1984.

Slater, C. H., Lorimor, R. J. und Lairson, D. R. The independent contributions of socioeconomic status and health practices to health status. *Preventive Medicine* 14: 372–378. 1985.

Smith, D. Despairing middle class fearful about the future. *Sunday Times*, 26. Juni 1994.

Stabler, B. und Underwood, L. E. (Hgg.) *Slow grows the child: psychosocial aspects of growth delay.* Lawrence Erlbaum, Hillsdale, New Jersey. 1986.

Standing conference on crime prevention. Working Group on the costs of crime. Home Office. *Report of the working group on the costs of crime.* Home Office, London. 1988.

Statistisches Amt, Japan. *Japan Statistical Yearbook.* Statistics Bureau, Management and Coordination Agency. 1990.

Steckel, R. H. Height and per capita income. *Historical Methods* 16: 1–7. 1983.

Steckel, R. H. Heights and health in the United States. In: *Stature, living standards and economic development.* Hg. von J. Komlos. University of Chicago Press, Chicago. 1994.

Susser, M. The logic in ecological: I. The logic of analysis. *American Journal of Public Health* 84: 825–829. 1994.

Sweeting, H. und West, P. Family life and health in adolescence: a role for culture in health inequalities? *Social Science and Medicine* 40: 163–175. 1995.

Syme, S. L. To prevent disease: the need for a new approach. In: *Health and social organization.* Hg. von D. Blane, E. Brunner und R. G. Wilkinson. Routledge, London. 1996.

Szreter, S. The importance of social intervention in Britain's mortality decline c. 1850–1914: a reinterpretation of the role of public health. *Social History of Medicine* 1: 1–37. 1988.

Tarkowska, E. und Tarkowski, J. Social disintegration in Poland: civil society or amoral familism? *Telos* 89: 103–109. 1991.

Taylor, I. (Hg.) *The social effects of free market policies.* Harvester Wheatsheaf, Hertfordshire. 1990.

Taylor, J. C., Norman, C. L., Griffiths, J. M., Anderson, H. R. und Ramsey, J. D. *Trends in deaths associated with abuse of volatile substances* 1971–1991. Dept. of Public Health Sciences and the Toxicology Unit, St. George's Hospital Medical School, London. 1993.

Tennant, C. C., Palmer, K. J., Langgeluddecke, P. M., Jones, M. P. und Nelson, G. Life event stress and myocardial reinfarction. a prospective study. *European Heart Journal* 15: 472–478. 1994.

Timio, M., Verdecchia, P., Venanzi, S., Gentili, S., Ronconi, M., Francucci, B., Montanari, M. und Bichisao, E. Age and blood pressure changes: a 20-year follow up study in nuns in a secluded order. *Hypertension* 12: 457–461.1988.

Titmuss, R. M. War and social policy. In: *Essays on the welfare state.* Hg. von R. M. Titmuss. Unwin, London. 1958.

Titmuss, R. M. *The gift relationship: from human blood to social policy.* Allen & Unwin, London. 1970.

Townsend, P. *Poverty in the United Kingdom.* Penguin, Harmondsworth. 1979.

Townsend P., Phillimore P. und Beattie, A. *Health and deprivation: inequality and the north.* Croom Helm, London. 1988.

Ullah, P. The association between income, financial strain and psychological well-being among unemployed youths. *Journal of Occupational Psychology* 63: 317–330. 1990.

UNICEF. *The Progress of Nations* 1993. UNICEF, New York. 1993.

Uno, H., Tarara, R., Else, J. G., Suleman, M. A. und Sapolsky, R. M. Hippocampal damage associated with prolonged fatal stress in primates. *Joumal of Neuroscience* 9: 1705–1711. 1989.

Vagero, D. und Lundberg, O. Health inequalities in Britain and Sweden. *Lancet* 2: 35–36. 1989.

van Doorslaer, E., Wagstaff, A., Bleichrodt, H., et al. Socioeconomic inequalities in health: some international comparisons. *Journal of Health Economics* 1996.

Vogel, E. F. From friendship to comradeship: the change in personal relations in communist China. *China Quarterly* 21: 46–70. 1965.

Wadsworth, M. E. J. Early stress and associations with adult health, behaviour and parenting. In: *Stress and disability in childhood.* Hg. von R. N. Butler und B. D. Corner. Wright, Bristol. 1984.

Wadsworth, M. E. J. Serious illness in childhood and its association with later-life achievement. In: *Class and health: research and longitudinal data.* Hg. von R. G. Wilkinson. Tavistock, London. 1986.

Wadsworth, M. E. J., Maclean M., Kuh, D. und Rodgers, B. Children of divorced and separated parents: summary and review of findings from a long-term follow-up study in the UK. *Family Practice* 7: 104–109. 1990.

Waldmann, R. J. Income distribution and infant mortality. *Quarterly Journal of Economics* 107: 1283–1302. 1992.

Waldron, I., Nowotarski, M., Freimer, M., Henry, J. P., Post, N. und Witten, C. Cross-cultural variation in blood pressure: a quantitative analysis of the relationships of blood pressure to cultural characteristics, salt consumption and body weight. *Social Science and Medicine* 16: 419–430.1982.

Wardle, J. Cholesterol and psychological well-being. *Journal of Psychosomatic Research* 39: 549–562. 1995.

Watson, P. Explaining rising mortality among men in Eastem Europe. *Social Science and Medicine* 41: 923–934. 1995.

Weltbank. *The East Asian Miracle.* Oxford University Press, Oxford. 1993.

Wennemo, I. Infant mortality, public policy and inequality – a comparison of 18 industrialised countries 1950–85. *Sociology of Health and Illness* 15:429–446.1993.

Wheaton, B. The sociogenesis of psychological disorder: an attributional theory. *Journal of Health and Social Behaviour* 21: 100–123. 1980.

Whelan, C. T. *The role of income, life-style deprivation and financial strain in mediating the impact of unemployment on psychological distress: evidence from the Republic of Ireland.* Unveröffentlichte Kopie. The Economic and Social Research Institute, Dublin. 1991.

Whelan, C. T. The role of social support in mediating the psychological consequences of economic stress. *Sociology of Health and Illness* 15: 86–101.1993.

White, M. *Against unemployment.* Policy Studies Institute, London. 1991.

Widdowson, E. M. Mental contentment and physical growth. *Lancet* 16. Juni: 1316–1318. 1951.

Wilkinson, R. G. *Poverty and progress: an ecological model of economic development.* Methuen, London. 1973.

Wilkinson, R. G. Income and mortality. In: *Class and health: research and longitudinal data.* Hg. von R.G. Wilkinson. Tavistock, London. 1986.

Wilkinson, R. G. Class mortality differentials, income distribution and trends in poverty 1921–1981. *Journal of Social Policy* 18 (3): 307–335. 1989.

Wilkinson, R. G. Income distribution and mortality: a „natural" experiment. *Sociology of Health and Illness* 12: 391–411. 1990.

Wilkinson, R. G. Income distribution and life expectancy. *British Medical Journal* 304:165–168.1992.

Wilkinson, R. G. The epidemiological transition: from material scarcity to social disadvantage? *Daedalus* (Journal of The American Academy of Arts and Sciences) 123 (4): 61–77. 1994a.

Wilkinson, R. G. Health, redistribution and growth. In: *Paying for inequality: the economic cost of social injustice.* Hg. von A. Glyn und D. Miliband. Rivers Oram Press, London. 1994b.

Wilkinson, R. G. *Unfair shares: the effects of widening income differentials on the welfare of the young.* Barnardos, Ilford. 1994c.

Wilkinson, R. G. A reply to Ken Judge: mistaken criticisms ignore overwhelming evidence. *British Medical Journal* 311: 1285–1287. 1995.

Wilkinson, R. G. Health and comradeship: a hypothesis. In: *Environmental and non-environmental determinants of the East-West life expectancy gap in Europe.* Hg. von C. Hertzman, S. Kelly und M. Bobak. Kluwer Academic, Amsterdam. 1996.

Wilson, S. H. und Walker, G. M. Unemployment and health: a review. *Public Health* 107: 153–162. 1993.

Winkelstein, M. L. und Feldman, H. L. Psychosocial predictors of consumption of sweets following smoking cessation. *Research in Nursing and Health* 16: 97–105. 1993.

Winter, J. M. *The Great War and the British people.* Macmillan, London. 1985.

Winter, J. M. Public health and the extension of life expectancy 1901–60. In: *The political economy of health and welfare.* Hg. von M. Keynes. Cambridge University Press, Cambridge. 1988.

Wnuk-Lipinski, E. und Illsley, R. Introduction. *Social Science and Medicine* 31: 833–836. 1990.

Wolf, S. und Bruhn, J. G. *The power of clan; a 25-year prospective study of Roseto, Pennsylvania.* Transaction Publishers, New Brunswick, NJ. 1993.

Wolf, W. Verzerrungen durch Antwortausfälle in der Konsumerhebung 1984. *Statistische Nachrichten.* ÖSTAT, Wien 43 (11): 861–867. 1988.

Woodburn, J. Egalitarian societies. *Man* 17: 431–451. 1982.
Woodroffe, C., Glickman, M., Barker, B. und Power, C. (Hgg.) *Children, teenagers and health*. Open University Press, Milton Keynes. 1993.

Namenregister

Sachregister

Abbildungsverzeichnis

SpringerMedizin

Gerhard Polak (Hrsg.)

Das Handbuch Public Health

Theorie und Praxis
Die wichtigsten Public-Health-Ausbildungsstätten

1999. XIX, 502 Seiten. 14 Abbildungen.
Gebunden DM 148,–, öS 1036,–
ISBN 3-211-83176-2

Gesundheitserziehung fängt nicht erst in der Schule an. Mit
The„Mit dem Handbuch Public health liegt erstmals im deutschsprachigen Raum eine umfassende Übersicht über Theorie, Praxis und Ausbildung vor ...“

Österreichische Ärztezeitung

„... Das Buch gibt umfassend Auskunft über die Dynamik, den
Entwicklungsstand und insbesondere die aktuellen Ausbildungs-
möglichkeiten im PH-Bereich. Es liefert einen wertvollen Beitrag
zur Diskussion um PH. Es ist gelungen, die Vielfältigkeit der
Fachbereiche aufzuzeigen, den Anspruch auf Pluralismus hervorzuheben und die zur Zeit geführten Diskussionen, die Fragen
der inhaltlichen und begrifflichen Definition von PH zu reflektieren.“

Pflege

„Ein umfangreiches Werk, das sich mit den vielseitigen Ausprä-
gungen und Entwicklungen von Public Health beschäftigt ... Die
Ausbildungssituation im deutschsprachigen Raum, insbesondere in Österreich, wird eingehend dargestellt und bietet gemeinsam mit einem ausführlichen 100 Seiten umfassenden Informati-
onsteil über internationale Ausbildungsstätten zum Master of
Public Health einen sehr guten Überblick ...“

Der Radiologe

 # SpringerWienNewYork

A-1201 Wien, Sachsenplatz 4–6, P.O.Box 89, Fax +43.1.330 24 26, e-mail: books@springer.at, **www.springer.at**
D-69126 Heidelberg, Haberstraße 7, Fax +49.6221.345-229, e-mail: orders@springer.de
USA, Secaucus, NJ 07096-2485, P.O. Box 2485, Fax +1.201.348-4505, e-mail: orders@springer-ny.com
EBS, Japan, Tokyo 113, 3–13, Hongo 3-chome, Bunkyo-ku, Fax +81.3.38 18 08 64, e-mail: orders@svt-ebs.co.jp

SpringerMedizin

Walter Pieringer,
Franz Ebner (Hrsg.)

Zur Philosophie der Medizin

2000. XII, 222 Seiten. 8 Abbildungen.
Broschiert DM 49,–, öS 345,–
ISBN 3-211-83446-X

Die Philosophie der Medizin wird gegenwärtig heftig diskutiert – und zwar mit Recht: zu konträr sind ihre Heilsbotschaften, therapeutischen Methoden und sozialen Ziele.

Die sogenannte naturwissenschaftliche Medizin – etwas respektlos „Defekt-Reparaturmedizin" genannt – erkennt Krankheit vor allem als Störung, die es zu beseitigen, zu reparieren gelte und läßt den Menschen als Subjekt außer acht. Die sogenannte humanwissenschaftliche Medizin demgegenüber sieht Krankheit als Lebenskrise, welche es sozial zu erkennen und subjektiv zu verantworten gelte. Sie vernachlässigt die empirische Seite. Gesundheitspolitik wie Wissenschaftstheorie fordern eine Integration dieser konträren philosophischen Ansätze. Namhafte europäische Philosophen und Mediziner zeigen hier aktuelle wissenschaftliche Wege zur Bewältigung dieses folgenreichen Dilemmas in der gegenwärtigen Medizin.

Das Buch wendet sich an kritische Mediziner, an Lehrer der Medizin und Gesundheitspolitiker. Es dient auch dazu, eine wissenschaftliche Brücke zwischen der Klinischen Medizin und der Alternativmedizin aufzuzeigen.

SpringerWienNewYork

A-1201 Wien, Sachsenplatz 4–6, P.O.Box 89, Fax +43.1.330 24 26, e-mail: books@springer.at, www.springer.at
D-69126 Heidelberg, Haberstraße 7, Fax +49.6221.345-229, e-mail: orders@springer.de
USA, Secaucus, NJ 07096-2485, P.O. Box 2485, Fax +1.201.348-4505, e-mail: orders@springer-ny.com
EBS, Japan, Tokyo 113, 3–13, Hongo 3-chome, Bunkyo-ku, Fax +81.3.38 18 08 64, e-mail: orders@svt-ebs.co.jp

*Springer-Verlag
und Umwelt*

ALS INTERNATIONALER WISSENSCHAFTLICHER VERLAG
sind wir uns unserer besonderen Verpflichtung der
Umwelt gegenüber bewußt und beziehen umwelt-
orientierte Grundsätze in Unternehmensentschei-
dungen mit ein.

VON UNSEREN GESCHÄFTSPARTNERN (DRUCKEREIEN,
Papierfabriken, Verpackungsherstellern usw.) verlangen wir, daß sie sowohl beim Herstellungsprozeß
selbst als auch beim Einsatz der zur Verwendung
kommenden Materialien ökologische Gesichtspunk-
te berücksichtigen.

DAS FÜR DIESES BUCH VERWENDETE PAPIER IST AUS
chlorfrei hergestelltem Zellstoff gefertigt und im
pH-Wert neutral.